골프 용어 해설(Clarification of Golfing Terms)

머리말

모든 스포츠는 그 스포츠를 통하여 심신을 단련하는 데 필요한 규칙과 그 규칙을 이해하고 실제 상황에 활용하는 고유의 용어를 가지고 있다. 대부분의 스포츠는 동일한 상황이나 거의 유사한 상황이 반복되기 때문에 단순한 용어와 신호로도 능히 그 상황을 정확히 표현할 수 있고 판단할 수 있다. 그러나 골프는 이 세상에서 똑같은 스포츠 환경은 존재할 수 없기 때문에 일어날 수 있는 모든 상황에서 모두가 만족할 수 있는 제한 사항이나 허용 사항을 규칙을 통하여 규정하기란 어려운 일이다. 따라서 골프에서는 일어날 수 있는 모든 상황에 대하여 합리적이고 공정하며 유사한 상황과 일관성을 유지하여 처리하는 것이 중요시되며 모든 골퍼가 정확히 상황을 이해할 수 있는 설명과 해석이 뒤따라야 한다. 그러므로 여기에는 반드시 정확한 용어가 필수적이다.

그런데 골프의 발상지가 영어권이기 때문에 골프 용어 자체가 영어로 표현되어 진화해 왔으며 그 외의 지역에서는 부득이 그 원문을 상황에 적합하도록 편리한 말로 옮겨서 사용해 온 것이 현실이다. 우리나라도 골프가 들어온 지 기록상 100년이 넘었는데 그 사이 숱한 우여 곡절을 거쳐 현재에 이르기까지 골프 용어의 정비를 위하여 골프를 관장하는 기관에서 혹은 개별적으로 많은 노력을 기울여 온 것은 사실이며 근래에 와서 용어 자체를 많이 정비하였다고 본다.

이번에 지금까지 정비된 골프 용어를 총체적으로 점검하고 환경 보존에 관한 사항과 전자 기술의 발전 그리고 골프 장비와 골프 기술의 발달에 따른 새로운 용어가 출현함에 따라 용어 자체를 재정비한다는 뜻에서 다시 손보게 되었다. 특히 2019년부터 적용되는 규칙 현대화에 따른 새로운 용어도 다수 있는데 역시 이번에 함께 정리하였다. 골프를 말할 때 반드시 알아야 할 사항에 관한 용어와 게임 전반에 걸친 내용의 길잡이 역할을 할 수 있도록 나름대로 필요한 용어를 엄선하였다.

될 수 있는 대로 쉽게 표현하려고 노력하였으나 용어의 본질을 설명하는 데에 가장 적합한 표현을 선택하는 과정에서, 소수에 지나지 않지만, 다소 일상 표현을 넘어 선 표현이 있는 점은 송구스럽게 생각한다. 또한 우리말로 옮겨 지금까지 사용되어 온 용어는 그대로 썼으며 특히 용어를 근본적으로 이해힐 수 있도록 주(註)와 예를 들어 해설하는 데 많은 시간을 할애하였다. 그 예문은 사실에 관한 역사적 내용이나 모든 골퍼들에게 적용되는 금언 그리고 새로운 사실을 발굴하여 기록하려고 노력하였다. 그 적절성 여부의 판단과 전체적인 평가는 오직 독자의 몫이다.

이 용어 해설이 독자 여러분의 골프 지식과 기술 향상 그리고 규칙의 이해에 조금이나마 도움이 된다면 큰 보람으로 생각한다.

2020년 3월
일산 탄현

일러두기

1. 용어는 가,나,다 순으로 기술하였으며 뒤의 영문 찾아보기는 a,b,c 순으로 나열하였다.
2. 용어는 영문 발음을 그대로 우리말로 옮겼으며 현재 일반적으로 우리말로 사용되는 용어는 우리말 그대로 수록하였다. 따라서 우리말 용어를 찾기 위해서는 영문과 함께 나열된 뒤의 **찾아보기(영문)**를 참조하여야 한다.
3. 한 용어가 현저하게 다른 뜻이 있는 경우 위첨자를 붙여 분리 설명하였으며 뜻이 약간 다르지만 상호 연관성이 있다고 보는 용어는 번호를 붙여 한 용어 안에 같이 설명하였다. (마커^1, 마커^2, 브레이크 1,2,3,4 등)
4. 각 용어에는 사용되는 문장의 **예**를 들었으며 뜻이 약간 다른 용어도 각각 그 뜻에 맞는 예를 들었다. (**예(1), 예(2)** 등). 그리고 한 용어에 사용되는 예를 두 번 든 경우에는 **예:** (1), (2)로 표시하였다. (벙커, 슬로프 핸디캡 시스템 등)
5. 용어의 뜻을 보충 설명하기 위한 경우에는 **(도해(圖解)), (적용)**을 추가하여 명확히 설명하였다. (완전한 구제의 가장 가까운 구제 지점, 캘러웨이 시스템 등)
6. 규칙 현대화에 따른 예는 영문 끝에 (Rules of Golf, 2019 혹은 Committee Procedure, 2019)로 표시하였다.
7. 규칙에 규정된 사항 이외의 클럽 규격(로프트 각, 라이 각 등)은 제작 회사에 따라 약간의 차이가 있을 수 있다.
8. 일반적으로 속어(slang)로 사용되는 용어는 문장 끝에 (속)(영문-sl.)으로 표시하였다.

골프 용어 해설(Clarification of Golfing Terms)

골프 용어 해설(Clarification of Golfing Terms) 가

가벌형 디자인(penal school of design)
골프 코스 설계상의 디자인 방식으로 티잉 구역에서 그린까지 잘못 친 샷이나, 슬라이스, 후크 그리고 불안정한 어프로치 샷 등과 같은 열등한 샷에 벌을 가하기 위하여 벙커나 페널티 구역을 계획하는 형식을 말하며 이는 전통적인 방법이다.
- ※ 그러나 코스 디자이너들은 점차로 코스의 많은 벙커나 페널티 구역들이 노련한 골퍼들보다, 비교적 선택의 제한을 받는, 초보자 골퍼들에게 매우 큰 영향을 미친다는 사실을 깨닫게 되면서 점차 유행에서 뒤떨어지게 되었다.
- 예 이러한 가벌형(加罰型) 디자인 원칙은 20세기의 처음 수십년이 지날 때까지 주도권을 장악한 채 유지되고 있었다. (This penal school of design principle remained predominant until the first decades of the 20th century.)

가시금작나무(whin)
주로 스코틀랜드 들판에 집단으로 밀집하여 생장하는 키가 작은 콩과의 상록수로 가시가 있고 노란빛 꽃이 피는 관목의 일종을 말한다.
- ※ 일반적으로 그곳에 볼이 들어가면 거의 만회(挽回)할 수 없는 상태가 된다. 고스(gorse) 혹은 퍼스(furze)라고도 한다.
- 예 코스의 어디에서나 자신의 볼을 찾기 위하여 플레이어는 긴풀, 골풀, 관목, 가시금작나무, 히스 혹은 그와 유사한 것들을 접촉하거나 구부릴 수 있으나 그 한도는 볼을 찾거나 확인하는 데 필요한 정도까지만 할 수 있다. (In searching for his ball anywhere on the course, the player may touch or bend long grass, rushes, bushes, whins, heather or the like, but only to the extent necessary to find or identify the ball.) (Rules of Golf, 2016)

개선(improve, improvement or improving)
플레이어가 스트로크에 대한 잠재적인 이익을 얻을 수 있도록 스트로크에 영향을 미치는 상태 혹은 플레이에 영향을 미치는 다른 물리적인 상태를 한 가지 이상 변경하는 행위를 말한다.
- ※ 따라서 스트로크에 영향을 미칠 수 있는 플레이어의 정지한 볼 라이, 의도하는 스탠스와 스윙 구역, 플레이 선, 볼을 드롭하거나 플레이스할 예정인 구제 구역 등에 관하여 다음 스트로크를 위한 개선 가능성의 행동을 제한하고 있다.
그러므로 규칙에서 허용된 경우를 제외하고 생장물이나 뿌리를 내린 자연물, 움직일 수 없는 장해물, 코스와 분리될 수 없는 물체나 경계물(境界物) 혹은 플레이하는 홀 티잉 구역에 있는 티 마커를 움직이거나, 구부리거나 부러뜨리는 행위, 스탠스의 장소를 만들기 위하여 혹은 플레이 선을 개선하기 위하여 적절한 위치에 루스 임페디먼트나 움직일 수 있는 장해물을 옮기는 행위, 디보트를 다시 놓거나 제자리에 놓은 디보트나 이미 메운 잔디 조각을 제거하거나 누르는 행위, 구멍, 오목하게 팬 곳 혹은 지면의 울퉁불퉁한 곳을 돋우거나 골라서 지표면을 변경하는 행위, 모래와 흩어진 흙을 제거하거나 누르는 행위, 이슬, 서리 혹은 물을 제거하는 행위를 해서는 안 된다.
- 예 플레이어의 볼이 와서 정지한 경우 플레이어는 스트로크에 영향을 미치는 상태를 정상적으로 그대로 받아들여야 하며 볼을 플레이하기 전에 그 상태를 개선해서는 안 된다.(When the player's ball comes to rest, he or she normally has to accept the conditions affecting the stroke and not improve them before playing the ball.) (Rules of Golf, 2019)

갤러리(gallery)

시합이나 토너먼트를 관람하러 온 관객 혹은 관람하기 위한 관객이 되는 것을 말한다.
- 예 (1) 지금까지 파머는 아마도 100명 정도의 관객을 모았는데 그들 대부분은 페어웨이를 따라 그와 나란히 걸어가고 있었다. (By now Palmer had collected a gallery of perhaps 100, most of them walking side by side with him down the fairway.) (Dan Jenkins, 1977)
   (2) 국왕 조지 6세가 1937년 브리티시 오픈의 관객이 되었을 때 그는 먼 거리를 일별(一瞥)하고 나서 . . . (. . . a long-distance glimpse of King George VI when he'd galleried the 1937 British Open.) (Sam Snead, 1962)

거터 퍼처 볼(gutta-percha ball)

1848년부터 19세기 말까지 사용했던 골프 볼을 말한다. 그 전에 사용했던 페더 볼(feather ball)을 대신하게 되었다.
- ※ 말레이시아(Malaysia) 등지의 거터 퍼처 나무에서 나오는 고무 상태의 흰 수액을 증발시킨 수지(樹脂)를 둥근 틀로 압축하여 만든 단단하고 탄력성이 있으며 값이 싸고 더 오래 가기 때문에 골프의 발전에 큰 영향을 미쳤다. 일명 거티(guttie or gutty)라고도 부른다.
- 예 가끔 힉코리 샤프트 클럽을 선호하는 열성자들이 오래된 거터 퍼처 볼 혹은 "거티"를 플레이한다. (Occasionally an old gutta-percha ball, or "gutty" is played by hickory hackers.) (Herb Graffis, 1975)

거티(거터 퍼처 볼 참조)(gutty or guttie, see gutta-percha ball)

게임(game)

1. 매치 플레이나 스트로크 플레이를 막론하고 골프 그 자체를 말하거나 골프 시합을 말한다.
2. 일반적으로 플레이어가 낸 성과나 성적을 의미한다.
3. 드라이버 샷 거리나 거리가 나가는 장거리 샷에서 낸 롱 게임(long game) 성과 혹은 어프로치나 퍼트와 같은 짧은 거리에서 낸 숏 게임(short game) 성과를 가리킨다.

- 예 (1) 골프 게임은 규칙에 따라서 한 개의 볼을 클럽으로 티잉 그라운드에서 플레이하여 1 혹은 연속적인 스트로크로 홀에 넣는 것으로 이루어진다. (Game of golf consists of playing a ball with a club from the teeing ground into the hole by a stroke or successive strokes in accordance with the rules.) (Rules of Golf, 2016)
- 예 (2) 그녀 자신이 낸 게임 성적은 정신과 육체가 완벽한 조화를 이룬 결과의 정수(精髓)라고 할 수 있다. (Her own game is the essence of perfect mental and physical balance.) (Percy Boomer, 1946)
- 예 (3) . . . "멀리 그리고 정확히" 드라이브 샷을 날리는 것은 달성하기가 매우 어렵기 때문에 우리는 롱 게임 성과에 관한 거리에 대해서 곰곰이 생각해 보았다. (We have dwelt thus at length on the long game because . . . "far and sure" driving is most difficult of attainment.) (Robert Forgan, 1881)

겟 인사이드(get inside)

상대편 혹은 다른 플레이어의 볼보다 홀에 더 가까운 안쪽의 위치를 확보하도록 플레이하는 요령을 가리킨다.

- ※ 따라서 플레이어가 친 볼이 그린에 낙하한 위치가 이미 상대편 혹은 다른 플레이어가 친 볼이 있는 위치보다 홀에 더 가깝게 정지하는 경우를 말한다.
- 예 왜냐하면 그는 아이언을 사용하는 방식에 있어서 자신이 그 절정에 있다는 것을 알고 있었으며 존스가 완전한 어프로치 샷으로 "인사이드"를 확보하려고 시도하게 하여 계속 그를 긴장하게 만들고 싶었기 때문이었다. (Because he knew he was at the top of his form with his irons and wanted to put Jones under the strain of continually trying to get "inside" a perfectly played approach.) (Robert Browning, 1955)

경계물(boundary object)

벽, 담, 말뚝 및 울타리와 같이, 그것들로부터 벌 없는 구제가 허용되지 않는, 아웃오브 바운즈를 정하거나 나타내는 인공물을 말한다.

- ※ 경계물(境界物)에는 경계를 이루는 담의 기초와 기둥은 포함되나 벽이나 담에 부착

된 모난 지주나 당김 밧줄, 담을 넘어가기 위한 계단, 다리 혹은 유사한 건조물은 포함되지 않는다.

경계물의 모든 부분은 움직일 수 없는 것으로 취급된다. 또한 경계물은 장해물이나 코스와 분리될 수 없는 물체가 아니다.

■예■ 어떤 규칙에서는 루스 임페디먼트, 움직일 수 있는 장해물 및 비정상적인 코스 상태와 같은 용어의 정의에 있는 어느 물체나 상태에 의한 방해로부터 벌 없는 구제를 허용해 줄 수 있다. 그러나 플레이에 방해가 되는 경계물이나 코스와 분리될 수 없는 물체로부터 벌 없는 구제를 받을 수는 없다. (Certain rules may give free relief from interference by certain defined objects or conditions such as loose impediments, movable obstructions and abnormal course conditions. But there is no free relief from boundary objects or integral objects that interfere with play.) (Rules of Golf, 2019)

경기 실격(중대한 위반 참조)(disqualify or disqualification, see serious breach)

게임 정신에 위반되는 행위를 하거나 행동 규범의 기준에 맞지 않는 중대한 비행(非行)을 저지르거나 규칙 위반이 플레이어의 스코어가 유효하다고 신뢰하기에는 잠재적인 이익이 너무 큰 경우 위원회에 의하여 플레이어의 경기 참가나 경기를 계속하는 행위가 금지되는 벌을 말한다. 실격이라고도 한다.

※ 약해서 디큐(DQ)라고도 한다.

■예■ 스트로크 플레이 중에, 플레이어는 한 라운드의 각 홀에서 홀 아웃하지 않으면 안 된다. 어느 홀에서 홀 아웃하지 않은 경우 플레이어는 다른 홀을 출발하기 위하여 스트로크하기 전에 혹은 라운드의 마지막 홀에서는 스코어 카드를 제출하기 전에 그 잘못을 시정하지 않으면 안 된다. 그 시간 내에 잘못을 시정하지 않은 경우 그 플레이어는 경기 실격이 된다. (In stroke play, a player must hole out at each hole in a round. If the player fails to hole out at any hole the player must correct that mistake before making a stroke to begin another hole or, for the final hole of the round, before returning the scorecard. If the mistake is not corrected in that time, the player is disqualified.) (Rules of Golf, 2019)

경기자(competitor)

특히 스트로크 플레이 경기의 플레이어를 말한다. 경기자와 같은 그룹에서 함께 플레이하는 (혹은 같은 경기에서 다른 그룹에서 플레이하는) 사람을 동반 경기자(fellow competitor)라고 말하며 이들은 서로 파트너(partner)가 아니다. 규칙 현대화(2019) 이전에 널리 사용했던 용어로 현재는 일반적으로 "플레이어(player)"라는 용어를 사용한다.

■예■ 경기자가 다른 경기자의 권리에 영향을 미치는 규칙에 따르는 것을 거부한 경우

그 경기자는 경기 실격이 된다. (If a competitor refuses to comply with a rule affecting the rights of another competitor, he is disqualified.) (Rules of Golf, 2016)

곁에서 시중들기(attend or attending)

플레이어가 스트로크할 때 누군가가 홀에 꽂혀 있는 깃대에 접촉하거나 깃대를 잡을 수 있을 정도로 가까이 서 있거나 홀 위치를 표시하기 위하여 그 홀 위로 깃대를 들어올려 잡고 있는 행위를 하는 등 깃대에 붙어 시중드는 상태를 말한다.
※ 따라서 그 사람은 볼이 와서 정지할 때까지 그 깃대에 붙어 시중들고 있는 사람이다.
예 플레이어는 깃대를 홀에 꽂혀 있는 상태 그대로 두거나, 깃대를 제거시킬 수 있으나(누군가가 깃대에 붙어 시중들게 하고 볼이 플레이된 후 그 깃대를 제거시키는 행위를 포함) 그 결정은 스트로크를 하기 전에 하지 않으면 안 된다. (The player may leave the flagstick in the hole or have it removed (which includes having someone attend the flagstick and remove it after the ball is played), but must decide before making a stroke.) (Rules of Golf, 2019)

고무래(rake)

벙커 안의 모래에 난 발자국이나 울퉁불퉁한 곳을 평탄하게 고르는 나무 혹은 플라스틱으로 된 도구를 말한다.
※ 고무래는 규칙상 움직일 수 있는 장해물이며 플레이어가 가지고 있거나 옮기고 있는 동안에는 휴대품이다.
예 그러므로 이러한 모든 점을 고려하여 검토한 끝에 고무래는 볼이 움직이는 데 최소한의 영향이 미칠 것으로 생각되는 구역의 벙커 밖에 두도록 권장한다. (Therefore, after considering all these aspects, it is recommended that rakes should be left outside bunkers in areas where they are least likely to affect the movement of the ball.) (Decisions on the Rules of Golf, 2016)

고무 핵심 볼(해스켈 볼 참조)(rubber-cored ball, see Haskell ball)

고블(gobble)

볼을 똑바로 과감히 퍼트하였는데 그 볼이 홀 인되는 상황을 말한다(속). 지금은 잘 쓰지 않는다.
예 고블 – 재빠르고 똑바르게 퍼트하여 그 볼이 홀에 들어간 상태를 말하는데, 만일 그 볼이 홀에 들어가지 않았다면, 홀을 넘어서 상당한 거리를 지나갔을 것으로 생각되는 경우를 가리킨다. (Gobble - A rapid straight putt into the hole, such that, had the ball not goes in, it would have gone some distance beyond.) (J. Stuart Balfour, 1893)

고스(가시금작나무 참조)(gorse, see whin)

고정물로 간주(deemed to be fixed)
코스 위에 있는 것으로 실제로는 움직일 수 있으나 규칙상 특정한 상황에서만 혹은 항상 고정(固定)된 것으로 취급해야 하는 물체를 말한다. 규칙 현대화(2019) 이전에 사용했던 용어로 현재는 "코스와 분리될 수 없는 물체", "경계물" 등의 용어가 있다.
- 예 벽, 담, 말뚝, 울타리와 같이 아웃 오브 바운즈를 정하는 것들은 장해물이 아니며 고정물로 간주한다. 또한 아웃 오브 바운즈라는 것을 확인하는 말뚝은 장해물이 아니며 고정물로 간주한다. (Objects defining out of bounds such as walls, fences, stakes, and railings are not obstructions and are deemed to be fixed. Stakes identifying out of bounds are not obstructions and are deemed to be fixed.) (Rules of Golf, 2016)

고 투 스쿨(go to school)
자신이 처한 환경과 같거나 비슷한 위치에서 다른 플레이어가 하는 퍼트나 칩 샷을 보고 배워서 그 방향과 속도 등을 참고하여 자신의 퍼트나 칩샷에 적용하는 행위를 말한다(속).
- 예 눈치 빠른 골퍼들은 역시 자신들의 퍼트와 칩 샷에 그들이 보고 배운 내용을 적용하고 동시에 볼이 홀을 지나서 굴러갈 경우 그 퍼트를 회복하는 데 영향을 미칠 수 있는 커브 현상을 주시한다. (Smart golfers also go to school on their own putts and chips and watch as they roll past the hole to get a look at any break that will effect the putt coming back.)

골프(golf)
규칙에 따라서 한 개의 골프 볼을, 골프 클럽을 사용하여, 될수록 적은 타수로 보통 18홀로 이루어진 골프 코스를 돌면서 각 홀에서 한 번 혹은 한 번 이상의 연속적인 스트로크로 볼을 홀에 넣는 게임을 말한다.
- ※ 사용하는 장비는 14개 이내의 골프 클럽이어야 한다. 골프 코스는 일반적으로 9홀 혹은 18홀로 구성되어 있으며 일반 구역, 홀에서 출발하는 티잉 구역, 모든 벙커, 모든 페널티 구역 그리고 플레이하고 있는 홀의 퍼팅 그린으로 되어 있다. 지역에 따라 평지, 해안, 사막, 산악 등의 코스가 있으며 코스마다 독특한 홀 레이 아웃

(lay out)과 언줄레이션(undulation)으로 되어 있다. 골프의 본질은 플레이어가 클럽으로 골프 볼을 쳐서 지정된 홀에 넣는 행동인데 그 근본 원칙은 처음부터 끝까지 코스는 보이는 그대로의 상태로, 볼은 있는 그대로의 상태로 플레이하여야 한다는 것이다. 또한 골프는 플레이어의 판단, 기량(技倆) 및 능력에 의존해야 하는 도전적(挑戰的)인 게임이다. 골프 경기 방식에는 한 라운드에서 낸 스트로크 수로 승패를 결정하는 스트로크 플레이와 각 홀마다 승패를 결정하는 매치 플레이가 있다.

예 나는 듯한 속도를 발휘하는 철도는 아브라함 링컨이 존재했던 시기에 불멸의 한 대통령을 배출하였으나 29,000개의 코스를 보유한 골프는 훌륭한 한 사람의 1등 의회(하원) 의원조차도 배출하지 못하였다. (Rail splitting produced an immortal President in Abraham Lincoln: but Golf, with 29 thousand courses, hasn't produced even a good, A number-1 Congressman.) (Will Rogers, 1928) *윌 로저스(Will Rogers)-미국 유머 작가, 사회 평론가.

골프덤(golfdom)

골프의 세계 혹은 골프 왕국 등에 관하여 상징적인 의미로 사용하는 용어이다.

예 (1) . . . 온 골프계가 그 접전을 보기 위하여 모였다. (. . . all golfdom had assembled to see the battle.) (W.G.Van T. Sutphen, 1898)

(2) 그에게 도전했던 모든 경쟁자를 물리쳤던 사실을 알고 있는 많은 사람들이 골프 왕국에 대한 그의 왕권에 관하여 의심해 왔다고 우리는 생각하지 않는다. (We don't imagine that his right to the scepter of golfdom was ever doubted by the many who know he has discomfited all who have challenged him.) (Fifeshire Journal, 1853)

골프 로여(golf lawyer)

골프 규칙에 관한 내용을 터무니없이 적용하고 궤변으로 변호하는 골퍼를 말한다(속).

※ 엉터리 변호사와 같이 규칙에 정통한 것처럼 보이나 실제로는 상대편의 스코어에 손해를 끼치도록 하여 자신을 옹호한다.

예 흔히 있는 것 중의 한 가지 형태는 터무니없이 골프 규칙을 적용하는 골퍼 혹은 규칙서의 마귀라고 하는 존재이다. (One of the familiar types is the golf lawyer or rulebook demon.) (Fred Beck & O.K. Barnes, 1949)

골프 위도우(golf widow)

남편이 지나치게 골프에 열중하여 버림받은 것과 다름없는 아내, 이른바 골프 과부를 말한다(속).

예 수년 간 괴로움을 참고 견딘 후 용커스의 여성들은, "골프 과부"라고 알려진 존재가 되는 것을 더 이상 체념할 수 없었기 때문에, 본격적으로 항의하기 위하여 일제히 일어섰다. . . . 따라서 그녀들 스스로의 골프 코스 조성을 착수하는 것 외에는 달리 남은 할 일은 아무 것도 없었다. (After a few years of patient suffering the women folk of Yonkers arose en masse to remonstrate in earnest, as they were no longer reconciled to being known as "golf widows". . . So there was nothing left to do but to start a golf course of their own.) (H.B. Martin, 1936)

골프 코스(코스 참조)(golf course, see course)

골프 핸디캡 정보망(Golf Handicap and Information Network(GHIN))

골프 핸디캡과 골프에 관한 정보를 관리 서비스하는 정보망을 말한다.

- ※ 주로 골퍼들의 스코어 게시, 골프 핸디캡 인덱스의 산정과 조회, 동료의 핸디캡 인덱스 찾아보기, 기타 정보 등을 제공해 주는 시스템이다. 줄여서 진(GHIN)이라고 한다. 각 골퍼는 정보망을 이용하기 위한 고유 번호를 갖는데 그 번호를 진넘버(GHIN number)라고 한다.
- 예 진넘버는 마치 신용 카드나 계좌 번호와 같은 것이며 다른 골퍼와 공유해서는 안 된다. (The GHIN number is like a credit card or account number and shouldn't be shared.)

골피아나(golfiana)

1. 골프에 관한 문학, 기타 작품 등의 인쇄물, 예술품 등 골프에 관련된 모든 사물을 의미한다. 특히 골프 골동품 수집에 깊이 관련되어 있으며 골프 수집가를 위한 정기 인쇄물 표제나 기타 저작물의 표제로 널리 사용되어 왔다.
2. 1833년과 1842년 스코틀랜드의 카네기(G. F. Carnegie)가 쓴 골프에 관한 시집, "골피아나: 혹은 골프 게임과 함께 연상되는 우아함(Golfiana: or Niceties Connected with the Game of Golf)"을 말한다.

- ※ 골피아나는 일반적으로, 추상적이고 헤아릴 수 없는, 언어상 불가산(不可算) 명사(uncountable noun)에 속한다.
- 예 (1) 골피아나는 골동품 수집업계에서 가장 경쟁력 있는 물품 중 기준이 되는 것, 즉 최상의 경쟁력을 갖춘 것과 동등한 가치가 있다는 뜻이다. (Golfiana is on par with the most competitive of collecting fields.)
- 예 (2) 그가 죽기 바로 한 해 전 1842년에, 에든버러의 블랙우드 부자 출판사에 의하여 그가 저술한 시가 출판되었는데 조그만 8페이지 분량이었다. 그 책의 제목은 다음과 같았다. 즉 "골피아나: 혹은 골프 게임과 함께 연상되는 우아함. 모든 골프 클럽 회원들과 특히 세인트 앤드루스와 노스 베릭 골프 클럽 회원들에게 바친다." (The year before he died his poems were published at Edinburgh by Blackwood & Sons, 1842, small 8vo. The volume was entitled, "Golfiana: or Niceties connected with the Game of Golf.

Dedicated with respect to the members of all golfing clubs, and to those of St. Andrews and North Berwick in particular.")

교대로 샷 게임(포섬 참조)(alternate shot, see foursome)
게임에서 두 사람의 골퍼가 파트너가 되어 한 개의 볼을 홀 아웃 할 때까지 교대로 샷하는 방식을 말한다.
- 예 교대로 샷하는 게임은 두 팀이 서로 대항하여 경쟁하는 골프 게임을 말한다. 이때 두 사람의 플레이어들은 파트너들이라고 부르며 이렇게 각기 두 사람으로 된 파트너들을 한 사이드라고 부른다. (Alternate shot is a golf game in which teams of two compete against each other. The two players are called partners and each pair of partners is called a side.)

교체하다(substitute)
플레이어의 인 플레이 상태에 있는 볼 혹은 코스에서 집어 올려졌거나 분실되었거나 아웃 오브 바운즈가 되어 더 이상 인 플레이가 아닌 상태에 있는 볼 대신에 플레이어가 다른 볼을 인 플레이로 한 볼 또는 그렇게 다른 볼로 교체하는 것을 말한다.
- ※ 교체한 볼은 틀린 방법으로 혹은 틀린 장소에 리플레이스하거나 드롭하거나 플레이스 한 경우일지라도 그리고 플레이어가 규칙에 의하여 최초의 볼을 인 플레이로 복귀시켜야 했는데 오히려 다른 볼로 교체한 경우일지라도 그 볼은 플레이어의 인 플레이 볼로 된다.
- 예 교체한 볼은 인 플레이 볼로 된다. 플레이어가 (1) 틀린 장소에, (2) 틀린 방법으로, (3) 적용되지 않은 절차를 이용하여 교체한 볼을 리플레이스하거나, 드롭하거나, 플레이스한 경우일지라도 그 교체한 볼이 인 플레이 볼이라는 사실에는 틀림이 없다. (Substituted ball becomes ball in play. This is true even if the player replaced, dropped or placed the substituted ball (1) in a wrong place, (2) in a wrong way or (3) by using a procedure that does not apply.) (Rules of Golf, 2019)

구멍 파는 동물(burrowing animal)
토끼, 두더지, 마멋(groundhog), 땅다람쥐, 도롱뇽과 같이 사는 곳이나 숨는 곳을 위하여 구멍을 파는 동물(벌레, 곤충 혹은 이와 유사한 것을 제외한)을 말한다. 규칙 현대화(2019) 이전에 사용했던 용어로 현재는 범위를 더 넓힌 용어 "동물의 구멍(animal hole)"을 사용한다.
- 예 구멍 파는 동물, 파충류 혹은 새의 발자국은 용어의 정의 "비정상적인 코스 상태"라는 용어에서 말하는 취지의 "구멍, 쌓인 흙 혹은 통로"에 해당되지 않는다. 그러

한 발자국은 지면이 울퉁불퉁한 곳이며 그곳으로부터 벌 없이 구제를 받을 수 없다. (The footprint of a burrowing animal, a reptile or a bird is not a "hole, cast or runway" within the meaning of these terms in the definition of "abnormal ground conditions". A footprint is an irregularity of surface from which there is no relief without penalty.) (Decisions on the Rules of Golf, 2016)

구(9)번 아이언(nine-iron)

로프트 각 45-48도, 라이 각 62-64도, 길이 35인치 그리고 볼의 비거리 105-140야드(남성용 클럽)를 날릴 수 있는 아이언 클럽을 말한다. 옛 이름은 니블리크(niblick)이다.

- 예 9번 아이언 클럽은 골프 샷에서 특히 큰 로프트 각을 내기 위하여 디자인되었는데 역시 피칭 웨지나 롭 웨지보다 거리가 더 많이 난다. (A 9-iron golf club is specifically designed to get a lot of loft on your golf shot but also gets more distance than a pitching wedge or lob wedge.)

구스넥(오프세트 참조)(goose-neck, see offset)

아이언 클럽에서, 플레이 선을 향해 헤드가 샤프트 직경 정도(10-20mm)의 짧은 거리를 샤프트의 수직선에서 뒤로 떨어져서 위치할 수 있게 넥크가 꺾어지거나 구부러지게(wry-necked) 디자인된 오프세트(offset) 상태를 말한다.

- ※ 거위(goose)의 목이 S자와 유사한 모양이기 때문에 이러한 명칭이 생겼다. 구스넥의 이점은 다운스윙에서 클럽을 쥔 양손이 넓적다리 부분에 도달했을 때 비로소 샤프트가 휘어지면서 클럽 헤드가 양손보다 늦게 도달해서 임팩트해야 하는데 넥크 부분의 구부러진 거리만큼 늦게 임팩트하는 것이다. 이렇게 하여 볼의 슬라이스를 예방하고 클럽 헤드에 힘이 실려 비거리를 증가시킬 뿐만 아니라 정확성을 유지하는 데 도움이 된다.
- 예 나는, 퍼터의 한 퍼팅 면이 헤드와 샤프트가 접합된 지점의 뒤쪽에 있는 구스넥 퍼터를 더 좋아한다. (I prefer a "goose-neck" putter (one whose putting blade is behind the point at which the head joins the shaft).) (Patty Berg, 1941)

구제(구제 구역 참조)(relief, see relief area)

플레이에 방해가 되는 곳이나 규칙상 플레이가 제한되는 곳에서 방해가 되는 것을 제거하거나, 볼을 집어 올리고 옮겨서, 그 볼이나 교체한 볼을 일정한 구역에 드롭하거나 플레이스하도록 허용하는 것을 말한다.

- ※ 상황에 따라 벌 없는 구제(free relief)와 규정된 벌과 함께 구제를 받는 벌 있는 구제(penalty relief)가 있으며 그 외에 스트로크와 거리의 구제(stroke-and-distance relief)가 있다.

> 예 벌 없는 구제나 벌 있는 구제를 받을 경우 교체한 볼이나 최초의 볼은 특정한 구제 구역 안에 드롭하지 않으면 안 된다. (When taking free relief or penalty relief a substituted ball or the original ball must be dropped in a particular relief area.) (Rules of Golf, 2019)

구제 구역(relief area)

규칙에 의하여 구제를 받을 때 플레이어가 그 곳에 볼을 드롭하지 않으면 안 되는 구역을 말한다.

> ※ 기점을 정한 후 구제 구역은 그 기점으로부터 1클럽 길이 혹은 2클럽 길이 중 한 가지이다. 어떤 정의된 코스 구역에만 가능하며, 벙커 안이나 페널티 구역 안에서는 안 되고, 구제를 받고 있는 그러한 상태로부터의 방해가 없는 곳 그리고 홀에 더 가깝지 않아야 한다는 몇 가지 제한 사항이 있다. 위원회의 결정에 의하여 특정한 드롭 구역(dropping zone)을 사용하는 경우도 있다.

> 예 일반적으로 플레이어는 완전한 구제의 가장 가까운 지점을 근거로 한 구제 구역 안에 볼을 드롭하여 구제를 받는다.(The player normally takes relief by dropping a ball in a relief area based on the nearest point of complete relief.) (Rules of Golf, 2019)

국외자(outside agency)

1. 매치 플레이: 매치에 관계가 없는 모든 사람이나 물건.
2. 스트로크 플레이: 한 경기자의 사이드에 속하지 않은 사람이나 물건.
3. 스트로크 플레이, 매치 플레이: 심판원, 마커, 업저버, 포어캐디, 관객, 동물 등은 국외자이다. 바람과 물은 국외자가 아니다. 규칙 현대화(2019) 이전에 사용했던 용어로 현재는 "외부 영향(outside influence)"이라는 용어를 사용한다.

> 예 움직이고 있는 볼이 어느 국외자에 의하여 정지되거나 방향이 변경된 경우는 럽 오브 더 그린이며 그 볼은 벌 없이 있는 그대로의 상태로 플레이하지 않으면 안 된다. (If a ball in motion is stopped or deflected by any outside agency, it is a rub of the green and the ball must be played as it lies, without penalty.) (Rules of Golf, 2016)

궤도(trajectory)

볼을 쳤을 때 치는 방법과 사용한 클럽에 의하여 날아오르는 각도(launch angle)와 높이에 관련된 그 볼이 날아가는 경로의 궤적(軌跡)을 말한다.

> 예 어떤 이유에서든지 특히 볼의 비행 경로 혹은 골프 볼 궤도의 변경을 원하는 경우에는 스윙에서 할 수 있는 몇 가지 사소한 조정과 그렇게 하기 위하여 참작되는 자세를 취하게 된다. (When you do want to vary your ball flight or golf ball trajectory for whatever reason, there are a few small adjustments you can

make in your swing and setup to allow you to do this.)

규칙(rule or rules)

골프를 할 때 필요한 규제 사항과 절차를 정하고 그것을 위반할 경우 벌을 정한 표준 규정을 말한다. 규칙에는 경기나 코스에 관하여 위원회가 채택한 모든 로컬룰이 포함된다.
- 예 볼은 있는 그대로의 상태로 플레이하고, 코스는 보이는 그 상태에서 플레이하라. 어느 것도 할 수 없는 경우는 공명 정대(公明正大)하게 해결하라. 따라서 골프 규칙을 알아야 한다. (Play the ball as it lies, play the course as you find it, and if you cannot do either, do what is fair. You need to know the Rules of Golf.)

그라스 벙커(grass bunker)

도전 의욕을 고취시키기 위하여 설계하였으나 벙커와 같은 형태로 가운데가 움푹 들어갔으며 모래가 없이 풀로 덮여 있는 곳이지만 실제 벙커로 사용하지 않는 곳을 말한다. 편의상 그라스 벙커라고 한다.
- 예 골퍼들은 가끔 이 구역을 "그라스 벙커"라고 부르지만, 실제로, 그것들은 골프 규칙에 의한 벙커가 아니다. (Although golfers often call these areas "grass bunkers" they are not, in fact, bunkers under the Rules of Golf.)

그라파이트(graphite)

탄소의 동소체(同素體)로서 열전도성이 좋고 부식(腐蝕)에 견디는 힘이 강하며 비중이 매우 낮은 강한 소재(素材)로 주로 골프 클럽 샤프트에 사용되는 인조 흑연(人造黑鉛)을 말한다. 블랙 샤프트(black shaft) 혹은 카본 샤프트(carbon shaft)라는 용어를 쓰기도 하는데 같은 소재이다.
- 예 그라파이트 샤프트는 샤프트를 통하여 골퍼의 팔에 진동을 전달하는 양이 스틸 샤프트에 비하여 아주 적다. (Graphite shafts transmit fewer vibrations up the shaft to the golfer's hands than do steel shafts.)

그랜드 슬램(Grand Slam)

같은 해(1역년(曆年))에 메이저 대회(남성은 4개, 여성은 5개)를 모두 제패(制覇)한 경우를 말한다.
- ※ 한 골퍼가 그의 생애에 메이저 대회(남성은 4개, 여성은 5개)를 모두 제패한 경우는 캐리어 그랜드 슬램(Career Grand Slam)이라고 한다.
- 예 용어 "그랜드 슬램"은 바비 존스에게 처음으로 적용되었는데 그는 1930년 디 오

픈 챔피언쉽, 유에스 오픈, 유에스 아마추어 그리고 아마추어 챔피언쉽의 4개 메이저 대회를 제패한 위업을 달성하였다. (The term "Grand Slam" was first applied to Bobby Jones' achievement of winning the four major golf events of 1930: The Open Championship, the U.S. Open, the U.S. Amateur and The Amateur Championship.)

그로스 스코어(gross score)

한 사람의 골퍼가 한 라운드에서 낸 스트로크 수의 총 합계를 말한다.
- ※ 핸디캡을 적용할 경우 이 그로스 스코어에서 그 골퍼의 핸디캡 스트로크를 **빼면** 네트 스코어(net score)를 얻을 수 있다.
- 예 예를 들어, 그로스 스코어 90을 낸 핸디캡 18을 가진 골퍼는 네트 스코어 72를 받는다. 즉 90에서 18을 뺀다. (For example, an 18 handicap golfer who shoots a gross score of 90 receives a net score of 72, i.e., 18 subtracted from 90.)

그린^1(green^1)

넓은 의미에서의 그린은 골프 코스 자체를 말한다.
- ※ 따라서 그린 피(green fee)는 코스 전체의 사용료를 말하며 그린 위원회(green committee)라고 하면 퍼팅 그린뿐만 아니라 코스 전체의 정비와 관리를 책임진 위원회라는 뜻이다.
- 예 브레이드와 허드는 바든과 테일러에게 4개 코스에 걸친 (내기)매치에서 400파운드를 잃었다. (Braid and Herd lost to Vardon and Taylor in a match for £400 over four greens.)

그린^2(퍼팅 그린 참조)(green^2, see putting green)

홀이 위치한 퍼팅 그린을 약해서 그린이라고도 한다.
- 예 현대(1960년대)의 코스에서 표준 크기의 보통 수준급 퍼팅 그린은 크기가 5,000평방 피트 이상이며 대개 높은 곳으로 약간의 경사와 기복(起伏)이 있다. (The average green on a full-size, modern(1960s) course is bigger – 5,000 square feet and up – and usually elevated, sloped and contoured.) (Bob Rosburg, 1963)

그린사이드 벙커(greenside bunker)

그린 주위의 가까운 곳에 설치된 벙커를 말한다.
- ※ 그린과 그린사이드 벙커 사이의 거리는 플레이할 때 그린에 과도한 모래가 들어가지 않도록 사이를 두고 설계한다. 편의상 가드 벙커(guard bunker)라는 말을 쓰기도 한다.
- 예 그린사이드 벙커는 거리가 긴 홀에서 불안정한 어프로치 샷과 파-3 홀의 티샷에서 날아온 볼을 모으기 위하여 설계된다. (Greenside bunkers are designed

to collect wayward approach shots on long holes and tee shots on par-3 holes.)

그린섬(greensome)

포볼 경기의 변형으로 2사람씩 한 조를 이루어 4사람의 플레이어가 플레이하는데 각 플레이어가 각 홀에서 티샷한 다음 각 조(2사람)는 지정된 볼 하나로 플레이를 계속하는 경기 방식을 말한다.

- ※ 비공식 경기로 규칙에서 취급하지 않는다.
- 예 그린섬에서는 한 팀의 두 플레이어가 티 오프하여 그 중 가장 유리한 볼을 선정하여 홀 아웃할 때까지 교대로 플레이한다. 그러나 표준 포섬에서는 두 사람으로 구성된 팀은 전체 홀을 교대로 샷한다. 즉 티에서도 단 하나의 볼만 친다. (In greensomes, both players on a team tee off, the best of the two tee balls, is selected and that ball is then played alternate shot until holed. In regular foursomes, the 2-person team plays alternate shot for the full hole, i.e., only one tee ball is hit.)

그린 속도(green speed)

정확히 말해서, 퍼팅 그린 위에서 일정한 장치로 측정하여 볼이 굴러간 거리의 길고 짧은 정도를 말한다.

- ※ 퍼팅 그린에서 볼을 가볍게 쳤는데 **빠르게** 그리고 멀리 굴러간 경우 그린 속도가 **빠르다고** 말한다. 일반적으로 깎아 놓은 잔디의 높이, 그린의 경사도, 습기 정도에 따라서 그 정도가 다르다. 보통 스팀프미터(stimpmeter)로 측정했을 때 볼이 그 장치에서 굴러 내려와서 퍼팅 그린 위를 굴러간 거리를 피트(feet) 단위로 측정한다. USGA는 그린 속도에 관하여 다음과 같이 권장하고 있다.

	속도	거리(피트)
일반 골프 코스	느리다(slow) 보통(medium) 빠르다(fast)	4.5ft(1.4m) 6.5ft(2.0m) 8.5ft(2.6m)
US 오픈 코스	느리다(slow) 보통(medium) 빠르다(fast)	6.5ft(2.0m) 8.5ft(2.6m) 10.5ft(3.2m)

- 예 그린 속도를 증가시키기 위한 경쟁은 개선된 잔디 깎는 기계의 제작 기술과 프로 골프의 TV 시청 인기 상승이 결합된 결과이다. (The race for more green speed is a result of a combination of improved greens mower technology and the popularity of watching professional golf on TV.)

그린스 인 레귤레이션(greens in regulation)

코스에 있는 각 홀의 퍼팅 그린에 볼을 올려서 2퍼트를 하기 전에 그 퍼팅 그린에 볼을 올리기 위하여 기대하는 스트로크 수를 말한다. 약해서 지아이알(GIR)이라고 한다.

※ 따라서 파-3 홀에서 티샷한 볼이 그린에 올라갔으면 그 플레이어는 규정된 스트로크 수로 볼을 올린 경우(green in regulation)가 된다. 파-4 홀에서는 2타, 파-5 홀에서는 3타가 기대하는 그린스 인 레귤레이션이다.

예 "그린 인 레귤레이션"은 아마추어와 오락으로 플레이하는 플레이어들이 그들의 라운드를 평가하는 통속적인 방법일 뿐만 아니라 프로 골프 투어의 통계상 범위를 나타내는 것이다. ("Green in regulation" is a statistical category on the professional golf tours, as well as a popular method for amateur and recreational players to rate their rounds.)

그린 위원회(green committee)

코스 전체를 정비하고 관리하는 책임을 지는, 그 골프 클럽 회원으로 구성된, 위원회를 말한다.

※ 여기에서 그린은 퍼팅 그린이 아닌 코스 전체를 의미한다.

예 대부분 클럽의 이상적인 그린 위원회는 인구 통계상 남성, 여성 그리고 연장자급 인원 그룹에서 선발된, 낮은 핸디캡 플레이어와 중 상위 핸디캡 플레이어로 구성되는 것이 바람직하다. (The ideal green committee for most clubs would consist of a low handicap player and mid-high handicap player selected from the ranks of the men, women and senior demographic groups.)

그린을 읽다(reading greens or read greens)

그린 상태나 플레이 선에 대하여 면밀히 판단하는 것을 말한다. 즉 잔디의 종류와 잔디결 그리고 지면의 높고 낮음, 경사 등을 잘 관찰하고 플레이 선에 대한 예상 진로를 헤아리는 것을 뜻한다.

예 그린을 읽거나 퍼트를 읽는다는 것은 볼이 한 번 스트로크된 뒤에 그 위를 따라 굴러갈 선/진로를 생각해 보고, 예상해 보고, 마음에 그려 보고, 짐작해 보고 혹은 예견해 보는 것이다. (Reading a green or putt is imagining, visualizing, picturing, guessing or foreseeing the line/path on which the ball will roll once struck.)

그린 재킷(green jacket)

해마다 미국 내셔널 오거스타 골프 클럽에서 개최되는 마스터스 토너먼트(Masters Tournament) 우승자에게 입혀 주는 그린색 재킷을 말한다.

- ※ 공식적으로 1949년부터 시작되었다.
- 예 마스터스 토너먼트 우승자에게는 현금으로 된 상품에 추가하여 특유의 그린 재킷이 수여되는데 이것은 공식적으로 1949년 이래 수여되었으며 그 이전에 비공식적으로 다년간 챔피언들이 받았었다. (In addition to a cash prize, the winner of The Masters Tournament is presented with a distinctive green jacket, formally awarded since 1949, and informally acquired by the champions for many years before that.)

그린키퍼(greenkeeper)

클럽에 소속되어 코스의 정비와 관리를 책임진 코스 관리 요원을 말한다.
- ※ 책임자를 코스 관리 본부장(superintendent)이라고 한다.
- 예 아놀드의 아버지는 그린키퍼로 있었는데 곧 선임 그린키퍼 전문요원이 될 예정이었다. (Arnold's father, who had been greenkeeper, was soon to be made head professional.) (Mark McCormack, 1967)

그린키핑(greenkeeping)

골프 코스 정비와 관리에 관한 과학과 전문적 지식 혹은 그에 관한 전문직을 말한다.
- 예 현대의 과학적인 코스 관리는 퍼팅 능력이 우수한 플레이어가 되기 위한 기법을 연구하는 사람을 위하여 보다 여유 있게 해 준다. (Modern greenkeeping has made it easier for a man who studies the art to be a good putter.) (Tom Scott & Geoffrey Cousins, 1969)

그린 피(green fee)

플레이어에게 부과되는 골프 코스 사용료를 말한다.
- 예 개별 코스의 그린 피는 다양한데 일반적으로 그 주의 요일, 그날의 시간 그리고 골퍼의 지위에 달려 있다. (An individual course's green fees typically vary depending on time of week, time of day and status of the golfer.)

그립(grip)

클럽 샤프트의 끝을 포함한 윗부분으로 플레이어가 양손으로 쥐는 부분을 말하며 일반적으로 가죽, 고무 혹은 합성 재질로 그 부분을 감아서 감촉이 좋도록 제작한다. 또한 그 부분을 쥐는 것을 말하기도 한다. 그립을 쥐는 방법(오른손잡이)에는 인터록킹 그립(interlocking grip), 오버랩핑 그립(overlapping grip), 내츄럴 그립(natural grip), 역 오버랩핑 그립(reverse overlapping grip) 등이 있다.
- ※ 1. 인터록킹 그립 - 오른손 새끼손가락과 왼손 집게손가락을 서로 얽어 끼워서 쥐는 그립 방법이다.

2. 오버랩핑 그립 – 왼손 집게손가락 위에 오른손 새끼손가락을 포개는 것이다. 즉 오른손 새끼손가락을 왼손 집게손가락과 가운뎃손가락 사이의 오목한 곳을 덮어서 쥐는 그립 방법이다. 가장 보편적인 그립 방법이며 바든 그립(Vardon grip)이라고도 한다.
3. 내츄럴 그립 – 양손의 손가락을 위아래로 전부 나란히 해서 쥐는 그립 방법이다. 베이스볼 그립(baseball grip) 혹은 열손가락 그립(10-finger grip)이라고도 한다.
4. 역 오버랩핑 그립 – 왼손 집게손가락이 오른손 새끼손가락 위를 덮어 포개서 쥐는 그립 방법이다. 퍼팅에서 널리 사용된다. 가리다, 덮는다는 뜻에서 베일 그립(veil grip)이라고도 한다.

예 벤 호건은, 그의 저서에서, "골프는 올바른 그립과 함께 시작한다"라고 말하였다. (Ben Hogan, in his book, stated that "golf begins with a good grip".)

그 홀의 패(loss of hole)

매치 플레이에서 일반적인 벌을 말한다. 스트로크 플레이에서의 일반적인 벌은 2벌타이다. 다시 말하면 스트로크 플레이에서 2벌타는 매치 플레이에서 그 홀의 패와 맞먹는다.

※ 골프 규칙을 기술할 때 매치 플레이와 스트로크 플레이를 동시에 기록한 경우 그 벌을 기록하는 방식이다.

예 매치 플레이 – 그 홀의 패; 스트로크 플레이 – 2벌타. (Match play – Loss of hole; Stroke play – Two penalty strokes.)

글러브(glove)

플레이할 때 손에 끼는 골프 장갑(golf glove)을 말한다. 손을 보호하고 그립(grip)이 미끄러지는 것을 방지하기 위하여 일반적으로 왼손에 장갑을 끼고 오른손은 접촉 감각을 예민하게 느낄 수 있도록 끼지 않는다.

예 골프 장갑을 끼는 것은 게임을 할 때 반드시 필요한 행위는 아니지만 권장하는 사항이다. 그 이유는, 조니 밀러가 그의 책에서 서술(敍述)한 바와 같이 인간의 손은 단순히 골프 장갑에 사용된 물질과 같은 정도의 점착성(粘着性)이 없기 때문이다. (Wearing a golf glove is not a requirement to play the game, but it is recommended. The reason, as Johnny Miller has written, is that the human hand simply isn't as tacky as the material used in golf gloves.)

기어 효과(gear effect)

클럽 타면의 앞뒤에 걸쳐 도드라진 형태의 드라이버나 페어웨이 우드로 임팩트할 때 볼이 클럽 헤드의 토우(toe) 부분에 맞으면 드로 혹은 후크가 나고 힐(heel) 부분에 맞으면 페이드 혹은 슬라이스가 나는 현상을 말한다.

※ 클럽 타면의 가운데 부분이 수평(앞뒤)으로 도드라지게 나온(만곡 부분(bulge)) 형태의 드라이버 스위트 스폿 즉 클럽 헤드의 무게 중심점(center of gravity)에서 벗어난 임팩트의 경우 클럽 타면과 볼이 마치 연동 장치(gear)가 맞물려 회전하는 것처럼 볼에 사이드 스핀(side spin) 작용이 일어나는 현상이다. 볼이 클럽 헤드의 토우 부분에 맞은 경우 헤드는 무게 중심점을 중심으로 시계 방향으로 회전하려 하고 볼은 마찰을 겪으면서 시계 반대 방향으로 회전하려는 힘이 생긴다. 이때 기어 효과의 현상이 일어난다. 이러한 현상은 클럽 타면에 완만한 도드라진 부분이 있고 무게 중심점이 타면에서 헤드 뒷부분으로 어느 정도의 거리(깊이)를 유지하고 있기 때문이다. 따라서 무게 중심점이 타면에서 뒤쪽으로 깊이가 없는 아이언 클럽에서는 기어 효과의 현상이 일어나지 않는다. 기어 효과에 의하여 볼은 후크가 나는 경향이 있다. 그러므로 스위트 스폿에서 벗어난 임팩트의 경우 볼의 비행 방향을 어느 정도 바로잡게 된다. 슬라이스가 나는 경향은 이와 반대의 경우이다. 그리고 클럽 헤드의 상하 수직 만곡 부분(roll)도 영향을 미친다.

예 모든 나무로 된 클럽 헤드 타면이 수평으로 도드라진 만곡 상태("벌지 현상"이라고 부름)로 디자인되는 이유는 기어 효과 때문이다. (The reason all wood-heads are designed with a horizontal curvature across the face (called "bulge") is because of the gear effect.)

길이(length[1])

짧은 거리를 측정하거나 구제 구역의 크기를 간단히 클럽으로 측정할 때 혹은 퍼팅 그린 위에서 다른 볼에 원조 혹은 방해가 되는 볼 마커나 볼을 옆으로 비켜 놓기 위하여 클럽 헤드로 측정할 때 그 클럽 길이(club-length)나 클럽 헤드 길이(club head-length)를 뜻한다.

※ 일반적으로 라운드 중에 소지한 14개 클럽 중(퍼터를 제외한) 가장 긴 클럽으로 클럽 길이를 측정한다. 각 홀에서 티잉 구역을 정하는 데에도 사용한다.

예 볼 마커가 플레이에 원조 혹은 방해가 되는 경우 그 볼 마커는, 예를 들어 1 혹은 2 이상 클럽 헤드 길이를 사용하여 최초의 지점으로부터 측정한 방해가 되지 않는 새로운 지점으로 옮겨 놓지 않으면 안 된다. (If a ball-marker might help or interfere with play, the ball-marker must be moved out of the way to a new spot measured from its original spot, such as by using one or more club-head lengths.) (Rules of Golf, 2019)

김미(위즈인 더 레더 참조)(gimme, see within the leather)

홀 아웃 없이 짧은 퍼트를 면제해 주는 것을 말한다. 즉 볼이 놓여 있는 곳에서 홀까지의 길이가 퍼터의 그립 길이 즉 가죽으로 감은 그립 부분보다 더 짧은 경우(within the leather), 친선 게임에서, 그 홀 아웃 퍼트를 양보해 주는 것을 뜻한다(속).

※ gimme는 give it to me를 약해서 쓰는 속어.

예 "김미 퍼트"는 바로 골프의 정의를 내린 이 규칙(규칙 1.1)에 대한 가장 자주 발생하는 위반 사항이다. (The "gimme putt" is the most frequent violation of this rule (Rule 1.1), which is the very definition of golf.)

깃대(flagstick)

깃대는 플레이어에게 홀 위치를 표시하기 위하여 위원회가 준비해서 홀에 세워 놓은 움직일 수 있는 장대를 말한다. 깃대에는 장대에 부착된 깃발과 다른 재료나 물건이 포함된다.

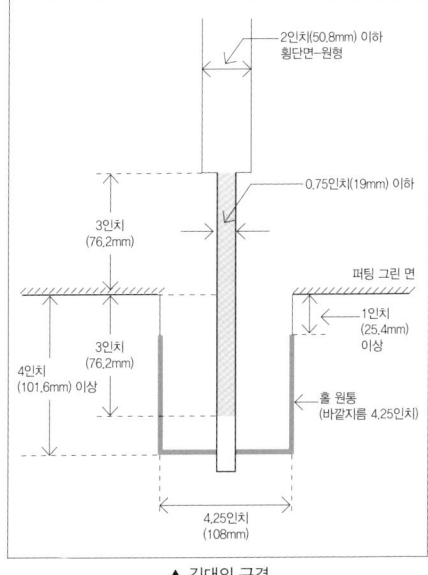

▲ 깃대의 규격

- ※ • 깃대의 횡단면은 원형이 아니면 안 된다. 깃대의 상단으로부터 퍼팅 그린 면에서 위로 3인치(76.2mm)보다 위 지점까지의 바깥지름은 2인치(50.8mm) 이하가 아니면 안 된다. 퍼팅 그린 면으로부터 위로 3인치와 아래로 3인치되는 점까지는 0.75인치(19mm) 이하의 일정한 바깥지름으로 되어 있지 않으면 안 된다. 깃발과 장식적인 부속물은 합리적인 크기로 깃대의 상단 근처에 위치하지 않으면 안 되며 바람의 방향이나 강도는 나타낼 수 있으나 이를 측정해서는 안 된다.
- 퍼팅 그린으로부터 위로 3인치보다 더 위에 있는 깃대에 대한 부속물은 허용되나 적어도 다음 범위내의 한 가지에 해당되어야 한다. a.그린 위 깃대의 위치(예를 들어 앞, 중간, 뒤)를 식별하기 위하여 사용되는 합리적인 크기의 표시. b.거리측정기와 함께 사용하기 위한 합리적인 크기의 반사체나 유사한 부속물은 허용된다. c. a와 b에 규정된 것 이외에 깃대에 대한 그 외 부속물은 횡단면이 일반적으로 원형이고 깃대에 대한 수직 치수가 2인치 이하이어야 한다.
- 예 홀에 깃대가 꽂혀 있는 상태에서 스트로크한 후 플레이어와 그의 캐디는 움직이고 있는 플레이어의 볼이 와서 정지할지도 모르는 곳에 영향이 미치도록 깃대를 고의로 움직이거나 제거(볼이 깃대에 맞는 것을 피하기 위하여)해서는 안 된다. (After making a stroke with the flagstick left in the hole, the player and his or her caddie must not deliberately move or remove the flagstick to affect where the player's ball in motion might come to rest(such as to avoid having the ball hit the flagstick.) (Rules of Golf, 2019)

골프 용어 해설(Clarification of Golfing Terms) 나

나비스코 챔피언쉽(Nabisco Championship)
5대 여성 메이저 대회의 하나이며 매년 미국 캘리포니아주 랜쵸 미라쥬(Rancho Mirage, Calif.)에 있는 미션 힐스 컨트리클럽(Mission Hills C.C.)에서 개최되는 챔피언쉽을 말한다.
- ※ 1972년 미국의 연예인 다이너 쇼어(Dinah Shore)가 창설하였으며 그 해 제1회 대회 우승자는 미국의 제인 블래록크(Jane Blalock)였다. 후원자에 따라 최초 대회 명칭은 콜게이트-다이너 쇼어 위너스 서클(Colgate-Dinah Shore Winner's Circle)이었으며 그 뒤 몇 차례 개칭되었는데 2002년에는 크래프트 나비스코 챔피언쉽(Kraft Nabisco Championship)으로 되었다. 그리고 2015년에는 에이앤에이 인스피레이션(ANA Inspiration)으로 되었다. 명칭은 계약에 따라 변경된다. 우승자는 18홀 주변의 연못에 뛰어드는 관례가 있었으나 현재는 LPGA에서 제공하는 그린 재킷(green jacket)을 입는다. *ANA=전일본항공(全日空)(All Nippon Airways)
- 예 나비스코 챔피언쉽은 1972년 연예인 다이너 쇼어가 창설하였는데 1983년 이래 메이저 대회로 분류되어 왔다. (Nabisco Championship – Founded in 1972 by entertainer Dinah Shore, it has been classified as a major since 1983.)

나이스 샷(nice shot)
플레이어가 아주 좋은 샷을 했을 때 하는 칭찬의 말을 의미한다.
- ※ 같은 뜻으로 다음과 같은 말이 있다. 즉 굿 샷(good shot), 뷰티풀 샷(beautiful shot), 파인 샷(fine shot), 엑설런트(excellent), 원더풀(wonderful) 등이다.
- 예 나이스 샷이라고 말하는 것은 좋으나 나는 볼이 정지한 후에 그 말을 하는 것이 최선이라고 생각한다. 볼이 아직 공중에 날고 있는데 나이스 샷이라고 말하는 것보다 더 나쁜 경우는 없는데 결국 볼이 벙커 안으로 굴러 들어가는 것을 보게 된다. 그 때 실패한 그 친구는 마치 당신의 잘못으로 그렇게 된 것처럼 당신을 쳐다보게 된다! (I think it's OK to say nice shot, but it's best to do it after the ball has stopped. Nothing worse than saying nice shot when the ball is the air, only to watch it roll off into a bunker. Then the guy stares at you as if it's your fault!)

"나이스 퍼트, 엘리스(Nice putt, Alice)"
볼을 퍼트하였으나 약하게 쳐서 홀에 훨씬 못 미친 경우를 빗대어 하는 말을 뜻한다.
- ※ 루이스 캐럴(Lewis Carrol)의 동화 "이상한 나라의 엘리스(Alice's Adventures in Wonderland, 1865)"에 나오는 소녀처럼 이때의 엘리스(Alice)는 여성의 이름이다.

그러나 남성이나 여성의 모든 골퍼가 사용한다. 한편 퍼트를 약하게 했던, 독일 태생의 일류 영국 골퍼인, 피터 엘리스(Peter Alliss)의 이름에서 나왔으며 그 후 여성의 별명으로 변했다는 설도 있다.

- 예 당신이 포섬에서 다른 친구 3사람과 함께 플레이한다고 가정하면 그들 중 한 사람이 퍼트를 준비하고 스트로크하였는데 . . . 그 볼이 홀 근처까지도 못 미쳤다. 이 때 무엇이라고 말하는가? 말할 가능성이 있는 한 가지는 "히트 이트 엘리스!", 그리고 다른 한 가지는 "나이스 퍼트, 엘리스!"일 것이다. (Say you're playing in a foursome with three of your buddies, when one of them lines up a putt, takes his stroke . . . and doesn't even get the ball to the hole. What do you say? One possibility is, "hit it, Alice!" Another is, "nice putt, Alice!")

나인티 디그리 룰(ninety-degree rule)

페어웨이에서 골프 카트 이용이 제한적으로 허용되는 경우 카트로에서 볼까지 똑바로 진행하여 볼을 친 다음 다시 똑바로 카트로에 돌아와야 한다는 규칙을 말한다.

- ※ 페어웨이 잔디 손상을 최대한으로 줄이기 위하여 카트 방향에서 볼에 90도 방향으로 진행하는 요령이며 라운드 출발 전에 규칙 시행 여부를 확인하여야 한다.
- 예 "오늘은 나인티 디그리 룰이 유효하다. 따라서 볼 가까이 도달할 때까지 카트를 페어웨이 밖에서 이용하여야 한다." ("The 90-degree rule is in effect today, so keep carts off the fairway until you reach your ball.")

내소(Nassau)

일반적으로 매치 플레이로 진행하며 3개의 매치 즉 프론트 나인(front nine), 백 나인(back nine) 그리고 전체 18홀 매치의 각 매치에서 이긴 골퍼가 각각 1점씩 획득하여 가장 많은 점수를 획득한 골퍼가 우승하는 보편적인 게임(내기)의 한 방법을 말한다.

- ※ 1900년경에 미국 뉴욕주 롱 아일랜드(Long Island)에 있는 내소 컨트리 클럽에서 처음 시작하였기 때문에 그 명칭이 유래하였다. 서로 대항하는 2사람 혹은 2팀이 경쟁하며 1점에 거는 내기의 돈은 보통 $2~$5이며 $2의 경우는 "2-2-2"라고 한다. 따라서 $2 내소의 경우는 프론트 나인 매치에 $2, 백 나인 매치에 $2 그리고 전체 18홀 매치에 $2를 거는 게임을 의미한다. 만일 프론트 나인에서 2홀 다운(down)이 된 골퍼는 현재 거는 내기에 2배를 거는 프레스(press)를 제의할 수 있는데 그 경우에는 보통 나머지 홀 혹은 백 나인 홀에 적용하도록 제의한다. 프레스에 다시 프레스를 제의하는 경우도 있다. 이러한 변형에는 내소 포 웨이(Four Ways) 혹은 내소 식스 웨이(Six Ways) 등의 형태가 있다. 동점의 경우(push)는 점수가 없으며 프레스에서 내기는 최초 설정한 액수의 2배로 하며 그 이상의 경우도 있다.
- 예 내소 게임은 1900년 뉴욕 주에 있는 내소 컨트리클럽의 캡틴 존 콜 태팬이 창안하였다. (The Nassau was invented at Nassau Country Club in New York, in 1900, by club captain John B. Cole Tappan.) (Golf Digest)

내츄럴 그립(그립 참조)(natural grip, see grip)

네버 업, 네버 인(never up, never in)
"홀까지 도달하지 않으면 결코 들어가지 않는다." 이 말은 누구나 알고 있는 진리이다.
- ※ 주로 퍼팅에서 볼이 홀에 충분히 도달할 수 있도록 적절한 힘을 가하여 퍼트하지 않은 경우에 적용되는 격언이다. 다시 말해서 홀까지 도달하도록 치지 않은 볼은 결코 홀에 들어갈 수 있는 챤스가 없다는 뜻이다.
- 예 네버 업, 네버 인 - 정확한 퍼팅(래그 퍼트가 아닌)에 관해서 생각하는 방향은 두 가지가 있다. 그 한 가지 사고 방식에서 요구하는 바는 "터치" 퍼팅(역시 피네스 퍼팅이라고도 함) 바로 그것이다. 즉 볼이 목표까지 도달하는 데 필요한 정도의 속도를 내도록 힘을 가하여 볼을 추진시키는 정밀한 방식인데 그 목표는 홀까지이며... 그 이상은 안 된다. 또 한 가지 방식은 볼을 보다 세게 추진시키는 방법인데, 무슨 일이 있을지라도, 볼이 홀에 도달하는 것을 보증할 수 있도록 추진시키는 것이다. (Never up, never in - There are two philosophies about precision putting (putts other than lag putt): One school of thought claims that "touch" putting (also called "finesse" putting) is the way to go. Try to propel the ball with precisely the amount of speed needed for the ball to reach the hole . . . but no more. The other method is to propel the ball a bit harder, such that the putt is guaranteed to reach the hole no matter what.)

네크(호젤 참조)(neck, see hosel)
클럽 헤드와 샤프트가 접촉된 부분을 말하며 여기에 샤프트를 끼워서 고정시킨다.
- ※ 소켓과 같은 의미이며 접촉 부분을, 샤프트의 수직선에서 헤드가 10~20mm 정도 뒤에 위치하도록, 꺾어서 혹은 구부려서 설계할 수도 있다(오른손잡이).
- 예 샤프트는 클럽 헤드의 힐에 직접 부착하거나 한 개의 단순한 네크와/혹은 소켓을 통하여 부착하지 않으면 안 된다. (The shaft must be attached to the clubhead at the heel either directly or through a single plain neck and/or socket.) (Rules of Golf, 2016)

네크가 구부러진(구스넥 참조)(wry-necked, see goose neck)

네트(네트 스코어 참조)(net, see net score)

네트 스코어(net score)

골퍼가 낸 그로스 스코어에서 핸디캡 스트로크 수를 빼거나 더한 스코어를 말한다 (그로스 스코어 참조). 단지 네트(net or nett(영국))라고도 한다.
- 예 나는 마지막 9홀에서 모두 파(par)를 내서 네트 스코어 63을 달성해냈다. (I did the last nine holes in par figures for an nett sixty-three.)

노란 표시 페널티 구역(페널티 구역 참조)(yellow penalty area, see penalty area)

노 알리바이(no alibis)

각 골퍼의 핸디캡과 같은 수의 멀리건을 인정하여 라운드 중 필요한 경우 받은 멀리건 수만큼 다시 플레이할 수 있는 토너먼트식 골프 게임을 말한다. 가장 낮은 그로스 스코어를 낸 골퍼가 우승자가 된다. 멀리건스(mulligans)라고도 한다.
- ※ 일반적으로 핸디캡 스트로크의 2/3 만큼 멀리건을 인정한다. 다시 플레이할 수 있는 다수의 멀리건을 충분히 인정해 주었기 때문에 성적이 나빠도 변명을 할 수 없다(no alibis)는 뜻을 내포하고 있다.
- 예 노 알리바이에서 일반적으로 두 가지 다른 조건이 또 적용된다. 즉 첫째로 그날 첫 번째 티샷은 다시 플레이해서는 안 되고 다음으로 샷을 두 번 할 수 없다는 것이다. (Two other conditions of no alibis usually apply: The first tee shot of the day may not be replayed, and no shot can be replayed twice.)

노즈(nose)

우드 클럽 헤드의 토우(toe) 부분을 말한다. 클럽 헤드의 코 혹은 돌출부에 해당된다.
- 예 클럽의 노즈는 우드 클럽의 토우를 말한다. (The nose of the club refers to the toe of a wooden club.)

뉴(뉴) 피오리어 시스템(피오리어 시스템 참조)(New New Peoria(NNP) System, see Peoria System)

느린 플레이(부당한 지연 참조)(slow play, see unreasonable delay)

니 노커(knee-knocker)

짧고 쉬운 퍼트지만 플레이어가 스코어에 관련된 신경 과민과 압박으로 무릎이 실제로 혹은 마음 속으로 흔들리고 볼을 홀에 가라앉힌다는 확신도 없는 퍼트를 의미한다(속).

예 그의 칩 샷은 잘했으나 아직 신경 과민으로 무릎이 흔들릴 정도의 파 퍼트가 남아 있었다. (His chip shot was well played, but still left him with a knee-knocker for par.)

니블리크(niblick)

니블리크는 다음과 같은 종류의 클럽을 뜻한다. 현재는 사용하지 않는다.

1. 클럽 헤드가 짧고 로프트 각이 비교적 큰 우드 클럽의 옛 이름이며 다루기 어려운 라이나 바퀴 자국에 들어간 볼을 탈출시키는 데 사용하였다. 럿 아이언(rut iron)과 같은 용도로 사용하였다.
2. 클럽 타면이 둥글고 로프트 각이 비교적 크며 타면 중앙이 약간 오목하게 들어간 아이언 클럽의 옛 이름인데 역시 우드 클럽과 같은 목적으로 사용하였다. 트랙 아이언(track iron)이라고도 한다.
3. 블레이드가 깊고 로프트 각이 큰 아이언 클럽의 옛 이름이며 특히 모래 가운데나 러프에서 사용하였다.
4. 9번 아이언 클럽의 옛 이름을 가리킨다.

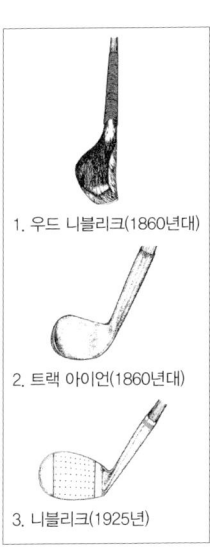

1. 우드 니블리크(1860년대)
2. 트랙 아이언(1860년대)
3. 니블리크(1925년)

※ 니블리크는 꺾인 노즈(broken nose) 혹은 짧은 노즈(short nose)라는 뜻이다. 즉 짧은 코 혹은 돌출부라는 말에서 나왔다. 본래 니블리크는 다른 우드 클럽들보다 헤드가 더 짧았다.

예 니블리크는, 볼이 카트 바퀴 자국, 모래 속의 말 발굽 자국 혹은 플레이어가 다루기 어려운 움푹 들어간 둥근 곳에 있을 때, 매우 중요하게 사용된다. (The niblick is of very important service when the ball lies in a cart-rut, horseshoe print in sand, or any round deep hollow not altogether beyond the player's reach. 1858)

니 액션(푸트 액션 참조)(knee action, see foot action)

스윙에서 푸트 액션(foot action)에 연관된 양쪽 무릎에 관한 동작을 말한다.

※ 정확한 골프 스윙을 위하여 특히 푸트 액션과 동시에 작용하는 무릎에 관련된 동작이 강조되고 있다. 테이크 백 바로 전에 양쪽 무릎을 약간 구부리고 그 간격을 안쪽으로 모은 상태는 테이크 백에서 왼쪽 어깨의 회전을 용이하게 하고 다운스윙에서도 등뼈를 중심으로 회전하는 피벗(pivot) 동작을 잘 밑받침하는 역할을 담당하

게 된다.
- **예** 무릎 동작은 골프 스윙 동작을 시작하게 하고 스윙이 진행될 때 그에 따른 무게 중심점이 되는 곳을 조정하는 역할을 한다. (Knee action starts the motion of the golf swing and controls where the center of gravity in your swing goes.)

니커 보커(knicker bocker)

무릎 아래에서 바지 자락을 졸라매는 느슨한 바지를 말한다. 러프에서도 거치적거리지 않게 착용하는 골프용 바지의 일종이다. 니커스(knickers)라고도 한다.
- **예** 니커 보커는, 옛날로 거슬러 올라가, 워싱턴 어빙에 의하여 대중화된 초기 뉴 네덜란드 개척자들에 대한 별명인데 워싱턴 어빙은 1809년 "디트릭 니커-보커"라는 필명(筆名)으로 풍자적(諷刺的)인 저서 "뉴욕의 역사"를 출판하였다. (Knicker-bocker is a surname that dates back to the early settlers of New Netherlands that was popularized by Washington Irving in 1809 when he was published his satirical "A History of New York" under the pseudonym "Dietrick Knickerbocker".)

골프 용어 해설(Clarification of Golfing Terms) 다

다운¹(매치¹ 참조)(down¹, see match¹)
매치 플레이에서 이긴 홀 수가 상대편에 뒤지고 있는 매치의 상태를 말한다.
- 예 그는 2홀을 진 상태였다. (He was 2 down.)

다운²(down²)
퍼팅 그린에서 볼을 홀에 가라앉히는 것을 말한다. 즉 홀 아웃의 경우를 뜻한다.
- 예 3타째는 짧은 어프로치 샷을 날리고 2퍼트로 볼을 홀에 가라앉혀서 5타를 낼 것이다. (The third, a short approach, and two putts, will put the ball down in five.)

다운 블로우(down blow or descending blow)
주로 아이언 클럽으로 스윙하여 아래로 내리칠 때 지면에 근접된 곡선상에서 클럽 헤드가 하향 각도로 볼을 임팩트한 다음 클럽 헤드의 소울(sole)이 스윙의 가장 낮은 점을 통과하면서 볼이 있던 지점 앞부분의 잔디를 쓸어 내듯 잘라 날려 버리는 타격 현상을 말한다. 디센딩 블로우(descending blow)라고도 한다. 또 히트 다운(hit down)이라는 말을 많이 쓴다.
- 예 칩핑을 위한 유익한 훈련은 다만 발가락 부분을 땅에 대고 발 뒷부분을 약간 들어 올린 채 볼을 내리치는 것이다. 이것은 당신의 몸 무게를 발 앞부분에 두고 볼에 대한 디센딩 블로우를 확실히 할 수 있도록 해 준다. (A good drill for chipping is to hit shots with your back foot lifted up and only to the toe is touching the ground. This ensures your weight is on the front foot and you will be making a descending blow.)

다운스윙(downswing)
볼을 치기 위한 스윙에서 스윙의 정점으로부터 볼을 향하여 클럽을 전방으로 내려 치는 동작을 말한다. 즉 톱 오브 더 스윙에서 볼을 임팩트할 때까지 일련의 동작을 말한다.
- 예 ... 다운스윙을 급히 서두르는 것은 대부분의 골퍼들이 저지르는 잘못이다. (... hurrying the downswing is a fault of which most golfers are guilty.) (Tom Scott, 1969)

다운윈드(순풍 참조)(downwind, see with the wind)

다운힐 라이(downhill lie)

오른손잡이 플레이어의 경우 볼을 스트로크하기 위하여 섰을 때, 오른발을 왼발보다 더 높이 위치시키는 자세가 나올 수 있는, 홀을 향하여 볼이 내리막 경사지에 놓여 있는 상태를 말한다.

> 예 홀을 향하여 내리막 경사지에 있는 볼을 샷할 때, 경사면을 향하여 팔을 아래로 늘여서 뻗기 때문에, 볼의 비행이 오른쪽으로 휘는 경향이 있다. (Shots from downhill lies tend to go to the right because extending your arms down the slope.)

다운힐러(downhiller)

내리막 경사지에서 하는 내리막 샷이나 내리막 퍼트를 말한다.

> 예 볼을 올릴 수 있는 지점이 작고 겨우 몇 군데 밖에 없기 때문에 그린이 매우 독특한 모양을 하고 있다; 따라서 항상 홀 인시킬 수 있는 짧은 퍼트를 남겨 놓는 것이 유리하다. 그렇지 않으면 내리막 퍼트에 도전해야 하는 상황에 직면하게 될 것이다. (The shape of the green is very unique since it has several landing areas that are very small; it's always better to leave a putt short of the hole or you will face a challenging downhiller.)

다이(데드[2] 참조)(die, see dead[2])

단조(forged)

클럽 헤드 제작에서 쇠붙이 덩어리를 불에 달군 다음 압축하거나 외부 충격 즉 두드려서 원하는 형태의 헤드를 제작하는 단조(鍛造) 방법을 말한다.

> ※ 이 방법으로 제작된 단조 클럽(forged club)은 볼을 치는 감각이 좋으나 제작 기간이 길고 직접적인 많은 세부 손길이 필요하다.

> 예 바비 존스의 시대로 돌아가 보았을 때 사람들은 단조 방법으로 제작된 아이언 클럽을 사용하였다. 그 당시에는 그러한 클럽을 판매하는 소매점이 없었다; 그 대신에 골퍼들은 대장장이로 하여금 쇠 덩어리에서 그들의 클럽 헤드를 제작해 내도록 하였다. (Back in the days of Bobby Jones, you played forged irons. There were no retail outlets; instead, golfers had blacksmiths make clubheads for them from block of iron.)

대취(thatch)

잔디밭 표면 위나 그 근처에 생생하거나 시들었거나 혹은 분해되었거나 부패되었거나를 막론하고 잔디나 기타 잡풀의 일부가 쌓여 있거나 흩어져 있는 찌꺼기를 말한다.

※ 잔디 성장에 따라 자연히 발생하거나 흔히 잔디를 깎은 후 흩어진 잔디의 잔류물이 쌓이는 경우가 있다. 이 대취는 소량일 때는 별 지장이 없으나 쌓인 경우에는 건강한 잔디 생육에 영향을 미친다.

예 과도하게 쌓인 대취(대체로 상황에 따라 1/2~3/4인치 이상)는 건강하고 생기 있는 잔디 생장에 모두 필요한 공기, 수분, 비료와 다른 재료가 뿌리로 이동하는 것을 막을 수 있다. (An excessive thatch layer (typically more than 1/2 to 3/4 inch, depending on the situation) can restrict the movement of air, water, fertilizer and other materials to the roots, all of which are necessary for healthy, vigorous turf growth.)

댄스장(dance floor)

퍼팅 그린을 말한다. 그린 면이 매끄럽게 보이고 평탄하기 때문에 명칭이 나왔을 것으로 보며 동료들과 이곳에서 기쁨을 나누게 될 것이라는 뜻이 깔려 있다(속).

예 "훌륭한 어프로치 샷이요. 당신의 볼이 그린에 올라갔소." ("Great approach shot - you're on the dance floor.")

더브(dub)

볼을 잘못 쳐서 그 볼이 의도한 거리보다 매우 짧게 굴러가는 현상을 말한다. 또 그렇게 치는 서투른 골퍼를 말할 때도 있다(속).

예 선천적인 서투른 골퍼는 결코 낙담(落膽)이라는 감정을 느끼지 못한다. (The congenital dub never feels discouragement.) (Strickland Gillilan, 1929)

더블 그린(double green)

한 개의 같은 퍼팅 그린에 각각 깃대를 꽂을 수 있는 2개 홀을 가진 1그린 2역(役)의 그린을 말한다.

예 예를 들면, 세인트 앤드루스의 올드 코스는 결국 4개 홀을 제외하고, 모두 더블 그린으로 되어 있다. (On the Old Course at St. Andrews, for example, all but four holes end in double greens.)

더블 보기(double bogey)

한 홀에서 파(par)보다 2타 더 많이 낸 스코어를 말한다. 혹은 다만 더블(double)이라고도 한다.

예 ... 한 번의 샷은 볼이 아웃 오브 바운즈로 들어갔기 때문에 4번 홀에서 더블 보기로 스코어 6을 내게 되었다. (... a shot that went out of bounds and led to a double bogey 6 on the fourth hole.)

더블 브레이크(double break)

퍼트된 볼이 처음에 한 쪽으로 기울어지다가 방향을 바꿔 반대 쪽 혹은 다른 쪽으로 기울어지는 경우를 말한다.

- 예 상황: 볼이 각기 다른 방향으로 두 번 혹은 세 번 구부러지게 되는 퍼트를 하는 상황에 직면해 있는데 그린을 어떻게 읽어야 할지 모르는 상황이다. 해결책: 발 아래 지면의 경사도를 감지하고 볼 마크, 잔디결, 무엇이든 결점이 있는 부분 등을 조사해 보며... 퍼트에서 가장 크게 구부러지려는 쪽을 마음에 새겨둔다. (The Situation: You are faced with a double or triple breaking putt and aren't sure how to read it. The Solution: Feel the slope of the ground underneath your feet. Look for ball marks, grain and any imperfections . . . Make the mental note of the biggest break in the putt.)

더블 스트라이퍼(double-striper)

연습장에서 골프 연습을 할 때 사용하는 연습 볼(range ball)을 뜻한다.

- ※ 일반적으로 골프 연습장에서는 연습 볼 위에 빨간색이나 노란색의 두 줄(double stripe)로 인쇄된 볼을 사용하는 습관에서 얻은 별명이다.
- 예 톱플라이트의 "수퍼 레인지"는 내가 사는 곳에서 대부분의 사람들이 치는 연습 볼이다. 이는 "투어 레인지"보다 더 단단하고 내구성이 좋다. 그리고 흰색과 노란색으로 되어 있는 볼 위에 검은색의 두 줄이 인쇄되어 있다. (Top Flite "Super Range" is the ball most people hit where I live. It's harder and more durable than the "Tour". It comes in white and yellow with black double stripe.)

더블 이글(엘버트로스 참조)(double eagle, see albatross)

한 홀에서 이글보다 한 단계 더 좋은 결과 즉 3언더 파를 뜻한다.

- 예 사라센이 파-5, 15번 홀에서 그의 두 번째 샷으로 용케 더블 이글(엘버트로스)을 냈을 때 분명히... 승리를 향해 거침없이 나아가고 있었다. (1935년 마스터스 대회)(... was apparently breezing along to victory when Sarazen on the par five fifteenth managed to hole out his second shot for a double-eagle.) (H.B. Martin, 1936)

더크(duck)

날아가던 볼이 갑자기 아래로 방향이 바뀌는 현상을 말한다.

- ※ 더크(duck)는 오리, "머리를 홱 숙이다", "머리를 갑자기 물 속에 처박다"라는 뜻이 있다.
- 예 ... 그것은 마치 옛날의 매끄러운 거터 퍼처 볼이 그랬던 것처럼 볼이 갑자기 밑으로 방향을 바꿔서 날아가는 경향을 보여 주었다. (... it exhibited the same tendency to duck and dart as the earliest smooth gutties had done.) (J.S.

Martin, 1968)

더크 후크(duck-hook)

오른손잡이 플레이어의 경우 샷한 볼이 오른쪽에서 왼쪽으로 회전하는 사이드 스핀(side spin)이 걸려 날자마자 빠른 속도로 왼쪽으로 그리고 아래로 구부러지는 현상을 말한다.

- 이때는 슬라이스 볼보다 더 곤경에 처하게 되는데 볼에 스핀(spin)이 걸린 상태에서 심한 후크 볼이 되면서 지면에 떨어진 후 생각보다 멀리 굴러가는 경향이 있기 때문이다. 왼손잡이 플레이어는 그 반대. 스냅 후크(snap-hook)는 더크 후크와 유사하나 후크 현상이 더 예리하게 일어나는 상태를 가리킨다. 대부분 임팩트할 때 클럽 페이스가 닫힌(close) 경우 혹은 너무 빨리 스윙할 때 더크 후크 현상이 일어난다. 잽싸게 고개를 물 속에 처박았다가 내는 오리의 민첩한 몸놀림이 연상된다.
- 역시 내가 날린 볼도 후크가 났는데 나는 너무 빠른 속도로 스윙한 경우에는, 볼이 빨리 왼쪽으로 그리고 아래로 구부러진다는 사실을 알게 되었다. (I hook the ball too, and I know if I swing too fast I'll duck hook.) (Sue Roberts, 1977)

더 팁스(챔피언쉽 티 참조)(the tips, see championship tee)

더퍼(duffer)

실패를 자주 하는 서투른 골퍼를 말한다. 또한 골프를 처음 시작한 초보자를 말할 때도 있다. 형편없는 골퍼를 해커(hacker)라고도 한다(속).

- 리틀러는 짧은 그의 칩샷에 대하여 검토해 보고 볼에 다가가서 스윙하였는데, 알 수 없는 일이지만, 어떤 일요일의 서투른 골퍼처럼 섕크가 나서 그 볼이 벙커에 들어가 버렸다. (Littler studies his little chip, steps up to the ball, swings and, inexplicably, like any Sunday duffer, shanks his shot into a bunker.) (Dick Schaap, 1970)

더프(duff)

볼을 잘못 치는 것을 말한다. 즉 클럽 헤드가 볼 뒤의 지면을 때려서 그 반동으로 볼 윗부분을 치는 토핑 볼(topping ball)이 나는 현상을 뜻한다(속).

- 그 다음 나는 세 번째 샷에서 볼 뒤의 땅을 치고 토핑 볼이 났으며 네 번째 샷은 대체로 완전히 실패하였기 때문에 그 홀에서는 스코어 6을 냈다. 그러나 벤 호건은 내가 알고 지나온 이래 그 수많은 경우에, 한 번의 퍼트에서도, 결코 볼을 잘못 치는 일은 없었다. (Then I duffed the third shot, almost whiffed entirely on the fourth, and took a 6 on the hole . . . Ben had never duffed a putt so many ways since I'd known him.) (Education of a Golfer(1962), Sam Snead)

던치(dunch)

날카롭게 찌르는 듯한 자세를 갖추어 볼 뒤의 땅을 짧게 치는 동작으로 볼을 치는 상태를 말한다. 이렇게 샷하는 것을 던치드 샷(dunched shot)이라고 한다.

※ 던치(dunch)는 스코틀랜드 말로 충돌하다(butt), 쿵 부딪치다(bump)라는 뜻이다. 옛 골퍼들은 이러한 샷을 실전에 이용하였다.

예 짧은 6번 홀에서 그는 유명한 던치 샷 중의 한 가지를 사용하였는데 그 결과 스코어 3으로 이겼다. (At the short sixth he played one of his famous dunches, the result being a win in 3.) (Golf Illustrated, 1909)

데드¹(dead¹)

볼이 홀에 아주 가깝게 위치해 있기 때문에 다음 퍼트는 실패할 가능성이 거의 없을 정도로 보이는 상태를 말한다. 그러한 상태의 볼을 데드 볼(dead ball)이라고 한다.

※ 또 실패할 가능성이 거의 없으며 확실하고 완벽한 샷을 날렸을 때 데드 솔리드 퍼팩트(dead solid perfect, DSP)라고 한다.

예 트래비스는 그의 어프로치 퍼팅으로 볼이 홀에 아주 가까이 있기 때문에 홀 아웃하여 스코어 4를 냈다. (Travis, laying his approach putt dead, holed in 4.) (Willie Tucker, 1899)

데드²(dead²)

볼이 높이 오른 후 똑바로 지면에 떨어지거나 백스핀에 의하여 지면에 떨어진 후 그대로 정지하는 상태를 말한다. 퍼팅에서 볼이 굴러가다가 정지한 경우 다이(die)라는 말을 쓰기도 한다.

예 피치 샷을 날린 볼이 깃대가 펄럭이고 있는 쪽의 공중으로 높이 올라갔다가 똑바로 떨어진 후 그대로 멈추는 장면을 보는 것은 골프의 멋진 스릴 중 하나를 느끼게 해주는 순간이다. (To see the ball pitched high in the air covering the flag and dropping "dead" provides one of the finest thrills in golf.) (J.C. Jessop, 1976)

데드³(제일 참조)(dead³, see jail)

데드 볼(데드¹ 참조)(dead ball, see dead¹)

도그렉(dogleg or dog-leg)

골프 코스 설계상 코스의 어려움 정도와 이러한 홀에서 홀 아웃한 골퍼의 만족감을 높이기 위하여 티잉 구역과 퍼팅 그린 사이의 페어웨이를 좌우 어느 한 쪽으로 급하게 구부러지도록 디자인한 상태를 말한다. 또 그러한 홀 혹은 그 홀에서 급하게 방향을 바꾸는 동작을 말하기도 한다.
- ※ 공중에서 내려다보면 개의 뒷다리처럼 휘어진 모양과 같은 데서 유래하였다. 이러한 홀을 도그렉 홀(dogleg hole)이라고 한다.
- 예 14번 홀은, 당신이 등을 돌려서 급하게 방향을 돌려야 하는, 왼쪽으로 심하게 구부러진 도그렉 홀이다. (The fourteenth hole doglegs left sharp enough to break your back.) (Sam Snead, 1962)

도미(dormie or dormy)

매치 플레이에서 승리한 홀 수가 플레이할 나머지 홀 수와 같은 경우를 말한다.
- 예 비기는 경우도 이용되는 매치 플레이 토너먼트에서, 그 매치를 선도하는 골퍼는 매치가 도미가 되었을 때 최소한도 비기는 경우가 보장되는데, 한편 끌려 다니는 골퍼는 한 번 도미의 상태가 되면 그 매치에서 승리할 수 없다. (In match play tournaments in which halves are used, the leading golfer is guaranteed at least a halve when the match reaches dormie, and the trailing golfer cannot win once the match goes dormie.)

도박(gambling)

골프에 돈, 재물, 명예 등을 걸고 결과에 따른 독식 혹은 분배를 하는 행위를 말한다. 규칙에서는 규칙의 목적에 반(反)하는 도박이나 내기와 그 자체로는 규칙에 위반되지 않는 도박이나 내기는 엄연히 구별된다고 말하고 있다.
- ※ 비공식적인 도박이나 내기로 그 목적이 즐기기 위한 것이며 재정적 이익을 위한 것이 아니면 인정될 수 있다고 되어 있다. 일반적으로 플레이어들이 잘 알고 있는 사이이며 그 인원으로 한정된 가운데 본인이 임의로 할 수 있고 상금의 출처는 참가한 플레이어들이며 일반적으로 돈의 액수가 과도한 것으로 생각되지 않으면 인정될 수 있다. 그러나 그 도박이나 내기가 다른 사람들에게도 개방되어 있으며 일반적으로 그 행위에 관련된 돈의 액수가 과도한 경우에는 인정되지 않는다. 골프 역사상 최초의 내기는 1682년 요크(York) 공(후에 제임스 2세)과 존 페터슨(John Paterson)에 대항하여 두 사람의 잉글랜드 귀족들이 리스의 링크스(Leith links)에서 돈과 명예를 걸고 포섬 경기를 한 사건이었다. 이 경기에서 요크 공과 존 페터슨이 승리하였으며 내기에 건 돈의 절반은 페터슨에게 돌아갔고 요크 공은 페터슨이 지은 건물 벽에 "멀리 그리고 정확히(Far and Sure)" 라는 표어를 붙이도록 하였다. (로버트 브라우닝, 골프의 역사)
- 예 인정되지 않은 도박이나 내기에 아마추어 골퍼가 참가하는 것은 규칙의 목적에 반한다고 간주할 수 있으며 그의 아마추어 자격을 위태롭게 할 수도 있다. (An amateur golfer's participation in gambling or wagering that is not approved may be considered contrary to the purpose of the rules and may endanger

his amateur status.)

동료 평가(peer review)

동료 플레이어의 능력을 평가하기 위하여 그의 잠재 능력을 이해하고 이미 게시한 플레이어의 스코어에 대하여 이를 지지하거나 이의를 제기하기 위한 합리적인 근거를 마련하는 일련의 과정을 말한다.

※ 따라서 골프 클럽 회원은 정기적으로 함께 플레이할 수 있는 기회를 가져야 하며 동료 회원의 핸디캡 인덱스를 포함하여 스코어 기록을 점검할 수 있도록 이에 대한 접근이 허용되어야 한다.

예 동료 평가는 모든 수준의 골퍼들에게 적용되는데 스스로 "스크랫치" 골퍼라고 선언한 사람들까지도 적용 대상이다. (Peer review applies to all levels of golfers, even the self-proclaimed "scratch" golfers.)

동물의 구멍(animal hole)

동물이 지면에 판 구멍을 말한다. 단 루스 임페디먼트(벌레나 곤충 등)로 정의된 동물이 판 구멍은 제외된다.

※ 동물에는 포유류(哺乳類), 조류(鳥類), 파충류(爬蟲類), 양서류(兩棲類) 그리고 무척추 동물(無脊椎動物)(벌레, 곤충, 거미, 갑각류(甲殼類) 등)이 포함된다. 동물의 구멍에는 동물이 구멍에서 파낸 흩어진 물체, 구멍 안으로 연결되어 있는 닳아서 팬 작은 통로나 지나간 자국 그리고 동물이 지하에 구멍을 판 결과로 지면이 올라왔거나 변경된 구역이 포함된다.

예 용어 동물의 구멍에는 구멍 안으로 연결되어 있는 닳아서 팬 작은 통로나 지나간 자국이 포함된다. (The term animal hole includes any worn-down track or trail leading into the hole.) (Rules of Golf, 2019)

두 오버(멀리건 참조)(Do-over, see Mulligan)

두 클럽 그린(two-club green)

그린 중앙으로부터 홀까지 똑바로 20야드 더 떨어진 깊이의 경우 그린 중앙까지 볼을 날릴 수 있는 클럽보다 20야드를 더 멀리 날릴 수 있는, 2단위가 더 낮은 번호의, 클럽을 선택하는 홀 그린을 말한다.

※ 일반적으로 골퍼들은 그린 앞까지 거리를 측정하고 그 뒤에 홀까지의 거리를 측정하기 때문에 홀까지의 깊이를 충분히 고려하여야 한다. 이때 30야드가 떨어져 있으면 세 클럽 그린(three-club green)이라고 한다. 통상 아이언 클럽 번호가 한 단위 낮아질 때마다 10야드씩 비거리가 증가하는 것으로 본다.

예 이 그린은 두 클럽 그린이 된다. 왜냐하면 골퍼는 - 한 단위마다 10야드씩 - 2

단위가 더 낮은 클럽이 필요하기 때문이다. (This would be a two-club green because the golfer needs a club two numbers lower - one for each 10 yards.)

듀스(deuce)

주로 미국에서 쓰는 용어로 한 홀을 2타로 홀 아웃하는 것을 말한다. 즉 티샷한 후 한 타를 쳐서 볼이 홀 인되는 현상을 뜻한다.
- 예 그는 60피트나 되는 먼 거리에서 퍼트하여 버디 즉 듀스로 홀 아웃하였다. (Here he holed a 60-foot putt for a birdie deuce.) (D.J. Harrington, 1978)

드라이버(driver)

1. 1번 우드 클럽을 말한다. 로프트 각이 가장 작은 클럽으로 보통 티에서 장거리 샷을 날릴 때 사용한다.
- ※ 드라이버는 주로 지면에서 높게 티업된 볼을 어퍼 블로우(upper blow)로 타격하는 유일한 클럽으로 한 라운드에서 14번 정도 사용하게 된다. 드라이버의 길이는 48인치(1.219m)이하이어야 하며 헤드의 체적은 28.06입방 인치(460입방 센티미터(cm³)) 이하이어야 한다.
2. 드라이브 샷의 실력을 높이 평가 받는 골퍼 즉 방향이 정확하고 장거리를 날리는 드라이브 오프(drive off) 능력이 우수한 플레이어를 말한다.
- 예 (1) 고도로 숙련된 어떤 골퍼들은 드물게 페어웨이에서 드라이버를 시도해 볼 수도 있지만 대부분의 골퍼들은 티 오프할 경우에만 드라이버를 사용하는 습관에 충실하여야 한다. (Some highly skilled golfers may rarely attempt to play a driver from the fairway, but most golfers should stick to using driver only off a tee.)
- 예 (2) "잭 니클로스는 골프 볼을 다루는 위대한 드라이버다." 이 문장에서 사용된 "드라이버"라는 용어는 능숙하게 클럽을 사용하는 골퍼에 관련된 말이다. ("Jack Nicklaus was a great driver of the golf ball." In this usage "driver" is referring to a golfer's proficiency in using the club.)

드라이버블 파 포(drivable par 4)

파-4 홀이 짧기 때문에 충분히 티샷한 볼이 그린에 도달할 수 있는 홀을 의미한다. 즉 한 번의 샷으로 그린에 올릴 수 있는 파-4 홀이다.
- ※ 따라서 한 번의 드라이브 샷으로 볼을 그린에 올리는 경우 드라이빙 더 그린(driving the green)이라고 한다.
- 예 실패하면 엄격한 벌이 있지 않는 한, 개인적으로, 나는 드라이버블 파-4 홀을 열성적으로 좋아하는 편이 아니다. (Personally, I'm not a fan of drivable par 4 holes unless there is a serious penalty for failure.)

드라이브(drive or driving)

1. 사용하는 클럽에 상관없이 티잉 구역에서 풀샷(full shot)으로 티샷하는 동작을 말한다. 최대한의 힘을 다하여 장거리를 날리는 샷을 하게 되며 일반적으로 다수가 드라이버를 사용한다.
2. 티샷하여 볼이 그린 위에 올라가는 경우를 가리킨다.
3. 티에서 특히 게임을 시작할 때 처음 티샷하는 것을 말한다. 이때 드라이브 오프(drive off)라고 한다.
4. 한 골프 클럽의 캡틴이 된 것을 축하하기 위한 캡틴 취임 축하 티샷에서 자신이 직접 기념 티샷을 하는 경우를 가리킨다. 이때는 드라이브 인(drive in)이라고 한다.

- 예 (1) 드라이버 샷으로 장거리를 날리는 것은 평범한 인간이 본능적으로 갖는 모든 골퍼의 야망이다. (To drive long distances is the ambition of every golfer with ordinary human instincts.) (Joyce & Roger Wethered, 1931)
- 예 (2) 가드너가 티샷한 볼이 그린에 올라갔었는데 그때 그는 3타로 파(par)를 낼 수 있는 용이한 위치에 있었다. (Gardner drove the green and he was in a position for an easy par three.) (H.B. Martin, 1936)
- 예 (3) . . . 게임 시작에서 첫 번째 조의 플레이어들은 12시 30분에 티샷하기로 되어 있었다. (. . . the first players were due to drive off at half-past twelve.) (George Houghton, 1957)
- 예 (4) 핸디캡 14인 로리 리들리는 베뮬럼(Verulam) 골프 클럽의 새로운 캡틴으로서 캡틴 취임 축하 티샷을 하였다. (14-handicap Laurie Ridley drove in as the new captain of Verulam G. C., 1979) *베뮬럼 G.C.는 잉글랜드 동남부 세인트 올번스(St. Albans)에 있는 골프 코스.

드라이브는 쇼, 퍼트는 돈(Drive for show, Putt for dough)

퍼트를 포함한 숏 게임보다 드라이버로 멀리 날리는 비거리에 더 관심을 두는 골퍼에게 적용되는 격언이다. 다시 말해서 좋은 스코어를 내기 위해서는 드라이버를 잘 치기보다 퍼트를 더 잘해야 한다는 뜻이다.

- ※ "최상의 퍼트를 한 골퍼는 최대의 승리를 거둔다(He who putts the best wins the most.)"라는 말도 있다.
- 예 바비 록크는, "드라이브는 쇼, 그러나 퍼트는 돈"이라는 문구를 만들어낼 정도로, 탁월한 퍼팅 능력을 기반으로 하여 그의 성공을 쌓아올렸다. 일반적으로 록크가 이 유명한 골프 격언을 처음 창안하였다고 사람들은 믿고 있다. (Bobby Locke built his success around his outstanding putting ability, coining the phrase "You drive for show, but putt for dough." Locke is generally credited with inventing this famous golf axiom.)

드라이브앤 피치(drive and pitch)

한 번의 드라이브 샷과 한 번의 피치 샷으로 그린에 도달 할 수 있는 홀을 말한다. 혹은 그와 같은 홀들로 구성된 코스를 뜻한다.

> 예 존스는 한 번의 드라이브와 피치 샷이 필요한 파-4홀로서 간단히 버디를 낼 수 있는 홀이 아주 싫었다. (Jones had a violent distaste for drive-and-pitch par fours, gift birdie holes.) (Herbert Warren Wind, 1956)

드라이브 오프(드라이브 참조)(drive off, see drive)

드라이브 인(드라이브 참조)(drive in, see drive)

드라이빙 더 그린(드라이버블 파 포 참조)(driving the green, see drivable par 4)

드라이빙 매시(driving mashie)

로프트 각이 매시 아이언(mashie-iron)보다 더 작았으며 주로 스루 더 그린에서 드라이빙(driving)과 장거리 샷에 사용되었던 옛 아이언 클럽 명칭을 말한다. 현재는 사용하지 않는다.

> 예 오늘날의 기준으로 보면 . . . 드라이빙 매시는 아이언 3번 클럽이나 그에 가까운 클럽 타면이 중간 정도로 깊은 클럽에 해당된다. (By today's standards . . . the driving mashie would be a No. 3 or thereabouts with a medium deep face.) (Henry Cotton 1952)

드라이빙 아이언(driving iron)

1. 아이언 클럽이 나온 초기에 스루 더 그린에서 사용했던 여러 가지 아이언 클럽으로 지금은 사용하지 않는다.
2. 1번 아이언 클럽의 옛 이름을 가리킨다.

> 예 (1) 마치 고양이가 거북을 조사해 보듯 거의 30초 동안 서서 그의 볼을 내려다보고 있다가 그의 드라이빙 아이언 클럽으로 거칠게 다루었다. (For quite half a minute he stood over his ball, pawing at it with his driving-iron like a cat investigating a tortoise.) (P.G. Wodehouse, 1922)
> 예 (2) 1번 아이언 혹은 드라이빙 아이언은 백 속에 들어 있는 클럽들 중에서 가장 숙달하기 어려운 클럽이다. (The one iron, or driving iron, is the most difficult club in the bag to master.) (Ben Hogan, 1948)

드라이빙 클리크(클리크 참조)(driving cleek, see cleek)

보통 클리크보다 약간 길고 헤드가 작으며 대부분의 골퍼가 스리 쿼터 샷에 사용했던 클리크의 한 종류를 말한다. 뒤에 아이언 1번 클럽을 대신하였다.

> 예 드라이빙 클리크는 보통의 클리크와 주로 이것을 다루는 면에서 좀 다른데 이 클럽은 약간 길고 . . . (The driving cleek differs from the ordinary cleek chiefly in respect of handle, which is somewhat longer . . .) (Robert Forgan, 1881)

드라이빙 퍼터(driving putter)

타면이 거의 수직으로 되어 있는 우드 클럽으로 주로 낮은 샷을 날리는 데 사용하였으며 특히 역풍 속에서 효과적으로 사용하였다. 지금은 사용하지 않는다.

> 예 드라이빙 퍼터의 한 가지 기능은 볼을 낮게 스치듯 날려 보내서 바람을 교묘하게 피할 수 있는 것이다 . . . 그러나 드라이빙 퍼터는 빠른 속도로 쓰이지 않게 되었다. (One function of the driving putter is to cheat the wind by sending a low skimming ball . . . the driving putter is fast falling into disuse.) (Robert Forgan, 1881)

드레인드 어 퍼트(drained a putt)

볼을 약간 세게 퍼트하여 그 볼이 홀에 들어간 경우 즉 홀 인시킨 경우를 말한다. 드릴드 이트(drilled it)라고도 한다.

> 예 내리막 라이에도 불구하고 핸은 12피트 거리의 퍼트를 성공시켜 버디를 냈으며 즉시 베벌리의 배후 압박에 들어갔다. 그런데 베벌리는 그 대답으로, 그에게 부과된 특별히 성공해야 하는, 10피트 거리의 중요한 퍼트에서 볼을 가라앉혀 버디를 냈다. (Despite the downhill lie, Han sank his 12-foot putt for birdie, instantly the pressure back to Beverly. Beverly answered with a clutch putt of his own, draining a 10-footer for birdie.)

드로(후크 참조)(draw[1], see hook)

드롭[1](drop[1])

볼을 잡은 다음, 그 볼을 인 플레이로 할 의사를 가지고, 공중에서 떨어지도록 그 볼을 무릎 높이의 위치에서 놓아 보내는 행위를 말한다.

> ※ 플레이어는 볼을 던지거나 돌리거나 굴리지 않으며, 볼이 가서 정지할 장소에 영향을 미칠 수 있는 다른 몸짓을 하지 않고 볼을 똑바로 떨어뜨려야 하며, 볼이 지면에 떨어지기 전에 플레이어의 몸이나 휴대품의 어느 부분에도 접촉하지 않아야 한다. 드롭 방법은 여러 번 변경되었다. 최초 1776년에는 볼이 물에 빠진 후 집어 올린 그 볼은 "머리 위 너머로 물 뒤에" 던져야 한다고 명시하였다. 그 뒤 1816년에는

"그의 어깨 너머로" 드롭하도록 수정되었다. 그리고 1984년에는 똑바로 서서 볼을 어깨 높이까지 올려서 팔을 완전히 편 채로 드롭하도록 변경되었다.

- 예 플레이어는 볼이 지면에 떨어지기 전에 플레이어의 몸이나 휴대품의 어느 부분에도 접촉하지 않도록 무릎 높이의 위치에서 볼을 놓아 보내지 않으면 안 된다. 이때 "무릎 높이"는 플레이어가 똑바로 서 있는 자세에서 무릎이 있는 위치의 높이를 의미한다. (The player must let go of the ball from a location at knee height so that ball does not touch any part of the player's body or equipment before it hits the ground. "Knee height" means the height of the player's knee when in a standing position.) (Rules of Golf, 2019)

드롭^2(drop^2)

볼이 홀 안으로 떨어지는 즉 홀 인(hole in) 혹은 홀 아웃(hole out)을 뜻한다.

- 예 . . . 그는 버디를 내기 위한 퍼트에서 볼을 홀 인시킬 수 없었다. (. . . he could not drop the putts for birdies.) (Mark McCormack, 1975)

드롭 구역(dropping zone)

플레이어의 볼을 비정상적인 코스 상태, 틀린 그린, 페널티 구역, 언플레이어블 볼 규칙에 의하여 처리하는 것이 실행 불가능하거나 무리하다고 판단한 경우 구제를 받을 때 위원회에 의하여 설정된 그 곳에 볼을 드롭할 수 있거나 드롭하지 않으면 안 되는 특정 구역을 말한다.

- ※ 드롭 구역에 관한 특별한 규정은 없으며 일반적으로 그 구역 안에 "DZ"라는 용어로 표시한다.
- 예 드롭 구역은 위원회가 채택할 수 있는 구제 구역의 특별한 형식이다. 구제 구역에서 구제를 받은 경우 플레이어는 볼을 드롭 구역 안에 드롭하고 그 볼이 그 드롭 구역 안에 와서 정지하도록 하지 않으면 안 된다. 드롭 구역은 틀린 그린이나 페널티 구역에서와 같이 플레이어에게 규칙에 의한 정상적인 구제의 선택 사항을 사용하도록 요구함에 있어서 실제적인 문제가 생길지도 모르는 경우에 검토되어야 한다. (A dropping zone is a special form of relief area that may be adopted by the committee. When taking relief in a dropping zone, the player must drop the ball in and have it come to rest in the dropping zone. Dropping zone should be considered when there may be practical problems in requiring players to use the normal options under a rule, such as wrong green or penalty areas.) (Official Guide - Committee Procedure, 8E Special or Required Relief Procedure, 2019)

드릴드 이트(드레인드 어 퍼트 참조)(drilled it, see drained a putt)

디보트(divot)

골퍼가 샷할 때 클럽에 의하여 볼이 놓여 있던 곳에서 떨어져 나간 잔디 조각을 말한다.

- ※ 잔디가 떨어져 나가 팬 곳은 디보트 자국(divot mark or divot hole)이며 금속이나 플라스틱의 2개 가닥으로 된 뾰족한 부분이 달린 디보트 수리 도구(divot fixer or divot tool)로 수리하는 것이 골퍼의 기본 에티켓으로 되어 있다. 그러나 때로는 잔디가 떨어져 나가 움푹한 곳을 디보트라고도 한다.
- 예 (1) 좋은 라이(lie)에 볼이 놓여 있기 때문에 큰 디보트(수프 담는 접시만한 크기)를 파낼 필요가 없다. (With a good lie, there's no need to take a "soup plate" divot.) (Ben Crenshaw, 1977)
  (2) 자신이 만든 디보트를 제자리에 갖다 메우지 않는 사람은 골퍼라는 이름을 들을 자격이 없는 사람이다. (No golfer is worthy of the name who put does not back his divot.) (Horace Hutchinson, 1890)
  (3) "내가 드라이브 샷으로 날린 볼이 움푹 팬 한 디보트 안에 들어가 버렸다." ("I drove it into a divot.") (Tom Watson, 1978)

디센딩 블로우(다운 블로우 참조)(descending blow, see down blow)

디 에비앙 챔피언쉽(The Evian Championship)

5대 여성 메이저 대회의 하나이며 매년 프랑스 에비앙 리조트 골프 클럽(Evian Resort Golf Club)에서 여성 프로 골프 토너먼트로 개최되는 챔피언쉽을 말한다.

- ※ 1994년 레이디스 유럽 투어(The Ladies European Tour)로 창설되었는데 처음에는 디 에비앙 마스터스(The Evian Masters)로 호칭하였다. 대회는 프랑스 오트사브와(Haute-Savoie)주 에비앙레뱅(Evian-les-Bains)에 있는 에비앙 리조트 골프 클럽에서 개최된다. 2000년에는 재원(財源)이 크게 증가하였으며 2013년에 메이저 대회의 하나로 승격되었고 명칭도 디 에비앙 챔피언쉽(The Evian Championship)으로 개칭되었다.
- 예 오늘날 에비앙 챔피언쉽이 갖는 훌륭한 특성과 그 챔피언쉽이 누리는 명성은 1994년 처음으로 경기가 개최될 당시에는 거의 상상조차 할 수 없었다. (The caliber and prestige of today's Evian Championship could hardly have been imagined when the event was first staged in 1994.)

디에스피(데드[1] 참조)(DSP, see dead[1])

디 오픈(The Open or The Open Championship)

골프의 4대 메이저 대회(남성) 중 가장 오래되었으며 매년 R&A 주관으로 영국에서 열리는 세계적인 챔피언쉽을 말한다. 브리티시 오픈(British Open)이라고도 한다.

※ 1857년 스코틀랜드 프레스트윅(Prestwick) 골프 클럽에서 최초 제안이 나왔으며 정식 대회는 1860년에 개최되었다. 제1회 대회는 8명의 선수가 참가하였으며(12홀, 3라운드) 윌리 파크(Willie Park Snr.)가 우승하였다. 그에게는 챔피언쉽 벨트(Championship Belt)가 수여되었으며 1872년부터 현재의 실버 컵 트로피인 클래럿 저그(Claret Jug)로 바뀌었다. 첫해에는 프로에 한정되었으나 그 이듬해에 모든 아마추어에게도 개방(open)되었다. 1892년부터 경기는 36홀에서 72홀(4라운드)로 연장되었다.

예 경기 참가자들의 증가 때문에 1898년에, 2라운드를 끝마친 후 참가자를 줄이기 위한, 예선 탈락 제도가 도입되었다. (Because of an increasing number of entrants, a cut was introduced after two rounds in 1898.)

디큐(경기 실격 참조)(DQ, see disqualification)

디프 페이스드(페이스¹ 참조)(deep faced, see face¹)

딘(thin)

클럽 헤드가 거의 잔디를 접촉하지 않고 볼의 중앙 윗부분만 치는 빈약한 딘 샷(thin shot)을 의미한다.

예 한 플레이어가 벙커에서 볼의 윗부분을 친 딘 샷(thin shot)을 한 뒤 그가 볼에 깎인 상처를 냈는지 확인하기 위하여 그 볼이 있는 곳으로 걸어갔는데... (A player plays a 'thin' shot from a bunker, walk up to his ball to see if he has cut it...) (Golfer's handbook, 1974)

딤플(dimple)

골프 볼 전체 표면에 일정한 간격의 작고 오목하게 팬 자국이 조밀하게 덮여있는 상태를 말한다. 딤플에 의한 공기 역학적인 영향으로 볼이 똑바로 날고 거리가 나며 백스윙도 걸리게 된다.

예 한 골프 볼에는 약 336개의 딤플이 있으며 그 딤플의 깊이가 0.012인치일 때 거리가 가장 멀리 난다는 것을 알게 되었다. (There are approximately 336 dimples on a golf ball and it has been found that a dimple depth of 0.012 inches produces the most distance.) (World Golf Encyclopedia, 1975)

골프 용어 해설(Clarification of Golfing Terms) 라

라스 베이거스(Las Vegas)

각 플레이어가 낸 스코어를 비교하여 더 적은 스코어 숫자를 먼저 쓰고 그 뒤에 다른 스코어 숫자를 붙여서 만든 스코어를 그 팀 스코어로 하며 다른 팀과 비교하여 스코어를 가감(加減)한 뒤 그 차이를 점수로 획득하는 골프 게임(내기)의 한 방법을 말한다. 따라서 스코어 가감이 빠르게 이루어지며 점수 산출 방식에 따른 여러 가지 변형이 있다.

- ※ 일반적으로 플레이어 두 사람의 파트너(twosome)가 한 팀으로 되어 있는 2팀이 서로 대항하여 경쟁하며 각자 플레이하여 낸 스코어를 비교하여 그 홀의 스코어를 확정한다. 예를 들어 파-4 홀에서 투섬(twosome) A팀의 플레이어들이 낸 스코어가 각각 3과 5라면 그들의 팀 스코어는 더 적은 스코어를 먼저 써서 35가 된다. 그때 B팀의 스코어가 45라면 A팀은 그 스코어 차이 즉 10점을 획득하게 된다. 이때 점수는 내기의 값으로 환산된다. 한 팀에서 스코어 10 이상이 나오면 큰 숫자를 먼저 쓰고 다음에 적은 스코어 숫자를 쓴다. 예를 들어 5와 10을 낸 경우 그 팀의 스코어는 105가 된다. 또 한 팀에서 버디(birdie)를 낸 경우에는 그 홀에서 스코어를 비교한 차이의 숫자에 대한 2배의 점수를 받는다. 예를 들어 A팀이 파-4 홀에서 스코어 3(버디)과 파(4)를 내고 B팀이 파(4)와 보기(5)를 냈다면 버디를 낸 A팀은 22점을 획득한다(45-34=11, 11×2=22). 이글(eagle)을 냈다면 3배의 점수를 획득한다. 혹은 B팀의 스코어를 역전시켜 놓고 가감하게 된다. 즉 45를 냈다면 54로 변경해야 한다. 그 이외에도 여러 가지 스코어 산출 방식을 적용한다.
- 예 라스 베이거스를 할 때 생각해야 할 가장 중요한 점은 숫자를 기록하는 방법이다: 한 가지는 파트너 중 최소한 한 요원이 파를 냈을 때 적용하는 체계(體系)이고 또 한 가지는 파트너 중 최소한 아무도 파 스코어를 내지 못했을 때 적용하는 체계이다. (When playing Las Vegas, the most important thing to remember is how the numbers are recorded: one method is used when at least one member of partnership makes par, and another method is used if neither of the partners scores at least par.)

라운드(round)

위원회가 정한 순서에 따라 플레이하는 18홀 이하의 홀을 말한다.

- 예 18홀 표준 코스에서의 라운드에서는 각 홀에서 한 번 플레이하게 된다; 플레이어는 9홀 코스의 각 홀에서 한 번 플레이하는 "숏 게임"을 할 수 있거나 각 홀에서 두 번 플레이하여 "완전한 한 라운드"를 마칠 수 있다. (On a standard course of 18 holes, each hole is played once in the round; on a nine-hole course, players may play a "short game" playing each hole once, or a "full round" by playing each hole twice.)

라운드 로빈(round robin)

한 팀이 두 사람으로 된 2개 팀 즉 네 사람으로 된 한 그룹이 18홀에서 3회의 6개 홀 매치를 하는데 한 6개 홀 매치가 끝나면 파트너를 서로 바꿔서 플레이하기 때문에 각 플레이어가 다른 플레이어 모두와 각기 서로 플레이할 기회가 있도록 편성된 토너먼트를 말한다. 할리우드(Hollywood) 혹은 식시스(Sixes)라고도 한다.

※ 예를 들어 1~6홀에서 A, B 파트너가 C, D 파트너와 서로 경쟁하고 7~12홀에서는 A, C 대 B, D 그리고 13~18홀에서는 A, D 대 B, C가 경쟁하게 된다. 각 6개 홀 매치에서는 각각 다른 내기를 걸 수 있다. 대부분 수준이 서로 비슷한 플레이어들이 많이 이용하는 방식이다.

예) 라운드 로빈에서는 각 플레이어가 같은 수준의 기반 위에 포섬에서 플레이하도록 한다. 당신은 그 그룹에서 가장 우세한 골퍼가 될지도 모르지만 같은 수의 홀에서 다른 세 사람의 골퍼와 협력해 나가야 한다. (Round Robin puts every player in a foursome on equal footing. You might be the strongest golfer in the group, but you'll have to team up with the other three players for an equal amount of holes.)

라이¹(lie¹)

볼이 그 위에 정지한 지점을 말하는데 어떤 생장물이나 붙어있는 자연물, 움직일 수 없는 자연물, 코스와 분리될 수 없는 물체 혹은 경계물이 볼에 접촉해 있거나 볼 바로 옆에 있는 경우도 있다.

※ 루스 임페디먼트와 움직일 수 있는 장해물은 볼 라이의 일부분이 아니다. 좋은 라이(good lie), 나쁜 라이(bad lie) 혹은 파묻힌 라이(buried lie) 등으로 플레이에서 예상되는 어려움 정도를 표현한다.

예) 코스는 보이는 그대로의 상태로 플레이하고 볼은 그 지점에 있는 그대로의 상태로 플레이하라. (Play the course as you find it and play the ball as it lies.) (Rules of Golf, 2019)

라이²(lie²)

클럽을 정확히 지면에 댄 후 지면과 클럽 샤프트가 이루는 각도인 라이 각(lie angle)을 말한다.

※ 일반적으로 우드보다 아이언 클럽의 라이 각이 더 크다. 업라이트 스윙(upright swing)을 위하여 아이언 클럽을 세우고 그립을 쥔 손을 지면에서 높게 위치시키는 것을 핸드 업(hand up), 플랫 스윙(flat swing)을 위하여 클럽을 낮추고 그립을 쥔 손을 낮게 위치시키는 것을 핸드 다운(hand down)이라고 한다.

예) 유효한 거리를 내도록 의도한 클럽의 라이 각에 관하여 말할 때, 그 각도가 수평에 가까워야 한다든지 혹은 수직에 가까워야 한다든지 간에 클럽이 길면 길수록 라이 각은 수평에 가까워진다는 원리의 존재를 . . . 말할 수 있는 기회가 거의 없다. (Regarding the lie of a club intended for effective distance, whether it should be flat or upright, little can be said . . . the rule being, the longer the club, the flatter the lie.) (H.B. Farnie, 1857)

라이³(lie³)

한 홀의 플레이에서 플레이어가 낸 스트로크 수를 말한다.
- ※ 3타의 경우 "라이(lie) 3" 혹은 "라이잉(lying) 3"이라고 표현한다. "레이(lay) at 3"이라고도 한다.
- 예 그는 지금까지 4타인데 아직도 그린에 볼을 올려놓지 못하고 있다. (He is lying four, and he still hasn't reached the green.) (Dick Schaap, 1970)

라이 각(라이² 참조)(lie angle, see lie²)

라이더 컵(Ryder Cup)

1926년부터 2년마다 열리는 미국 대 영국, 유럽의 프로 골프 경기 대회(남성)를 말한다.
- ※ 공식적인 라이더 컵 경기는 1927년 미국 매사추세츠주의 우스터 컨트리클럽(Worcester C.C., Mass.)에서 시작되었다. 최초 2일간은 포섬과 포볼 플레이 그리고 마지막 날은 12개 팀의 18홀 싱글 매치로 진행된다. 각 매치에서 승자는 1점을 받게 되며 동점인 경우에 각 사이드는 0.5점씩 받는다. 총 점수는 28점이며 14.5점 이상을 받은 팀이 우승한다. 그리고 양 팀이 동점인 경우에는 전년도 우승팀이 라이더 컵을 그대로 보유하게 된다. 이 대회(Ryder Cup Matches)의 명칭은 최초 라이더 컵을 기증한 영국의 실업가 새무엘 라이더(Samuel Ryder, 1859~1936)의 이름에서 유래하였다.
- 예 적어도 라이더 컵에서 승리하기 위해서는 14.5점을 획득하여야 한다. 그 대회가 동점으로 끝난 경우에는 전년도 우승 팀이 그 라이더 컵을 간직하며 동점 상태에서 승자를 가리기 위한 결승전은 없다. (The team that wins at least 14½ points wins the Ryder Cup. If the event ends in a tie, the previous winning team retains the Ryder Cup. There is no tie-breaker.)

라인(line)

볼을 스트로크한 뒤 그 볼이 목표까지 가기를 기대하는 방향의 진행로에 대하여 예측할 수 있는 주관적인 가상선(假想線)을 말한다.
- 예 (1) 나는 침착하게 퍼트하여 볼이 홀에 이르는 정확한 진행선을 잡았으며 홀 뒷부분을 맞히더니 그대로 홀 안으로 떨어졌다. (I hit my putt well, the ball had the line and struck the back of the cup and dropped.) (Jack Nicklaus, 1969)

(2) 나는 트래비스가 실행하는 극도의 정확성 때문에 게임 도중 내내 두려울 정도였다. 그는 그때까지 정확한 방향의 진행선을 거의 떠난 적이 없었다. (I was afraid of Mr. Travis all the way because of his deadly accuracy. He hardly ever left the line.) (Andrew Kirkaldy, 1921)

라인 업(line up)

퍼팅 그린 위에서 어떻게 퍼트할 것인가를 결정하기 위하여 그린 표면을 정밀하게 살펴 보는 행위를 말한다. 즉 볼에서 홀 까지의 거리를 판단함과 동시에 볼이 굴러가는 정확한 진행선을 예측하고 어느 정도의 힘을 사용할 것인가를 정하기 위한 그린 읽기를 뜻한다.

▪ 예 디 오픈 챔피언쉽에서 동점이 되는 퍼트를 하기 위하여 그린을 면밀하게 읽고 있는 사람 . . . (. . . the man lining up a putt to tie for the Open.) (Henry Longhurst, 1971)

래그 퍼트(lag putt)

볼을 홀에 가깝게 퍼트하였으나 약간 못 미친 상태 혹은 그렇게 퍼트하는 못 미친 퍼트를 말한다.

▪ ※ 다음 퍼트로 쉽게 홀 인할 수 있도록 홀 가까이 볼을 보내는 준비된 샷이 포함된다.
▪ 예 그의 못 미친 퍼트는 홀에서 40인치 짧았다. (His lag putt was 40 inches short.) (Mark McCormack, 1975)

래비트(rabbit)

1. 별로 성과를 내지 못하는 서투른 아마추어 골퍼를 말한다.
2. 토너먼트에서 플레이할 기회를 얻기 위하여 예선 라운드에서 경쟁해야 할, 익젬프트(exempt)가 아닌, 투어 프로(touring professional)를 가리킨다.

▪ 예 (1) 결국, 핸디캡 18 이하가 되었다. 이제는 더 이상 서투른 골퍼가 아니다! (Result, a handicap of less than 18. A Golfer, no longer a Rabbit!) (John Stobbs, 1979)
▪ 예 (2) 공식적인 전문 용어로 그가 "유자격자"라고 하지만 현실에서 그는 몇 년 전에 고(故) 토니 레머 씨가 만든 신조어(新造語)로서, 익젬프트가 아닌 프로, 즉 배고픈 토끼가 상추를 조금씩 뜯어 먹는 모습을 일깨우는 용어인 "래비트"에 해당된다. (In the official jargon, he is a "qualifier" but in real life he is a "rabbit", a term that the late Tony Lema coined some years ago, evoking the image of a hungry rabbit nibbling at lettuce.) (John S. Radosta, 1979)

래터럴 구제(페널티 구역 참조)(lateral relief, see penalty

area)

페널티 구역과 언플레이어블 볼의 라이(lie)에서 구제를 받을 때 구제의 선택 사항 중 한 가지이며 볼에 관하여 추정된 지점이나 이미 알고 있는 지점 바로 옆에서 받게 되는 구제를 말한다.

- ※ 페널티 구역의 노란 표시 페널티 구역에서 받을 수 있는 2가지 구제의 선택 사항(스트로크와 거리의 구제, 후방선상의 구제)에 추가하여 1벌타를 받고 최초의 볼이 빨간 표시 페널티 구역 가장자리를 최후로 넘어갔다고 추정되는 지점으로부터 2클럽 길이의 구제 구역 안에서 받는 구제 그리고 언플레이어블 볼의 구제에서도 2가지 구제의 선택 사항에 추가하여 1벌타를 받고 볼이 있는 지점에서 2클럽 길이의 구제 구역 안에서 받는 구제를 의미한다(벙커 안에서는 벙커 안의 구제 구역에서 구제를 받는다).
- 예 볼이 빨간 표시 페널티 구역의 가장자리를 최후로 넘어간 경우 플레이어는 이 래터럴 구제 구역 안에 최초의 볼이나 다른 볼을 드롭할 수 있다. (When the ball last crossed the edge of a red penalty area, the player may drop the original ball or another ball in this lateral relief area.) (Rules of Golf, 2019)

래터럴 워터 해저드(lateral water hazard)

홀과 최초의 볼이 워터 해저드의 한계를 최후로 넘어간 지점을 연결한 직선상으로 그 워터 해저드 후방에 볼을 드롭하기가 불가능하거나 위원회가 실행 불가능하다고 보는 위치에 있는 워터 해저드 혹은 그 일부를 말한다. 규칙 현대화(2019) 이전의 규칙상 용어로 워터 해저드와 유사하였으며 현재는 페널티 구역의 한 형태인 빨간 표시 페널티 구역(red penalty area)이라는 용어를 사용한다.

- 예 래터럴 워터 해저드는 골퍼들이 볼을 쳐서 그 해저드를 넘길 필요가 없는 방향으로 페어웨이나 그린 중 한 옆에 위치한 해저드이다. (A lateral water hazard is one that is located on either side of the fairway or green in such a way that golfers are not required to hit over it.) (Golf Terms, 2016)

랜딩 에어리어(landing area)

골프 코스 설계상 용어로 코스를 디자인할 때 페어웨이나 그린에 볼이 떨어지도록 기대하는 지역을 말한다.

- ※ 특히 타겟(target) 골프 코스에서는 랜딩 에어리어가 매우 중요하다.
- 예 과거 위대한 골프 설계가들은 그린 용지로 설계하기 위한 정확한 크기의 약간 높고 평평한 곳을 찾아냈다. 조금 작지만 잘 드러난 지역은 티잉 구역 용지로 그리고 넓고 평평한 곳은 볼의 낙하 지역으로서 가장 적합한 용지로 찾아냈다. (The great golf architects of the past sought out the correctly-sized plateaus for green sites. Smaller areas better presented themselves as tee sites and the broader flats were most appropriate for landing area sites.)

러프(rough)

코스의 일반 구역에서 페어웨이 이외의 풀과 다른 관목 숲이 있는 구역을 말한다. 페어웨이 잔디보다 길게 깎여 있거나 깎여 있지 않은 곳이 있으며 스트로크하기가 다소 어렵다.

- ※ 규칙에서는 페어웨이나 러프가 모두 일반 구역에 속한다. 그러나 잔디를 짧게 깎은 구역인 페어웨이와 그렇지 않은 러프에서 로컬 룰에 의하여 규칙이 서로 다르게 적용되는 경우도 있다. 러프에는 퍼스트 컷 러프(first cut of rough), 프라이머리 러프(primary or grassed rough), 리모트 러프(remote or treed rough)가 포함된다. 퍼스트 컷 러프와 프라이머리 러프 사이에 세컨드 컷 러프(second cut of rough)가 있는 경우도 있다. 페어웨이에 인접해 있는 러프를 인터미디어트 혹은 스텝 컷 러프(intermediate or step cut of rough)라고도 한다. 심한 러프 지역을 헤비 러프(heavy rough) 혹은 디프 러프(deep rough)라고 한다.
- 예 한편 러프는, 흔히 수인치 높이로 한결같이 거칠게 자라도록 허용되는, 잔디가 있는 곳을 말한다. (Rough, on the other hand, is turf that has been allowed to grow to a coarse consistency, often several inches in height.) (Charles Price, 1970)

런(run)

1. 톱스핀이 걸리거나 백스핀이 비교적 적어서 볼이 지면에 떨어진 후 샷한 방향으로 굴러가는 것을 말한다.
2. 볼이 지면을 따라서 굴러가도록 플레이하는 것 혹은 그렇게 하는 샷을 가리킨다.

- 예 (1) 볼이 날아가는 높은 궤도와 임팩트할 때 걸리게 한 백스핀 때문에 피치 샷을 한 뒤에 볼이 굴러가는 거리가 거의 없다. (Because of the high trajectory of the ball's flight, and the backspin imparted on impact, there is very little run after pitching.) (Dai Rees, 1950)
- 예 (2) 지면 상태가 허용된다면, 나는 언제나 피치 샷을 날리는 것보다 볼이 지면을 따라서 굴러가도록 치는 방법을 더 좋아한다. (I always run a ball in preference to pitching it, if the nature of the ground permits.) (Harry Vardon, 1900)

러닝 어프로치(running approach)

로프트 각이 비교적 작은 클럽으로 샷하여 될수록 백스핀이 걸리지 않도록 하고 볼을 낮게 날려서 그린에 올린 다음 그 볼이 그린 위를 굴러가서 홀에 이르도록 치는 어프로치 방법 중 한 가지를 말한다. 칩 샷(chip shot)과 유사한 방법이다.

- 예 다른 모든 어프로치 스트로크와는 달리 러닝 어프로치 스트로크는 계속 지면에 근접해서 볼이 날아가도록 치는 것인데 그 스트로크의 가장 중요한 요점은 볼에 스핀을 걸지 않는 것이다. (Unlike all other approaching strokes a running approach stroke keeps the ball close to the ground, the essence of the stroke being to give it no spin.)

런 다운(run down)
퍼트한 볼이 홀에 들어간 경우를 말한다. 런 인(run in)이라고도 한다.
- 예 (1) 나는 50피트 되는 거리에서 퍼트한 볼이 겨우 홀에 들어가서 또 하나의 버디를 냈다. (I managed to run down a 50-foot putt for another birdie.) (Bob Rosburg, 1963)
(2) 그는 30~35피트 되는 거리의 버디 퍼트를 성공시켰다. (He ran in a 30~35-foot birdie putt.) (NY Times, 1977)

런 업(run-up)
약간 높이 있는 그린까지 볼이, 지면에 근접하거나 지면 위에서, 낮게 튀거나 굴러서 올라가도록 친 짧고 낮은 어프로치 샷 즉 런 업 샷(run-up shot)을 말한다.
- 예 런 업 샷에서는, 지면을 빨리 지나갈 수 있으며 거침없이 언덕을 올라갈 수 있도록, 볼이 작게 몇 번 튀는 현상이 있는데... (... the run-up takes several small bounces, enabling it to cover ground quickly and climb hills without being deterred.) (George Peper, 1977)

런 인(런 다운 참조)(run in, see run down)

럽 오브 더 그린(rub of the green)
움직이고 있는 볼이 우연히 국외자에 의하여 방향이 변경되거나 정지된 경우를 말한다. 이때 그 볼은 있는 그대로의 상태로 플레이하지 않으면 안 된다. 규칙 현대화(2019) 이전에 사용했던 규칙상 용어이다.
- ※ 그러나 퍼팅 그린 위에서는 예외가 인정된다. 즉 그 스트로크를 취소하고 그 볼을 리플레이스 하여 다시 플레이하지 않으면 안 된다. (2016)
- 예 (1) 럽 오브 더 그린은 한 편의 행운이나 불운이다. (The rub of the green is a piece of good or bad luck.) (Longman)
(2) 럽 오브 더 그린이, 가장 불행한 순간에는 물론 가장 행복한 순간에도, 플레이어를 한풀꺾이게 하는 현상은 골프에서 볼 수 있는 특징이다. (It is in the nature of golf that rubs of the green daunt the player in his happiest as well as his most wretched moments.) (John Stobbs, 1961)

럿 아이언(rut iron)
주로 다루기 어려운 라이나 바퀴 자국에 들어간 볼을 꺼내는 데 사용했던 옛 아이언 클럽을 말한다. 트랙 아이언(track iron) 혹은 럿터(rutter)라고도 한다.

- ※ 니블리크도 같은 용도에 사용하였으므로 럿팅 니블리크(rutting niblick)라고 부르는 경우도 있다.
- 예 일찍이 19세기에는 골퍼들이 공유지에서 골프하면서 틀림없이 다른 사용자들과 다투었을 것인데 아마도 축구나 궁술(弓術) 경기자들이었을 것이다. 그리고 4륜 마차들은 해초를 실어 날랐는데 역시 그때 모래에 바퀴 자국을 남겼기 때문에, 바로 그 바퀴 자국에서 볼을 탈출시키기 위하여, 럿 아이언을 디자인하였다. (Early 19th century golf was played on common land where the golfer had to contend with other users, possibly playing football or archery. Wagons carrying seaweed and sand would also leave their wheel track marks, hence the track marks (ruts) from which this rut iron was designed to extract the ball.)

레귤러 티(regular tee)

백 티와 포워드 티의 중간에 설치하는 티를 말한다. 중간 수준의 골퍼들이 가장 많이 이용한다.

- ※ 일반적으로 흰색으로 표시한다. 미들 티(middle tee)라고 부르기도 한다.
- 예 대화 중에 "화이트 티"라고 언급하는 것을 들은 경우 그 말하는 사람은 십중팔구 티잉 구역의 미들 티("맨스 티" 혹은 "레귤러 티"라고 부르기도 한다)를 말하는 것이다. (When you hear a reference to the "white tees" in conversation, the speaker is probably referring to the middle tees (sometimes called the "men's tees" or "regular tees") on a teeing area.)

레이(lay)

스트로크한 볼이 어떤 위치에 놓여 있도록 하는 것 혹은 그러한 위치로 볼을 날리는 샷을 말한다.

- 예 (1) . . . 상대편 중의 한 골퍼가 스트로크한 볼이 . . . 저편의 홀에서 약 1피트 떨어진 곳에 놓여 있도록 하였다. (. . . one of your opponents . . . has laid his ball about a foot from the hole on the far side.) (Lord Wellwood, 1890)
  (2) . . . 그가 7번 아이언을 사용하여 두 번째 날린 샷으로 볼이 홀까지 같은 거리의 평행한 지면에서 오른쪽 11피트 떨어진 곳에 안착하도록 하였다. (. . . he laid his seven-iron second hole-high, eleven feet to the right of the hole.) (Herbert Warren Wind, 1956)

레이디스 에이드(ladies' aid)

친 볼이 카트로 위에 맞고 튀어서 앞으로 굴러가 그린 위에 올라간 경우를 말한다.

- ※ 여성이 장거리를 날리지 못했던 시절에 썼던 용어인데 오늘날에는 일반적으로 남

성이나 여성의 양쪽에서 모두 사용하는 용어가 되었다.
- 때때로 볼이 카드로에 떨어져 튀면서 그 카트로를 따라 앞으로 그린까지 나가는데 그 샷에 해당한 거리보다 더 많은 거리를 얻게 된다. 이것을 레이디스 에이드라고 부른다. (Sometimes a ball lands on a cart path and bounds forward along the path toward the green, getting more distance than the shot deserved. This is called ladies' aid.)

레이디스 티(ladies' tee, see forward tee)

포워드 티를 사용하지 않을 경우, 여성을 위하여 특별히 전방에 설치한 티를 말한다.
- ※ 따라서 홀까지의 거리가 가장 가깝다. 일반적으로 빨간색으로 표시한다.
- "레이디스 티"는, 아직도 많은 골퍼들이, 골프 코스의 각 홀에서 가장 앞에 설치된 티에 적용하는 용어이다. 이러한 티에서 플레이하는 것은 그 홀에서 가장 짧은 길이의 플레이를 의미한다. ("Ladies tees" is a term many golfers still apply to the forwardmost set of tees on each hole of golf course. Playing from those tees means playing the course at its shortest length.)

레이백(lay back)

1. 로프트 각을 크게 하기 위하여 클럽 헤드 혹은 클럽 타면을 밖으로 비스듬히 즉 뒤 쪽으로 기울이는 동작을 말한다. 따라서 볼은 보다 높이 뜨고 지면에 떨어진 후에도 굴러가는 거리가 더 짧다.
2. 레이업(lay up)과 같은 뜻으로 사용한다.
- (1) 또한, 5, 6, 7 및 8번 아이언으로 하는 모든 샷에서, 클럽 타면을 아주 조금 뒤 쪽으로 기울인다. (The clubface, too, is laid back just a trifle for all shots with 5, 6, 7 and 8 irons.) (Dai Rees, 1950)
- (2) 나는 파-5 홀에서 오른쪽으로 너무 멀리 티샷을 날렸다. 따라서 나는 두 번째 샷으로 그 앞에 있는 연못을 넘길 수 없기 때문에 일부러 볼을 짧게 쳐야 했다. (I hit my tee shot too far to the right on the par-5, so I had to lay back (or lay up), as I couldn't carry the water with my second shot.)

레이아웃(layout)

지형을 이용하여 코스의 홀, 장해물 등을 배치하고 디자인하는 골프 코스 설계를 말한다. 코스 레이아웃에서는 백 티(back tee)를 기준으로 한다.
- 게리는 챔피언쉽이 개최되기 10일 전에 그 코스에 갔으며 코스 배치 등 레이아웃에 관한 넓은 범위에 걸친 비망록을 작성하였다. (Gary went to the course ten days before the championship and made extensive notes on the lay-out.) (Tony Jacklin, 1970)

레이업(lay-up or lay-back)

고의로 볼을 짧게 쳐서 어떤 목표에 미치지 못하고 그 앞에 떨어지도록 날리는 레이업 샷(lay-up shot)을 말한다. 레이백(lay-back)이라고도 한다. 골퍼들이 어떤 장해물을 피하여 레이업 샷을 할 수 있도록 디자인된 홀을 레이업 홀(lay-up hole)이라고 한다.

> 예 바람직한 파-5 홀은 사람에게 도전 의욕과 또한 선택권을 주어야 한다. 나는 지금 두 번째 샷에 관하여 말하고 있는데 당신은 곧장 그린에 볼을 올릴 것인가 그렇지 않으면 일부러 볼을 짧게 쳐서 그린 앞에 떨어지도록 할 것인가를 선택하여야 한다. (A good par-5 should give a man a challenge and also a choice. I'm speaking now of the second shot. You should have the option . . . to go for the green or lay up.) (Dave Hill & Nick Seitz, 1977)

레이트 히트(late hit)

스트로크의 다운스윙에서 양쪽 허리를 되돌리는 동작부터 순서대로 몸을 회전시키면 결과적으로 클럽 헤드가 양손보다 늦게 내려오면서 가속도가 붙어 큰 힘으로 볼을 타격하는 현상을 말한다.

> ※ 다운스윙은 왼발 뒤꿈치의 착지, 양 허리의 최초 스탠스 위치로 되돌리기 위한 회전, 허리 회전에 따라서 양 어깨의 되돌리기 위한 회전, 양손을 끌어 내리기, 마지막으로 클럽 헤드 끌어 내리기 순서로 진행된다. 이 동작을 순서대로 하면 확실히 클럽 헤드가 큰 속도를 얻고 볼을 임팩트하게 된다. 이때 양손이나 양 어깨부터 다운스윙을 시작하면 스윙 궤도가 아웃사이드 인(outside in)으로 되어 슬라이스 볼이 되기 쉽다. 결국 위의 올바른 순서대로 다운스윙을 하면 양손이 오른쪽 넓적다리에 왔을 때 샤프트가 휘어지면서 그만큼 클럽 헤드가 늦게 임팩트하게 된다. 따라서 레이트 히트는 의식적으로 하기 보다는 정확한 다운스윙을 하면 자연히 몸에 익숙해지는 작용이라고 할 수 있다.

> 예 높은 핸디캡 골퍼들 대부분은 이러한 레이트 히트 자세에 이르지 못한다. 그들은 다운스윙에서 클럽을 너무 빨리 풀어주는데 이것은, 클럽을 내던지는 모양과 같다는, 캐스팅으로 알려져 있다. (Most high handicappers don't achieve this late hit position. They release the club much too early on the downswing, which is known as casting.)

레인저(마셜 참조)(ranger, see marshal)

레인지(연습장 참조)(range, see driving range)

레프트 핸드 로우(크로스 핸디드 참조)(left hand low, see

cross-handed)

레플리커(replica)

골프 경기의 우승자에게 주는 트로피(trophy)의 복제품을 말한다.

- ※ 골프 경기의 우승상은 대부분 트로피인데 우승한 그 한 해 동안 우승자나 소속된 클럽이 보유할 권리를 갖게 된다. 그런데 초기에는 세 번 연속 우승한 경우 그 트로피는 그 우승자의 완전한 재산이 된다는 합의 사항이 있었다. 그러나 근래에 원래의 트로피는 두고 그 복제품을 주는 경우가 늘어났다.
- 예 오늘날 유에스 오픈 챔피언은 실물 크기의 복제품 트로피를 1년 간 보관한다. (Today, the U.S. Open champion takes custody of a full-scale replica trophy for one year.)

로드 홀(코스와 분리될 수 없는 물체 참조)(Road Hole, see integral object)

세인트 앤드루스 올드 코스의 17번 홀을 말한다. 홀의 특성을 살리기 위하여 도로를 규칙상 장해물로 규정하지 않고 그 장해물로부터 구제를 받을 수 없도록 하여 코스와 통합된 부분 즉 코스와 분리될 수 없는 물체로 선언되었다.

- 예 세인트 앤드루스의 17번 홀 즉 로드 홀은 골프에서 가장 잘 알려진 홀들 중 한 홀이다. 그 이유의 한 가지는 그 홀에 있는 도로가 플레이할 수 있는 구역 안에 있다는 사실이다. (The 17th at St. Andrews - the Road Hole - is one of the best known holes in golf. One reason is the fact that the road is in play.)

로리드믹 스윙웨이트 스케일(스윙웨이트 참조)(Lorhythmic Swingweight Scale, see swingweight)

로우 사이드(아마추어 사이드 참조)(low side, see amateur side)

로컬 룰(규칙 참조)(local rules, see rules)

필요한 규칙이 R&A와 USGA가 공동 제정한 규칙에 없는 경우 위원회가 그 코스의 특성과 실정에 맞도록 제정한 규칙을 말한다.

- 예 위원회는 라운드 중 동력식 운송(運送) 기구의 사용을 금지하는 로컬 룰을 채택할 수 있다. (The committee may adopt a local rule prohibiting the use of motorized transportation during a round.) (Rules of Golf, 2019)

로프터(lofter or lofting iron)

어프로치에 사용했던, 로프트 각이 큰, 옛 아이언 클럽을 뜻한다. 로프팅 아이언 (lofting iron)이라고도 한다. 니블리크(niblick)의 전신(前身)으로 현재는 사용하지 않는다.

<small>예</small> 현대의 5번 혹은 6번 아이언 클럽과 맞먹는 로프트 각을 가진 옛 클럽으로 높은 궤도의 볼을 치는 데 사용하였다. 역시 로프팅 아이언이라고도 부르며 그린을 향한 어프로치 샷에서 현대적인 배피에 해당되는 클럽(4번 우드)을 대신하였다. (Early club with a loft equivalent to a modern 5 or 6 iron and used to strike the ball on a high trajectory. Also called lofting iron, it superseded the modern baffy for approach shots to the green.)

로프트¹(loft¹)

수직선에 대하여 클럽 타면의 뒤로 기울어진 각도를 말한다. 즉 뒤로 경사진 클럽 타면과 클럽 샤프트와 평행한 선 사이의 각도를 뜻한다. 클럽의 번호가 클수록 로프트 각이 크며 스트로크했을 때 볼이 높게 날아간다.

<small>예</small> 그는 전통적인 양식의 매시 니블리크(7번 아이언)보다 특히 로프트 각이 작은 클럽을 사용하며 따라서 그의 샷은 눈에 띄일 정도로 덜 가파르다. (He employs a club with notably less loft than the conventional type of mashie-niblick, and his shot is notably less steep.) (Robert T. Jones, Jr. & O.B. Keeler, 1927)

로프트²(loft²)

비교적 로프트 각이 큰 클럽으로 볼이 백스핀과 함께 가파르게 높은 탄도를 내면서 날아가도록 치는 것을 말한다. 즉 어떤 장해물을 극복하기 위하여 볼을 공중에 높이 띄우는 샷을 뜻한다.

<small>예</small> 매시(mashie)는 . . . 돌담, 울타리 혹은 스타이미(stymie)를 극복하기 위하여 볼을 공중에 높이 띄우는 샷에 사용하였다. (The mashie . . . used to loft a ball over stone walls, fences or to play a stymie.) (Willie Tucker, 1898)

론 모우어(lawn mower)

잔디 깎는 기계를 말한다. 이 기계의 발명과 그 활용은 현대적인 스포츠 경기장과 각종 구기(球技)에 적합한 잔디 플레이 구장이 조성되는 촉진제가 되었다.

<small>※</small> 1827년 영국의 에드윈 버딩(Edwin Budding)이 최초로 발명하였다. 처음에 그는 주로 스포츠용 운동장이나 야외 공원의 잔디를 깎기 위하여 실린더(cylinder)형 회전날을 가진 기계를 고안하였으며 1830년 특허를 받았다.

<small>예</small> 론 모우어에는 두 가지 양식의 칼날이 사용된다. 단일 수직 축 주위를 회전하는 하

나의 칼날을 장착(裝着)한 론 모우어는 로터리 모우어로 알려져 있으며, 한편으로 단일 수평 축 주위를 회전하는 다수의 조립된 칼날을 장착한 론 모우어는 실린더 혹은 릴 모우어로 알려져 있다. (Two main styles of blades are used in lawn mowers. Lawn mowers employing a single blade that rotates about a single vertical axis are known as rotary mowers, while those employing a multiple blade assembly that rotates about a single horizontal axis are known as cylinder or reel mowers.)

론치 앵글(launch angle)

볼이 임팩트된 직후 날아가는 진로와 바로 밑 지면의 수평선이 이루는 각도 즉 볼의 비행 각도를 말한다.
- ※ 사용된 클럽의 로프트, 스윙 속도, 임팩트할 때 클럽 타면의 각도 그리고 어떻게 볼을 쳤는가에 따라 그 비행 각도가 결정된다.
- 예 1990년대 후반에 보통 이상으로 큰 게임 개선용 드라이버의 출현과, 볼의 비행 각도 감지기와 같이, 일반 골퍼들의 클럽 맞춤에 사용되는 기구들에 대한 현저한 이용 가능성은 볼의 론치 앵글에 대한 관심 집중을 증가시켰다. (The advent of oversized, game-improvement drivers in the late 1990s, and the greater availability to the average golfer of clubfitting tools such as launch monitors, have increased the focus on launch angle.)

롤[1](런 참조)(roll[1], see run)

볼이 지면에 떨어진 후 샷한 방향으로 굴러가는 상태 혹은 퍼팅에서 스핀이 걸리지 않고 미끄러지듯 그대로 굴러가는 상태를 말한다.
- 예 (1) . . . 캘리포니아는 겨우내 페어웨이 잔디가 생생하게 살아 있어서 떨어진 볼이 아주 조금 밖에 굴러가지 않는 곳이다. (. . . California, where the fairway grass stays alive all winter and provides very little roll.) (Arnold Palmer, 1963)
- (2) 퍼팅에서 볼이 아주 미끄러지듯 굴러가는 상태 - 말하자면 마치 목적지를 향하여 배가 안정된 상태로 움직이도록 방향을 잡는 것은 - 그렇게 보이는 것처럼 제법 간단한 문제가 아니다. ("Rolling" the ball quite smoothly in putting - to turn it, as it were, on an even keel - is not quite as simple a matter as it looks.) (Joyce Wethered, 1931)

롤[2](roll[2])

스윙에서 양쪽 손, 앞 팔 특히 손목을 돌리는 동작을 말한다. 롤 오버(roll over)라고도 한다.
- ※ 즉 다운스윙에서는 오른손은 프로네이션(pronation), 왼손은 슈퍼네이션

(supination) 동작이 되어 양손을 뒤집는 동작을 가리킨다. 이 동작은 의식적으로 하는 것이 아니라 정확한 스윙 동작에 따라 자연히 달성된다고 할 수 있다.

예 (1) 백스윙에서 손목을 돌리지 말고 클럽 타면을 틀어버리지 마라. (In the backswing do not let the wrist roll and turn away the face of the club.) (Joyce & Roger Wethered, 1931)

(2) 스윙에서 클럽 헤드가 팔로우 스루로 진행함에 따라 당신의 손목을 돌리는 동작 즉 왼쪽 손목은 아래로 그리고 오른쪽 손목은 위로 돌리는 동작의 일반적이고 참담한 실수는 . . . (. . . the common and disastrous fault of rolling your wrists (turning the left under and the right over, as the club-head progresses into the follow-through of the swing).) (Byron Nelson, 1946)

롤 오버(롤² 참조)(roll over, see roll²)

롭 샷(lob shot)

깊은 러프, 긴 풀이 있는 낮은 곳 혹은 그린 면보다 약간 낮은 페어웨이로부터 로프트가 큰 클럽으로 그린을 향하여 볼을 높이 올려서 짧은 거리를 날아간 다음 홀 가까이에 떨어지도록 치는 어프로치 방법이다. 또한 그린 자체가 경사가 있거나 기복이 있는 경우에도 적합하며 일반적으로 샌드 웨지를 많이 사용한다.

예 롭 샷은 언제나 거의 샌드 웨지로 플레이하며 기본적으로, 볼이 그린에 가볍게 안착하고 홀 가까이 정지하는 데 필요한 정도만큼, 샷하여 볼을 높이 올리는데 이는 그만큼 퍼팅에도 관련이 있다. (Lob shot is almost always played with a sand wedge and basically involves putting as much height on the shot as needed to make the ball land softly and stop near the hole.)

롱 게임(long game)

한 홀의 플레이에서 플레이 초기 단계로, 적은 샷으로 홀을 공략하기 위한 전략적 계획에 따라, 벙커 혹은 페널티 구역을 넘기거나 도그렉 홀을 가로지르는 등 볼을 멀리 200야드 전후 정도 혹은 그 이상을 날리는 비교적 장거리 게임을 말한다. 일반적으로 드라이버, 다른 페어웨이 우드 혹은 롱 아이언을 많이 사용한다.

예 한 홀에서 하는 첫 번째 샷은 드라이브로 알려진 롱 게임 샷이다. 그 목적은 다음 페어웨이 샷을 잘 할 수 있는 위치로 보내기 위하여 될 수 있는 한 볼을 똑바로 멀리까지 날아가도록 치는 것이다. (The first shot taken on a hole is a long-game shot known as a drive. The goal is to hit the ball as far as straight as possible in order to be in position for a fairway shot.)

롱 노즈(long nose)

노즈(nose)는 우드 클럽 헤드의 토우(toe) 부분을 뜻하는데 토우 부분이 긴 즉 흔히 코와 닮은 토우 부분이 앞으로 길게 나온 헤드를 장착한 옛 클럽을 가리킨다.
- ※ 토우 부분이 긴(코가 긴) 헤드를 장착한 클럽은 주로 페더 볼(feather ball)과 거터 퍼처 볼(gutta-percha ball)을 사용하던 1800~1900년 사이에 유행했던 옛 클럽이며 주로 드라이빙을 위한 플레이 클럽(play club)으로 제작하였다.
- 예 특히 롱 노즈 클럽과 니블리크 클럽은 역시 파손되기 쉬웠으며 골퍼는 한 라운드 중에 최소한 한 개의 클럽 정도가 부러지는 것을 예상할 수 있었다. (The club especially long-noses and niblicks were also prone to breakage and a golfer could expect to break at least one club during a round.)

롱 스푼(스푼 참조)(long spoon, see spoon)

롱 아이언(long irons)

비교적 타면이 수직에 가까운 장거리를 날리는 아이언 클럽을 말한다.
- ※ 일반적으로 아이언 2번, 3번, 4번 클럽이 이에 해당된다.
- 예 이제는 롱 아이언 클럽을 사용하는 경우보다 페어웨이 우드 클럽을 사용하는 경우에 이를 지나치게 사용하지 않도록 하는 경향이 있다. (There is less tendency to overwork your hands with fairway woods than with long irons.) (Davis Love, 1977)

롱 퍼터(벨리 퍼터 참조)(long putter, see belly putter)

루스 임페디먼트(loose impediments)

코스에 고착(固着)되어 있지 않은 자연물로 돌, 흩어진 풀, 나뭇잎, 나뭇가지, 나무의 잔가지, 죽은 동물, 동물의 배설물, 벌레, 곤충, 쉽게 제거할 수 있는 유사(類似) 동물 그리고 그것들이 만든 흙 무더기나 거미집, 밀집(密集)된 흙으로 채워진 흙 덩어리 등이 해당된다.
- ※ 따라서 붙어있거나 성장하고 있는 것, 지면에 단단히 박혀 있는 것, 볼에 붙어 있는 것은 루스 임페디먼트가 아니다.
  그 외에 특별한 것으로 모래와 흩어진 흙, 이슬, 서리 및 물은 루스 임페디먼트가 아니다. 눈과 천연얼음(서리는 제외)은 플레이어의 선택에 따라서 루스 임페디먼트 혹은, 그것이 지면에 있는 경우, 일시적인 물로 취급할 수 있다. 거미줄은 그것이 다른 물체에 붙어 있을지라도 루스 임페디먼트이다.
  1999년 미국의 피닉스 오픈(Phoenix Open)에서 타이거 우즈(Tiger Woods)는 1,000파운드의 큰 바위를 관객들의 도움으로 옮긴 경험이 있다.
- 예 플레이어는 벌 없이 코스 안이나 밖의 어느 곳에서도 루스 임페디먼트를 제거할

수 있으며(손이나 발, 클럽 혹은 다른 휴대품을 사용하는 등) 어떤 방법으로도 제거할 수 있다. (Without penalty, a player may remove a loose impediment anywhere on or off the course, and may do so in any way (such as by using a hand or foot or a club or other equipment.) (Rules of Golf, 2019)

루퍼(캐디 참조)(looper, see caddie)

루프(loop)

골프의 한 라운드를 말한다. 골프의 라운드는 거의 같은 장소나 그 근처에서 출발하고 끝난다. 즉 고리(loop)처럼 같은 곳에서 시작하여 다시 그곳으로 와서 끝난다는 뜻이다.

- ※ 일반적으로 골프 코스는 9홀씩 두 개의 둥근 루프 형태로 설계된다. 코스를 라운드한다는 뜻에서 캐디를 루퍼(looper)라고도 한다(속).
- 예 루핑이라는 말은 캐디들이 골프 코스를 한 바퀴 도는 것을 말할 때 "루프"라는 단어를 사용하는 데서 나왔다. (Looping derives from the use of the word "loop" by caddies to describe their circuit around a golf course.)

리더보드(leaderboard)

많은 갤러리들이 충분히 볼 수 있도록 토너먼트에 참가한 플레이어들의 스코어를 게시하는 순위 게시판을 말한다. 선두 주자뿐만 아니라 참가한 플레이어들의 이름과 스코어들이 게시된다.

- 예 리더보드에는 선두 주자뿐만 아니라 그 토너먼트에 참가한 모든 플레이어들의 명단이 기록된다. (All players in a tournament are listed on the leader board, not just the leaders.)

리듬(rhythm)

골프의 백스윙과 다운스윙에서 일정하게 반복되는 움직임을 말한다. 즉 스윙의 호조(好調)를 유지하는 데 필요한 적절한 시간 간격을 두고 움직이는 규칙적인 율동(律動)이라고 할 수 있다.

- 예 모든 훌륭한 플레이어들은 어느 클럽을 사용해도 스윙할 때마다 일관된 템포와 탁월한 균형을 유지하는 능력을 가지고 있다. 그리고 리듬과 균형은 서로 연결되어 있다. 그 일관성을 갖는 비결은 균형을 유지하는 것과 원활한 리듬을 습관적으로 사용하는 데 있다. (All great players have ability to swing every club at a consistent tempo and great balance. Rhythm and balance are linked. The key to consistency is to maintain your balance and use a smooth rhythm.)

리딩 에지(leading edge)

골프 클럽 타면 밑부분의, 칼날에 해당하는, 맨 끝을 말한다. 즉 직각으로 소울(sole)과 연결되기 시작한 끝 부분을 뜻한다.

■ ※ 이 부분에 풀이 베일 수도 있고 이 부분에 볼이 맞으면 그 볼이 손상을 입을 수도 있다. 리딩 에지와 연결된 소울 뒷부분 맨 끝은 트레일링 에지(trailing edge)이다.

■ 예 좀 더 평범한 용어로 말하면, 바운스 각은 클럽 헤드의 소울 혹은 클럽 헤드의 맨 밑 부분에서 리딩 에지가 얼마나 들어올려져 있는가를 표시하는 것이다. (In plainer terms, bounce angle is an indication of how much the sole, or bottom-most part, of the club head lifts the leading edge.)

리모트 러프(러프 참조)(remote rough or treed rough, see rough)

리브드(ribbed)

1. 클럽 타면에 갈빗대 모양으로 새긴 무늬와 갈빗대 모양의 홈(grooves)이 있는 아이언 클럽(ribbed club)을 말한다. 현재는 규칙에 부적합한 클럽이다.
2. 클럽의 그립에 마디가 없이 연속적이고 똑바른 갈빗대 모양의 무늬가 도드라지게 한 재료(raised rib)를 부착한 클럽을 가리킨다.

■ 예 (1) 나는 클럽 타면에 갈빗대 모양으로 새겨진 홈이 있는 리브드 아이언 클럽을 본 적이 있는데 나는 그 클럽을 좋아하지 않는다. (I have seen the ribbed iron clubs, and I don't like them.) (Andrew Kirkaldy, 1921)

■ 예 (2) 퍼터 이외의 클럽은 그립 횡단면이 원형이어야 한다. 다만 마디가 없이 연속적이고 똑바르게 갈빗대 무늬가 도드라지게 한 재료를 그립의 전체 길이에 결합시킬 수 있다. (For clubs other than putters the grip must be circular in cross-section, except that a continuous, straight, slightly raised rib may be incorporated along the full length of the grip.)

리스트 액션(wrist action)

백스윙에서 클럽을 쥐고 있는 손목의 콕크(cock)와 다운스윙에서 언콕크(uncock) 등 정상적인 스윙의 일부분을 담당하고 있는 손목 동작을 말한다.

■ ※ 다운스윙의 시작에서 손목을 너무 빨리 풀어 버리거나 너무 늦게 풀면 임팩트 시에 클럽 타면이 플레이 선에 대하여 볼에 직각으로 타격하지 못하게 되어 원하는 방향으로부터 볼이 이탈하게 될 가능성이 크다. 그러므로 깊은 러프에서나 측면이 높은 벙커에서 플레이할 때 등 부득이한 경우를 제외하고 의식적인 리스트 액션 동작보다는 정상적인 스윙에서 자연히 몸에 익숙해진다고 이해하는 것이 바람직하다.

예 어떤 골퍼들은 볼을 겨우 100야드 밖에 날릴 수 없는 데 반하여 다른 골퍼들은 힘들이지 않고 250야드 이상을 날린다. 그 차이는 전적으로 골프 스윙에서 적절한 혹은 부적절한 손목 동작의 기능에 있다. (While some of these golfers can barely move a ball 100 yards, others effortlessly hit drives at 250+ yards. The difference is entirely a function of proper or improper golf swing wrist action.)

리시프로컬 플레이(reciprocal play)

회원 전용 프라이빗(private) 골프 클럽들 사이의 상호 협정을 통하여 한 클럽 회원들이 협정을 맺은 다른 클럽의 코스에서 협정 내용에 따라 플레이가 허용되는 경우 혹은 그 협정을 말한다. 리시프로컬스(reciprocals), 리시프로컬 어그리먼트(reciprocal agreement) 혹은 리시프로컬 어레인지먼트(reciprocal arrangement)라고도 한다.

※ 골프 클럽이 토너먼트를 주최한 경우, 회원들이 원하는 경우 특별한 날, 회원들이 원하는 때 혹은 일정한 기간에 플레이할 수 있는 특권을 상호 교환해서 상호 편의를 도모하는 계약이다.

예 결국, 프라이빗 골프 클럽들 사이의 상호 협정은 "당신은 나의 회원들이 당신의 코스에서 플레이하게 하고 나는 당신의 회원들이 나의 코스에서 플레이하게 하겠다"라는 말로 요약된다. (So reciprocals between private golf clubs boil down to "you let my members play your course, and I'll let your members play my course.")

리조트 코스(코스 참조)(resort course, see course)

리커버리 샷(recovery shot)

실수로 나쁜 라이, 러프, 벙커 등에 볼이 들어가 곤경에 처한 상태를 유리한 상태로 회복하도록 볼을 더 안전하고 좋은 위치로 보내어 당면한 위기를 만회(挽回)하기 위한 샷을 말한다.

예 리커버리 샷을 위한 이상적인 클럽은 구식이지만 지거이다. (An ideal club for recovery shot is the old-fashioned jigger.) (Henry Longhurst, 1937)

리플레이스(replace)

1. 볼을 인 플레이로 되게 할 의사를 가지고, 지면에 내려놓고 손을 떼서 그대로 두는 행위를 말한다. 따라서 플레이어가 인 플레이로 되게 할 의사가 없이 볼을 지면에 내려놓은 경우 그 볼은 리플레이스 되지 않았으며 인 플레이가 아니다.

※ 볼을 리플레이스 하도록 규칙에서 요구할 때는 언제나 그 규칙은 볼을 리플레이스 하지 않으면 안 되는 특정한 지점을 확인해 주고 있다.
2. 볼, 그립, 클럽 등을 교체하는 행위를 말한다.
3. 코스를 평탄하게 수리하기 위하여 디보트를 제자리에 메우는 행위를 가리킨다.

예 (1) 플레이어의 인 플레이 볼을 코스에서 집어 올렸거나 분실 혹은 아웃 오브 바운즈가 된 경우 그 볼은 더 이상 인 플레이가 아니다. 플레이어는 최초의 볼이나 다른 볼을 티잉 구역에서 플레이하거나, 인 플레이로 할 의사를 가지고 코스 위에 그 볼을 리플레이스하거나 드롭하거나 플레이스한 경우에만 다시 인 플레이 볼을 갖게 된다. (When a player's ball in play is lifted from the course or is lost or out of bounds, the ball is no longer in play. The player has a ball in play again only when he or she plays the original ball or another ball from the teeing area, or replaces, drops or places the original ball or another ball on the course with the intend for that ball to be in play.) (Rules of Golf, 2019)

예 (2) 그러나 때때로 그립을 바꿀 필요가 있는 것과 마찬가지로 간혹 샤프트를 반드시 교체해야 할 경우도 있다. (But sometimes it may be necessary to replace a shaft, just as grips needs changing from time to time.)

예 (3) 다수의 코스에서는 단순히 자신이 낸 디보트를 제자리에 메우도록 요구하고 있다. 그 디보트를 집어 올려서 그것이 뜯겨진 자리의 같은 방향으로 제자리에 놓아야 한다. (Many courses simply ask you to replace your divot. Pick up the divot and put it back in place in the same direction it came out.)

릴리스(release)

백스윙에서 클럽을 쥐고 있는 뒤로 젖혀진 팔과 양 손목을 다운스윙에서 임팩트 범위 안에 들어선 다음 임팩트와 팔로우 스루(follow through)를 통하여 풀어 놓게 되는 일련의 동작을 말한다.

※ 백스윙에서 젖혀진 양 손목은 다운스윙의 중간점(허리 높이 부분)에서 왼쪽 손등이 정면을 향하게 되는데 그것은 왼손이 앞장서서 그립 끝을 볼을 향하여 밑으로 끌어내리게 되는 동작이기 때문이다. 또 클럽을 쥔 양쪽 손이 오른쪽 허리 높이를 지나면서 임팩트 범위 안에 들어서는데 그 임팩트에서는 왼쪽 손등이 목표 선과 직각을 이루는 방향으로 향한다. 그리고 팔로우 스루에서 왼쪽 손등이 후방을 그리고 등 뒤쪽을 향하게 된다. 결과적으로 다운스윙의 중간점부터 팔로우 스루의 중간까지 추적해 볼 때 손목을 사용하여 볼을 임팩트하는 것이 아니라 왼팔 앞부분이 왼쪽으로 회전하면서 팔과 손목을 풀어주는 일련의 동작을 통하여 볼을 임팩트하게 된다는 것이다.

예 릴리스는 클럽의 다운스윙에서 젖혀진 손목의 힌지 역할을 풀어 주는 동작을 말한다. (Release refers to the action of unhinging the wrists on the downswing of the club.)

림 아웃(rim out or lip out)

플레이한 볼이 홀 가장자리를 따라 돌았으나 홀 인되지 않고 홀 밖으로 나온 경우를 말한다. 립 아웃(lip out)이라고도 한다.
- 예 플레이어는 기쁨을 안고 걸어서 다가갔는데 또다시 퍼트한 볼이 홀 가장자리를 돌아서 나오고 말았다. (Player stepped up to oblige – and again rimmed out the putt.) (Mark McCormack, 1975)

립¹(lip¹)

벙커의 수직 가장자리를 말한다. 흔히 벙커의 턱(lip of the bunker)이라고 부른다.
- ※ 얕은 벙커의 턱을 스몰 립(small lip), 깊은 벙커의 턱을 빅 립(big lip)이라고 한다.
- 예 마련된 구역 가장자리에 있으며 흙, 풀, 쌓아 올린 뗏장이나 인공 재료로 이루어진 턱, 측벽 혹은 측면은 벙커의 일부가 아니다. (There are not part of a bunker: a lip, wall or face at the edge of a prepared area and consisting of soil, grass, stacked turf or artificial materials.) (Rules of Golf, 2019)

립²(lip²)

퍼팅 그린 위에 있는 홀 가장자리 혹은 볼이 그 가장자리에 접촉한 상태를 말한다. 퍼트한 볼이 가끔 홀 가장자리에 도달하였으나 그 가장자리를 돌고 다시 밖으로 나온 경우가 있다(림 아웃(rim out) 참조).
- 예 나는 퍼팅으로 볼을 홀 인시키려고 까지는 마음먹지 않았는데 볼이 바로 홀 가장자리 가까이에 도달하였기 때문에 그 볼을 가볍게 때려 홀에 가라앉혔다. (I didn't even have to try for the putt – just nudged it up to the lip and tapped it in.) (Sam Snead, 1962)

립 아웃(림 아웃 참조)(lip out, see rim out)

링거 토너먼트(에클렉틱 참조)(ringer tournament, see eclectic)

링크스(links)

1. 해변에 위치한 낮은 지대로 가끔 언덕이 있고 모래가 섞여 있으며 나무가 별로 없고 벤트 그라스(bent grass)와 가시금작나무(gorse) 등으로 덮여 있는 링크스 코스(links course)를 말한다.

2. 위(1)와 같은 토지 자체 즉 링크스랜드(linksland)를 가리킨다.
3. 일반적인 골프 코스 특히 퍼블릭 링크스(public links)를 말할 때도 링크스라고 한다.

※ 최초 스코틀랜드 해변 토지에서 코스가 조성되어 링크스란 명칭이 나왔다.

예 (1) 이곳에서 바다 물이 빠져나가자 자연적인 간척(干拓) 과정이 오늘날까지 진행되어 그 링크스 지역은 장거리에 걸친 비옥한 농지 지대, 소금기 있는 넓은 공간, 에덴 강어귀 그리고 세인트 앤드루스만과 접하게 되었다. (As the sea retreated from it the process of natural reclamation progressed until today the links area is bounded by a long belt of fertile farmland, an expanse of saltings, the Eden estuary and St. Andrews Bay.) (Sir Guy Campbell, 1952)

예 (2) 롱 아일랜드 동쪽 끝은, 어쩌면 북 아메리카에 존재하는, 실제 영국 링크스랜드와 완전할 정도로 가장 비슷한 곳이다. (The Eastern end of Long Island is quite possibly the closest approximation of real British linksland that exists in North America.) (Robert Sommers, 1977)

예 (3) 퍼블릭 링크스는 비회원제 코스를 말하는 용어로 실제 링크스 코스와 혼동하지 않아야 한다. 퍼블릭 링크스는 흔히 약해서 간단히 링크스라고 한다. (Public links is a term that refers to any nonmembership course, which is not to be confused with a true links course. Public links is often abbreviated to simply links.)

링크스랜드(링크스 참조)(linksland, see links)

링크스맨(linksman)

일반적인 골퍼를 말한다. 링크스는 보통 골프 코스를 의미하기도 하는데 그 코스에서 플레이하는 사람이라는 뜻이 포함되어 있다.

예 골퍼로서 현재 우리가 처한 상황을 알기 위해서는, 이방(異邦)에서 온 옛 골프 동료들과 비교하여, 때로는 "다른 사람들의 관점에서 우리를 바라볼" 필요가 있다. (To learn what we are as linksmen, compared with older foreign golf brothers, it is sometimes necessary to "see ourselves as others see us.") (Alexander H. Revell, 1915)

골프 용어 해설(Clarification of Golfing Terms) 마

마셜(marshal)

원활한 경기 진행을 위하여 코스를 순찰하면서 플레이 속도를 점검하고 갤러리를 통제하도록 임명된 관리 요원 혹은 자원 봉사자를 말한다. 레인저(ranger)라고도 한다.

- 예 느린 플레이는 마셜의 주요 관심사인데 어떤 코스에서는, 플레이 속도를 높이기 위하여, 느리게 플레이하는 그룹을 강제로 전진시키거나 홀의 일부 혹은 홀 전체를 건너뛰게 하는 조치를 마셜에게 허용하기도 한다. (Slow play is a primary concern for marshals, and some courses allow marshals to force slow groups to move up, skipping part or all of a hole in order to speed up play.)

마스터스 토너먼트(The Masters Tournament or The Masters)

4대 메이저 대회(남성)의 하나이며 오거스터 내셔널 골프 클럽(Augusta National G.C.) 주관으로 매년 미국 조지아주 오거스터에서 개최되는 세계적인 토너먼트를 말한다. 유에스 마스터스(The US Masters)라고도 한다

- ※ 최초 오거스터 내셔널 코스를 구상한 사람은 바비 존스(Bobby Jones)였으며 그는 클리포드 로버츠(Clifford Roberts)의 조언과 앨리스터 맥켄지(Alister MacKenzie)의 설계로 1933년 코스를 완성하고 제1회 마스터스 대회는 1934년에 개최하였으며 우승자는 호턴 스미스(Horton Smith)였다. 그는 상금으로 그 당시 전체 상금 $5,000 중에서 $1,500을 받았다. 1949년부터 우승자는 그린 재킷(green jacket)을 입는다. 초기에는 참가 자격을 엄격히 하여 대회 명칭을 초청 형식으로 오거스터 내셔널 인비테이션 토너먼트(The Augusta National Invitation Tournament, 4라운드)라고 하였으나 1938년 마스터스(The Masters)로 개칭하였다. 그리고 2012년에는 최초로 여성 회원을 받아들였다.
- 예 대부분의 골퍼가 플레이하고자 하는 꿈을 품게 되는 몇 안 된 코스 중의 하나는 유에스 마스터스 토너먼트의 발상지(發祥地)이며 본고장인 오거스터 내셔널 골프 클럽이다. (One of the few courses almost every golfer harbours dreams of playing is at Augusta National Golf Club, birthplace and home of the US Masters tournament.)

마운드(mound)

코스 위에 있는 흙무더기나 둑 혹은 작은 언덕 등을 말한다.

- ※ 코스 설계 목적상 페어웨이와 그린 근처에 다양한 변화를 주기 위하여 만들기도 한다.

■예 페어웨이 마운드는 페어웨이 깊이에 대한 지각력(知覺力)을 높이고 볼이 페어웨이에서 너무 멀리 굴러가는 것을 방지하기 위하여 계획된다. (Fairway mounds are provided to enhance depth perception and to prevent balls from rolling too far from the fairway.)

마커¹(marker¹)

스트로크 플레이에서 스코어 카드를 기입하고 그 스코어 카드를 인증(認證)하는 책임을 진 사람을 말한다. 마커는 다른 플레이어가 맡을 수 있으나 파트너는 맡을 수 없다. 스코어러(scorer)라는 말을 쓰기도 한다.
- ※ 위원회는 플레이어의 마커가 될 사람을 확인해 줄 수 있거나 플레이어에게 마커의 선정 방법을 알려 줄 수 있다.
- 예 라운드 중 각 홀의 플레이가 끝난 후 마커는 플레이어에게 그 홀에서 낸 스트로크 수(실행한 스트로크 및 벌타 포함)를 확인시켜야 하며 그 그로스 스코어를 스코어 카드에 기입하여야 한다. (After each hole during the round, the marker should confirm with the player the number of strokes on that hole (including strokes made and penalty strokes) and enter that gross score on the scorecard.) (Rules of Golf, 2019)

마커²(marker²)

의도한 위치를 표시하기 위한 표지(標識)를 말한다. 볼 마커(ball-marker), 티 마커(tee-marker) 참조.
- 예 "볼이 놓일 지점을 넘었다고 생각합니다."라고 심판원이 아직 지면에 꽂혀 있던 티를 가리키면서 말하였다. "당신은 표시된 마커의 3인치 앞에 볼을 티업했습니다." ("Take it over," said the referee, pointing to the tee which was still stuck in the ground. "You teed your ball three inches ahead of the markers.") (W.H. Faust, 1929)

마크(mark)

정지한 볼이 있는 지점을 표시하기 위하여 볼 마커를 볼 바로 뒤나 볼 바로 옆에 놓거나 클럽을 볼 바로 뒤나 볼 바로 옆의 지면에 대는 행위를 말한다.
- ※ 이것은 볼을 집어 올린 후에 리플레이스 하지 않으면 안 되는 지점을 나타내기 위하여 하는 것이다.
- 예 규칙에 의한 구제를 받기 위하여 볼을 집어 올리는 경우 플레이어는 볼을 집어 올리기 전에 그 지점을 마크할 필요가 없다. (When a ball is lifted to take relief under a rule, the player is not required to mark the spot before lifting the ball.) (Rules of Golf, 2019)

말뚝(stake[1])

페널티 구역(노란 표시, 빨간 표시 페널티 구역), 아웃 오브 바운즈, 수리지, 플레이 금지 구역 등의 경계를 정하거나 확인하기 위하여 그 경계에 따라 땅에 박아 놓은 표지물을 말한다. 새로 심은 나무를 보호하기 위하여 그 나무에 댄 식목 지주를 가리키는 경우도 있다.

- ※ 페널티 구역은 노란색과 빨간색 말뚝을 사용하며 아웃 오브 바운즈의 말뚝은 흰색으로 권장하고 있다. 수리지는 일반적으로 흰색 말뚝을 사용한다. 플레이 금지 구역은 말뚝(혹은 말뚝의 상단)에 특별한 색깔을 사용하도록 권장하고 있다.
- 예 (1) 말뚝, 벽, 울타리 및 담은 장해물이다. 그러나 그것들이 코스의 경계 가장자리를 정하거나 나타내고 있는 경계물인 경우에는 아니다. (Stakes, walls, railings and fences are obstructions, but not when they are boundary objects that define or show the boundary edge of the course.) (Rules of Golf, 2019)
- (2) 식목 지주를 댄 나무를 보호하기 위하여 골프에는 그 나무로부터 플레이어가 떨어져서 플레이하도록 벌 없이 구제해 주는 특별한 규칙이 있다. (To protect staked trees, golf has special rules that give a player relief away from the trees without penalty.)

매시(mashie)

주로 로프트 각이 큰 옛 미들 아이언 클럽 명칭을 말하며 1880년경에 유행하였는데 백스핀을 거는 피칭에 사용되었다. 오늘날 5번 아이언 클럽에 해당되는 클럽 명칭이다.

- ※ 옛 골프가 성행하던 당시에는 클럽 수가 그렇게 많지 않았다. 매시라는 용어는 백스핀이 최대로 걸리도록 큐(cue)를 거의 수직으로 치는 당구의 마세(masse)에서 나왔다.
- 예 피치앤 런 샷을 플레이할 때 사용하는 클럽은 매시이다. (In playing the pitch-and-run the club to use is the mashie.) (Abe Mitchell, 1937)

매시 니블리크(mashie-niblick)

로프트 각이 매시와 니블리크 중간에 해당하는 옛 아이언 클럽 명칭을 말하며 주로 피칭(pitching)에 사용하였다. 오늘날 7번 아이언 클럽에 해당되는 클럽 명칭이다.

- 예 수년 간 나는 매시 샷과 똑같은 정도로 매시 니블리크 샷을 할 수 있기를 바라고 있었다. (For years I have been wishing I could play a mashie-niblick shot the same as a mashie shot.) (Robert T. Jones, 1927)

매시 아이언(mashie-iron)

로프트 각이 매시보다 작고 비교적 장거리를 날리는 옛 아이언 클럽 명칭을 말하며 주로 코스에서 드라이빙(driving)에 사용되었다. 오늘날 4번 아이언 클럽에 해당되는 클럽 명칭이다.

- 예 . . . 그녀는 가끔 거리를 내기 위하여 우드 클럽을 사용하였는데 그 거리가 매시 아이언보다는 더 멀지 않은 것 같이 보였다. (. . . she often used a wood for distances that appeared no more than a mashie-iron in length.) (Lucille McAllister, 1926)

매치¹(match¹)

한 플레이어나 사이드가 상대편이나 상대 사이드와 한 라운드 이상 정면으로 맞대서 시합하는 플레이 방식을 말한다. 홀마다 승패를 결정하며 이러한 방식의 플레이를 매치 플레이(match play)라고 한다.

- ※ 한 플레이어나 사이드가 상대편이나 상대 사이드보다 더 적은 스트로크로 한 홀을 끝마친 경우 그 홀의 승자가 된다. 한 플레이어나 사이드가 플레이할 나머지 홀 수보다 더 많이 상대편이나 상대 사이드를 앞선 시점(時點)에 그 매치의 승자가 된다. 매치의 이긴 상태를 홀 업(hole up), 진 상태를 홀 아웃(hole down)이라고 표현한다. 따라서 3업(up), 2투 플레이(to play)는 3개 홀을 이기고 아직 플레이할 2개 홀이 남아 있는 상태인 승자의 경우를 나타낸다. 상대편이 친 타수에 관해서 물어 왔을 때 플레이어는 그가 친 타수에 관해서 올바른 정보를 제공하지 않으면 안 된다.
- 예 매치 플레이는 싱글 매치, 스리볼 매치 혹은 두 파트너들로 이루어진 사이드들 사이에 경쟁하는 포섬이나 포볼 매치로 플레이할 수 있다. (Match play can be played as a singles match, a three-ball match or a foursomes or four-ball match between sides of two partners.) (Rules of Golf, 2019)

매치²(match²)

의도한 체형에 맞도록 디자인되고 동일한 규격과 스윙 웨이트로 한 단계 더 높은 수준의 클럽 세트에 관하여 조화를 이룬 상태를 말한다.

- ※ 1920년대에 들어서서 미국에서 시작된 조화를 이룬 클럽 세트(matched set of clubs)의 활용과 틀에 맞는 스윙(grooved swing)은 획일적인 미국식 골프(mechanical golf) 발전의 근간을 이루고 있었으며 골프에 큰 변혁을 초래하여 점차 미국이 골프를 지배하는 요인이 되었다.
- 예 1번에서 9번까지의 조화를 이룬 클럽 세트 유행은 처음에 미국에서 갑자기 불어 왔으며 그만큼 과대 선전을 한 면도 있었다. (The matched set, numbered 1-9, first blew in from America and so did the ballyhoo with it.) (Henry Cotton, 1952)

매치 플레이(매치¹ 참조)(match play, see match¹)

매치 플레이 방식(폼² 참조)(forms of match play, see form²)

매칭 스코어 카드(matching score cards)
올 스퀘어(all square)로 끝난 매치나 스트로크 플레이에서 동점으로 끝난 때 한 사람의 우승자를 결정하고자 할 경우 연장전 대신 플레이한 라운드의 일정한 홀에 대한 스코어 카드를 검토하여 최종 우승자를 결정하는 방식을 말한다. 매칭 카드(matching cards) 혹은 매칭 아웃 온 더 카드(matching out on the card)라고도 한다.

- ※ 일반적으로 최종 9개 홀 스코어에서 가장 좋은 스코어를 근거로 결정한다. 최종 9홀에서도 동점인 경우는 최종 6개 홀에서, 그 다음에는 최종 3개 홀에서, 그리고 최종적으로 18번 홀에서 낸 스코어를 근거로 결정한다.
- 예 가끔 연장전 대신 "매칭 아웃 온 더 카드" 방식으로 동점 상태에서 우승자를 결정하게 된다. 플레이어들의 스코어 카드를 홀별로 비교하여 한 홀에서 더 낮은 스코어가 먼저 나온 플레이어를 우승자로 선언하게 된다. (Sometimes ties are broken by "matching out on the cards" instead of with a play-off. The player' scorecards are compared on a hole-by-hole basis, and the player with the first lower score on a hole is declared the winner.)

맬리트 퍼터(mallet putter)
정상적인 블레이드 퍼터에 비하여 타면은 수직이지만 뒷부분은 둥글고 무거운 망치 모양의 헤드가 달린 즉 맬리트 헤디드(mallet-headed) 퍼터를 말한다.

- 예 맥도널드의 서한은 당연히 골프 규칙 위원회의 의사록에 기록되었지만 그 위원회는 조치를 진행시켜 1910년 9월에 모든 "망치 모양의 헤드가 달린 혹은 이와 동등한 효과를 내기 위한 목이 구부러진 클럽"의 사용을 금지하였다. (MacDonald's letter was duly entered into the minute book of the rules of golf committee, but the committee went ahead and in September 1910 banned all clubs "of the mallet-headed type or such clubs as have the neck bent as to produce a similar effect.") (Kenneth G. Chapman, 1997)

맬리트 헤디드(맬리트 퍼터 참조)(mallet headed, see mallet putter)

머슬 백(블레이드¹ 참조)(muscle back, see blade¹)

아이언 클럽 헤드 제작 방법의 한 가지이며 클럽 헤드의 뒤쪽 부분 중앙이 불룩한 모양으로 무게를 더하도록 설계하는 것을 말한다.

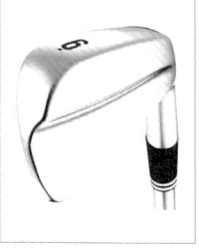

▲ 머슬백 아이언

※ 스위트 스폿(sweet spot)의 역할을 할 수 있는 부분이 상대적으로 작으나 볼이 클럽 헤드 중앙에 맞으면 다른 클럽들에 비하여 비거리가 더 나간다. 따라서 일류 골퍼나 스윙 스피드가 좋은 골퍼에게 적합한 클럽으로 알려져 있다.

예 머슬 백 아이언은 주조로 처리될 수도 있지만 보통 단조로 처리된다. 그것들은 골퍼에게 반응을 전달하는 면에서 탁월하지만 골퍼는 장기간 일관성 있게 볼을 클럽 타면 중앙에 맞혀야 한다. (Muscle back irons are usually forged, although they can be cast. They provide greater feedback to a golfer, but require the golfer to contact the ball with the center of the clubface with great consistency.)

머프(muff)

샷을 망치는 것을 표현하는 말이다(속).

예 그가 그의 티샷을 거의 모두 망친 한 라운드를 끝낸 후에... (... after a round in which he has muffed nearly all his tee shots.) (R.E. Howard, 1913)

멀리건(Mulligan or Do-Over)

친선 게임에서, 동반 경기자들이 모두 동의한다면, 대부분 첫 번째 홀에서 플레이어가 드라이브 샷을 망쳤을 경우 벌 없이 그 플레이어에게 다시 칠 수 있는 권리를 주는 것이다. 이는 스코어로 카운트하지 않는다. 그 멀리건마저 망쳤을 경우 다시 칠 수는 있지만 플레이가 지연되기 때문에 한 번만 인정하는 것이 관례로 되어 있다(속).

※ 일명 "두 오버(Do-Over)"라고도 한다. 공식 경기에서는 허용되지 않는다.

예 (1) 첫 번째 티샷에서 멀리건의 경우 습관적으로 다시 플레이하게 하면, 플레이어가 경기를 할 수 있는 티샷을 할 때까지, 여러 다른 이름(피네건, 브래너건, 플래나건)으로 된 다수의 "멀리건"이 허용될는지도 모른다. (In the case of a mulligan used to replay the first tee shot, multiple "mulligan" may be allowed under different names(Finnegan, Branagan, Flanagan) until the player has hit a playable tee shot.)

(2) 골프에서 멀리건에는 2가지 종류가 있는데 '머스트 멀리건'을 사용한 경우 두 번째 볼을 사용하여야 하며 '프로비저널 멀리건'을 사용한 경우 두 번의 샷 중에서 더 유리한 위치의 볼을 선택할 수 있다. (There are two kinds of

mulligans in golf. Using the 'Must Mulligan', you have to use the second ball! Using the 'Provisional Mulligan', you can pick the best of two shots!)

메달 플레이(스트로크 플레이 참조)(medal play, see stroke play)

메이저 대회(The Majors)
매년 미국, 영국, 유럽의 프로 투어(professional tours) 중에서 남성의 4개, 여성의 5개 주요 토너먼트를 말한다. 즉 남성 대회는 유에스 오픈(US Open), 디 오픈(The Open), 피지에이 챔피언쉽(PGA Championship) 그리고 마스터스 토너먼트(Masters Tournament)이며 여성 대회는 유에스 위민스 오픈(US Women's Open), 위민스 브리티시 오픈(Women's British Open), 위민스 피지에이 챔피언쉽(Women's PGA Championship), 나비스코 챔피언쉽(Nabisco Championship(ANA Inspiration)) 그리고 디 에비앙 챔피언쉽(The Evian Championship)이다.

예 2년마다 개최되는 라이더 컵과 프레지던트 컵의 팀 경기와 나란히 메이저 대회는 골프에서 유명한 영향력 있는 경기 대회이다. (Alongside the biennial Ryder Cup and Presidents Cup team competitions, the majors are golf's marquee events.)

메이크 더 컷(컷² 참조)(make the cut, see cut²)

메탈 우드(metal wood)
우드 클럽에 금속으로 제작한 클럽 헤드를 장착한 클럽을 말한다. 결국 형태는 우드 클럽인데 일부 재질은 금속으로 된 골프 클럽이다.

※ 종전의 우드 대신 메탈로 재질을 대신하였으나 클럽의 명칭은 그대로 존속하려는 뜻이 숨어 있다.

예 어떤 제조업자 특히 핑(Ping)과 같은 제조업자는 적층 목재(積層木材)를 개발했지만 역사적으로 우드 클럽은 감나무로 제작하였다. 그런데 1979년 테일러메이드 골프는 처음으로 강철로부터 제조한 메탈 우드를 소개하였다. (Historically woods were made from persimmon wood although some manufacturers – notably Ping – developed laminated woods. In 1979, TailorMade Golf introduced the first metal wood made of steel.)

무게 중심점(스위트 스폿 참조)(center of gravity, see sweet spot)

물리적인 원조(physical help)
스트로크할 때 다른 사람으로부터 육체적인 힘이나 행동 혹은 신체적으로 원조나 보호를 받는 상태를 말한다.

- ※ 플레이어는 다른 사람으로부터 물리적인 원조를 받는 동안에 혹은 햇빛, 비, 바람 및 다른 자연 현상의 기상 상태로부터 보호받기 위하여 고의로 배치한 그의 캐디 혹은 다른 사람이나 물건이 있는 동안에 스트로크해서는 안 된다. 그러나 위와 같은 원조나 보호는, 규칙에서 금지한 경우를 제외하고, 스트로크하기 전에는 허용된다.
- 예 이 규칙은 플레이어가 스트로크하고 있는 동안에 자연 현상의 기상상태로부터 보호받기 위하여, 예를 들어 보호복을 착용하거나 자신의 머리 위에 우산을 받치는 것과 같이, 자신이 스스로 행동하는 것을 금지하고 있는 것은 아니다. (This rule does not prohibit the player from taking his or her own actions to protect against the elements while making a stroke, such as by wearing protective clothing or holding an umbrella over his or her own head.) (Rules of Golf, 2019)

뮤니시펄 코스(municipal course)
퍼블릭 코스(public course)로서 지방 자치체가 소유한 골프 코스를 말한다.

- 예 뮤니시펄 코스는 정부 당국이 소유한 골프 코스이다. 일반적으로 그 당국은 시(市) 혹은 지방 자치체이기 때문에 "뮤니시펄 골프 코스"라는 용어가 나왔다. (A municipal course is a golf course that is owned by a governmental authority. Typically that authority is a city – or municipality, hence the term "municipal golf course.")

미드 매시(mid-mashie)
오늘날 3번 아이언 클럽에 해당되는 옛 클럽 명칭이다.

- 예 오늘날의 3번 아이언 클럽은 정확히 미드 매시라고 부르지 않는다. 그렇지만 미드 매시와 3번 아이언 클럽은 매우 다른 클럽들이다. 한 가지 예를 들면 미드 매시는 나무로 된 샤프트가 장착되어 있었다! (Today's 3-irons are not accurately called mid-mashies, however; mid-mashie and a 3-iron are very different clubs. For one thing, the mid-mashie had a wooden shaft!)

미드 아이언(mid-iron)

드라이빙 아이언보다 로프트 각이 더 크며 매시보다는 작은 장거리용 아이언 클럽을 말한다. 오늘날의 2번 아이언 클럽에 해당된다. 현재는 사용하지 않는다.
- ※ 골프의 초기에 아이언 클럽은 롱 아이언 클럽들을 의미하였는데 그 가운데 중간 아이언 클럽이기 때문에 미드 아이언이라고 하였다.
- 예 드라이버를 사용한 후. . . 겨울철에 가장 유용한 도구는 아주 강력한 힘을 발휘하는 미드 아이언이다. (After the driver . . . the most valuable implement during the winter is a fairly powerful mid-iron.) (Harry Vardon, 1912)

미들 스푼(스푼 참조)(middle spoon or mid-spoon, see spoon)

스푼의 한 종류이며 골프 라운드 중 특히 풀로 덮인 바퀴 자국에서 볼을 탈출시키거나 스리쿼터 샷(3/4 shot)에 효과적으로 사용되었다. 미드 스푼(mid-spoon)이라고도 한다. 현재는 사용하지 않는다.
- 예 여기에 수세기를 거슬러 올라간 시기에도 사용된, 가장 일반적인 오늘날 클럽에 상당하는 구식 골프 명칭이 있는데, 4번 우드는 19세기까지 미들 스푼이었다. (Here are some of the most common antique golf names used centuries back and their equivalent today; 4-wood was middle spoon until the 19th century.)

미들 아이언(middle irons or medium irons)

롱 아이언 클럽과 숏 아이언 클럽의 중간 정도의 거리를 날리는 아이언 클럽을 말한다.
- ※ 아이언 5번, 6번, 7번 클럽이 이에 해당된다. 4번, 5번, 6번 클럽을 말할 때도 있다.
- 예 우리가 미들 아이언에 관하여 말할 때 우리는 4번, 5번 및 6번 아이언 클럽을 의미한다. (When we talk of the middle irons, we mean the four, five and six.) (Tom Weiskopf, 1969)

미들 티(레귤러 티 참조)(middle tee, see regular tee)

미스 더 컷(컷² 참조)(miss the cut, see cut²)

미스리드(misread)

그린 상태나 플레이 선을 잘못 판단하는 것을 말한다. 다시 말해서 퍼팅 그린의 잔디 종류와 잔디결 및 지면의 높고 낮음, 경사 등을 잘못 보거나 플레이 선에 대한 예상 진로를 잘못 헤아리는 경우를 뜻한다.

> 예 우리가 홀에 이르는 정확한 진행선을 잘못 판단했거나 내가 그린 속도를 잘못 평가했거나 어느 한 가지다. (Either we had misread the line or I had misgauged the speed of the green.) (Jack Nicklaus, 1969)

미스클럽(misclub)

잘못된 클럽 즉 자신이 생각했던 번호의 클럽이 아닌 다른 클럽으로 플레이하는 것을 말한다.
> 예 그는 15번 홀의 두 번째 샷에서 5번 아이언 대신 6번 아이언을 사용하여 잘못된 클럽으로 플레이하였다. (He misclubbed on his second shot at 15, using a 6-iron instead of a 5-iron.) (Florida Times-Union, 1979)

미스 히트(mis-hit)

골퍼가 목표를 향하여 볼을 쳤으나 그 볼을 잘못 친 상태를 말한다. 따라서 볼은 골퍼가 의도한 방향이 아닌 다른 방향으로 향하는 경우다.
> 예 미스 히트의 공통된 유형(類型)은 슬라이스 볼이 나는 것이다. (A common form of mis-hit is the slice.)

밀리터리 골프(military golf or army golf)

일단의 플레이어들이 서툴러서 페어웨이 한 쪽에서 다른 반대쪽으로 그리고 다시 뒤쪽으로 치는 등 마구잡이로 불안정한 골프를 하는 경우를 의미한다. 아미 골프(army golf)라고도 한다(속).
> ※ 군대 행진에서 보조에 맞춰 왼발, 오른발 등 구령을 붙이는 경우를 왼쪽 오른쪽으로 빗대어 표현한 경우이다.
> 예 그 골프 지도자는 한 볼은 왼쪽으로 그 다음 볼은 오른쪽으로 쳐서 결국 마구잡이 골프를 하고 있다. (The golf guide hit one ball left and then the next one right - he's playing army golf.)

골프 용어 해설(Clarification of Golfing Terms) 바

바나나 볼(banana ball)
오른손잡이 골퍼의 경우 샷한 볼이 날아갈 때 오른쪽으로 기울어지는 상태로 슬라이스가 나는 현상을 말한다(속).
- 예 슬라이스가 되는 궤도의 모양 때문에 일상 회화에서 가끔 슬라이스를 "바나나 볼"이라고 부른다. 슬라이스를 의도적으로 내는 일은 드물며 오락으로 하는 골퍼들이 가장 일반적으로 범하는 미스 히트이다. (Because of the shape of the slice trajectory, the slice is sometimes colloquially called the "banana ball". A slice is rarely played intentionally, and is the most common mis-hit of recreational golfers.)

바든 그립(오버랩핑 그립 참조)(Vardon grip, see overlapping grip)

바든 트로피(Vardon trophy)
피지에이 투어(PGA Tour)의 60라운드 스코어에서 스코어 평균이 가장 낮은 골퍼에게 미국 피지에이(American PGA)에서 수여하는 트로피를 말한다.
- ※ 영국의 프로 바든(Harry Vardon, 1870-1937)의 이름을 따서 명명되었으며 1937년부터 수여되기 시작하였다. 최초에는 포인트(point) 제도에 의하여 트로피가 수여되었으며 1947년부터는 가장 낮은 스코어 평균을 적용하였고 1988년부터는 60라운드에서 평균 스코어가 가장 낮은 골퍼에게 수여되었다. 그리고 1980년부터는 그 해에 50라운드에서 평균 스코어가 가장 낮은 골퍼에게 바이런 넬슨 어워드(Byron Nelson Award)가 수여되었다. 현재 두 가지를 모두 받은 프로가 늘어났다.
- 예 니클로스는 그의 생애에서 여덟 번이나 가장 낮은 평균 스코어를 냈지만, 니클로스가 바든 트로피 수여 대상자가 아니기 때문에, 그 평균 스코어는 "비공식"으로 간주되었다. 대체로 그는 너무 소수의 라운드 밖에 플레이하지 않았기 때문이다. (Nicklaus had the lowest scoring average eight times in his career, but all those averages are considered "unofficial" because Nicklaus was never eligible for the Vardon trophy mostly due to playing too few rounds.)

바운드[1](bound[1])
볼이 단단한 지면이나 물체에 부딪힌 후 반동으로 튀어 오른 상태를 말한다.
- 예 볼이 벽에 부딪혀서 튀어 나왔다. (The ball bounded against the wall.)

바운드²(bound²)

주로 바운즈(bounds)로 사용되며 일정한 지역의 경계, 범위, 한계 등을 가리킨다.

- ※ 따라서 코스의 경계를 넘어선 지역은 아웃 오브 바운즈(out of bounds)이며 코스의 경계선 안쪽은 인 바운즈(in bounds)이다.
- 예 (1) 그 볼은 아웃 오브 바운즈로 튀었다. (The ball bounced out of bounds.)
    (2) 플레이어는 코스 위에 있는 볼을 플레이하기 위하여 아웃 오브 바운즈에 설 수 있다. (A player may stand out of bounds to play a ball on the course.) (Rules of Golf, 2019)

바운스¹(bounce¹)

클럽으로 친 볼이 지면에 접촉한 후 튀는 현상이나 튀는 기능을 말한다.

- ※ 바운스(bounce)는 명사와 동사로 사용된다.
- 예 (1) 골프 볼에 사용되는 재료는 그 골프 볼 고유의 특징인 튀는 기능을 만들어 내는 데에도 함께 영향을 미친다. (The materials that are used in golf ball work together to create the signature bounce of a golf ball.)
    (2) 골프 볼에는 몇 가지 형태가 있지만 본질적으로 모든 골프 볼은 튄다. (Although there are several styles of golf balls, all golf balls bounce.)

바운스²(bounce²)

클럽 헤드의 리딩 에지(leading edge)로부터 소울(sole)이 지면과 접촉하는 선까지의 경사면과 지평면이 이루는 각도를 말한다. 바운스 각(bounce angle)이라고도 한다.

- ※ 이는 리딩 에지가 지면에서 들어올려진 상태의 정도를 나타낸다. 따라서 바운스가 없는 클럽은 리딩 에지가 지면과 밀착된다. 샌드 웨지와 같이 플랜지 소울(flange sole)이 두툼하고 바운스가 크면 클럽이 긴 풀숲에서 잘 빠져 나올 수 있으며 모래 속으로 클럽이 파고드는 것을 방지한다.
- 예 실용적인 용어로 말하면, 바운스 각이 더 큰 웨지는 일반적으로 깊은 러프와 모래에서 사용하는 데 반하여 바운스 각이 낮은 웨지는 드문드문 있는 풀과 지면에 밀착된 상태의 볼 라이에 사용할 것을 권장한다. (In practical terms, lower bounce wedges are advised for thin grass and tight lies, whereas those with more bounce are generally employed in deep rough or sand.)

바운스 백 스태트(혹은 바운스 백)(bounce back stat or bounce back)

라운드 중 오버 파의 성적을 낸 후 그 다음 홀에서 언더 파의 성적을 내는 횟수를 백분율로 나타낸 통계를 말한다. 바운스 백(bounce back)이라고도 한다.

※ 대부분 프로를 위한 공식적인 통계(statistic)이며 보기나 그보다 더 나쁜 성적을 낸 후 그 다음 홀에서 버디나 그보다 더 좋은 성적을 내는 횟수의 백분율을 말한다.

예 (1) 바운스 백 스태트는 골퍼가 한 홀에서 오버 파를 하고 그 다음 홀에서 언더 파를 하는 홀의 백분율을 측정하여 낸다. 이를 다른 방법으로 표현하면 지난 홀을 잊고 다음 샷을 성공시키는 플레이어의 능력이다. (The bounce back statistic measures the percentage of holes on which a golfer is over par on one hole and under par on the next. It's another way of expressing the player's ability to forget the past hole and get on with the next shot.)

(2) 짐 퓨릭의 바운스 백은 그 횟수가 거의 40퍼센트에 이르는데 다른 말로 표현하면 보기나 그보다 더 나쁜 성적을 낸 후 그 1/3 이상은 그 다음 홀에서 버디나 그보다 더 좋은 성적을 낸다는 것을 의미한다. (Jim Furyk "bounce back" nearly 40% of the time – in other words, more than a third of his bogeys or worse are followed by birdies or better.)

바이(bye[1])

매치 플레이에서 18홀 이전에 승리한 경우 나머지 홀(혹은 홀들(bye holes))을 말한다.

예 한 경쟁자가 남아있는 홀 수보다 더 많이 이긴 경우 이들 나머지 홀은 플레이하지 않는다. (If one contestant has a lead greater than the number of holes left, these bye holes are not played.) (Webster's Sports Dictionary, 1976)

바이트(bite)

피치 샷으로 날린 볼이 백스핀이 걸린 상태로 지면에 떨어진 후 데드(dead) 상태가 되거나 거의 구르지 않고 정지하는 상태를 말한다. 또 그와 같이 되게 하기 위하여 볼에 백스핀이 걸리도록 임팩트하는 것을 의미한다.

예 (1) 그는 웨지를 잡고 그의 볼을 똑바로 깃대를 향하여 높이 쳐올린다. 그리고 볼이 떨어진 후 데드 상태가 되어 홀에서 6피트 떨어진 곳에 정지한다. (He takes a wedge and lofts his ball straight toward the flag. The ball bites, and dies six feet from the cup.) (Dick Schaap, 1970)

(2) 그러나 사실, 우리는 짧은 아이언 클럽으로 충분히 볼에 백스핀을 걸어 데드 상태가 되도록 할 수 있으며 그 볼은 그린 위에서 거의 우리가 원하는 곳에 정지한다. (Whereas, we can put plenty of bite on the ball with our short irons and it stays on the green almost where we want it.) (Ben Hogan, 1948)

바이트 오프 홀(영웅형 디자인 참조)(bite-off hole, see heroic school of design)

박힌 라이(지면에 박히다 참조)(embedded lie or plugged lie, see embedded)

플레이어가 앞서 스트로크한 결과로 볼이 스스로 지면에 만든 피치 마크 안에 그대로 들어가 정지해 있으며 볼의 일부가 지표면보다 아래에 있는 상태 혹은 플러그드 라이를 말한다.

- ※ 특히 볼이 벙커에 떨어져서 모래에 둥그런 자국을 형성하면서 반쯤 묻힌 상태를 프라이드 에그(fried egg, 계란 프라이)라고도 한다(속).
- 예 (1) 흔히 지면에 박힌 라이의 상태는 볼을 지탱하고 있는 곳의 풀이 너무 밀집되어 있거나 너무 연약하기 때문에 생긴다. (Embedded lie is often caused by grass that is so thick or soft it holds the ball in place.)
  (2) 너무 많이 나온 계란 프라이(모래에 묻힌 볼)는 게임에 대한 당신의 식욕(의욕)을 잃게 만들 것이다. (Too many fried eggs will make you lose your appetite for the game.)

반발 계수(스프링 효과 참조)(coefficient of restitution or COR, see spring effect or springlike effect)

드라이빙 클럽(driving club)의 스프링 효과를 억제하기 위하여 도입된, 두 물체 간에 발생하는, 반발(反撥)에 관한 이론에서 나오는 수치를 말한다.

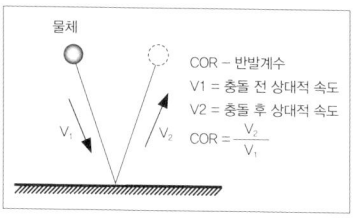

▲ 반발에 관한 이론

- ※ 두 물체가 충돌하기 전의 속도와 충돌 후의 속도에 대한 비(比)를 말한다. 따라서 골프에서 반발 계수는 클럽 헤드 타면에서 비행을 시작할 때의 볼 속도와 그 클럽 헤드 타면을 떠날 때의 볼 속도 사이의 비율을 의미한다. R&A와 USGA는 2008년부터 클럽의 반발 계수(COR) 제한을 0.830까지(혹은 그와 동등한)로 하는 적합성 테스트를 하도록 규정하였으며 이후 더 새로운 테스트 방법을 개발하기로 하였다. 현재 스프링 효과에 관한 클럽의 적합성 여부의 측정은 진자 테스트(pendulum test) 방법에 의한다. 회복 계수(回復係數) 혹은 복원(復元) 계수라고도 한다.
- 예 반발 계수는, 물체들 사이에, 충돌 후의 상대적인 속도를 충돌 전 상대적인 속도로 나눈 값과 같다. 즉 COR = 충돌 후 상대적 속도 / 충돌 전 상대적 속도이다. 수학적 계산 방법은 1687년 아이작 뉴턴 경이 개발하였다. (The coefficient of restitution is equal to the relative speed after collision divided by the relative speed before collision. COR = relative speed after collision / relative speed before collision. The mathematics were developed by Sir Isaac Newton in 1687.)

배피(baffy)

4번 우드 클럽의 옛 이름이며 헤드가 작고 로프트 각도가 크며 거터-퍼쳐 볼 시대에 사용되었는데 20세기에 들어와서도 제한적으로 사용되었다. 배피는 배핑 스푼에서 발전된 클럽이었다. 현재는 사용하지 않는다.

> 예 그는 노년이 되었을 때까지 훌륭한 플레이어로 살아남아 있었으며 젊은 시절에 그는 배피를 다루는 솜씨가 뛰어난 사람이었다. (He remained a fine player till he was old himself, and a great wielder of the baffy of his younger days.) (Bernard Darwin, 1946)

배핑 스푼(스푼 참조)(baffing-spoon or baffy-spoon, see spoon)

옛 우드 클럽 스푼의 한 종류로서 그 중 가장 짧고 로프트 각이 가장 크며 주로 어프로치 샷에 널리 사용되었다. 현재는 사용하지 않는다.

> 예 원래 배피 스푼으로 알려진 아주 유용한 옛 클럽이 있었는데, 앨런 로버트슨이 코스의 일반 구역에서 아이언 클럽을 사용하는 플레이 기술을 소개한 이후, 그 이용이 점차 사라지게 되었다. (There used to be a very valuable old club, known as the baffy-spoon; but since Allan Robertson introduced iron play in the general area of the course, the use of it has died out.) (W. Dalrymple, 1895)

백¹(bag)

클럽을 운반하는 용기(가방) 즉 골프 백(golf bag)을 말한다.

> ※ 일반적으로 가죽, 캔버스(canvas) 혹은 합성 섬유로 된 소재로 만들며 어깨에 멜 수 있도록 가죽끈이 달려 있고 볼, 티 그리고 장갑 등을 넣을 수 있는 주머니가 있다.

> 예 "... 세상은 점점 서투른 골퍼들이 더 많아지고 그들의 골프 백에는 점점 더 많은 아이언 클럽들로 가득 채워지고 있다." ("... as the world gets more and more full of duffers, and their golf-bags get more and more full of iron clubs!") (Horace Hutchinson, 1897)

백²(백 나인 참조)(back, see back nine)

백 나인(back nine or in or in course)

18홀 플레이에서 후반 9홀을 말한다. 일반적으로 10번 홀 티에서 출발할 때에 사용되는 말이다. 약해서 백(back)이라고도 한다.

> ※ 그 외에 후반 코스를 인 코스(in course) 혹은 약해서 인(in)이라고도 한다.

> 예 ... 스코어 32를 내서 전환점을 만들고 나는 백 나인을 한 홀에서 보기 그리고 한

홀에서 파 스코어로 출발하였다. (. . . made the turn in 32 . . . I started back with a bogey and a par.) (Jack Nicklaus, 1969)

백 도어 퍼트(back door putt)
퍼트된 볼이 홀 가장자리를 돌아서 홀의 뒷부분에서 밑으로 가라앉은 경우를 말한다.
- ※ 따라서 홀의 좌우 부분에서 볼이 가라앉은 경우는 사이드 도어(side door)라는 말을 사용하기도 한다.
- 예 아마도 가장 유명한 백 도어 퍼트는 1984년 세인트 앤드루스에서 열린 브리티시 오픈 챔피언쉽의 72번째 홀에서 스페인의 세베 바예스테로스가 볼을 가라앉혀 톰 윗슨을 물리친 퍼트일 것이다. (Perhaps the most famous back door putt is the one sunk by Spain's Seve Ballesteros on the 72nd hole of the 1984 British Open championship at St. Andrews to beat Tom Watson.)

백 드롭(bag drop)
골프 코스에 도착한 골퍼들이 차량을 주차하기 전에 그들의 골프 백을 내려놓는 코스 밖의 지정된 장소를 말한다.
- ※ 일반적으로 클럽 하우스에 도착하여 골프 백을 내려놓고 본인이 직접 골프 백을 운반할 수 있으며 일부 시설 클럽에서는 골퍼가 출발 준비를 하는 사이에 고용인이 골프 카트에 백을 옮겨 놓는다.
- 예 많은 프라이빗 클럽과 고급 퍼블릭 코스에서는, 플레이어들이 프로 샵에서 체크인 하는 동안, 골프 백을 내려놓는 장소에서 플레이어의 백을 옮겨 골프 카트에 실어 놓는 시중드는 사람들을 고용한다. (Many private club and upscale public courses employ attendants who, while players check in at the pro shop, move the players' bag from the bag drop onto golf carts.)

백스윙(backswing)
볼을 치기 위한 스윙에서 처음 클럽을 뒤로 들어올리는 동작을 말한다. 즉 스탠스를 취한 다음 왜글, 포워드 프레스(forward press) 그리고 테이크 백에서 톱 오브 더 스윙까지 일련의 동작을 말한다. 업스윙(up-swing) 혹은 백 스트로크(backstroke)라고도 한다. 일반적으로 퍼트에서는 백스트로크라는 말을 사용한다.
- 예 (1) . . . 당신은 결코 불완전한 백스윙으로부터 올바른 다운스윙에 이르게 하지는 못할 것이다. (. . . you will never get a good downswing from an incomplete backswing.) (Ben Crenshaw, 1978)
  (2) 퍼팅 스트로크 - 백 스트로크는, 최소한의 손목 동작과 함께, 간단히 앞뒤로 움직이는 동작을 팔과 어깨가 인도하여야 한다. (Putting Stroke - The

backstroke should be guided by the arms and shoulders in a simple, back-and-forth motion, with minimal wrist action.)

백스톱(backstop)
주로 목표 선상의 홀 가까이에서 퍼트된 볼이 흘러가면 이를 막아 주는 방파제 역할을 하는 볼이나 다른 물체를 가리킨다. 이 볼이나 물체에 맞고 퍼트한 볼이 홀인될 수도 있다.
- 예 그러나 스타이미가 폐지되었지만 그 이후에도, 플레이어는 매치 플레이에서 계속 그의 상대편 볼을 이용하여 플레이할 수 있었는데, 대개 퍼트할 때 상대편 볼을 백스톱으로 이용하였다. 이러한 행위는 사실상 금지된 1984년까지 지속되었는데 이 금지 조치는 당시의 많은 전통주의자들을 실망(失望)시켰다. (Although the stymie had been abolished, a player could still use his opponent's ball in match play, usually as a backstop, when he putted. This practice lasted until 1984, when it was banned, to the dismay of many traditionalists.) (Kenneth G. Chapman, 1997)

백스트로크(백스윙 참조)(backstroke, see backswing)

백스핀(backspin)
볼에 임팩트했을 때 볼이 날아가는 방향의 반대 방향으로 회전하는 현상을 말한다. 볼이 땅에 떨어지면 매우 짧은 거리를 구르거나 빨리 정지한다. 언더스핀(underspin)이라고도 한다.
- ※ 백스핀이 많이 걸리면 볼이 지면에 떨어진 후 날아간 방향의 반대 방향으로 즉 뒤로 굴러오는(back up) 경우도 있다.
- 예 어떤 우드 클럽으로 하는 샷은 볼에 백스핀이 덜 걸리게 되고, 일관되게 한 쪽으로 구부러지는, 사이드스핀 현상이 더 많이 발생하게 된다. (A wood shot produces less backspin and more sidespin, giving you a more consistent curve.) (Davis Love, 1977)

백 티(back tee)
각 홀의 티잉 구역에서 홀까지 가장 먼 거리의 티를 말한다. 따라서 플레이어들은 가장 큰 도전을 감행해 볼 수 있다. 일반적으로 푸른색으로 표시한다.
- ※ 홀의 길이를 측정할 때와 홀의 각종 장해물을 설계할 때에도 이 백 티를 기준점으로 한다. 특별히 다른 티를 설치하는 경우를 제외하고 챔피언쉽 티(championship tee)를 겸하기도 한다(챔피언쉽 티 참조).
- 예 나는 스스로 백 티로부터 측정하여 6,350 야드 이상 거리가 나가는 코스 레이아웃

을 항상 거부해왔다. (For myself, I have always refused to lay out a course that measured more than 6,350 yards from the back tees.) (T. Simpson, 1931)

뱅크 샷(bank shot)

그린 가까이에서 앞에 제방이나 둑과 같은 가파른 언덕이 있는 경우 볼이 그 경사진 언덕에 맞고 윗부분을 넘어서 그린에 가볍게 올라간 후 굴러가거나 약간의 바운드가 있도록 치는 샷을 말한다.

> 예 오르막 경사지 끝에 있는 그린에 볼을 올리는 데 실패하고 이번에는 그 홀을 향하여 피치 샷으로 볼을 날려야 하는데 위쪽을 향하여 이 홀의 그린 가장자리가 가까이 있는 경우에는 그 볼을 피치 샷으로 날리지 말아야 한다. 이 상황에서는 뱅크 샷을 하는 것이 더 좋은 선택이다. 이때는 5번이나 6번 아이언과 같은 로프트 각이 낮은 클럽을 사용한다. (If you miss an elevated green and have to pitch up to a hole that is close the fringe above you, don't pitch it. A better choice in this situation is to hit a bank shot. Use a low-lofted club such as a five or six iron.)

버드즈 네스트(bird's nest)

볼이 풀이 빽빽한 러프 속에 깊게 묻혀 있어서 새의 둥지 속에 있는 알처럼 놓여 있는 상태를 말한다. 버드즈 네스트 라이(bird's nest lie)라고도 한다.

> 예 내가 드라이브 샷으로 날렸던 볼은 러프에 들어가 버드즈 네스트 같은 라이의 상태가 되었다. (I drove out ball into a bird's nest lie in the rough.) (Henry Longhurst, 1971)

버디(birdie)

한 홀에서 파(par)보다 1타 더 적게 낸 스코어를 말한다.

> 예 당신이 정해진 스트로크 수로 그린에 볼을 올린 경우에는 버디를 내기 위하여 첫 번째 퍼트로 홀 아웃을 노린다. (If you hit the green in the regulation number of strokes, you aim to hole the first putt for a birdie.) (Tom Scott & Geoffrey Cousins, 1969)

버뮤다 그라스(Bermuda grass)

난지형(暖地型) 잔디로 주로 페어웨이에 많이 사용되고 있는 한 종류의 잔디를 말한다.

> ※ 생육(生育) 상태가 좋아서 잔디밭 조성이 빠르며 회복력이 우수하고 내 마모성(耐磨耗性)도 좋은 편이다. 적절한 높이로 깎으면 볼을 잘 견지하고 있어서 플레이

할 때 비교적 클럽 헤드가 저항을 적게 받는다. 잎이 빳빳하고 억세기 때문에 러프에도 사용된다. 저온에 약해서 겨울철에는 휴면에 들어간다. 학명: 시노돈 속(屬) (genus Cynodon).
- **예** 버뮤다 잔디는 특수화(特殊化)된 성장 줄기를 가졌고 성장 속도가 비교적 빠르기 때문에 대개 잡초를 밀어내서 없애는 데 탁월한 효과가 있다. 역시 이러한 속성은 버뮤다 잔디가 손상을 입었을 때 다시 잘 자라는 주요 이유이기도 하다. (Because Bermuda grass has specialized growth stems and a relatively rapid growth rate, it is usually excellent at crowding out weeds. Also, this is the primary reason why Bermuda grass grows back so well when it is injured.)

버저드(buzzard)

한 홀에서 낸 2 오버 파 즉 더블 보기(double bogey) 스코어를 말한다.
- ※ 20세기 전반기에 널리 사용되던 용어였으나 현재는 드물게 사용되고 있다.
- **예** 그리고 올드 맨 파는 인내의 화신(化身)이다. 그는 결코 버디를 내지 않지만 결단코 더블 보기를 내는 실수도 범하지 않는다. (And Old Man Par is a patient soul, who never shoots a birdie and never incurs a buzzard.) (Bobby Jones, 1927)

버트(팁 참조)(butt, see tip)

벌(penalty)

플레이어가 게임 정신에 위반되거나 행동 규범(行動規範)에 맞지 않은 중대한 비행(非行)을 저지른 경우, 유효한 성과에 비하여 거둔 잠재적인 이익이 과도하게 혹은 상당히 큰 경우 그리고 규칙을 위반한 경우 규칙과 위원회에 의하여 플레이어에게 부과되는 1벌타, 일반적인 벌 혹은 경기 실격을 의미하거나 그에 관한 벌칙을 말한다.
- **예** 벌은, 오직 규칙에 규정된 바와 같이, 그대로 적용되어야 한다. 플레이어에게나 위원회에는 벌을 다른 방법으로 적용할 권한이 없다. (Penalties need to be applied only as provided in the rules. Neither a player nor the committee has authority to apply penalties in different way.) (Rules of Golf, 2019)

벌라터(balata)

벌라터 나무의 수액(樹液)으로부터 채취된, 고무와 흡사하고 외부 충격에 탄력이 좋은, 물질을 말한다.
- ※ 주로 서인도제도나 남아메리카에서 생산되며 골프 볼 표면이나 기계용 벨트 제작에 사용된다.
- **예** ... 그 벌라터는 벌라터 나무에서 채취한 고무로 먼 말레이시아 대신 가까운 라틴

아메리카에서 수입하였는데 스타우튼은 벌라터가 거터 퍼처보다 더 깨지지 않는다는 사실을 발견하였다. (. . . balata (bully-tree gum, imported from nearby Latin America instead of far Malaysia), which Stoughton had found to be less frangible than gutta.) (J. S. Martin, 1968)

벌룬 샷(balloon shot)

볼이 공중으로 거의 똑바로 높이 뜨지만 거리가 나지 않고 빨리 떨어지게 되는 샷을 말한다.
- ※ 풍선처럼 높이 뜬다는 뜻이 있다.
- 예 슬라이스와 벌룬 샷은 다운스윙할 때 안쪽으로부터 볼에 얕게 접근하는 대신 바깥쪽으로부터 볼에 가파르게 접근하는 것이 그 원인이다. (Slices and balloon shots are caused by a steep approach from the outside on the downswing rather than a shallower approach from the inside.)

벌 없는 구제(구제 참조)(free relief, see relief)

벌 있는 구제(구제 참조)(penalty relief, see relief)

벌저(bulger)

클럽 헤드 타면이 중앙을 중심으로 좌우로 약간 볼록한(bulge) 상태의 우드 클럽, 특히 그와 같은 상태의, 드라이버를 말한다.
- ※ 상하로 약간 볼록한 상태는 페이스 롤(face roll)이라고 한다.
- 예 1900년까지 시장과 클럽 헤드를 지배하고 있었던 벌저 드라이버는, 20세기의 대부분을 비교적 변하지 않고 존속할 것이라는 가정에 입각한 몫의 시장을 가지고 있다. (By 1900 the bulger driver dominated the market and club heads has assumed proportions that would remain relatively unchanged for most of the 20th century.)

벌타(penalty stroke)

규칙을 위반했거나 구제 절차에 따르는 경우 해당 규칙에 의하여 플레이어 혹은 그 사이드의 스코어에 가산되는 스트로크를 말한다.
- ※ 스리섬과 포섬의 경우 벌타는 플레이어의 플레이 순서에 영향을 미치지 않는다.
- 예 부과된 벌타는 새로운 볼을 날리는 데 적용되는 스트로크가 아니다; 이는 볼에 대하여 시행한 모든 스윙에 추가로 카운트되는 것이다. 예를 들면, 친 볼이 페널티 구역에 들어갔기 때문에 최후로 볼을 쳤던 곳에 새로운 볼을 드롭하고 그 볼을 친 경우, 그 새로운 볼을 친 것은 2타째가 아닌 3타째로 카운트하는 것이다. (Penalty

stroke assessed is not the stroke made in the new ball; it is counted in addition to any and all swings made at the ball. For instance, hitting a ball into a penalty area, dropping a new ball at the position from which you hit the last one, then hitting the new ball counts as three strokes, not two.)

범프앤런 샷(bump-and-run shot)
약간 높은 곳에 위치한 그린 바로 앞의 두드러진 곳에 볼이 떨어지도록 해서 조금 내리막 혹은 그와 비슷한 지형의 그린을 이용하여 볼이 홀까지 굴러가도록 하는 어프로치 샷 방법이다.
- ※ 따라서 먼저 볼이 약간 높은 곳(bump)의 그린을 향한 내리막에 떨어지도록 정확한 샷이 필요하며 떨어진 후 홀까지 거리의 약 3/4을 굴러가도록 계획한다. 칩앤런 샷(chip-and-run shot)과 유사한 방법이다.
- 예 많은 골퍼들은 웨지를 사용하여 범프앤런 샷을 하려고 하는데 그 경우에는 볼이 너무 공중에 머물러 있고 지면에 떨어진 후에도 멀리 움직이지 않는다. 실제로 범프앤런 샷의 진행을 확실히 하기 위하여 나는 미들 아이언까지의 클럽 사용을 권장한다. (Many golfers try to hit bump-and-run shots with a wedge, but the ball stays in the air too long and doesn't scoot much after it lands. To make sure your bump-and-runs actually run, I recommend using up to a middle iron.) (Tom Watson)

벙커(bunker)
코스 구역 중의 하나이며 잔디나 흙이 제거되고, 움푹 들어간 경우가 많은, 모래로 된 특별히 마련된 구역을 말한다.
- ※ 또한 벙커는 모래에서 볼을 플레이하는 플레이어의 능력을 테스트할 목적으로 특별히 마련된 구역이다. 그러나 다음의 것들은 벙커의 일부가 아니다.
  - 마련된 구역 가장자리에 있으며 흙, 풀, 쌓아 올린 뗏장 및 인공 재료로 이루어진 턱, 측벽 혹은 측면.
  - 마련된 구역 가장자리 안에 있는 흙, 생장물 혹은 붙어있는 모든 자연물.
  - 마련된 구역 가장자리 위나 밖에 흩어진 모래.
  - 마련된 구역 가장자리 안에 있지 않은 코스 위의 모래로 된 모든 다른 구역(사막 혹은 황무지 등).

벙커가 수리 중에 있으며 위원회가 벙커 전체를 수리지로 정한 경우에 그 벙커는 일반 구역으로 취급된다.
플레이어가 확실히 벙커에서의 도전에 직면하도록 하기 위하여 스트로크하기 전에 모래에 접촉하는 행위나 벙커 안에 있는 볼에 대하여 받을 수 있는 구제 장소에 관한 몇 가지 제한 사항이 있다. 트랩(trap)이나 샌드 트랩(sand trap)이라는 말이 있으나 규칙에서는 사용하지 않는다.
- 예 (1) 그의 2번 아이언 클럽으로 샷한 볼이 그린을 넘어가서 벙커에 들어가 버렸다.

(His 2-iron shot went over the green into a bunker.) (Gordon S. White, 1977)
(2) 볼에서 한 클럽 길이 이내에 있는 돌, 뼈 혹은 클럽에 손상을 줄 수 있는 것은 볼이 풀 위에 있을 때에는 제거할 수 있으나 모래 위나 벙커 안에 있는 경우에는 아무 것도 제거할 수 없다. (Stones, bones or any break-club within a club-length of the ball may be removed when the ball lies on grass, but nothing can be removed if it lie on sand or in a bunker.) (Regulations for the Game of Golf(1812), Clapcott, 1935)

벙커 페이스(페이스² 참조)(bunker face, see face²)

베리드 라이(buried lie)

볼이 떨어진 후 지면에, 거의 삼켜 버리듯, 묻혀서 풀이나 모래가 덮여 있는 상태를 말한다.

■ 예 ■ 벙커 안에서 걱정되는 묻힌 라이를 만난 경우에는 먼저 제1원칙인 "벙커에서 탈출하라"를 기억하라. (If you encounter the dreaded buried lie in a bunker, remember rule 1 "Get out of the bunker.")

베스트볼¹(best-ball¹)

일반적인 베스트볼은 포볼에서 두 사람의 파트너 중 더 좋은 스코어를 말하거나 베스트볼 매치에서 두 사람 중 더 좋은 스코어를 가리킨다.

※ 플레이 방식을 설명하기 위하여 베터볼(better ball)이라는 말을 사용하였지만 그 내용은 전통적으로 흔히 베스트 볼이라고 불러 왔다. 규칙에서는 베터볼을 플레이 방식으로 기술하지 않는다.

■ 예 ■ (1) 그것은 보스턴에서 매우 훌륭한 두 사람의 골퍼 중 스코어가 더 좋은 베스트 볼에 대항하는 매치에서 있었다. (It was in a match against the best ball of two very good golfers at Boston.) (Harry Vardon, 1912)
(2) USGA는 "두 사람으로 된 베스트볼"이라는 용어를 전혀 사용하지 않는다. 그리고 "베터볼"이라는 용어는 가끔 골프 규칙에서 사용되지만 USGA는 이 용어를 상대적인 용어로 사용하며 플레이 방식으로는 사용하지 않는다. 이 형식은 골프 규칙에서 공식적으로 "포볼"이라고 부른다. (The USGA dosen't use the term "2-person best ball" at all. And although the term "better ball" is sometimes used in the rules of golf, the USGA uses it as a comparative term and not as a form of play. This format is officially called "four ball" in the rules of golf.)

베스트볼²(best-ball² or best-ball match)

매치 플레이 방식으로 한 사람의 플레이어가 두 사람 혹은 세 사람의 파트너로 된 사이드(side)와 경쟁하며 각 파트너는 자신의 볼을 플레이하는 방식을 말한다.

- ※ 사이드의 각 홀 스코어는 두 사람 혹은 세 사람의 파트너가 그 홀에서 낸 스코어들 중 적은 쪽 스코어로 한다. 결국 포볼의 변형인 매치 플레이 방식이라고 말할 수 있다.
- 예 베스트볼에 관하여 세 사람의 파트너들로 된 한 사이드에서 각 파트너가 다른 파트너를 언급한 경우 그것은 다른 두 파트너들을 의미한다. (For best-ball with three partners on a side, each reference to the other partner means the other two partners.) (Rules of Golf, 2019)

베어 라이(bare lie)

풀이 없거나 드문드문 나 있고 진흙이 있는 지면에 볼이 놓여 있는 상태를 말한다. 풀이 없고 흙이 노출된 땅을 베어 그라운드(bare ground)라고 한다.

- 예 특히 여름철에 세인트 앤드루스와 같은 고전적인 링크스 코스에서 플레이해 본 적이 있다면 당신은 풀이 없는 맨땅이나 풀이 적은 딱딱한 지면에서 볼을 치는 많은 경험을 했을 것이다. (If ever you play a classic links course like St. Andrews especially in the summer, you'll experience plenty of bare/tight lies!)

베어 트로피(Vare trophy)

미국 엘피지에이 투어(LPGA Tour)에서 그 해의 평균 스코어가 가장 낮은 여성 프로에게 수여되는 트로피를 말한다.

- ※ 1953년부터 수여하기 시작하였으며 미국의 탁월한 아마추어 글레나 콜리트 베어(Glenna Collett Vare, 1903-1989)의 이름을 따서 명명되었다.
- 예 위대한 아마추어 골퍼 글레나 콜리트 베어의 이름을 따서 명명된 베어 트로피는 매년 가장 낮은 평균 스코어(최소한 70 라운드)를 낸 LPGA 골퍼에게 수여된다. (The Vare Trophy, named after the great amateur golfer Glenna Collett Vare, is annually awarded to the LPGA golfer with the lowest scoring average (minimum 70 rounds).)

베이스볼 그립(그립 참조)(baseball grip, see grip)

베일 그립(역 오버랩핑 그립 참조)(veil grip, see reverse overlapping grip)

베일 아웃(bail out)

위기 혹은 불리한 상황에서 벗어나는 것을 뜻한다. 따라서 최초의 저조한 스코어를 만회하고 개선하기 위하여 정확한 어프로치 샷을 날리거나 유리한 퍼팅으로 회복하는 조치를 말한다. 그러므로 어려운 상황이 되는 것을 피하기 위하여 처음 계획했던 목표를 공략하지 않기로 결정한 경우 당면한 위기를 벗어나 안전하게 다음 샷을 할 수 있는 베일 아웃 에어리어(bail out area)가 필요하게 된다(설계상 용어).

- 예 (1) 불리한 상황을 피하거나 그곳에서 탈출하는 것이다. 여기에는 두 가지 뜻이 있는데 하나는 롱 퍼트를 하는 것도 베일 아웃의 한 방법이다. 다음 한 가지는 볼을 쳐서 벙커 안에 넣는 위험을 무릅쓰기보다 안전한 곳을 향한 샷을 말한다. (To avoid or get out of trouble. There are two different senses here: Making a long putt is one way of bailing out; another is to hit a safe shot rather than risk playing the ball into a bunker.)
  (2) 2번이나 3번 우드 클럽의 샷을 망친 뒤지만 오히려 당신에게는 아직 그 홀에서 1 오버 파 혹은 2 오버 파 스코어로 만회할 수 있는 유리한 기회(60-40%)가 있다. (Even after muffing 2 or 3 wood shots, you still have a 60-40 chance of bailing out the hole with a 1 or 2 over par score.) (Sam Snead, 1962)

베일 아웃 에어리어(베일 아웃 참조)(bail out area, see bail out)

베터볼(better ball)

포볼에서 두 사람의 파트너 중 더 좋은 스코어나 베스트볼 매치에서 두 사람 중 더 좋은 스코어 혹은 그 방식의 경기를 말한다(베스트볼¹ 참조).

- 예 "베터볼"은 각 팀이 세 사람이나 네 사람이 아닌 두 사람의 플레이들로 구성되어 경쟁하는 베스트볼 경기라고 부르는 것을 말한다. 매치 플레이로 그 경기를 하는 경우 베터볼은 또 다른 이름으로 포볼이라고 부른다. ("Better ball" is what you call a best ball competition in which the teams are comprised of two players rather than three or four players. When played as match play, better ball is another name for four ball.)

베트(bet)

내기(wagering)를 말하며, 혹은 내기나 도박(gambling)에 돈이나 물건을 거는 행위를 의미한다.

- 예 내소는 한 게임에서 세 번의 내기를 거는데 전반 9개 홀의 낮은 스코어, 후반 9개 홀의 낮은 스코어 그리고 전체 18홀의 낮은 스코어에 건다. (The Nassau is three bets in one: low score on the front nine, low score on the back nine and low score over the full 18.)

벤드 포인트(킥 포인트 참조)(bend point, see kick point)

벤트 그라스(bent grass)
상록(常綠)의 한지형(寒地型) 잔디로 주로 골프 코스의 페어웨이나 퍼팅 그린에 많이 사용되는 한 종류의 잔디를 말한다.

- ※ 잎이 곱고 짧게 깎아도 회복력이 우수하며 추위에 잘 견디는 잔디에 속한다. 한편 높은 열기와 습기가 동시에 있는 곳에서는 잘 견디기 어렵다. 벤트 그라스로 조성된 퍼팅 그린에서는 일반적으로 짧게 깎기 때문에 그린 속도가 빠른 것이 특징이다. 학명: 애그로스티스 속(屬)(genus Agrostis).
- 예 벤트 그라스는, 밀집해서 성장하고 매우 낮게 깎을 수 있는, 그 잎이 가는 것이 특징이다. 그 결과 퍼팅 면의 촉감이 펠트(毛氈)로 덮은 상태처럼 반드럽게 느껴진다. (Bentgrass is characterized by very thin blades that grow densely and can be very closely mown, resulting in a felt-like smoothness to the putting surface.) *모전(毛氈) - 동물의 털을 압축하여 만든 두터운 천 모양의 물건.

벨리 더 볼(belly the ball)
아이언 클럽의 리딩 에지로 볼의, 적도(赤道)라고 할 수 있는, 가로 중앙선 부분을 치는 현상을 말한다. 이때 볼은 낮게 뜨고 생각보다 거리가 더 많이 나는 경향이 있다. 블레이딩 더 볼(blading the ball)이라고도 한다(블레이드[2](blade[2]) 참조).

- 예 나는 몸소 피칭 웨지를 사용하여 볼의 중앙 부분을 치곤 하였는데 이는 바로 볼의 가운데 부분을 타격하는 것을 의미한다. . . 즉 클럽 끝으로 확실히 볼의 적도를 치는 것이다. (I personally would use a pitching wedge and belly the ball (meaning hit it right in the middle of the ball). . . . Strike ball just on the equator with the edge of the club.)

벨리 퍼터(belly putter)
재래식 보통 퍼터보다 배까지 올 수 있는 긴 샤프트를 가진 퍼터를 말한다. 네이벌(배꼽) 퍼터(navel putter)라고도 한다.

- ※ 퍼터에는 보통 사용하는 재래식 퍼터(conventional putter, 32-36 in.), 벨리 퍼터(belly putter, 41-44 in.) 그리고 샤프트가 가슴까지 오는 롱 퍼터(long putter, 48-52 in.)가 있다. 빗자루처럼 긴 롱 퍼터는 브룸스틱 퍼터(broomstick putter)라고도 한다.
- 예 벨리 퍼터의 외형과 그 기능은 롱 퍼터보다 재래식 퍼터의 외형과 그 기능에 가깝다. (The form and function of a belly putter is much closer to that of a conventional putter than a long putter.)

보기(bogey)

한 홀에서 파(par)보다 한 타 더 많이 낸 스코어를 말한다.

- ※ 최초에 보기는 오늘날의 파와 같은 개념이었으나 이를 충분하고도 신속하게 그리고 엄격하게 관리하지 않았기 때문에 파보다 한 스트로크 더 많은 스코어로 계산하는 추세로 변했다(로버트 브라우닝 "골프의 역사", 1955).
- 예 (1) 파와 보기 사이의 차이점은, 물론 전자가 완벽한 플레이를 나타내고 후자는 훌륭한 플레이를 의미하는데, 여기와 저기를 의미할 정도로 아주 미미하다. (The difference between par and bogey is, of course, that the former represents perfect play and the other stands for good play, with a little margin here and there.) (James Braid, 1911)
  (2) 그러므로 라운드한 코스에서 그가 낸 '보기'의 수치에 대하여 의기양양해 하는 모습에 익숙한 영국 핸디캡 골퍼들에게는 미국인들이 한 스트로크 더 많은 뜻의 말로 사용할 때 그것은 당연히 그들에게 극단적인 모독(冒瀆)으로 비치게 된다. (To the English handicap golfer, accustomed to preen himself on the number of 'bogeys' he achieves in the course of his round, the American use of the word naturally appears the rankest blasphemy.) (Robert Browning, 1955)

보기 골퍼(에버리지 골퍼 참조)(bogey golfer, see average golfer)

각 홀에서 평균 보기를 낼 수 있는 골프 기술을 가진 골퍼를 말한다. 보통 수준의 골퍼는 대부분 보기 골퍼로 일반적으로 에버리지 골퍼와 같은 뜻으로 사용한다.

- 예 보기 골퍼는 남성의 경우 핸디캡 인덱스 17.5에서 22.4까지, 여성의 경우는 21.5에서 26.4까지의 플레이어를 말한다. 그리고 정상적인 상황에서 남성 보기 골퍼는 홀을 향하여 200 야드까지 티샷을 날릴 수 있으며 두 번의 샷으로 370 야드까지 도달할 수 있다. (A bogey golfer is a player with a handicap index of 17.5 to 22.4 for men and 21.5 to 26.4 for women. Under normal situations the male bogey golfer can hit his tee shot 200 yards and can reach a 370-yard hole in two shots.)

보기 대령(Colonel Bogey)

1890년대 초 영국에서 보기의 개념이 등장하면서 보기(bogey)는 탁월한 플레이어가 낼 수 있는 스코어를 의미하였는데, 항상 실수 없이 플레이하여 보기 스코어를 내는, 군의 대령 계급을 가진, 상상 속의 골퍼인 가상 인물을 말한다.

- ※ 보기의 개념은 1891년 영국 코벤트리 골프 클럽(Coventry G. C.)의 휴 로서램(Hue Rotherham)이 처음 착상한 것으로 나와 있다. 그는 정해져 있는 스코어(fixed score)와 같은 개념으로 탁월한 플레이어가 실수하지 않고 낼 수 있는 그라운드

스코어(ground score)에 대하여 플레이할 수 있는 경기 방식을 고안하였다. 1891년 이 방식에 의한 첫 번째 경기가 있은 후 이 개념은 급속히 확산되었다. 그 후 그레이트 야머스 클럽(Great Yarmouth G. C.) 소속 영국 해군의 브라운(Thomas Brown) 박사는 이 스코어 기록이 수집되어 그 코스의 그라운드 스코어로 남게 하는 데 공헌하였다. 그리고 다른 곳에서도 모두 이 새로운 스코어를 보기 스코어로 부르게 되었다. 1892년에 브라운 박사는 유나이티드 서비스 클럽(United Service G. C.)의 영국 공군의 비델(Vidal) 대위에게 보기 플레이에 대한 착상을 소개하였으며 비델 대위는 그 착상에 매혹되어 보기 스코어 도입 작업에 착수하였다. 그리고 이 영국군 장교 두 사람은 상상 속의 인물 보기 대령을 창조해 냈다.

> 예 "보기 대령". 그는 혈통이 분명하지 않은 한 사람의 신사로 어떤 단계를 거쳐 자칭(自稱)하는 그 군대 계급으로 진급하였는가를 정확히 아는 사람은 아무도 없다. ("Colonel Bogey." He is a gentleman of uncertain pedigree, and no one knows exactly by what steps he graded into his self-styled military rank.) (Golf Magazine(Feb), 1892)

보기 레이팅(bogey rating)

정상적인 코스와 기후 조건에서 보기 골퍼가 그 코스에서 플레이할 때의 어려움(playing difficulty) 정도에 관한 평가를 나타낸 것이다. 보기 레이팅은 소수점 이하 1자리까지의 스트로크 수로 표시되며 거리와 보기 골퍼의 기량(技倆)으로 스코어 획득에 영향을 미치는 범위의 장해물들에 근거하여 산출된다. 따라서 보기 레이팅은 과반수 이상 보기 골퍼의 스코어 평균치와 같다.

> ※ 코스 레이팅의 절차와 같다. 정확한 보기 레이팅은 보기 야디지 레이팅에 보기 장해물 스트로크 값을 더하여 낸다. 그 공식은 다음과 같다.
> 보기 레이팅(남성)=보기 장해물 스트로크 값+(보기 유효 플레이 길이÷160)+50.7
> 보기 레이팅(여성)=보기 장해물 스트로크 값+(보기 유효 플레이 길이÷120)+51.3

> 예 그런데 보기 레이팅은 실제로 USGA 코스 레이팅 방식 이외에서는 결코 볼 수 없다. 그 대신, 골프 코스의 슬로프 레이팅을 내기 위한 또 다른 계산에 사용된다. (However, the bogey rating is really never seen outside the USGA course rating process. Instead, the bogey rating is then used in another calculation to produce the golf course's slope rating.)

보로우(borrow)

퍼팅 그린에서 홀까지 이르는 거리의 지형이 경사진 경우 이를 바로 잡을 수 있도록 조정하여 퍼트하기 위한 방법으로 경사에 따른 플레이 선의 각도와 방향 그리고 구르는 거리를 감안하여 볼이 구부러지거나 휘어져서 진행하도록 조치하는 것을 말한다.

> ※ 이와 같이 조정하여 퍼트한 볼이 기대하는 것보다 너무 멀리 구부러지거나 덜 구부

러져 굴러간 경우 보로우 투 마치(borrow too much) 혹은 보로우 투 리틀(borrow too little)이라고 한다.
- 예 나는 2퍼트로 버디를 내기 위하여, 왼쪽에서 오른쪽으로 경사진 면을 가로질러 12 피트 거리의 사이드힐 퍼트를 해야 할 상황이었다. 이는 볼이 진행하는 만곡 혹은 구부러지는 상태를 바로잡기 위하여 내가 어느 정도로 필요한 만큼 볼이 구부러져서 진행하도록 조정할 것인가 하는 문제였다. (I needed a 12-foot sidehill putt across a left-to-right slope for a birdie deuce. It was a question of how much borrow I needed to compensate for the curve, or break, of the ball.) (Sam Snead, 1962)

보스 핸즈 온 더 컵(both hands on the cup)

토너먼트에서 우승하여 두 손으로 우승 트로피를 들어올리는 상황을 말한다.
- ※ 이에 반하여 계속 선두로 있었으나 토너먼트 끝에 우승을 놓친 경우 우승 트로피를 두 손으로 들어올릴 수 없는 상황을 빗댄 말로 한 손만 우승 트로피를 잡는다(원 핸드 온 더 컵, one hand on the cup)는 표현이 있다.
- 예 보스 핸즈 온 더 컵은 플레이어가 토너먼트에서 우승하여, 아마도 두 손으로, 트로피를 들어올릴 수 있는 상황을 뜻한다. (Both hands on the cup means a player has won a tournament and is able to hold the trophy up - presumably with both hands.)

복권(reinstatement)

프로 골퍼나 아마추어 규칙을 위반하여 자격이 박탈되었던 골퍼들이 관할 단체의 해당 위원회가 정한 일정한 대기 기간을 거쳐 다시 아마추어 자격을 회복하는 것을 말한다.
- 예 그러므로 아마추어 자격 복권 신청자는 위원회가 규정한 복권 대기 기간을 견디어 내지 않으면 안 된다. (Therefore, an applicant for reinstatement to amateur status must undergo a period awaiting reinstatement a prescribed by the committee.) (Rules of Amateur Status)

볼(ball)

골프에 사용되는 단단하고 탄력이 있으며 추진력을 얻으면 타원형의 비행 궤도를 갖는 작은 구체(球體) 즉 골프 볼(golf ball)을 말한다. 록(rock) 혹은 펠릿(pellet) 이라는 말을 쓰기도 한다.
- ※ 17세기 이전에는 나무를 사용하거나 겉을 가죽으로 싼 압축된 동물의 털을 사용하였다. 17세기부터는 가죽으로 싼 삶은 깃털을 압축하여 사용하였으며 1848년 이후에는 굿타 페르카(gutta-percha) 혹은 굿타 페르카(거터 퍼처)와 다른 물질의 혼합형을 사용하였다. 그리고 1900년 이후에는 겉을 거터 퍼처 혹은 벌라터(balata)

로 입히고 핵심을 고무실로 감은 소재의 해스켈 볼(Haskell ball)을 사용하였다. 오늘날에는 견고하게 압축한 합성 고무를 사용하여 다양한 딤플(dimple)을 가미한, 일반적으로 흰색의, 볼을 생산하고 있다. 스몰 사이즈 볼(small size ball, British Ball)은 영국에서 주로 사용되었는데 직경 1.62인치(41.15mm), 무게 1.62온스(45.93gr) 볼이었으며 라지 사이즈 볼(large size ball, American Ball)은 주로 미국에서 사용되었는데 1.68인치(42.67mm), 1.62온스(45.93gr) 볼이었으나 1990년 1월 1일부터 라지 사이즈 볼(아메리칸 볼)로 통일되었다.

■예 골프 볼을 쳤을 때 1/1,000초보다 더 짧게 지속된 그 임팩트는 볼의 속도, 비행 각도 및 스핀 속도를 결정하며 이 모든 것은 볼의 궤도와 지면에 떨어졌을 때 그 움직임에 영향을 미친다. (When a golf ball is hit, the impact, which lasts less than a millisecond, determines the ball's velocity, launch angle and spin rate, all of which influence its trajectory and its behavior when it hits the ground.)

볼 리트리버(ball retriever)

주로 물에 빠진 볼을 회수하기 위하여 만든 도구를 말한다.

■※ 샤프트 끝에 볼을 집어낼 수 있는 장치를 달고 있으며 샤프트를 일정한 길이만큼 연장할 수 있도록 되어 있다.

■예 누구라도 볼을 떠 올리기 위하여 볼 리트리버를 이용할 수 있는데 예를 들어 타고 가는 카트에서 내릴 필요가 있다고 생각할 때 이용할 수 있거나 혹은 골프 볼을 찾을 때 키가 큰 풀이나 빽빽한 관목 속까지 도달하도록 하여 이용할 수 있다. (Anyone can use a ball retriever to scoop up balls without, for example, needing to step out of a riding cart, or to reach into high grass or thick bushes in search of a golf ball.)

볼 마커(ball-marker)

집어 올릴 볼이 있는 지점을 마크하기 위하여 사용되는 티, 동전, 볼 마커로 쓰기 위하여 만든 물건 혹은 하나의 작은 휴대품과 같은 인공물을 말한다.

■※ 규칙에서 볼 마커가 움직인 것에 관하여 언급한 경우 그것은 집어 올렸으나 아직 리플레이스 하지 않은 볼이 있었던 지점을 마크하기 위하여 코스 위에 놓아 둔 볼 마커에 관한 것을 의미한다.

■예 플레이어의 볼 마커를, 볼을 리플레이스하기 전에 어떤 방법으로든, 집어 올렸거나 움직인 경우 플레이어는 볼을 최초의 지점에 리플레이스하거나 볼이 있던 최초의 지점을 마크하기 위하여 그 볼 마커를 놓는 것 중 한 가지 조치를 취하지 않으면 안 된다. (If player's ball-marker is lifted or moved in any way before the ball is replaced, the player must either replace the ball on its original spot, or place a ball-marker to mark that original spot.) (Rules of Golf, 2019)

볼 마크(ball mark)

볼이 공중에서 떨어지는 자체의 힘으로 지면에 만든 팬곳을 말한다. 일명 피치 마크(pitch mark)라고도 한다. 특히 퍼팅 그린 위에서는 일반적으로 볼 마크라고 한다.

- 예 역시 디보트 기구라고도 부르는, 디보트 수리 도구는 두 가닥으로 갈라진 금속 혹은 플라스틱 도구로 강하게 낙하된 볼에 의하여 그린 위에 생긴 움푹 팬 곳을 수리하는 데 사용된다. 이러한 디보트를 볼 마크 혹은 피치 마크라고 부른다. (A divot fixer, also called a divot tool, is a two-pronged piece of metal or plastic used to repair depressions in the green caused by hard-hit balls. These divots are also called ball marks or pitch marks.)

볼 메이커(ballmaker or ball-maker)

볼 제작자를 말한다. 초기에는 왕실이나 특정 클럽을 위하여 전문적으로 클럽을 제작하여 납품하는 제작자들이 있었으며 그 이후에도 특정 프로를 위한 제작자들이 있었다.

- ※ 1603년 스코틀랜드 제임스 6세(잉글랜드 제임스 1세)는 에든버러의 조궁장(造弓匠) 시민(bowyer burges of Edinburgh)으로 알려진 윌리엄 메인(William Mayne)을 그의 평생토록 왕실 클럽 제작자로 임명하였다. 그리고 스윙웨이트(swingweight) 측정 장치를 최초로 고안한 미국의 로버트 애덤스(Robert Adams)는 1920년대 이전부터 프랜시스 위멧(Francis Ouimet)과 바비 존스(Bobby Jones)를 위한 클럽 제작자였다.
- 예 나는 18세에 볼 제작자로서 앨런의 도제(徒弟)가 되었으며 그와 함께 11년 간 같이 일했다. (I was made apprentice to Allan as a ball-maker at eighteen, and worked with him eleven years.) (Tom Morris, 1890)

볼에 어드레스(addressing the ball or address)

볼을 치기 위하여 백스윙에 들어가기 전에 자세를 잡는 동작으로 플레이어가 스탠스를 취했거나 취하지 않았거나 클럽을 볼 바로 앞이나 볼 바로 뒤의 땅에 댔을 때 그 플레이어는 볼에 어드레스한 것이 된다. 규칙 현대화(2019) 이전에 사용했던 규칙상 용어이다.

- 예 골프 볼에 어드레스하는 연습을 할 때 마음 속에 정확한 목표를 새겨야 한다. 그리고 코스에서도 결코 목표 없이 볼을 쳐서는 안 된다. 따라서 목표 없이 연습하지 마라. (When practising addressing the golf ball, you should have a precise target in mind – you'll never hit the ball on the course aimlessly, so don't practise aimlessly.)

볼 워셔(ball washer)

골프 볼을 깨끗이 닦기 위하여 흔히 티잉 구역 옆에 설치된 장치를 말한다.

> 예 대체로 볼 워셔는 골프 코스에서 볼 수 있는데 어떤 코스에서는 매 홀마다 하나씩 있다. 일반적으로 공기 역학적인 특성을 유지하기 위하여 플레이하기 전에 볼에 대한 오물 여부를 검사하고 필요시에는 그 볼을 닦는다. (Ball washers are typically found on golf courses; on some courses, there is one at every hole. To maintain these aerodynamic properties balls are usually inspected for dirt before play, and washed if required.)

볼트(bolt)

볼을 세게 그리고 빠르게 치거나 퍼트하여 홀 아웃하는 동작을 말한다. 즉 정확히 조준하고 빠르게 퍼트하여 볼을 홀에 가라앉히는 행위를 의미한다.

> 예 . . . 그는 어렵고 여러 번 구부러진 진행선의 빠르고 센 퍼트를 성공시켜 마지막에 역시 비겼다. (. . . he also halved the last by bolting a difficult corkscrewy putt.) (Bernard Darwin, 1930)

부당한 지연(unreasonable delay)

정당한 이유 없이 느리게 행동하여 플레이를 지연시키는 행위를 말한다. 한 홀을 플레이하는 동안 뿐만 아니라 한 홀의 플레이를 끝마친 후 다음 티잉 그라운드에서 플레이하기까지의 사이에도 플레이를 부당하게 지연시켜서는 안 된다.

> ※ 다음과 같은 특정한 이유 때문에 플레이어에게 잠시 동안의 플레이 지연이 허용될 수 있다.
> - 플레이어가 심판원이나 위원회로부터 원조를 구하고 있는 경우.
> - 플레이어가 부상을 입었거나 몸이 아픈 경우.
> - 다른 정당한 이유가 있는 경우.
>
> 예 플레이어가 홀과 홀 사이에서 플레이를 부당하게 지연시킨 경우 그 벌은 다음 홀에 적용한다. (If the player unreasonably delays play between two holes, the penalty applies to the next hole.) (Rules of Golf, 2019)

부비 프라이즈(booby prize)

경기에서 최하의 순위로 즉 형편없는 성적이나 꼴찌로 끝마친 플레이어에게 주는 우스개 상을 말한다.

> 예 그러나 꼴찌상은 형편없는 성적을 낸 플레이어에게 주지 않을 수도 있다. 때때로 이 부비 프라이즈는 경기에서 입상 순위에 들지 못한 모든 참가자들에게 감투상(敢鬪賞)으로 수여되기도 한다. (Booby prizes, however, may not given to those who just have a terrible performance. At times, booby prize is used for a

consolation prize given to all non-placing participants of a competition.)

부전승(bye²)

조(組) 편성표를 작성할 때 상대편이 없기 때문에 경기 없이 승자(勝者)로 진출한 경우를 말한다.

- 예 부전승(不戰勝)은 한 팀이 플레이하지 않고 토너먼트의 다음 라운드로 진출하는 것을 허용하는 경우를 말한다. 이러한 현상은 아마도 다음 라운드를 위한 경기 참가자 수가 홀수이기 때문에 한 팀에서 상대편이 없을 때 일어난다. (A bye is when a team is allowed to advance to the next round of a tournament without playing. This happens when a team has no opponents for the next round due possibly to odd number of entrants.)

분실하다(lost)

플레이어나 그의 캐디 혹은 플레이어의 파트너나 파트너의 캐디가 볼을 찾기 시작한 후 3분 간 이내에 발견되지 않은 볼의 상태를 말한다.

- ※ 볼을 찾기 시작한 후 볼 찾기를 일시적으로 중단한 경우 혹은 플레이어가 틀린 볼을 잘못 확인한 경우 중단한 시점과 볼 찾기를 다시 시작한 시점 사이의 시간은 계산하지 않으며 중단하기 전과 찾기를 다시 시작한 후의 양쪽 시간을 합하여 볼을 찾는 데 허용된 시간은 총 3분 간이다.
- 예 (1) 볼이 그 시간 내에 발견되었으나 그것이 플레이어의 볼인가의 여부가 불확실한 경우 플레이어는 즉시 그 볼을 확인하도록 시도하지 않으면 안 되며 3분 간의 찾는 시간이 지났을지라도 확인에 필요한 합리적인 시간은 허용된다. 그 합리적인 시간 내에 자신의 볼로 확인하지 못한 경우 그 볼은 분실한 것이다. (If a ball is found in that time but it is uncertain whether it is the player's ball, the player must promptly attempt to identify the ball and is allowed a reasonable time to do so, even if that happens after the three-minute search time has ended. If the player does not identify his or her ball in that reasonable time, the ball is lost.) (Rules of Golf, 2019)
- (2) 분실한 볼이 발생하는 것은 귀찮은 일이지만 라운드 중에 한두 개의 볼을 분실하는 것이 치명적인 잘못은 아니다. 그러나 퍼팅 그린에서 볼을 분실하는 것은 도가 지나친 것으로 보일 수 있다. (A lost ball is annoying, but it is not a mortal sin to lose one or two during the round. However, losing your ball on the putting green could be seen as overstepping the mark.)

브라시(brassie or brassy)

2번 우드 클럽의 옛 이름으로 로프트 각이 약간 있으며, 특히 1880년대와 1890년대에, 도로나 단단한 라이에서 클럽 손상 없이 다용도로 사용되었다.

※ 당시에 클럽 보호를 위하여 소울에 황동판(brass sole plate, 黃銅板)을 사용하였기 때문에 브라시란 이름을 얻게 되었다.

예 그러나 대략 지난 시기에 있었던 수많은 스푼들의 자리에 "브라시"라는 이름의 아주 널리 사용되는 클럽이 들어서게 되었다. 이 장비는 황동의 쇠판으로 헤드 밑바닥을 입히거나 밑바닥에 부착하였기 때문에 이를 사용하는 사람은 도로와 단단한 라이에서도 클럽 헤드에 손상 없이 플레이할 수 있다. (But in place of the numerous spoons of a nearly bygone age there has come into very general use a club that is named the "brassie." This weapon is shod, or soled, with brass, whereby its wielder is enabled to play off roads and hard lies without injury to the head.) (Horace Hutchinson, 1890)

브램블(혹은 핌플)(bramble or pimple)

후기 거터 퍼처 볼과 초기 해스켈 볼의 표면에 주형(鑄型)으로 눌러서 오돌토돌하게 낸 작은 돌기물(突起物)로 덮인 상태를 말한다.

※ 오늘날의 딤플(dimple)과 같은 공기 역학적인 특성을 고려한 것이다. 핌플(pimple)이라고도 한다.

예 어그리퍼는 볼 전체에 홈 대신 검은딸기 열매와 같이 오돌토돌한 돌기물이 덮여 있는 "브램블"을 낸 최초의 볼이었다. (Agrippa was the first ball to be given "brambles," bumps like a blackberry's all over it instead of grooves.) (J.S. Martin, 1968) *어그리퍼는 1894년 로버트 포건(Robert Forgan)이 최초로 소개한 골프 볼.

브레이크(break)

1. 라운드 중 스트로크의 결과로 볼이 여러 조각으로 쪼개진 경우를 말한다.
2. 특정한 스코어를 줄일 때, 즉 그 스코어 아래로 내서 지금까지의 스코어를 깨는 것을 말한다(예를 들어 스코어 100을 깨고 90대에 들어서다).
3. 콕크(cock)와 유사한 용어로 백스윙에서 클럽을 쥔 손목을 뒤로 꺾기 시작하는 동작을 말한다.
4. 코스 표면의 굴곡과 경사 정도, 잔디결, 스트로크할 때 힘의 크기, 바람의 영향 등으로, 볼이 튀거나 굴러가는 일직선 방향에서 좌우로 흔들리거나 구부러지는 커브(curve) 현상을 말한다.

예 (1) 플레이어의 볼이 스트로크한 후 여러 조각으로 쪼개진 경우 벌은 없으며 그 스트로크는 카운트하지 않는다. 플레이어는 그 스트로크를 했던 곳에서 다른 볼을 플레이하지 않으면 안 된다. (If a player's ball breaks into pieces after a stroke, there is no penalty and the stroke does not count. The player must play another ball from where that stroke was made.) (Rules of Golf, 2019)

예 (2) 4년 연속 그는 마스터스대회 첫 번째 라운드에서 파를 깼었다. (For four straight years, he has broken par in the first round of the Masters.) (Dick Schaap, 1970)

예 (3) 나는 이 동작(손목을 젖히는)은 타격 능력 조성(助成)을 위하여 손을 뒤로 꺾거나 뒤로 굽히는 동작이라고 생각하고 싶다. (I like to think of this action (cocking the wrists) as a breaking or bending of the hands backward to aid hitting potential.) (Patty Berg, 1941)

예 (4) 그런데 우리와 좀 떨어져서, 볼이 그린에 도착하자마자, 그 볼은 오른쪽으로 굴러가는 것이 아니라 오히려 왼쪽으로 심하게 구부러졌다. (But on arriving beside us at the green the ball, instead of running to the right, broke rather badly to the left.) (Frank Morgan, 1946)

브레이크 클럽(break club)

볼을 칠 때 볼 가까이에 있기 때문에 클럽에 손상을 줄 수 있는 물건 등을 가리킨다.

예 페어 그린 위의 볼에서 다만 한 클럽 길이 이내를 제외하고 볼을 플레이하기 위하여 돌, 뼈 또는 클럽에 손상을 줄 수 있는 것을 제거해서는 안 된다. (You are not to remove stones, bones, or any break-club for the sake of playing your ball, except upon the fair green, and that only within a club length of your ball.) (Articles & Laws, 1744)

브리티시 볼(볼 참조)(British ball or small size ball, see ball)

브리티시 오픈(디 오픈 참조)(British Open, see The Open)

블라스터(blaster)

1. 주로 벙커에서 사용하는 클럽 샌드 웨지(sand wedge)를 말한다. 혹은 샌드 블라스터(sand-blaster)라고도 한다.
2. 가끔 드라이버(driver)를 의미할 때도 있다.

예 (1) 새로 나온 샌드 블라스터는 어떤 벙커에서도 사용할 수 있는 이상적인 장비다. 기술적인 기능을 더하여 2배로 넓힌 소울은 물에서 스키처럼 활주(滑走)하듯 그리고 모래나 러프에서는 글라이더처럼 활강(滑降)하듯 작동한다! (The new sand-blaster is the ideal weapon from any trap. Dual sole technology acts like skis in the water, gliding across the sand or rough!)

예 (2) ... 피카드 드라이버... 대부분 주요 대회에서 획득한 나의 선수권은 그 큰 드라이버를 사용하여 획득하였다. (... the Picard driver ... Most of my major titles have been won with that big blaster.) (Sam Snead, 1962) *

피카드 드라이버 – 미국의 프로 피카드(Henry Picard(1906-99))가 샘 스니드 (Sam Snead)에게 준 드라이버.

블라스트(익스플로전 참조)(blast, see explosion)

1. 익스플로전 샷(explosion shot)을 말한다.
2. 매우 강력한 드라이브 샷을 말할 때 사용한다.
- 예 (1) 나는 모래를 폭발시키는 익스플로전 샷을 날렸는데 그것이 운이 좋았다. 볼이 벙커의 턱을 넘어 가서 그린 위에 가볍게 떨어졌다. (I was fortunate with my blast. The ball cleared the lip and fell softly on the green.) (Tommy Bolt, 1971)
- 예 (2) 2008년 및 2009년 리/맥스 세계 장거리 드라이브 챔피언쉽에서 23살의 제이미 새들로브스키가 우승하였는데 2008년에 그가 달성했던 418야드의 강력한 드라이브 샷은 챔피언쉽 결승 기록으로 남아 있다. (Jamie Sadlowski, 23, won the '08 and '09 RE/MAX World Long Drive Championship, and his 418-yard blast in '08 remains a championship-final record.) *리/맥스(RE/MAX) = Real Estate Maximum(미국의 국제 부동산 회사).

블라인드(blind)

코스에 있는 높은 지형, 마운드(mound) 혹은 작은 숲 등에 의하여 플레이어가 공략하고자 하는 목표가 샷하려는 지점에서 보이지 않는 경우를 말한다.
- ※ 이때의 샷을 블라인드 샷(blind shot)이라고 하며 목표로 하는 홀이나 그린이 보이지 않은 경우는 블라인드 홀, 블라인드 그린이라고 말한다.
- 예 . . . 두 번째 샷이 심하게 볼 윗부분을 친 경우에는 이곳에서 보이지 않은 벙커에 그 볼이 떨어질지도 모른다. (. . . if the second is badly topped it may land in a blind bunker.) (Golfer's & Angler's Guide, 1896)

블라인드 그린(블라인드 참조)(blind green, see blind)

블라인드 홀(블라인드 참조)(blind hole, see blind)

블레이드[1](blade[1])

1. 옛 단조(鍛造) 방법으로 제작된 아이언 클럽의 한 형태를 말한다. 따라서 아이언 클럽을 블레이드라고 말할 경우도 있는데 주로 머슬 백(muscle back) 클럽을 가리킨다. 철판을 다듬어서 얇게 제작된 아이언 클럽이 똑바르고 칼날과 같은 모양으로 보였기 때문에 블레이드라는 별명을 얻었다.

2. 아이언 클럽 헤드의 타면에서 호젤(hosel) 부분을 제외한 볼이 맞는 평평한 날 개의 몸통을 말한다.
   - ※ 일반적으로 클럽의 블레이드 중앙에 볼이 맞았을 때 생각보다 비거리가 더 길다. 블레이드 위아래가 넓으면 깊은(deep), 좁으면 얕은(shallow) 블레이드라고 한다.
3. 블레이드 퍼터를 가리킬 때도 있다(블레이드 퍼터 참조).
   - 예 (1) 블레이드는 (캐비티 백과 반대로) 클럽 뒷부분이 불룩하고 매끄럽게 되어 있는 아이언 클럽의 한 형태를 말하는데 역시 머슬 백이라고도 알려져 있다. 그리고 (위에서 내려다보았을 때) 윗부분의 윤곽이 가늘게 보여서 그러한 별명을 얻게 되었다. (Also known as muscle backs, blades are a type of iron that has a full, smooth back (as opposed to a cavity back) and a thin top line – hence the monicker.)
   - 예 (2) 클럽 블레이드의 무게는 클럽 타면의 중심부 후방에 집중되어 있기 때문에 그 결과로 타면의 스위트 스폿은 그 범위가 더 작아진다. (The weighting of blades is concentrated behind the center of the clubface, resulting in a smaller sweet spot.)
   - 예 (3) 블레이드 퍼터는 오른손잡이와 왼손잡이 골퍼들이 모두 사용할 수 있는데 그 퍼터 헤드의 양면이 모두 평평한 표면으로 되어 있기 때문이다. (A blade putter can be used right-handed and left-handed golfers, as it has a flat surface on both sides of the clubhead.)

블레이드²(blade²)

아이언 클럽 헤드 블레이드의 리딩 에지(leading edge)로 볼을 치는 것을 말한다. 이때 대부분 야구에서 말하는 직구(直球)(line drive)의 상태가 되기 쉽다.
   - 예 특히 그가 잘하는 샷이 그곳에서는 최악의 샷이 되었다. "볼을 그만 클럽 타면의 밑 가장자리로 쳐 버렸어." 그는 기억을 되살려 투덜대면서 "그래서 그 볼을 러프에 넣고 말았지"라고 말하였다. (That's where his favorite shot became his worst. "I bladed it," he grunts at the memory, "and left it in the rough.") (Oscar Fraley, 1978)

블레이드 퍼터(blade putter)

표준 클럽과 같이 클럽 헤드가 똑바르고 정상적인 타면과 네크를 가진 퍼터를 말한다.
   - ※ 샤프트는 헤드의 힐(heel)에 혹은 중간(center)에 부착할 수 있다. 즉 엔드 샤프티드(end-shafted) 혹은 센터 샤프티드(center-shafted) 퍼터 등이 있다. 때로는 엔드 샤프티드 퍼터만을 가리킬 경우도 있다.
   - 예 나는, 그때 내가 사용하고 있던, 헤드 중간에 샤프트가 부착된 퍼터가 영국 챔피언쉽에서 불법이라는 것에 대하여 불평하였는데 블레이드 퍼터로 바꾸는 것이

싫었다. (I complained that a center-shafted putter, such as I used then, was illegal in English championships and that I hated to switch to a blade putter.) (Sam Snead, 1962)

블록¹(block¹)

스윙에서 손목의 회전이 방해를 받거나 늦기 때문에 임팩트할 때 클럽 타면이 플레이 선에 직각의 평면으로 볼에 타격하지 못하고 일반적으로 볼이 목표 오른쪽으로 날아가는 현상을 말한다. 이때는 밀어내는 형태의 푸쉬(push)와 유사한 샷이 된다.

※ 클럽의 블로킹(blocking) 현상은 팔과 손목을 유연하게 움직이지 못한 결과이며 특히 다운스윙에서 하체의 엉덩이와 다리를 너무 일찍 돌리기 때문에 뒤따르는 팔과 클럽이 균형을 잃는 데서 일어나기 쉽다(오른손잡이). 이러한 샷을 블로크드 샷(blocked shot)이라고 한다.

예 때때로 너무 안쪽에서 스윙하기 때문에 블로크드 샷의 원인이 되는 경우가 있다. 그런데 슬라이스는 아웃사이드 인으로 스윙하는 상태에서 나오기 때문에, 당신의 샷이 블록 상태가 되는 경우, 그 슬라이스 현상을 고치려고 노력하는 것은 당신에게 있을 수 있는 최악의 상태이다. (Sometimes those are blocked shots caused by swinging too much from the inside. The slice comes from an out-to-in swing, so trying to fix a slice when you're hitting a block is the worst thing you can do.)

블록²(티 마커 참조)(block², see tee-marker)

비기너(beginner)

골프의 초심자 즉 골프를 처음 시작한 사람을 말한다.

예 골프의 초심자들은 때때로, 골프의 어려움 때문에, 뜻밖에 방심(放心)하고 있는 틈에 기습(奇襲)당한다. (Beginners are often caught off-guard by golf's difficulty.)

비스크(bisque)

매치 플레이에서 핸디캡 스트로크를 할당된 홀에서 받는 기본적인 방법이 아니라 플레이어가 어느 때든지 선정한 홀에서 받는 핸디캡 스트로크 적용 방법을 말한다.

※ 17세기부터 존재했던 핸디캡 방법이었으나 불공정한 처리 방법으로 평가되어 현재는 사용되지 않는다.

예 전적으로 낯선 사람이라서 그 사람에 대항한 매치를 하고 싶은 마음이 내키지 않을 경우 그 낯선 사람은 당신의 망설임을 지우기 위하여 당신에게 비스크를 제안

할지도 모른다. (If you are reluctant to play a match against a total stranger, that stranger might offer you a bisque to overcome your hesitance.)

비정상적인 코스 상태(abnormal course condition)

비정상적인 코스 상태는 동물의 구멍, 수리지, 움직일 수 없는 장해물 혹은 일시적인 물의 4가지 상태 중 어느 것(들)에 의하여 발생한 상태를 말한다.

- ※ 플레이어의 볼이 비정상적인 코스 상태 안이나 위에 접촉하고 있거나 비정상적인 코스 상태가 플레이어의 의도하는 스탠스나 스윙 구역을 물리적으로 방해하고 있는 경우 방해가 있는 것으로 본다.
- 예 (1) 비정상적인 코스 상태가 코스 위에 있으며 볼이, 페널티 구역을 제외한, 코스의 어느 곳에 있어도 되는 두 가지가 모두 충족된 경우에 한하여 비정상적인 코스 상태에 의한 방해로부터 규칙에 의한 구제가 허용된다. (Relief from interference by an abnormal course condition is allowed under rule only when both the abnormal course condition is on the course, and the ball is anywhere on the course, except in a penalty area.) (Rules of Golf, 2019)
- 예 (2) 플레이어의 볼이 비정상적인 코스 상태에 접촉해 있거나 그 상태의 안이나 위에 있는 경우, 비정상적인 코스 상태가 플레이어의 의도하는 스탠스 구역이나 의도하는 스윙 구역에 물리적으로 방해가 되는 경우, 혹은 볼이 퍼팅 그린 위에 있을 때에 한하여 그 퍼팅 그린 위나 퍼팅 그린 밖에 있는 비정상적인 코스 상태가 플레이 선에 걸리는 경우에는 비정상적인 코스 상태에 의한 방해가 있는 것이다. (Interference by abnormal course condition exists when the player's ball touches or is in or on an abnormal course condition, an abnormal course condition physically interferes with the player's area of intended stance or area of intended swing, or only when the ball is on the putting green, an abnormal course condition on or off the putting green intervenes on the line of play.) (Rules of Golf, 2019)

비지터(visitor)

회원권 소지자에게만 개방되어 있는 프라이빗 코스(private course)에서 회원의 초청형식으로 초대되어 플레이하는 비회원을 말한다.

- 예 비지터는 플레이를 위하여 월요일부터 금요일까지 초대된다. (Visitors are invited to play Monday to Friday.)

빙고, 뱅고, 봉고(bingo, bango, bongo or bingle, bangle, bungle)

2사람 이상의 플레이어가 각 홀에서 볼을 처음 퍼팅 그린에 올리고, 깃대에 가장 가까이 붙이고, 처음 홀 인시킨 플레이어에게 각 1점씩 주어 가장 많은 점수를 획득한 플레이어가 우승하는 일종의 게임 방법을 말한다.

※ 빙고 1점은 현재 플레이하는 홀에서 가장 적은 타수로 처음 퍼팅 그린에 볼을 올린 플레이어가 획득한다. 뱅고 1점은 모든 플레이어가 볼을 퍼팅 그린에 올린 경우 스트로크 수에 관계없이 가장 깃대에 가깝게 볼을 접근시킨 플레이어가 획득한다. 봉고 1점은 가장 먼저 볼을 홀 인시킨 플레이어가 획득한다. 동점인 경우에는 0.5점씩 받게 되며 퍼팅 그린 가장자리에 접촉한 볼은 카운트하지 않는다. 봉고 플레이에서 홀 인된 볼이 나올 때까지 홀에서 가장 멀리 있는 플레이어가 먼저 퍼트한다.

예 빙고, 뱅고, 봉고 게임은 약자의 플레이어에게, 어떤 분야의 문제에 있어서 첫째가 될 때, 점수를 획득하는 기회를 제공한다. (Bingo, Bango, Bongo gives weaker players a chance to earn points what matters is being first at something.)

빨간 표시 페널티 구역(페널티 구역 참조)(red penalty area, see penalty area)

골프 용어 해설(Clarification of Golfing Terms) 사

사(4)번 아이언(four-iron)

로프트 각 27-28도, 라이 각 58-60도, 길이 37.5인치 그리고 볼의 비거리 155-190야드(남성용 클럽)를 날릴 수 있는 아이언 클럽을 말한다. 옛 이름은 매시 아이언(mashie iron)이다.

예 그는 4번 아이언 클럽을 꺼내어 들고 그 볼을 쳐서 깃대에서 6인치 되는 곳에 올렸다. (He pulled out a 4-iron and knocked that thing six inches from the flag.) (Dutch Harrison, 1972)

사(4)번 우드(four-wood)

로프트 각 18-20도, 라이 각 55-57, 길이 41.5인치 그리고 볼의 비거리 200-230야드(남성용 클럽)를 날릴 수 있는 우드 클럽을 말한다. 옛 이름은 배피(baffy))이다.

예 4번 우드 클럽을 사용하여 . . . 벙커에서 탈출하기 위해서는 반드시 볼 뒤의 모래가 아니라 볼을 쳐야 한다는 것을 명심해야 한다. (In using the four wood . . . out of bunker make sure that you hit the ball, not the sand behind it.) (Ben Hogan, 1948)

사이드(side)

매치 플레이 혹은 스트로크 플레이 라운드에서 한 단위를 이루어 경쟁하는 두 사람 이상의 파트너들을 말한다. 각 파트너가 자신의 볼을 플레이(포볼)하거나 파트너들이 한 개의 볼을 플레이(포섬)하거나에 관계없이 파트너들의 각 조(組)는 한 사이드이다.

※ 한 사이드는 한 팀과는 다르다. 팀 경기에서 각 팀은 개인으로서 혹은 사이드로서 경쟁하는 플레이어들로 구성되기 때문이다.

예 포섬에서, 파트너 중 어느 한 사람은 스트로크하기 전에, 볼 위치를 마크하거나 볼을 집어 올리고 리플레이스하고 드롭하고 플레이스하는 등 그 사이드를 위하여 허용되는 어떤 행동도 할 수 있다. 다만, 그때 어느 파트너가 그 사이드의 다음 플레이 순서가 되는가 하는 것은 문제가 되지 않는다. 어느 파트너나 어느 캐디 중 한 사람에 의하여 취해진 행동이나 규칙 위반은 결국 그 사이드에 적용된다. (In foursome, either partner may take any allowed action for the side before the stroke is made, such as to mark the spot of the ball and lift, replace, drop and place the ball, no matter which partner's turn it is to play next for the side. Any action taken or breach of the rules by either partner or either caddie applies to the side.) (Rules of Golf, 2019)

사이드새들(sidesaddle)

목표를 향하여 선 다음, 오른손잡이의 경우, 두 발을 플레이 선 왼쪽의 한 쪽으로 모으고, 신체의 오른쪽 옆으로 손과 팔을 돌려서 퍼터의 샤프트를 잡고 몸 곁에서 앞으로 퍼트하는 비전통적인 방식의 퍼팅 자세를 말한다.
- 예 ▪ 스니드는 크로케 방식으로 퍼트하였는데 그 뒤에 골프 통할 기관에 의하여 그 방식이 금지되었다. 그런데 몸 곁에서 앞으로 하는 퍼트는 플레이 선을 걸터 서지 않는 한 규칙 위반이 아니다. (Snead putted croquet style and they outlawed it after that. Sidesaddle putting is legal as long as you do not straddle the line of play.)

사이드스핀(sidespin)

클럽 타면이 볼에 임팩트할 때, 방향의 정도 차이는 있으나, 볼이 날아가는 방향의 왼쪽이나 오른쪽으로 회전하는 현상을 말한다.
- ※ 볼이 날아갈 때 오른쪽으로 회전하면 슬라이스(slice), 왼쪽으로 회전하면 후크(hook)가 날 수 있으며 땅에 떨어지면 회전하는 방향으로 굴러갈 수 있다.
- 예 ▪ 사이드스핀은 의도하는 스윙 방향 혹은 볼-목표 선 방향에 대하여 클럽 타면이 직각으로 정렬하지 못한 경우에 일어나는데 이는 임팩트할 때 클럽 타면이 지향하는 방향에 의거하여 볼이 어느 한 방향이나 다른 방향으로 구부러지도록 만드는 추진력으로 유도하게 된다. (Sidespin occurs when the clubface is not aligned perpendicularly to the intended direction of swing or ball-to-target line, leading to a lift force that makes the ball curve to one side or the other based on the direction of where the clubface is pointing at impact.)

사이드힐(sidehill)

플레이어가 홀을 향하여 볼 때 페어웨이 양쪽에 있는 산이나 언덕의 경사면을 말한다.
- ※ 볼이 사이드 힐에 있는 경우(side-hill lie) 플레이어의 스탠스에 따라 볼이 발의 위치보다 위에 혹은 아래에 있는 경우가 있다.
- 예 ▪ 사이드 힐에서 볼이 발보다 더 높은 곳에 있는 경우에는 발에서 더 멀리 떨어져서 플레이하게 된다. (When you have a sidehill lie and the ball is higher than your feet you play it farther away from the feet.) (Ben Hogan, 1948)

삼(3)번 아이언(three-iron)

로프트 각 23-25도, 라이 각 57-59도, 길이 38인치 그리고 볼의 비거리 165-200야드(남성용 클럽)를 날릴 수 있는 아이언 클럽을 말한다. 옛 이름은 미드 매시(mid mashie)이다.

예 그날은 매우 습하고 추운 날씨였는데 나는 3번 아이언 클럽으로 가파르게 경사진 오르막 언덕에 있는 볼을 플레이했을 때 클럽이 땅을 쳤다. 그때 샷은 완벽했지만 그 여파로 나는 내 등뼈가 삐는 느낌을 받았다. (It was very wet and cold, and when I played a three iron shot from a steeply angled uphill lie the club struck in the ground, although the shot was perfect, and I felt my back being wrenched.) (Dave Thomas, 1967)

삼(3)번 우드(three-wood)

로프트 각 15-17도, 라이 각 55-57도, 길이 42인치 그리고 볼의 비거리 210-250야드(남성용 클럽)를 날릴 수 있는 우드 클럽을 말한다. 옛 이름은 스푼(spoon)이다.

예 그의 두 번째 스트로크는 3번 우드 클럽을 사용하였는데 볼이 페널티 구역을 넘어 홀에서 18 피트 떨어진 곳에 떨어졌다. (His second stroke, a three-wood over the penalty area, came down 18 feet from the pin.) (Henry Cotton, 1975)

상대편(혹은 상대방)(opponent)

매치에서 플레이어와 맞서 경쟁하고 있는 사람을 말한다.

※ 상대편이라는 용어는 매치 플레이에서만 적용된다.

예 플레이어는 상대편과의 거리가 얼마나 가까운가 그리고 다른 실제적인 요소를 고려하여 합리적으로 가능한 한 빨리 그가 받은 벌에 관한 정보를 상대편에게 알리지 않으면 안 된다. (The player must tell the opponent about that penalty as soon as reasonably possible, taking into account how near the player is to the opponent and other practical factors.) (Rules of Golf, 2019)

상품권(prize voucher)

경기 담당 위원회가, 프로 샵, 골프 클럽 혹은 다른 소매점에서 상품(商品) 구입을 위하여 발행한, 상품 교환권, 선물 상환권, 선물 카드 혹은 이와 유사한 것을 말한다.

※ 아마추어 골퍼는 관할 단체가 정한 금액(소매 가격) 이상의 가치가 있는 상품(賞品)이나 상품권(賞品券)을 받아서는 안 된다(아마추어 자격 규칙).

예 관할 단체가 결정한 상품 한도액은 아마추어 골퍼가 어느 한 경기나 일련의 경기에서 받은 총 합계 상품이나 상품권에 적용된다. (Prize limit decided by the governing body applies to the total prizes or prize vouchers received by an amateur golfer in any one competition or series of competitions.) (Rules of Amateur Status)

샌드백어(sandbagger)

핸디캡 적용 토너먼트에서 될 수 있는 한 자신에게 유리하도록 자신이 받을 자격이 있는 핸디캡보다 더 높게 제시하는 플레이어를 경멸(輕蔑)해서 말할 때 사용하는 용어이다(속).

※ 때로는 정확하고 정직한 핸디캡을 적용한 플레이어가 토너먼트에서 평상시와 달리 유별나게 좋은 성적으로 우승한 경우에 칭찬의 말을 빗대어 사용하는 경우가 있다. 즉 축하의 말을 하면서 농담조로 샌드백어(sandbagger)라고 부를 때도 있다.

예 일반적으로 어느 골퍼가 그의 실제 골프 실력을 더 나쁘다고 주장하면서 다른 골퍼들이 그의 능력 수준을 오해하도록 만드는 경우 그 골퍼는 샌드백어라고 할 수 있다. 19세기의 갱들과 시내 부랑자들은 샌드백을 선택된 무기로 사용하였다. (Generally, any golfer who misleads others about his ability level, claiming to be worse than he actually is at golf, might be a sandbagger. Gangs and street toughs of the 19th century used sand bag as a weapon of choice.)

샌드 블라스터(샌드 웨지 참조)(sand-blaster, see sand wedge)

샌드 세이브(sand save)

그린사이드 벙커에 들어간 볼을 탈출시켜 그린에 올린 후 파 혹은 버디 퍼트에 성공한 경우를 말한다. 샌디(sandy or sandie)라고도 한다.

※ 결국 볼이 벙커에 들어간 후 업 앤 다운(up and down)으로 파 혹은 그보다 더 좋은 결과를 내는 경우이다. 피지에이(PGA) 투어에서는 보통 샌드 세이브 퍼센티지(sand save percentage)에 대한 통계를 내는데 그것은 벙커 플레이를 한 횟수에 대하여 볼을 그린에 올린 후 파나 버디를 성공시킨 기회의 백분율을 말한다. 한 홀에서 두 곳 혹은 세 곳의 벙커에 들어간 후 성공한 경우는 각각 더블 샌디(double sandy), 트리플 샌디(triple sandy)라고 한다.

예 (1) 어떤 골퍼들은 그들 그룹에서 샌디를 달성한 플레이어들에게 주는 특별상을 받기도 한다. 그리고 더블 샌디를 위한 상은 대개 보통 샌디 상의 두 곱이다. (Some golfers have special awards for players in their group who make a sandy. The prize for a double sandy is usually double that of a regular sandy.)

(2) 샌드 세이브 퍼센티지 - 플레이어가 친 볼이 일단 모래로 된 그린사이드 벙커에 들어갔는데 "업 앤 다운"을 달성할 수 있었던 횟수의 백분율을 말한다. (Sand save percentage - The percent of time a player was able to get "up and down" once in a greenside sand bunker.)

샌드 웨지(sand wedge)

벙커 안의 모래에서 주로 익스플로전 샷으로 볼을 탈출시킬 때 사용하는 로프트 각이 크고 클럽이 모래에 깊이 파고 들어가는 것을 방지하기 위한 헤드의 비교적 넓은 플랜지(flange)와 리딩 에지(leading edge)가 뚜렷한 아이언 클럽을 말한다. 샌드 아이언(sand iron) 혹은 샌드 블라스터(sand-blaster)라고도 한다.

> 예 진 사라센이 넓고 오픈된 타면과 무거운 플랜지가 있는 색다른 클럽을 발명한 때인 1932년 이래 . . . 그 샌드 웨지는 사실상 벙커에서 볼을 치는 유일한 클럽이 되었다. (Ever since 1932, when Gene Sarazen who invented the strange club with the wide-open face and heavy flange . . . the sand wedge has been virtually the only club to hit from a trap.) (George Peper, 1977)

샌드 트랩(벙커 참조)(sand trap, see bunker)

샌디(샌드 세이브 참조)(sandy or sandie, see sand save)

생장물(growing object, or growing thing)

코스 위에 있는 자연물(natural object)로서 생장하고 있는 것을 말한다.

> 예 플레이어는 볼을 찾아 확인하기 위하여, 합리적인 행동을 취함으로써, 올바르게 볼을 찾을 수 있다. 예를 들어 모래나 물을 옮기는 것, 풀, 관목, 나뭇가지 및 생장물이나 붙어있는 자연물을 움직이거나 구부리는 것 그리고 역시 그러한 것을 부러뜨리는 것 등이다. 그러나 부러뜨리는 것은 볼을 찾아 확인하기 위하여 다른 합리적인 행동을 취한 결과로 부러뜨렸을 경우에 한한다. (The player may fairly search for the ball by taking reasonable actions to find and identify it, such as moving sand and water, and moving or bending grass, bushes, tree branches and other growing or attached natural objects, and also breaking such objects, but only if such breaking is a result of other reasonable actions taken to find or identify the ball.) (Rules of Golf, 2019)

샤프트(shaft)

클럽 샤프트를 말한다. 클럽의 가늘고 긴 부분으로 위쪽 끝은 그립으로 마무리 되고 밑 부분은 네크나 소켓에 연결되어 클럽 헤드에 고정되어 있다(헤드 참조).

> ※ 20세기까지는 여러 가지 나무로 된 재료로 샤프트를 제작하였으나 1920년대 이후에는 압도적으로 관으로 된 스틸 샤프트가 주류를 이루고 있다. 샤프트는 그 경도(硬度)(stiffness)와 유연성(flexibility)에 따른 용도에 따라 L(Lady), A(Soft regular, Intermediate or Senior), R(Regular), S(Stiff), X(Tour stiff, Extra stiff or Strong)로 구분되어 있다.

> 예 더 많은 거리와 정확성에 대한 진전은 1967년 알루미늄 샤프트의 발전에 있었다. (A further advance toward more distance and accuracy was the development of the aluminum shaft in 1967.) (Bartlett's World Golf Encyclopedia)

샷(shot)

1. 볼이 날아가도록 클럽으로 볼을 치는 행위 즉 스트로크하는 동작을 말한다.
2. 스트로크 수로 카운트하는 스코어를 의미한다.

> 예 (1) 블라인드 샷은, 낮은 곳에서 높은 그린 위로 볼을 올리는 경우와 같이, 볼이 떨어지려는 지점에 대하여 직접 보는 것을 골퍼에게 허용하지 않는 샷을 의미한다. (Blind shot means a shot that does not allow the golfer to see where the ball will land, such as onto an elevated green from below.)

> 예 (2) 2타가 우즈의 스코어에 추가되었는데 그것은 15번 홀의 스코어 6을 8로 수정하였고 그가 서명했던 전체 스코어 71을 73으로 수정했던 것을 뜻한다. 따라서 그는 선두 제이슨 데이에 5타 뒤진 상태에서 3라운드를 시작하였다. (Two strokes were added to Wood's score meaning his 6 on 15 was corrected to 8 and the 71 he signed for was revised to 73. He began the third round five shots behind leader Jason Day.) (2013)

샷건(shotgun)

플레이를 위하여 많은 골퍼들이 각 티잉 구역에서 동시에 출발하는 방법을 말한다. 즉 코스의, 1번 홀 티를 포함한, 각 홀 티잉 구역에서 경기용 총성에 따라 일제히 출발하여 거의 동시에 끝마치는 플레이 방식이다. 샷건 스타트(shotgun start)라고도 한다.

> ※ 한 예를 들어 한 조가 18번 홀 티잉 구역에서 샷건 스타트한 경우 그 조는 17번 홀 퍼팅 그린에서 플레이를 끝마친다.

> 예 2004년 12월호 골프 다이제스트는 1956년 5월에 워싱턴주 왈라 왈라에 있는 왈라 왈라 컨트리클럽에서 그 클럽 헤드 프로가 플레이 시작을 알리는 음성 신호로 샷건을 발사하였다고 보도하였다. 알려진 바에 의하면, 이는 토너먼트에서 처음으로 사용된, 스타트 양식이다. (The December 2004 issue of Golf Digest reported that in May 1956 the head pro at Walla Walla Country Club in Walla Walla, Washington fired a shotgun to sound the start of play. This is purportedly the first time a tournament used such a starting format.)

샷 메이커(샷 메이킹 참조)(shotmaker, see shotmaking)

샷 메이킹(shotmaking or shot making)

정확하고 성공적으로 여러 형태의 샷을 과감하게 구사할 수 있는 능력을 말한다.

> ※ 예를 들어 벙커의 모래 위에서 칩 샷(chip shot)을 날릴 수 있거나 볼의 비행 고도와 거리를 조정할 수 있도록 스윙하거나 지형에 따라 볼을 원하는 방향으로 정확히 커브(curve)시킬 수 있는 기량 등을 가진 상태를 뜻한다. 그런 능력의 소유자를 샷 메이커(shotmaker)라고 한다.

[예] 내가 샷 메이킹에 관하여 말하자면, 그것은 어떤 형태의 상황에서도 모든 형태의 샷을 구사하는 능력을 의미한다. 따라서 나는 그렇게 해야 할 때 낮은 페이드 볼을 치거나 . . . 높은 페이드 볼을 치는 사람을 보면 감탄을 금치 못한다. 오늘날의 투어에서 훌륭한 샷 메이커들은 10명도 채 되지 않는다. (By shotmaking I mean the ability to bring off all types of shots under all types of conditions. I admire the man who can hit a low fade when he has to or a high fade . . . There aren't ten good shotmakers on the tour today.) (Dave Hill & Nick Seitz, 1977)

서든 데스(플레이 오프 참조)(sudden death, see play-off)

경기에서 비기거나 동점이 된 경우 승자가 결정될 때까지 연장하여 플레이를 계속하는 연장전 혹은 플레이 오프(play-off)의 한 방법을 말한다. 이때 가장 낮은 스코어가 나온 시점에 승자가 결정되는 경우의 방법을 서든 데스 플레이 오프라고 한다.

※ 서든 데스 플레이 오프는 홀마다 플레이하는 도중 한 홀에서 가장 낮은 스코어를 낸 플레이어가 나온 때 즉 승자가 결정된 시점에 돌연(突然)히 끝난다.

[예] 레니 왓킨스. . . 그는 오늘 진 리틀러와의, 돌연히 결정되는 연장전, 세 번째 홀에서 끝난 피지에이(PGA) 챔피언쉽에서 승리하였다. 주(註). 용어를 "서든 빅토리"라고 변경하자는 제안이 있었다. (Lanny Wadkins . . . won the Professional Golfers' Association championship today on the third hole of a sudden death play-off with Gene Littler. Note. There have been suggestions that the term be changed to "sudden victory.") (John S. Radosta, 1977)

서든 데스 플레이 오프(서든 데스 참조)(sudden death play off, see sudden death)

서명(인증하다 참조)(signature, see certify)

서명하다(sign or attest)

마커가 플레이어의 스코어를 점검하고 기록한 후 틀림없다는 것을 증명하기 위하여 자신의 이름을 어떤 형태로든 기록하는 것을 말한다. 규칙 현대화(2019) 이전의 규칙상 용어이며 현재는 인증하다(certify)라는 말을 사용한다.

[예] 경기자가 그의 스코어 카드에 서명하고 제출한 뒤에, 고선명도(高鮮明度) 비디오 재생 방법의 이용을 통하여, 경기자가 벙커 안에서 백스윙의 절정에 도달했을 때 그도 모르게 그의 클럽이 벙커의 측벽 위에 있는 아주 적은 양의 모래에 접촉한 것을 알게 되었다. (After a competitor has signed and returned his score card, it becomes known, through the use of a high-definition video replay, that the competitor unknowingly touched a few grains of sand with his club at the top of his backswing on a wall of the bunker.) (Decisions on the Rules of Golf, 2016)

서키트(투어 참조)(circuit, see tour)
일정한 선수가 정기적으로 참가하여 여러 다른 지역에서 경기하는 일련의 순회 경기(巡廻 競技)를 말한다.
- ※ 골프 투어(tour)가 성행하기 이전에 수시로 프로 토너먼트 골프를 이렇게 불렀다. 상금이 크고 매우 중요한 순회 경기를 골드 더스트 서키트(Gold Dust Circuit)라고 한다. 골드 더스트는 본래 사금(砂金) 혹은 금싸라기를 의미하는데 최초 레슬링에서 성공한 사람에게 붙여진 용어였으나 점차 귀중하고 중요한 사물에 붙여진 용어로 되었다.
- 예 "서키트"라는 용어는 투어 이전 시기에, 가끔 어느 특정한 지역에서, 프로 토너먼트 골프를 설명하는 데 사용되었다. 예를 들어 아시아 투어가 창설되기 이전에 아시아에서의 여러 토너먼트는 "아시아 서키트"의 일부였다. (The term "circuit" is often used to describe professional tournament golf in pre-Tour era in any given region. For example, before the foundation of the Asian Tour, tournaments in Asia were part of the "Asian circuit".)

석커 핀 플레이스먼트(sucker pin placement or sucker pin)
보기에는 쉽게 도달할 수 있다고 생각되지만 실제로는 상당한 위험을 내포하고 있는 위치의 깃대를 말한다. 다만 석커 핀(sucker pin)이라고도 한다.
- ※ 석커 핀은 골퍼의 과감한 샷을 날리도록 유도하는데 이 경우에는 주로 벙커, 페널티 구역, 깊은 러프에 아주 가깝게 깃대를 위치시키거나 그린이 약간 돌출된 부분 혹은 2단 그린의 턱이 진 부분에 홀을 설치한다. 석커(sucker)는 속기 쉬운 사람 혹은 어리석은 사람을 가리킨다.
- 예 석커 핀은 위태로운 혹은 불필요하게 위험을 무릅쓰는 행위를 선택하도록 당신의 관심을 끌고 있는 깃대 위치를 말한다. 이것은 공격적인 플레이어가 가진 무지의 허점을 이용하는 방법이다. 인생은 석커 핀과 같은 기회로 가득 차 있다는 말도 있다. (A sucker pin is a pin placement that is inviting you to take a dangerous or unnecessary risk. This takes advantage of an aggressive player. Life is full of sucker pin opportunities.)

설린(surlyn)
1960년대에 들어서 듀폰사(Du Pont Corp)가 개발하여, 골프 볼을 제작할 때, 주로 볼 표면에 사용되는 물질로 금속 이온이 함유된 합성 수지(surlyn ionomer)를 말한다.

- ※ 미국의 종합 화학 메이커 듀폰사(Du Pont Corp)가 발명한 후 1968년 미국의 램 주식회사(Ram Corporation)에서 이 물질을 골프 볼 표면에 입혀 제작한 골든 램 모델 볼(Golden Ram model ball)을 처음으로 판매하기 시작하였다. 이 물질로 제작된 볼은 충격에 강하고 내마모성(耐磨耗性)이 탁월하여 수명이 길고 장거리를 날릴 수 있다. 그러나 벌라타(balata)보다 탄력성이 작고 스핀이 덜 걸리기 때문에 볼 컨트롤이 어렵다는 단점이 있다.
- 예 설린을 입힌 볼의 주요 약점은 그 볼에 백스핀이 걸리지 않거나 그 볼에서 프로들과 다수의 낮은 핸디캡 아마추어 골퍼들이 원하는 촉감을 느끼지 못한다는 사실이다. (The primary drawback to surlyn balls is that they don't provide the backspin or feel demanded by professionals and many low-handicap amateurs.)

세미프라이빗 코스(코스 참조)(semi-private course, see course)

세컨드 컷(러프 참조)(second cut, see rough)

코스의 퍼스트 컷 러프(first cut of rough)에 인접해 있는 구역으로 퍼스트 컷 러프보다는 길고 프라이머리(primary) 러프보다는 더 짧게 잔디를 깎은 구역이며 퍼스트 컷 러프와 프라이머리 러프 사이에 있는 러프 구역을 말한다. 이 경우에 나머지 홀 전체의 러프는 프라이머리 러프 구역이다.

- 예 대부분의 고급 코스는 퍼스트 컷과 세컨드 컷 러프를 이용한다. 한편 다른 많은 코스는 전체 코스를 통틀어 단 한 가지 종류의 러프를 이용한다. 따라서 이때의 세컨드 컷 러프는 실제로 잡풀이 밀집된 곳이라고 생각하면 된다. (Most upscale courses use a "first cut" and "second cut"; many others simply have one variety of rough throughout the course. You guessed it - the "second cut of rough" is the really thick stuff.)

세트 업(set up or setup)

볼을 치기 위하여 백스윙에 들어가기 전 스탠스와 그에 관련된 준비 자세를 취하는 동작을 말한다.

- 예 세트 업이 프로 골퍼에게 중요한 자세로 생각되는 것과 같이 더구나 아마추어 골퍼에게는 그 두 배나 중요하다. (Yet, important as the setup is to professional golfer, it is doubly important to amateurs.) (Tom Kite, 1977)

센터 샤프티드(center-shafted, see Schenectady putter)

골프 클럽 샤프트가 클럽 헤드의 힐(heel) 부분에서 중간 부분으로 떨어져 나와서 부착된 클럽을 의미한다. 헤드 중간에 샤프트가 있는 퍼터가 이에 해당된다(예를 들어 스케넥터디 퍼터(Schenectady putter)).

※ 퍼터 헤드 힐에 샤프트가 부착된 것은 엔드 샤프티드(end-shafted) 퍼터라고 한다. 클럽 샤프트는 클럽 헤드의 힐에 부착되어야 하지만 퍼터는 클럽 헤드의 어느 부분에 부착해도 된다. 알앤에이(R&A)는 1909년에서 1952년까지 센터 샤프티드 퍼터의 사용을 금지하였다.

예 (1) 헤드 중간에 샤프트가 부착된 그리고 목이 구부러진 퍼터에 대한 영국의 금지 조치는 1952년 첫 번째 R&A-USGA 공동 규칙에서 철회될 때까지 42년간이나 지속되었다. (This British ban on center-shafted and wry-neck putters lasted 42 years until it was lifted in the first USGA-R&A joint code in 1952.) (Kenneth G. Chapman)
(2) . . . 영국은 다년 간 헤드 중간에 샤프트가 부착된 퍼터의 사용을 금지한 후에 결국 그 사용을 허용하는 데 동의하였다. (. . . the British agreed to permit use of the center-shafted putter after having banned it for many years.) (Ben Hogan, 1953)

셧 더 도어(오픈 더 도어 참조)(shut the door, see open the door)

셧 페이스(클로즈드 페이스 참조)(shut face, see closed face)

셰그 백(shag bag)

코스나 연습장에서 다시 사용하기 위하여 연습으로 친 볼을 주워 모으기 위한 골프 볼 백을 말한다.

※ 걸어가면서 상체를 숙이지 않고도 주머니 달린 도구를 사용하여 연습 볼을 집어 올리는 간단한 기구를 뜻한다.

예 골프 볼 모으는 백을 가지고 당신이 해야 할 일은 연습이나 치기가 끝난 후 다만 그 볼을 줍는 것이다. 그 백 위에는 걸어가면서 볼을 주울 때 잡을 수 있는 핸들이 있을 것이다. (What you do with the golf ball shag bag is pick up your golf balls after you're finished practicing or hitting them. The top part of the bag will have a handle that you hold on to as you walk around picking up your balls.)

셸로우 페이스드(페이스[1] 참조)(shallow faced, see face[1])

솅크(shank)

스트로크할 때 볼이 클럽 헤드의 힐에 연결된 호젤(hosel) 혹은 소켓(socket) 부분에 맞아 그 볼이 탄력을 잃고 목표 방향에서 빗나가는 현상을 말한다. 이러한 경우 소켓팅(socketing) 혹은 소켓티드 샷(socketed shot)이란 말을 쓰기도 한다. 오른손잡이 골퍼의 경우 보통 오른쪽 방향으로 날아가는 경우가 많다.

- 예 (1) 솅크가 나는 것이 매우 두려운 또 하나의 이유는 그러한 현상이 경고 없이 발생한다는 것이다. (Another reason the shank is so dreaded is that it strikes without warning.) (Jim Dante & Leo Diegel, 1947)
  (2) . . . 왼쪽 팔꿈치가 밖으로 빗나가는 경향이 있는데 이것은 클럽의 힐 부분이 볼을 겨누게 되는 원인이 되고 또 솅크의 일반적인 원인이 된다. (. . . a tendency for the left elbow to stray outward and cause the heel of the club to presented to the ball, a common cause of "socketing.") (Robert T. Jones Jr., 1928)

소기 페어웨이(펌 페어웨이 참조)(soggy fairway, see firm fairway)

소울(sole)

클럽 헤드의 밑 표면을 말하는데 보통 스트로크하려고 준비할 때 그 부분을 지면에 댄다. 클럽 헤드를 지면에 대는 것을 "소울(sole)하다"라고 말한다(헤드 참조).

- 예 홀던 씨가 티샷했던 볼이 항아리형 벙커에서 발견되었다 . . . 그런데 그는 자기도 모르게 그의 클럽을 지면에 댔다. (Mr. Holden's tee shot found a pot bunker . . . He unwittingly soled his club.) (Walter J. Travis, 1910)

소울 플레이트(sole plate)

우드 골프 클럽 헤드의 밑바닥에 나사로 죄어서 붙인 금속판을 말한다.

- ※ 헤드 밑 표면을 보호하기 위하여 주로 드라이버에는 알루미늄을 사용하였으며 브라시(brassie)에는 놋쇠 즉 황동판(黃銅板)을 사용하였다. 다만 플레이트(plate)라고도 한다. 오늘날에는 헤드의 무게 조절을 위한 것 등 다양한 형태의 플레이트가 있다.
- 예 우드 타입 골프 클럽 헤드: 이와 같은 형태로 된 재래식 클럽 헤드 구조에, 강화 섬유의 판금을 입힌 외각(外殼)의 소울 면에 나사를 통하여, 금속으로 된 소울 플레이트가 부착된다. 그 소울 플레이트는 강화 섬유 판금을 입힌 외각의 무게 조절과/혹은 보호를 위하여 사용된다. (Wood-type golf club head: In the construction of a conventional club head of this type, a metallic sole plate is attached via screws to the sole face of the fiber reinforced plate(FRP) shell. The sole

plate is used for the purpose of weight adjustment and/or protection of the FRP shell.)

소켓(호젤 참조)(socket, see hosel)

손가락 그립(손바닥 그립 참조)(finger grip, see palm grip)

골프 클럽의 그립을 쥘 때 손가락을 그 주체로 사용하는 경우를 말한다. 손가락 관절로 그립을 밀접히 그리고 적절하게 압착하여 잡고 스윙하거나 퍼트하는 형식이다.

- 예 왼손 그립은 주로, 손바닥 그립이 아닌, 세 손가락 그립이라는 것을 기억하여야 한다. 왼손의 세 번째, 네 번째 그리고 다섯 번째 손가락들이 우선적으로 클럽을 쥐는 데 책임을 지며 쥐는 압력을 단단히 주어야 한다. (One should remember that the left hand grip is primarily a three-finger grip, and not palm grip. The left 3rd, 4th and 5th fingers are primarily responsible for gripping the club, and the grip pressure should be firm.)

손바닥 그립(손가락 그립 참조)(palm grip, see finger grip)

골프 클럽의 그립을 쥘 때 손바닥을 그 주체로 사용하는 경우를 말한다.
- 예 퍼팅에서 표준 그립의 비결은, 완전한 스윙을 할 경우에 그립할 때와 같은, 손가락이 아닌 당신의 손바닥으로 퍼터를 쥐는 것이다. (The key to the standard grip is getting the putter into the palms of your hands - not the fingers, like you would in a full-swing grip.)

숏(short)

1. 미치지 못하다 - 목표에 도달하지 못한 경우에 사용되는 표현(홀까지 못미치다)이다.
2. 짧다 - 거리가 충분치 않다(5피트 짧다).
3. 상대적으로 짧은 거리를 내는 데 사용되는 클럽이나 코스의 짧은 홀을 말한다 (숏 클럽, 숏 홀).
- 예 (1) 어프로치 샷에 관하여 말하면 ... 대다수 플레이어들의 결점은 목표에 미치지 못한다는 점이다. (With regard to approach shots ... the failing of the great majority of players is being short.) (Horace Hutchinson, 1890)
- 예 (2) 바이스코프(미국) ... 그는 칩샷을 날렸으나 볼은 홀까지 10피트가 짧았으며 퍼트에서도 실패하였다. (Weiskopf ... chipped 10 feet short and missed the putt.) (John S. Radosta, 1977)
- 예 (3) 그린까지 볼을 보내는 데 한 자루의 드라이버와 한 자루의 더 짧은 거리를 내는

클럽으로서는 유리한 점이 거의 없으며 . . . (When a driver and a shorter club to the green gives you little advantage. . .) (Davis Love, 1977)

숏 게임(short game)

한 홀의 페어웨이에서 플레이하는 마지막 단계로 볼을 홀에 접근시키거나 직접 홀에 가라앉히기 위하여 어프로치 샷, 벙커에서 리커버리 샷, 퍼팅 등을 포함하여 일반적으로 홀로부터 100야드 이내의 거리를 유리하게 극복하기 위하여 경쟁하는 단거리 게임을 말한다.

- ※ 골프 게임 중 홀로부터 100야드 이내에서 하는 플레이가 약 63%를 차지한다는 통계 보고가 있다.
- 예 데이브 펠츠는, 그의 알기 쉬운 "숏 게임 바이블"에서, 높은 핸디캡 보유자의 핸디캡 중 80%는 숏 게임을 할 때의 샷에서 나온다고 지적하였다. 따라서 핸디캡이 30 오버 파인 경우 그 중 24는 그린으로부터 100야드 이내에서 한 '추가' 샷에서 나온 수치이다. (Dave Pelz, in his comprehensive Short Game Bible, points out that 80% of the high handicapper's handicap comes from short game shots. Thus if your handicap is 30 shots over par, then 24 of these 'extra' shots come from within 100 yards of the green.)

숏 스틱(퍼터 참조)(short stick, see putter)

숏 스푼(스푼 참조)(short spoon, see spoon)

숏 아이언(short irons)

로프트 각이 크며 비교적 짧은 거리를 날리는 아이언 클럽을 말한다.

- ※ 일반적으로 아이언 8번, 9번 클럽 및 웨지가 이에 해당된다.
- 예 숏 아이언은 전통적으로 가장 치기 쉬운 클럽으로 생각되어 왔다. 그러나 대체로 매우 높은 정확성을 요구하는 상황에서 사용되기 때문에 잘못 친 경우의 어떤 영향에 대해서도 이를 최소화시켜야 하는 중요한 상황에 처하게 된다. (The short irons are traditionally regarded as the easiest to hit; however they are typically used in situations requiring very high accuracy, and so it becomes critical to minimize any effect of mis-hits.)

숏 컷(short cut or shortcut)

골프에서 숏 컷은 시간과 노력을 절약하기 위하여 빠른 길 즉 지름길로 거리를 줄이는 행위를 말한다.

- ※ 일반적으로 도그렉 홀(dogleg hole)에서 숏 컷의 도전을 감행하는 경우가 많다.

> 예 이 파-5의 오른쪽으로 구부러진 도그렉 홀은 플레이어가 지름길을 택하는 결단력을 가졌다면 더 짧은 거리가 될 것이다. (This dogleg right par-5 will be shorter if a player have the guts to take a short cut.)

숏 코스(short course)
정상적인 코스에 비하여 거리가 짧은 코스를 말한다. 대부분 파-3 홀이 가장 많고 몇 개의 파-4 홀이 있으며 파-5 홀이 없는 코스를 뜻한다.
> 예 게리 플레이어는 . . . 3년 전에 브라질 오픈의 한 짧은 코스에서 스코어 59를 냈는데 . . . (Gary Player . . . had a 59 on a short course in the Brazilian Open three years ago . . .) (NY Times, 1977)

숏 홀(short hole)
거리가 짧은 홀을 말한다. 즉 파-3 홀로서 거리가 250야드 이내의 홀을 뜻한다.
> 예 이 홀은 결국 거리가 210야드 남짓한 긴 숏 홀이라는 것이 드러났다. (This turned out to be a long short-hole of some 210 odd yards.) (Henry Longhurst, 1971)

수리지(ground under repair or GUR)
위원회가 수리지로 정한(수리지로 표시했거나 다른 방법으로 나타냈거나 간에) 코스 위의 모든 부분을 말한다. 정해진 모든 수리지에는 정해진 구역 안에 있는 모든 지면, 그리고 정해진 구역 안에 뿌리를 내린 모든 풀, 관목, 나무, 기타 생장물이나 붙어있는 자연물 그리고 그러한 생장물이나 자연물이 정해진 구역 가장자리 밖의 지면 위로 뻗어 나온 모든 부분을 포함한다.
> ※ 수리지에는 위원회가 수리지로 정하지 않았을지라도, 역시 다음과 같은 것들이 포함된다.
> - 코스를 준비할 때나 코스를 정비할 때 코스 정비 요원이 만든 모든 구멍(말뚝이 뽑힌 곳의 구멍, 나무 그루터기를 제거할 때 생긴 구멍 등).
> - 뒤에 다른 곳으로 옮기기 위하여 쌓아 놓은 깎아 놓은 풀, 나뭇잎 그리고 다른 물건.
> - 볼이 너무 가까이 있기 때문에 플레이어가 하는 스트로크나 스탠스로 그것이 손상을 입을 수도 있는 동물의 서식지(棲息地)(새의 둥지 등).
>
> 수리지의 가장자리는 말뚝, 선 혹은 물리적인 특징을 띤 것으로 정해져야 한다.

> 예 실제로 수리지라는 용어는 1882년 R&A 규칙에 처음 등장하였으며 그 후로부터 규칙의 중요한 일부로 남게 되었다. 특별히 "링크스 관리인이 작업하는 수리지"라고 설명하였는데 이 규칙 표현의 정확한 의미는 그 언급된 관리인이 톰 모리스였다는 사실에 있다. (The actual term GUR first appeared in the 1882 R&A code, and has remained an important part of the rules ever since. It was described

very specifically: "GUR by the conservator of the Links." The significance of the exact wording of this rule lies in the fact that the "conservator" mentioned was Tom Morris.) (The Rules of the Green, 1997)

수정 스테이블포드 경기(스테이블포드 경기 참조)(modified Stableford competition, see Stableford competition)

순결(역결 참조)(with the grain, see against the grain)

목표로 하는 지점까지의 잔디결 방향이 플레이어가 볼을 치려는 방향과 같은 상태를 말한다.

- ※ 특히 순결의 경우 플레이어는 잔디결이 볼을 치려는 방향과 반대되는 경우(역결)보다 더 가볍게 볼을 칠 수 있다.
- 예 순결 상태의 잔디결에서 퍼트한 경우는 역결 상태의 잔디결에서 퍼트한 경우보다 볼이 더 빨리 구른다. (Putts made with the grain roll faster than putts made against the grain.)

순풍(역풍 참조)(with the wind or downwind, see against the wind)

플레이어가 볼을 치려는 목표를 향하여 섰을 때 같은 방향으로 즉 등 뒤에서 불어오는 바람을 말한다. 폴로우잉 윈드(following wind)라고도 한다.

- 예 골퍼들이 그린을 향하여 혹은 순풍이 있는 상태에서 플레이하려고 할 때 바람은 볼이 앞으로 날아가는 것을 도울 뿐 아니라 더 멀리 날아가도록 돕기 때문에 그들은 각각의 샷에서 거리를 더 짧게 내는 클럽이 필요하게 될지도 모른다. (As golfers play toward the green, or with the wind, they may need less club for each shot because the wind helps carry the ball forward – and much farther.)

슈퍼네이션(supination)

손바닥 표면이 위쪽을 향하도록 손목을 바깥쪽으로 돌리는 외전 동작(外轉動作)을 말한다.

- ※ 아래를 향한 손바닥이 위를 향하도록 팔의 척골(尺骨, ulna)을 중심으로 요골(橈骨, radius)이 회전하면서 손과 앞 팔을 돌려서 뒤집는 동작을 가리킨다(반대: 프로네이션(pronation)).
- 예 (1) 임팩트 순간 왼쪽 손목의 외전 동작은, 다른 방법으로, 거리와 정확성을 증진시킨다. (Supination of the left wrist at the moment of impact builds distance and accuracy in other ways.) (Ben Hogan, 1957)

(2) 왼쪽 손목은 임팩트할 때 외전 운동을 시작한다. 그때 약간 튀어나온 손목 뼈는 목표를 향하게 된다. (The left wrist begins to supinate at impact. The raised wristbone point to the target.)

스냅 후크(더크 후크 참조)(snap-hook, see duck-hook)

스네이크¹(snake¹)
퍼팅 그린 위의 장거리 퍼트에서 볼이 여러 방향으로 뱀처럼 구부러지면서 굴리가는 현상을 말한다(속).
- ※ 가장 유명한 스네이크 퍼트는 미국의 벤 크렌쇼(Ben Crenshaw)의, 오거스터 내셔널 골프 클럽에서 있었던, 1984년 마스터스 토너먼트 10번 홀에서 60피트 스네이크가 성공한 사건이었다.
- 예 그는 약간 높은 피치 샷을 날려 볼을 그린 위에 올렸는데 그 볼이, 그의 우리 안에 든 뱀들 중 한 마리처럼, 구불대면서 굴러가 홀 인되어 버디를 냈다. (He pitched up on the green, holed one of those caged snakes of his for a birdie.) (Tommy Bolt, 1971)

스네이크²(snake²)
한 라운드에서 처음 3퍼트(혹은 더 나쁜)를 한 플레이어가 "스네이크"를 보유하게 되는데 그는 다음 3퍼트를 한 플레이어가 나올 때까지 그 "스네이크"를 유지하게 되며 최후로 3퍼트를 한 플레이어가 역시 그 "스네이크"를 보유한다. 이와 같이 18홀까지 가서 최후로 3퍼트를 한 "스네이크" 보유 플레이어가 다른 골퍼들에게 합의한 금액을 지불하는 퍼팅 내기 게임의 한 방법을 말한다.
- ※ 이 게임을 제안한 사람은 미국의 케스터슨 박사(Dr. Sean K. Kesterson, Brighton, Mich.)로 알려져 있다.
- 예 결국 "스네이크 게임"은 같은 조에서 가장 늦게 3퍼트를 하게 된 한 요원을 뱀이 물게 되는 내기 골프 게임이다. (Snake is a golf betting game that bites the member of your group who has most recently three-putted.)

스노우맨(snowman)
한 홀에서 스코어 8을 내는 경우 혹은 그 숫자를 말한다(속).
- ※ 눈사람의 모양이 숫자 8과 같은 모양에서 나온 용어이다. 스코어 카드에 가장 쓰기 싫어하는 숫자일 것이다.
- 예 "이번 퍼트를 놓쳐서는 안 됩니다. 그렇지 않으면 스코어 카드에 8이라는 숫자가 기록될 것입니다." ("Don't miss this putt or you'll have a snowman on your card.")

스루 더 그린(through the green)

현재 플레이하고 있는 홀의 티잉 구역과 퍼팅 그린 그리고 코스 안에 있는 모든 벙커나 페널티 구역을 제외한 코스의 전 지역을 뜻한다. 규칙 현대화(2019) 이전에 사용했던 용어로 현재는 코스의 "일반 구역"이란 용어를 사용한다.

※ 러프는 스루 더 그린에 포함되어 있다.

예 아놀드는, 지면에 박힌 볼에 관한 규칙을, 러프가 포함된 스루 더 그린에 적용했다는 사실을 알았기 때문에 화가 치밀었다. (Arnold was angry because he knew the imbedded ball rule applied through the green which included the rough.) (Mark McCormack, 1967)

스리볼(three-ball)

매치 플레이(three-ball match) 방식으로 세 사람의 플레이어들 각자가 다른 두 사람의 플레이어들과 동시에 개별 매치를 갖고 경쟁하는 방식을 말한다. 각 플레이어는 한 개의 볼을 플레이하며 그 볼이 플레이어의 양쪽 매치에 사용된다.

예 스리볼 매치에서 홀에 가장 가까운 볼 그리고 규정된 거리 이내에서는, 플레이어가 요구하거나 요구하지 않거나를 불문하고, 매치의 당사자 이외의 제3자가 요구한 경우에는 그 볼을 집어 올리지 않으면 안 된다(1839년 오너러블 컴퍼니 규칙). (In a three-ball match, the ball nearest the hole, and within prescribed distance, must be lifted, if the third party required it, whether the player does so or not.) (Hon. Company of Edinburgh Golfers, 1839) (in Clapcott, 1935)

스리섬(threesome)

1. 매치 플레이 방식으로 두 사람의 파트너들로 된 한 사이드와 한 사람의 플레이어가 경쟁하는 방식을 말한다. 그때 두 사람으로 된 사이드는 각 홀에서 한 개의 볼을 교대로 플레이하는 방법으로 경쟁한다. 포섬의 변형이라고 할 수 있다.
2. 세 사람의 골퍼가 같은 그룹에서 함께 플레이하는 경우를 뜻할 때도 있다.

예 (1) 스리섬이나 포섬에서 어느 라운드 중에도 파트너들은 티잉 구역에서 교대로 플레이하여야 하며 각 홀의 플레이 중에도 교대로 플레이하지 않으면 안 된다. (In a threesome or a foursome, during any round the partners must play alternately from the teeing area and alternately during the play of each hole.)

예 (2) 일상 회화의 관습에서 "스리섬"은 골프의 한 라운드를 함께 플레이하는 세 사람의 골퍼들로 구성된 그룹을 말한다. (In a colloquial usage, a "threesome" is any group of three golfers who are playing a round of golf together.)

스리 잭크드 이트(three-jacked it)

한 그린에서 홀 인시키는 데 볼을 세 번 퍼트하는 경우를 말한다.

■ "그 벙커에서 나는 볼을 길게 날렸는데 그곳은 당신이라면 볼을 치고 싶지 않은 곳이다"라고 우즈가 말하였다. "나는 그곳에서 3퍼트를 하였고 또 16번 홀에서도 3퍼트를 하여 1타를 뒤지고 있었다." ("From the bunker I hit long, just where you don't want to hit it." Woods said. "I three-jacked (putted) it from there, three-jacked the 16th and I was down one.") (US Amateur, 1992)

스리쿼터 샷(three-quarter shot)

스윙에서 풀 스윙(full swing)의 3/4으로 조정해서 하는 컨트롤 샷의 한 가지를 말한다.

■ 어프로치 샷은 보통 스리쿼터 샷, 하프 샷 혹은 손목을 사용하는 샷이다. (The approach shot is ordinary a three-quarter, or half, or wrist shot.) (Alexander Lawson, 1889)

스리쿼터 스윙(컨트롤드 샷 참조)(three-quarter swing, see controlled shot)

스리 피스(three-piece)

볼의 성능 향상을 위하여 중심에 있는 핵심(核心), 이를 둘러싼 재료 그리고 겉을 입힌 표면의 3겹을 말한다. 이렇게 제작한 볼을 스리 피스 볼(three-piece ball)이라고 한다.

※ 최초의 해스켈 볼(Haskell ball)은 고무 핵심(core)에 고무 실을 당겨 감고 거터 퍼처를 입혀 쇠틀로 압축하였다. 근래에는 솔리드(혹은 리퀴드) 센터 코어(solid or liquid center core)에 고무실 그리고 겉은 벌라타(balata), 설린(surlyn) 혹은 고무 상태의 탄성(彈性) 물질(elastomer)을 입힌다. 스핀이 잘 걸리고 컨트롤하기가 쉬운 장점이 있다.

■ 투 피스 골프 볼은 스리 피스 볼보다 스핀이 더 적게 걸린다. 이러한 현상은, 샷을 구체화하고 그린 주변에서 볼을 빨리 정지시킬 필요가 있는, 많이 향상된 골퍼들에게는 불리하지만 한편으로 줄어든 스핀은 처음 시작하는 골퍼들에게는 실제로 도움이 될 수도 있다. (Two-piece golf balls produce less spin than three-piece balls. While this is a disadvantage for more advance golfers who need to shape shots and stop the ball quickly around the green, reduced spin may actually help beginning golfers.)

스마일(smile)

잘못 친 샷으로 볼에 상처가 난 곳을 웃는 모양에 비유한 스마일링 볼(smiling ball)을 의미한다(속).
- ※ 벌라터(balata) 소재로 겉을 입힌 골프 볼은 잘못 친 샷에 의하여 상처가 나기 쉬운데 그 상처를 둥글게 웃는 모양에 비유한 생각을 반영한 속어(slang)이다. 따라서 일부 프로와 아마추어 골퍼는 설린(surlyn) 표면의 볼을 사용한다.
- 예 스마일링 볼 - 클럽이 볼 윗부분을 치거나 달리 잘못 쳤기 때문에 가끔 그 볼 표면이 깎여서 손상을 입고 끝장나는 경우가 있는데, 당신이 다른 볼을 꺼내기 위하여 백에 다가갔을 때 웃음이 나오지 않을지라도, 결국 그 볼은 웃는 모습을 닮은 볼이다. (Smiling Ball - Balls that are skulled or otherwise mishit often wind up with a cut on their surface that resembles a smile, though you won't be smiling as you reach into your bag for another ball.) (Randy Voorhees, 1997)

스월링 윈드(swirling wind)

바람이 불어오는 방향이 일정하지 않고 수시로 바뀌어 플레이 상황을 예측할 수 없도록 만드는 상태의 바람을 말한다.
- 예 수시로 방향이 바뀌는 바람은 일정한 방향에서 불어오는 바람이 아니기 때문에 십중팔구 그러한 상태에서 플레이하기에는 매우 까다로운 형태의 바람이다. (A swirling wind is probably the most difficult wind in which to play because it doesn't blow from a constant direction.)

스웨일(swale)

페어웨이에서 지면이 약간 내려앉은 낮은 지역을 말한다. 일반적으로 그곳에서 도랑이나 장해물 혹은 그린 프린지(fringe)를 넘기는 곳이다.
- ※ 프린지를 넘기도록 디자인된 곳을 프린지 스웨일(fringe swale)이라고 한다.
- 예 그러나 전면이 약간 내려앉은 지역은 더 짧은 거리를 내는 클럽으로도 볼을 도달시킬 수 있다고 믿게끔 플레이어를 속일 수도 있다. (However a slight swale in front may deceive the player to the belief that a shorter club may reach.) (A.W. Tillinghast, 1929)

스위트 스폿(sweet spot or sweetspot)

볼의 최대한 비거리와 정확성을 기할 수 있는 클럽 페이스의 중심(重心)에 해당되는 부분 즉 무게 중심점(center of gravity)을 말한다.
- ※ 즉 스위트 스폿에 볼이 맞는 경우 클럽 헤드의 전체 무게와 그에 따른 클럽 속도의 상승 작용에 따른 운동량이 볼에 집중되기 때문에 최적의 비거리와 정확성을 기할 수 있을 뿐만 아니라 스핀이 볼에 일정한 양만큼 걸리고 손목과 어깨에 불쾌한 충격도 생기지 않는다.
- 예 어느 클럽을 막론하고 하나의 "스위트 스폿"을 가지고 있다. 그것은 볼이 최대한

의 거리를 내게 하고 샷에서 가장 쾌적(快適)한 느낌을 주게 되는 클럽 타면에 있는 일점(一點)이다. (Every golf club has a "sweet spot". It is that one spot on the face of the club which gives greatest distance to the ball and sweetest feel to the shot.) (Spalding's Athletic Library)

스윙(swing)

골퍼가 클럽을 쥐고 몸과 팔을 움직여 골프 볼을 치는 동작을 말한다.

※ 먼저 백스윙으로 클럽을 뒤로, 스윙의 정점까지, 즉 톱 오브 더 스윙까지 들어 올린 다음 다운스윙으로 클럽을 전방으로 움직여 볼을 임팩트한 뒤 팔로우 스루(follow-through) 끝에 피니쉬로 마감한다.

예 우리에게 그칠 줄 모르는 무진장(無盡藏)한 과제가 있는데 바로 그것이 골프 스윙이라는 과제이다. (It is an inexhaustible subject, the golf swing.) (Jack Nicklaus, 1969)

스윙어(swinger)

근육의 힘에 전적으로 의존하지 않고 스윙 본래의 동작을 흐트러뜨리지 않으면서 휘두르는 원심력에 의존하여 올바른 궤도로 클럽을 내던지듯 스윙하는 골퍼를 말한다.

예 ... 가장 평판이 좋고 성공적인 골프 스윙은 샘 스니드와 벤 호건의 스윙이었다. 두 사람은 모두 "스윙어"였다. 그들은 볼에서 시종일관 거의 힘들이지 않거나 외견상으로는 특별한 노력을 들이지 않고 클럽을 뒤로 움직였는데, 더욱이 대부분의 프로 골퍼들이 전에 혹은 그 후 내내 했던 것보다, 더 먼 거리를 날리는 샷을 구사하였다. (... the most popular and successful golf swings were those of Sam Snead and Ben Hogan. Both were "swingers." They moved the club back from and through the ball with little or no apparent effort, yet drove the shots farther than have most professional golfers before or since.) (Julius Boros, 1964)

스윙웨이트(swingweight)

클럽의 실제 무게가 클럽 헤드, 샤프트 및 그립에 분포된 균형 상태에 따라 스윙할 때 다르게 느끼게 되는 클럽의 무게를 재서 숫자와 기호로 나온 측정치를 말한다. 다시 말해서 샤프트를 포함한 그립의 무게와 헤드 무게 사이의 상관 관계(相關關係)를 나타내는데 한 세트의 클럽들이 일정한 측정치를 내도록 한다. 스윙웨이트는 로리드믹 스윙웨이트 스케일(Lorhythmic Swingweight Scale)로 측정하며 그 범위는 가장 가벼운 A-0부터 가장 무거운 G-10까지이다.

※ 1920년대에 미국의 클럽 제작자인 로버트 애덤스(Robert Adams)가 최초로 고안

하였다. 그는 세트로 된 클럽들을 자체의 무게가 분포된 균형 상태에 부합되게 설계한다면 원칙적으로 스윙할 때 클럽마다 같은 리듬(rhythm)을 활용할 수 있다는 것을 알게 되었다. 따라서 샤프트의 그립 끝으로부터, 1차 모멘트를 위하여, 그가 생각한 14인치 되는 지점을 지렛목(fulcrum)으로 정하고 클럽을 고정한 다음 균형을 재는 추를 달아서 측정한다(A에서 G까지 기호를 정하고 각각 0에서 9까지 10등분하여 표시). 결국 그립을 잡는 위치와 관련하여 클럽 길이에 분포된 무게가 헤드 쪽으로 쏠려 있으면 클럽 전체의 실제 무게는 변함이 없지만 스윙웨이트는 더 무겁게 느껴진다. 그러므로 핵심은 세트로 된 클럽들의 무게가 분포된 균형 상태에 부합되게 설계하는 것이다. 일반적으로 남성은 D-0~D-2, 여성은 C-5~C-7이 표준이다. 한편 1940년대에 케네스 스미스(Kenneth Smith)는 12인치 지렛목 스윙웨이트 스케일을 내놓았으며 그 뒤에 다시 혼합형인 프로리드믹 스윙웨이트 스케일(Prorhythmic S. S.)을 고안하였다.

- 예 스윙웨이트는 균형 상태에 따른 측정치를 나타내는데 이는 클럽 균형 상태가 얼마나 클럽 헤드쪽으로 치우쳤는가의 정도를 말한다. 만일 클럽 B보다 클럽 A의 균형점이 클럽 헤드쪽에 치우쳤다면 스윙할 때 클럽 A가 더 무겁게 느껴질 것이다. (Swingweight is a balance measurement and is the degree to which the club balances toward the clubhead. If club A has a balance point closer to the clubhead than club B, then club A will feel heavier in the swing.)

스카이(sky)

볼을 거의 똑바로 공중으로 높이 올려 치는 동작 혹은 그와 같은 샷을 말한다.
- ※ 볼 바로 밑을 치기 때문에 일어나는 현상이다. 이러한 경우 볼이 티업된 경우 혹은 러프에 있는 경우에 발생하기 쉽다. 이러한 경우 볼은 예상보다 더 높이 오르고 거리가 나지 않는다.
- 예 1921년 케터링에서 드라이브 샷한 볼이 거의 똑바로 하늘높이 올라가더니 새매 한 마리를 죽였다. (In 1921, at Kettering, a drive, badly skied, killed a sparrow-hawk.) (The Golfer's Handbook) *케터링 - 잉글랜드 중부 노샘프턴셔(Northhamptonshire)주의 도시

스카치 포섬(포섬 참조)(Scotch foursome, see foursome)

스커프(스클래프 참조)(scuff, see sclaff)

스컬(딘 참조)(skull or scull, see thin)

아이언 클럽의 밑부분 리딩 에지(leading edge)로 볼의 중앙선이나 그 윗부분을 치는 스컬드 샷(sculled shot)을 의미한다.
- ※ 스컬드 샷은 볼 중앙 윗부분을 치는 딘 샷(thin shot)의 한 형태라고 할 수 있다.

볼은 스핀이 거의 걸리지 않고 생각보다 더 멀리 날아가며 땅에 떨어진 후에도 상당한 거리를 굴러가는 경향이 있다.
- 예 많은 골퍼들은, 벙커 안의 모래에서 치는 일반적인 두려움 외에도, 볼 윗부분을 쳐서 그 볼이 그린을 멀리 벗어나 어쩌면 다른 벙커 안에 들어갈지도 모른다는 것을 걱정한다. (Aside from the general fears of sand shot, many golfers fear they might "skull" the ball and send it a mile over the green, perhaps into another bunker.) (Raymond Schuessler, 1977)

스케넥터디 퍼터(Schenectady putter)

1903년 미국 뉴욕주 스케넥터디시(Schenectady City, NY)의 나이트(Arthur F. Knight)가 특허를 받은 알루미늄 헤드 중간에 샤프트가 부착된 센터 샤프티드(center-shafted) 퍼터를 말한다.

- ※ 1904년 미국의 트래비스(Walter J. Travis)는 이 퍼터를 활용하여 영국 아마추어 챔피언쉽을 제패하였다. 그러나 R&A는 곧 이 퍼터의 사용 금지를 발표하였으며 1952년 금지 규정이 철회될 때까지 이에 관한 많은 논쟁이 있었다.
- 예 나의 동료 중 한 사람이 그의 스케넥터디 퍼터를 내가 시험해 볼 것을 제의하였다. (One of my compatriots suggested my trying his Schenectady putter.) (Walter J. Travis, 1907)

스케어(scare)

특히 우드 클럽 헤드의 소켓과 샤프트를 잇대어 결합하는 연결 부분을 말한다. 19세기 말 구멍 뚫린 소켓이 나오기 전의 연결 방법이었다(휩핑(whipping) 참조).
- ※ 일반적으로 양쪽을 접착제로 붙이거나, 겹쳐 잇거나, 비스듬히 절단하여 이은 후 활줄과 같은 질기고 가는 줄을 감아 죄서 결합시킨다.
- 예 스케어 클럽이냐 혹은 소켓이 있는 클럽이냐를 고려할 때 레이는 스케어 클럽을 더 선호하는데 그것은 네크 부분이 좀 덜 휘어진다고 생각하기 때문이다. (In considering scared or socket clubs, Ray prefers the scared, believing that there is less give in the neck.) (Alexander H. Revell, 1915)

스코어러(마커[1] 참조)(scorer, see marker[1])

스코어링[1](scoring[1])

골프 플레이에서 타수를 내는 것 다시 말하면 스코어를 내는 것과 그 스코어의 관리를 말한다. 따라서 스코어를 기록하고 스코어 카드의 인증과 제출 등이 포함된다.

예 콘도르는 4언더 파의 스코어를 내는 것을 의미한다. 이것은 지금까지 냈던 개별 홀 스코어에서 가장 낮은 스코어이다. 콘도르는 파-5 홀에서 홀 인 원(대체로 도그렉 홀 모퉁이에서 가로지르는 방법으로)을 내거나 파-6 홀에서 2타로 홀 아웃한 경우에 나온다. (Condor means scoring four under par(-4). This is the lowest individual hole score ever made. A condor would be a hole-in-one on a par-five (typically by cutting over a dogleg corner) or a two on a par-six.)

스코어링² (scoring²)

클럽 타면에 새겨진 홈(groove) 및 펀치 마크 등을 말한다. 따라서 홈과 같은 마킹 (marking)을 스코어링 라인(scoring line) 혹은 스코어 라인(score line)이라고도 한다.

예 오늘 브리지스톤사는 . . . 에 관한 특허 신청 발표회를 가졌는데 그 발명품은 클럽 타면에 새긴 복수 형태의 스코어 라인을 포함한 골프 클럽 헤드에 관한 내용을 제공하고 있다. 이번 발명 내용에 의하면 골프 클럽 헤드의 한 스코어 라인은 양쪽 측면이 있으며 동시에 홈의 밑바닥에는 클럽 타면 쪽으로 튀어나온 형태의 돌출 부분이 내포되어 있다. (Today Bridgestone had a patent application publish addressing . . . The invention provides a golf club head including a plurality of score lines on the face. In the golf club head according to this invention, the score line includes a pair of side surfaces and a bottom portion having a protruding portion protruding toward face.) (US Pub No. 20090197700)

스코어 카드(score card or scorecard)

스트로크 플레이에서 각 홀에 대한 플레이어의 스코어를 기입하는 기록물을 말한다. 다만 카드(card)라고도 한다.

※ 스코어 카드는, 다음과 같은 사항을 인정하는, 위원회가 승인한 용지(用紙)나 전자(電子) 방식으로 할 수 있다.
- 각 홀에 관하여 기입할 플레이어의 스코어.
- 핸디캡 경기의 경우에는 기입할 플레이어의 핸디캡.
- 물리적인 서명이나 위원회가 승인한 전자 인증(電子認證) 방법 중 한 가지 방법으로 스코어를 인증할 마커 및 플레이어 그리고 핸디캡 경기에서 자신의 핸디캡을 인증할 플레이어.

매치 플레이에서는 스코어 카드가 불필요하다.

예 스코어 카드에는 그 코스의 그림이나 약도가 포함되거나 안될 수도 있다. 그러나 사실상 모든 스코어 카드는 각 홀에 관하여 그 거리 그리고 파(par)와 같은 정보를 제공하고 있다. (A scorecard may or may not contain a picture or a map of the course, but virtually all scorecards provide information about each hole, such as yardage and par.)

스코어 플레이(스트로크 플레이 참조)(score play, see stroke play)

스쿠프(scoop)

볼을 칠 때 높이 쳐 올리기보다 오히려 클럽 헤드로 볼을 높이 퍼 올리듯 끌어올리는 동작을 말한다. 결국 부정확한 자세로 시작된 스윙에 의하여 클럽 타면이 볼 밑으로 미끄러지듯 들어가서 위로 퍼 올리는 것을 암시한다.

> 예 볼을 칠 때 또 하나 조심해야 할 것은 공중에 높이 띄우기 위하여 볼을 퍼 올리듯 끌어올리는 경향이다. (Another thing to guard against in striking the ball is the tendency to scoop the ball to get it into the air.) (Henry Cotton, 1931)

스퀘어(올 스퀘어 참조)(square, see all square)

스퀘어 스탠스(square stance)

스탠스를 취할 때 플레이어가 의도하는 플레이 선에, 수평으로, 평행이 되도록 양 발끝의 위치를 정하고 서는 자세를 말한다.

> 예 보통 수준의 골퍼는, 스퀘어 스탠스를 취했을 때, 완전한 백스윙에서 충분히 자유롭게 움직일 수 있고 포워드스윙에서도 자유스러운 동작을 하게 될 것이다. 따라서 이러한 스탠스는 완전한 (혹은 적어도 능률적인) 골프 스탠스를 위하여 필수적(必須的)인 자세이다. (With a square stance the average golfer will have enough freedom for a backswing which is full, and for a forward swing that is free. That is a must in a perfect (or at least, efficient) golf stance.)

스퀘어 페이스(square face or square clubface)

스트로크하기 위하여 클럽 헤드의 앞면이 플레이어가 의도하는 플레이 선에 직각이 되도록 위치시키는 것을 말한다.

> 예 이 세상에서 최상의 심리학자는 임팩트할 때의 스퀘어 클럽 페이스이다. – 벤 호건 – ("The best psychologist in the world is a square clubface at impact." – Ben Hogan –)

스크램블[1](scramble[1])

팀 요원 전원이 티샷하여 가장 좋은 드라이브 샷을 날린 볼 위치에서 다시 전원이 2번째 샷을 하며 이러한 방법으로 18홀까지 계속하여 가장 낮은 스코어를 낸 팀이 우승하는 토너먼트 혹은 내기의 한 방식을 말한다.

※ 일반적으로 세 사람 혹은 네 사람의 플레이어로 한 팀을 구성한다. 1번 홀 티에서 팀 전원이 티샷하고 가장 좋은 드라이브 샷을 날린 볼 위치로부터 (혹은 12인치 이내) 플레이어 전원이 2번째 샷을 날린다. 그리고 3번째 샷도 그리고 그 이후에도 같은 방법으로 플레이하여 라운드를 끝마치는데 퍼팅도 같은 방법으로 한다. 한 팀이 하나의 스코어를 제시한다. 합계 스코어가 가장 낮은 팀이 승자가 된다. 텍사스 스크램블(Texas scramble)은 각 플레이어가 한 라운드에서 각자가 낸 몇 회(보통 3-4회)의 샷 거리를 그 팀이 이용하여 그 지점에서 전원이 플레이해야 하는 스크램블 변형이다.

예 스크램블은 골프 협회, 자선 행사 및 이와 유사한 행사를 위하여 주최되는 주요 토너먼트 플레이 방식 중의 한 가지이다. (The scramble is one of the primary forms of tournament play for golf associations, charity events and the like.)

스크램블2(scramble2)

일시적으로 불안정한 변덕스러운 골프를 하지만 불안정한 가운데에서도 효과적으로 플레이하여 결국 좋은 결과를 내게 되는 경우를 말한다. 그때 과감한 리커버리 샷으로 좋은 결과를 내는 플레이어를 스크램블러(scrambler)라고 하며 그러한 샷으로 불안정한 상태에서 회복하는 경우 혹은 그렇게 스트로크하는 경우를 스크램블링(scrambling)이라고 한다.

예 (1) 홀 가까이에서의 불안정한 상태를 회복하기 위한 스트로크는 충분히 잘 될 가능성이 있지만, 특히 헤서(heather)가 많이 있는 관목 숲에서는, 티 밖에서 불안정한 상태를 회복하기 위한 스트로크의 경우 악순환(惡循環)의 시작일 가능성이 있다. (Scrambling near the hole may be well enough, but scrambling off the tee, especially where heather abounds, is apt to start to a vicious circle.) (Joyce & Roger Wethered, 1931)

(2) 내가 짐작하건대 완벽한 골퍼는 전혀 번덕스러운 골프를 하고 좋은 결과를 내서는 안 되는 사람이라고 생각하지만 . . . 결국 요점(要點)을 말하면 우리 모두는 불안정한 가운데 효과적으로 플레이하는 스크램블러들이라는 사실이다. (I guess the perfect golfer is the one who never has to scramble at all . . . what it boils down to is that we are all scamblers.) (Ben Crenshaw, 1977)

스크램블러(스크램블2 참조)(scrambler, see scramble2)

스크랫치(scratch)

핸디캡을 적용할 경우 핸디캡이 없는 수준 즉 핸디캡 0인 수준을 말한다. 따라서 스크랫치 플레이어가 한 라운드에서 파(par) 스코어 즉 이븐 파(even par)를 낸 경우는 곧 그 플레이어의 스크랫치 스코어에 해당한다.

※ 19세기에 달리기 경주에서 출발선은 지면에 일정한 선을 긁어서(scratch) 내고 핸

디캡이 없는 선수는 그 스크랫치 선에서 출발하였으며 다른 선수들은 보다 앞에서 출발하였다. 그때부터 골프를 포함한 여러 스포츠에서 스크랫치는 제로 핸디캡(0 handicap)을 의미하였다.
> 나는 틀림없이 내가 약 20년 동안 스크랫치 자격으로 있었다고 생각한다. (I suppose I must have been scratch for about twenty years.) (Henry Longhurst, 1971)

스클래프(sclaff)

다운스윙에서 볼을 치기 전, 계획한 것이 아닌데, 클럽 헤드로 볼 바로 뒤의 지면을 때리거나 스치는 미스 히트 현상을 말한다. 스커프(scuff)라고도 한다.
> 볼 바로 뒤의 지면을 치는 현상은 볼을 치는 순간 오른쪽 다리에 체중을 급히 옮기고 그에 따라서 오른쪽 어깨가 너무 빨리 내려가는 동작에 그 원인이 있다. (Sclaffing is caused by throwing the weight on to the right leg at the moment of hitting, and therefore dropping the right shoulder too quickly.) (Harry Vardon, 1912)

스킨스(Skins)

각 플레이어가 일정한 액수의 내기 돈을 걸고 플레이하여 동점이 나오면 그 다음 홀로 판돈이 이월되어 그 액수가 커지며 결국 승자가 독식하는 내기의 한 방법을 말한다. 스킨스 게임(Skins game)이라고도 한다.
> 일반적으로 세 사람 혹은 네 사람의 플레이어가 대항하여 플레이하며 각 홀에서 가장 낮은 스코어의 플레이어가 스킨 점수를 얻는다. 즉 그 홀에 해당된 스킨 판돈을 갖는다. 한 홀에서 두 사람의 플레이어가 동점이 된 경우 그 스킨스 판돈은 다음 홀에 이월되어 그 홀의 판돈에 추가된다.

> 스킨스 게임은 가끔 보통 수준의 매치 플레이보다 극적인 경우가 많은데 그것은 홀에서 좀처럼 비기는 경우가 없기 때문이다. 그런데 동점의 경우가 많으면 많을수록 스킨스 판돈의 가치는 더 커지며 결국 그에 대한 연장전에서도 더욱 클 수 밖에 없다. (Skins games are often more dramatic than standard match play because holes are not halved. The more ties, the greater the value of the skin and the bigger the eventual playoff.)

스타이미(stymie)

매치 플레이의 퍼팅 그린 위에서 상대편 볼이 플레이어 볼의 퍼트 선상에 걸려 있어서 방해가 되는 상태를 말한다. 즉 1952년 이전에는 매치 플레이에서 플레이어의 볼이 방해가 되는 볼과의 거리가 6인치 이상인 경우 그 방해가 되는 볼을 집어 올리도록 요구할 수 없었다.

※ 스타이미는 당시 매치 플레이의 독특한 하나의 특징이었다. 스타이미 상태를 극복하기 위하여 플레이어는 앞을 가로 막고 있는 볼을 부딪치게 되는 위험을 무릅쓰고 로프트 각이 큰 클럽으로 잽싼 샷을 날려 방해가 되는 볼을 뛰어 넘기거나 중간 볼을 우회하여 굴러갈 수 있도록 깎아 치는 방법을 동원하였다. 스타이미는 1952년부터 폐지되었다. 역사상 가장 탁월한 스타이미 극복자는 바비 죤스(Bobby Jones)였다.

예 (1) 바비는 조지 폰 엘름에게, 볼을 두 번째로 스타이미 상태가 되도록 놓아둠으로써, 그 매치에서 정면으로 맞섰다. 이것이 그가 아주 좋아하는 게임은 아니었는데 그때 조지는 자신의 볼을 방해가 되는 그 볼을 뛰어 넘기려고 하였으나 실패하였다. (Bobby squared the match by virtue of laying George Von Elm a stymie for the second time. This was no partial one and George had to try to jump it and failed.) (William D. Richardson, 1926) *조지 폰 엘름(George Von Elm, 1901-61)은 미국의 프로. 1926년 바비 죤스와 대결하여 승리하였다.

(2) 한 때, 나는 런연에게 볼을 스타이미 상태가 되도록 놓아두어 그를 방해하였는데 그가 취했던 조치는 다만 웨지로 피치 샷을 날려 나의 볼을 넘어가는 것이었다. (Another time, I stymied Runyon, and what did he do but pitch over me with a wedge.) (Sam Snead, 1962)

스타터(starter)

골프 코스에서 티샷하는 시간을 감독하고 코스의 플레이 상황을 추적하는 사람을 말한다. 그의 능력에 따라 플레이 진행에 영향을 미칠 수도 있다.

예 스타터는 반드시 훌륭한 대인 관계 유지 기술을 지니고 있지 않으면 안 되며 고객을 친절하게 그리고 예의바른 태도로 대우할 수 있어야 한다. (Starters must possess excellent interpersonal skills and be able to handle customers in a friendly and courteous manner.)

스태프 백(캐리 백 참조)(staff bag, see carry bag)

골퍼를 위하여 캐디가 운반하는 크고 무거운 골프 백을 가리킨다.

※ 대부분의 스태프 백에는 제품 광고를 위한 큰 로고(logo)가 그려져 있으며 플레이어들이 이를 인정하고 있다는 선전을 그 목적으로 하고 있다.

예 스태프 백은 골프 백 중에서 가장 큰 종류의 백이며 일반적으로 프로들 혹은 수준 높은 아마추어 플레이어들에 속한 캐디들이나 다른 보조원들에 의하여 운반되는 것을 볼 수 있다. (Staff bags are the largest class of golf bags, and are generally seen carried by caddies or other assistants to professional or high-level amateur players.)

스탠더드 스크랫치 스코어(standard scratch score or SSS)

정상적인 중간 시즌(midseason)의 코스와 기후 조건에서 플레이할 때 스크랫치 골퍼가 달성할 수 있는 기대 스코어를 말한다. 따라서 스탠더드 스크랫치 스코어는 그 코스의 어려움 정도를 나타낸다. 영국에서 사용되고 있다.

※ 코스의 어려움 정도는 코스 평가에 의하여 결정되는데 스크랫치 골퍼의 능력에 기초를 둔다. 정상적인 코스와 기후 조건에서 스크랫치 골퍼는 드라이브 샷 260 야드, 3번 우드 샷 240 야드, 7번 아이언 샷 150 야드 그리고 그린에서 2퍼트를 기대할 수 있는 능력의 소유자를 기준으로 한다. 어려움 정도의 평가 요소(difficulty factors)는 지형, 페어웨이 및 페어웨이 넓이, 러프, 페어웨이 벙커, 아웃 오브 바운즈, 나무, 페널티 구역, 그린 어프로치, 그린, 그린을 놓친 후 회복 가능성, 바람 등이다. 역시 코스 레이팅을 통한 그 코스의 길이와 한 라운드 36퍼트에 기초한 평가 수치이다. SSS는 정수(整數)로 표시한다.

예 결국 스탠더드 스크랫치 스코어는 전국 골프 연맹 협의회 통합 핸디캡 시스템에서 요구하는 바에 따라 18홀 코스에 할당된 스코어를 말한다. (The Standard Scratch Score is the score allocated to an 18 hole course in accordance with the requirements of the CONGU Unified Handicapping System.) (A Golf Clubs' Guide to Course Rating & SSS, 2009) *CONGU= Council of National Golf Unions.

스탠드 플리스(stand please!)

경기에서 플레이어가 스트로크하려는 순간 혹은 퍼트하려는 순간에 마셜이 관객을 향하여 조용히 해 달라는 주문으로 외치는 말을 가리킨다.

※ "조용히", "조용히 계세요!" 혹은 "움직이지 말고 조용히 그대로 서 계세요"라는 의미이다.

예 내일 라운드가 진행되었을 때 페어웨이에 있는 마셜들이 관객을 향해 "조용히, 조용히 해 주세요"라고 간곡히 권고할 것이다. 그리고 그 마셜들이 그린에 도착해서는 퍼트하는 동안 조용히 해 달라는 뜻으로, 마치 성령쇄신운동파(聖靈刷新運動派) 교회에서 서서 증언하듯이, 모두 팔들을 들어올릴 것이다. (Tomorrow, when the rounds counted, there would be marshals in the fairway exhorting the crowd to "Stand please! Stand please!" And marshals up at the green raising their arms for quiet during putts as if they were testifying in a Pentecostal church.)

스탠스(stance)

플레이어가 스트로크를 준비하고 그 스트로크를 실행하기 위하여 잡는 발과 몸의 위치를 말한다. 볼이 놓여 있는 위치와 플레이 방향 그리고 발의 위치에 따라서 스퀘어(square), 클로즈드(closed), 오픈(open) 스탠스가 있다.

예 한 사람이 취하는 방식의 스탠스는 다른 사람에게는 독이 될 수도 있다는 것과 같은 문제에 관하여 적절한 처방을 내리는 것은 쉬운 일이 아니다. (It is difficult to prescribe in the matter, as one man's stance may be another man's poison.) (Joyce & Roger Wethered, 1931)

스테이블포드 경기(Stableford competition or Stableford)

스테이블포드 경기는 스트로크 플레이 방식이며 다음과 같이 하는 경기를 말한다.
- 한 홀에서 한 플레이어나 사이드의 스코어는 위원회가 정한 그 홀의 정해져 있는 스코어와 플레이어나 사이드가 낸 스트로크 수를 비교하여 부여되는 점수에 기초를 둔다.
- 모든 라운드를 가장 높은 점수로 끝낸 플레이어나 사이드가 그 경기의 우승자가 된다.

※ 1931년 영국 중서부 리버풀(Liverpool) 근처 월러시 골프 클럽(Wallasey G. C.)의 스테이블포드(Frank B. Stableford, 1870-1959) 박사가 고안하였으며 1932년 최초로 그의 소속 코스에서 적용되었다. 최초에 그는 골퍼들이 한 홀이나 두 홀에서 스코어를 망친 경우 라운드를 포기해 버리는 것을 막기 위하여 이 시스템을 고안하였다고 한다. 홀마다 정해져 있는 스코어와 비교하여 다음과 같은 점수를 주어 득점하는 것으로 한다.

즉, 골퍼가 플레이한 홀에서   점수
정해져 있는 스코어보다 2타 이상 많거나 스코어 제출이 없는 경우 0
정해져 있는 스코어보다 1타 더 많은 경우(보기) 1
정해져있는 스코어와 같은 경우(파) 2
정해져 있는 스코어보다 1타 더 적은 경우(버디) 3
정해져 있는 스코어보다 2타 더 적은 경우(이글) 4
정해져 있는 스코어보다 3타 더 적은 경우(엘버트로스) 5
정해져 있는 스코어보다 4타 더 적은 경우(콘도르) 6

핸디캡 적용 경기에서 스트로크 홀에 대한 정해져 있는 스코어는 골퍼의 핸디캡 허용량에 따라 조정된다. 경기 관리 위원회에 따라, 일반적으로 일류 프로 경기에서, 잘못된 샷에 대해서는 심한 벌을 주고 좋은 샷에 대해서는 큰 보상을 주는 방법으로 정해져 있는 스코어를 다음과 같이 변경하여 수정 스테이블포드 경기(modified Stableford competition)를 진행할 수 있다. 즉 더블 보기 혹은 더 나쁜 경우 -3점, 보기 -1점, 파 0점, 버디 2점, 이글 5점, 엘버트로스 8점.

예 스테이블포드 경기는 플레이 속도를 증가시키는 추가 이점을 얻을 수 있다. 일단, 더 이상 점수를 내기가 불가능한 경우 플레이어는 그 홀을 끝마칠 필요가 없으며 간단히 그의(그녀의) 볼을 집어 올리고 다음 홀로 나아갈 수 있기 때문이다. (Stableford can have the added benefit of speeding up the pace of play, as once it is no longer possible to score a point, a player does not have to complete the hole but can simply pick up his/her ball and proceed to the next hole.)

스테이크(stake²)

골프 시합의 내기 혹은 도박에서 거는 돈이나 물건을 의미하거나 그렇게 거는 행위를 말한다.

- 예 요크 공과 그의 파트너는 승리하였으며 그 제화업자는 결과에 대한 내기에 건 돈에서 동일한 몫에 해당되는 꽤 큰돈을 받고 파트너 관계를 마무리하였다. (The Duke of York and his partner were victorious and the shoemaker was dismissed with an equal share of the very considerable stake wagered on the result.) (1682. "A History of Golf" by Robert Browning)

스텝 컷(러프 참조)(step cut, see first cut)

스토니(stony or stoney)

홀에 아주 가깝게 볼을 붙여서 다음 퍼트를 쉽게 할 수 있도록 날린 샷을 말한다(속). 스티프²(stiff²)라고도 한다.

- ※ 돌을 던지면 닿을 만한, 홀에 가까운, 거리(a stone's throw from the hole)라는 뜻이 있다.
- 예 골퍼가 볼을, 김미(gimme) 이내의 범위로, 홀에 아주 가깝게 보낸 경우 이를 스톤 데드(stone dead) 혹은 스토니(stoney)라고 한다. (When a golfer knocks the ball to within gimme range, it is stone dead, or stoney.)

스토프드 더 블리딩(stopped the bleeding)

앞선 일련의 홀에서 형편없이 플레이한 후에 파(par)나 버디(birdie) 등 좋은 스코어를 내는 경우를 말한다(속).

- 예 스토프드 더 블리딩 – 만일 어떤 플레이어가 형편없는 방식으로 나쁜 샷을 전 코스에 걸쳐 날렸다면 그 골퍼는 이제 게임을 다시 장악하기 위하여 환상적인 샷을 날릴 필요가 있다. 한편 골퍼가 그의 샷에 관하여 고심하는 것을 블리딩이라고 말한다. (Stopped the Bleeding – If a player is playing in a pathetic manner with bad shots going all over the park, the golfer needs to hit a fantastic shot to get a grip on the game again. While the golfer is struggling with his shots, it is called bleeding.)

스트라이크 오프(strike off)

티잉 구역에서 드라이버로 티샷하는 것을 의미한다.

- 예 해리 바든은 . . . 11시 30분에 그가 티에서 드라이브 샷을 날렸을 때에 2, 3백 명 정도의 관객들을 끌어 모았었다. (Harry Vardon . . . drew a gallery of two or three hundred spectators when he struck off at half-past eleven.) (Golf

Illustrated, 1899)

스트레이터웨이(straightaway)
코스에서 일직선으로 된 혹은 똑바르게 조성된 페어웨이를 말한다.

예 그곳에는 파-4의 10번 홀과 같이, 거리가 345야드이며 한 지점이 좁고 잘록한 모래시계처럼 생긴, 똑바르게 조성된 홀이 있다. (There are straightaway, like the par-4 10th, a 345-yarder that narrows at one point like an hourglass.) (Bartlett's World Golf Encyclopedia, 1973)

스트로크(stroke)
1. 볼을 치기 위하여 클럽을 전방으로 움직이는 동작을 말한다. 플레이어는 클럽과 볼 사이에 다만 순간적인 접촉이 있도록, 클럽 헤드로 볼을 올바르게 치지 않으면 안 되며 밀어내거나(push), 긁어 당기거나(scrape), 퍼올려서는(scoop) 안 된다.

※ 다음과 같은 경우에는 그 스트로크를 하지 않은 것이다.
- 볼을 치지 않기로 결정하고 고의로 그 클럽 헤드의 움직임을 중지하거나 볼을 헛침으로써 볼을 피했을 경우.
- 연습 스윙이나 볼을 스트로크하려고 준비하는 동안 우연히 그 볼을 친 경우.

2. 플레이어가 낸 스코어를 가리킨다. 이는 볼에 대하여 행한 스트로크와 모든 벌타의 양쪽을 함께한 전체 스트로크라는 것을 의미한다.

예 (1) 퍼트에서 볼이 주어진 거리를 굴러가도록 어느 정도 세게 스트로크해야 하는가를 결정하는 능력은 오직 연습으로만 달성할 수 있다. (Determining how hard to stroke a putt to roll it a given distance comes only with practice.) (Larry Dennis, 1977)

예 (2) 스코어는 다른 골퍼들의 그것과 쉽게 비교할 수 있도록 파와 관련해서 공표할 수 있다. 예를 들어, 일정한 홀을 끝마친 후 한 플레이어의 스코어가 3 스트로크 오버 파인 경우 그 스코어는 득점판에 "+3"으로 나타낼 수 있을 것이다. (Scores may be reported in relation to par for easy comparison with other golfers' scores. For example, a player whose score is three strokes over par after a given hole would appear as "+3" on the scoreboard.)

스트로크에 영향을 미치는 상태(conditions affecting the stroke)
플레이어의 정지한 볼의 라이(lie), 의도하는 스탠스나 스윙 구역, 플레이 선 혹은 플레이어가 볼을 드롭하거나 플레이스할 구제 구역을 말한다.

※ 특히 의도하는 스탠스나 스윙 구역은 다음과 같은 뜻을 갖는다.
- "의도하는 스탠스 구역"에는 플레이어가 발을 위치 시킬 장소 뿐만 아니라 의도

하는 스트로크를 준비하거나 그러한 스트로크를 할 때 플레이어의 몸을 어떻게 그리고 어디에 위치시킬 것인가에 대하여 합리적으로 영향을 미칠 가능성이 있는 구역 전체가 포함된다.
- "의도하는 스윙 구역"에는 의도하는 스트로크를 위한 백스윙, 다운스윙 혹은 스윙 완료 등 어느 부분에도 합리적으로 영향을 미칠 가능성이 있는 구역 전체가 포함된다.

예 플레이어의 볼이 와서 정지했을 때 그는 정상적으로 스트로크에 영향을 미치는 상태를 받아들여야 하며 그 볼을 플레이하기 전에 그 상태를 개선해서는 안 된다. (When the player's ball comes to rest, he or she normally has to accept the conditions affecting the stroke and not improve them before playing the ball.) (Rules of Golf, 2019)

스트로크와 거리(stroke and distance)

플레이어가 앞서 스트로크했던 곳에서 볼을 플레이함으로써 해당 규칙에 의한 구제를 받을 때의 절차와 벌을 말한다. 따라서 "스트로크와 거리"라는 용어는 플레이어가 1벌타를 받고 또 그 위에 앞서 스트로크했던 곳에서 홀을 향해서 얻은 거리의 이익을 잃게 되는 것을 의미한다.

※ 일반적으로 볼이 분실되거나 아웃 오브 바운즈가 된 경우, 언플레이어블 볼이 된 경우 그리고 페널티 구역에 들어간 경우 "스트로크와 거리의 구제(stroke-and-distance relief)"를 받고 볼을 최후로 플레이했던 지점에 되돌아가서 플레이하게 된다. 이때 플레이어에게 "스트로크와 거리의 벌(penalty of stroke and distance)"이 적용된다.

예 (1) 플레이어는 어느 때든지 1벌타를 받고 앞서 스트로크했던 곳에서 최초의 볼이나 다른 볼을 플레이함으로써 "스트로크와 거리의 구제"를 받을 수 있다. (At any time, a player may take stroke-and-distance relief by adding one penalty stroke and playing the original ball or another ball from where the previous stroke was made.) (Rules of Golf, 2019)
(2) 스트로크와 거리의 벌은 1벌타를 받고 볼을 최초에 플레이했던 곳으로 되돌아가는 것을 의미한다. 따라서 티에서 3타째를 치는 것이며 2타째가 아니다. (Penalty of stroke and distance means you take a penalty stroke and return to where the ball was originally played. You are hitting 3 from the tee box, not 2.)

스트로크와 거리의 구제(스트로크와 거리 참조)(stroke-and -distance relief, see stroke and distance)

스트로크와 거리의 벌(스트로크와 거리 참조)(penalty of

stroke and distance, see stroke and distance)

스트로크 플레이(stroke play)
한 플레이어나 사이드가 그 경기에 참가하고 있는 다른 플레이어나 사이드에 대항하여 경쟁하는 플레이 방식을 말한다.
- ※ 정규 스트로크 플레이 방식은 다음과 같다.
  - 한 라운드에서 한 플레이어나 사이드 스코어는 각 홀에서 홀 아웃한 합계 스트로크(모든 벌타를 포함) 수이다.
  - 모든 라운드를 가장 적은 합계 스트로크 수로 끝마친 플레이어나 사이드가 우승자가 된다.
  이전에는 메달 플레이(medal play)라고 불렀으며 스코어 플레이(score play)라고도 하였다.
- 예 스트로크 플레이는 일반적으로 토너먼트와 모든 클럽 경기에 한정되어 있지만 대부분의 주말 골퍼들은 매치 플레이로 경쟁한다. (But stroke play is usually limited to tournaments and club-wide events. Most weekend golfers compete at match play.) (George Peper, 1977)

스트로크 플레이 방식(폼² 참조)(forms of stroke play, see form²)

스트로크 홀(핸디캡 스트로크 홀 참조)(stroke hole, see handicap stroke hole)

스트링 토너먼트(string tournament)
모든 골퍼들에게 일정한 길이의 끈을 주고 코스의 어느 곳에서도 필요한 길이만큼 볼을 옮겨 라이를 개선할 때 그 길이만큼 끈을 잘라 버리는 방법으로 플레이하여 남은 끈의 길이에 상관없이 가장 낮은 스코어를 낸 골퍼가 우승하는 토너먼트식 골프 게임을 말한다. 스트링(string) 혹은 스트링 이트 아웃(string it out)이라고도 한다.
- ※ 게임에 따라 모든 골퍼가 모두 일정한 길이의 끈을 받거나 1 핸디캡 스트로크에 1인치씩 받는 방법이 있다. 어려운 라이를 피하거나 결정적인 퍼트를 위하여 홀에 더 가까이 볼을 옮기는 데 사용할 수도 있다. 이 방법은 어느 방향으로도 사용할 수 있는데 볼을 옮길 때마다 그 옮긴 길이만큼 끈을 잘라 내야 한다.
- 예 스트링은 어느 때든지 사용할 수 있으나 분명히 이를 현명하게 사용하지 않으면 안 된다. 그렇지 않으면 그 끈이 아주 빨리 바닥나기 때문이다. (The string can

be used at any time, but obviously, must be used judiciously or it runs out pretty quickly.)

스티프¹(플렉스 참조)(stiff¹, see flex)

클럽 샤프트의 단단한 정도를 표시하는 경도(硬度) 즉 스티프니스(stiffness)를 말한다.

예 이러한 샤프트는 탄력성이 있고 골프 스윙으로 생긴 힘을 견디어 냈었으나 현대의 클럽과 달리 당시의 더 단단한 샤프트 그리고 더 큰 탄력성은, 일관된 결과를 내기 위하여, 숙달된 스윙을 필요로 하였다. (These shafts were resilient and withstood the forces created by golf swing, but unlike modern, more stiff shafts, their high flexibility required a skilled swing to produce consistent result.)

스티프²(stiff²)

볼이 홀에 매우 가까이 있기 때문에 퍼트에서 실패할 것 같지 않은 상태를 말한다. 즉 데드 볼(dead ball)의 상태를 뜻한다. 히트 이트 스티프(hit it stiff)라는 말을 사용하기도 한다. 스토니(stoney)라는 속어도 있다.

예 ... 파-5, 14번 홀에서 내가 칩 샷을 날린 볼이, 버디를 내는 데 실패할 가능성이 매우 적은, 홀에 근접해서 정지하였다. (. . . on the par-5 fourteenth I chipped stiff for a birdie.) (Sam Snead, 1962)

스틱¹(깃대 참조)(stick¹, see flagstick)

스틱²(stick²)

골프 클럽을 가리킨다(속).

예 나는 9번 아이언 클럽이 올바른 클럽이었다는 것을 깨달았다. (I felt a 9-iron was the right stick.) (Jack Nicklaus, 1969)

스틸(steal)

퍼팅 그린에서 먼 거리의 퍼트가 가능할 것 같지 않은 상태에서 예상 외로 그 긴 퍼트로 볼을 홀 인시킨 행위를 말한다. 현재는 잘 사용하지 않는다.

예 「주(註)」: 스틸은 대개 일어날 수 있는 즉 개연성(蓋然性)에 반(反)하여 볼을 홀 인시킨 행위를 말한다. (「Footnote」: Steal, the act of holing the ball contrary to probability.) (George Fullerton Carnegie, 1833)

스틸 샤프트(steel shaft)

1920년대부터 힉코리(hickory) 샤프트를 대체한, 금속의 단단하고 비틀림이 매우 작으며 임팩트할 때 최적의 타격 각도를 유지할 수 있고 균일한 규격 제품을 생산할 수 있는 강철 즉 스틸(steel) 소재로 제작한 골프 클럽 샤프트를 말한다.

※ 1910년 미국의 제너럴 일렉트릭의 기사인 나이트(Arthur F. Knight)가 최초로 스틸 샤프트에 대한 특허를 받았다. 그는 그 이전 1903년에 스케넥터디 퍼터(Schenectady Putter)를 고안했던 사람이었다. 수많은 실험 끝에 1921-22년부터 대량 생산이 가능하였다. USGA는 1924년 스틸 샤프트 사용을 합법화하였으며 R&A도 1929년부터 이를 합법화하였다.

예 아이언 클럽, 웨지 그리고 퍼터는 거리 이상으로 정확성이 더 강조되기 때문에 아직도 많은 골퍼들은, 일반적으로 그라파이트 샤프트보다 비틀림 정도가 낮고 탄력성이 더 작은, 스틸 샤프트를 훨씬 더 선호(選好)한다. (Steel shaft, which generally has lower torque but less flex than graphite shaft, is still widely preferred by many for irons, wedges and putters as these clubs stress accuracy over distance.)

스팀프미터(Stimpmeter)

경기를 주관하는 임원과 코스 관리 요원이 퍼팅 그린 속도를 결정하기 위하여 측정하는 장치를 말한다. 그 측정치가 크면 클수록 그린 속도가 빠르다.

※ 1935년 미국의 에드워드 스팀슨(Edward S. Stimpson)이 최초로 고안하였으며 1976년에 USGA의 프랭크 토마스(Frank Thomas)가 개선하여 현재 사용되고 있다. 스팀프미터는 길이 36인치(91cm), 넓이 1.75인치(4.4cm)로 V자형 홈이 전 길이에 걸쳐 있는 알루미늄 막대기로 되어 있다. 지면에 놓인 끝에서 위로 30인치 되는 곳에 있는 홈에 볼을 놓고 약 22도 각도로 들어올리면 볼이 중력에 의하여 밑으로 굴러 내려가서 그린 위를 굴러간 길이를 측정한다. 그 길이는 합계 6번 측정하여 평균한다. USGA는 2013년 스티브 킨터발라(Steve Quintavalla) 박사의 연구에 의하여 제3세대 스팀프미터를 개발하였다고 발표하였다. 이는 양면 스팀프미터(two-sided Stimpmeter)로써 전면은 그대로 끝에서 30인치 되는 곳에 볼을 놓는 표준 홈(1X notch)이 있고 후면은 끝에서 거의 14인치 되는 곳에 선택 홈(2X notch)을 만들어서, 그 지점에서 출발한 볼은 1X 홈에서 출발한 볼의 절반 거리를 굴러가도록 하여, 언듈레이션(undulation)이 있고 좁은 퍼팅 그린에서도 융통성 있게 사용할 수 있도록 고안하였다. 따라서 2X 홈을 사용한 경우에는 굴러간 거리를 2배로 하여 정상적인 거리를 낼 수 있다.

예 일류 프로(진 사라센)가 퍼트한 볼이 그린을 벗어난 것을 목격한 후 스팀슨은 그 그린이 부당하게 빠르다고 확신하였으나 이를 증명할 수 있는 방법이 있지 않을까 생각하였다. 그 후 그는 그린 면에서 볼이 굴러간 거리를 측정할 수 있도록, 오늘날 스팀프미터로 알려진, 나무로 된 한 장치를 개발하였는데 . . . (After witnessing a putt by a top professional (Gene Sarazen) roll off a green,

Stimpson was convinced the greens were unreasonably fast, but wondered how he could prove it. He developed a device, made of wood, now known as the Stimpmeter, which . . . so that the distance ball rolls on a green's surface can be measured. (1935))

스파이크 마크(spike mark)
주로 퍼팅 그린 위에서 스파이크를 단 골프화에 의하여 생긴 자국을 말한다.
- 예 퍼팅 그린 위의 손상은, 볼 마크, 골프화에 의한 손상(스파이크 마크 등) 그리고 휴대품이나 깃대가 원인이 된 긁힌 자국이나 오목하게 팬 곳 등과 같은 사람이나 외부 영향에 의하여 생긴 모든 손상을 의미한다. (Damage on the putting green means any damage caused by a person or outside influence, such as ball marks, shoe damage (such as spike marks) and scrapes or indentations caused by equipment or a flagstick.) (Rules of Golf, 2019)

스페어(spare)
평소보다 상당히 힘을 덜 들이고 아껴서 하는 샷을 말한다.
- 예 날리려는 샷에 대하여 매우 긴 클럽을 사용하지 않으면 안 되는 경우 그 클럽으로 힘을 덜 들이는 샷을 하지 말고 클럽을 더 낮게 잡고 샷해야 한다. . . "스트로크에서 힘을 아끼면 그 샷을 망친다"라는 말도 있다. (If you must use a club that is too long for the shot, don't spare the shot with it but grip a little lower . . . "Spare the stroke and spoil the shot.") (Charles Herndon, 1929)

스페이드(혹은 스페이드 매시)(spade or spade-mashie)
비교적 클럽 페이스가 깊고 매시보다 로프트 각이 약간 큰 옛 아이언 클럽 명칭을 말한다. 스페이드 매시(spade-mashie)라고도 한다. 오늘날 6번 아이언 클럽을 의미할 경우도 있다.
- 예 그곳은 언제나 거센 순풍이 부는 곳이어서 나는 매시 니블리크나, 좀 더 강한 짝이라고 할 수 있는, 스페이드 중 하나를 사용하였다. (But there was always a stiff following wind, and I used either a mashie-niblick or its slightly stronger companion, a spade.) (Robert T. Jones, Jr. & O.B. Keeler, 1927)

스폿 퍼트(spot putt or spot putting)
홀을 직접 겨냥하지 않고 그 홀에 이르는 도중에 구부러지는 선을 고려한 중간 지점을 정한 다음 그 중간 목표를 향하여 퍼트하는 경우를 말한다.
- ※ 쉽게 도달할 수 있는 특색 있는 풀잎이나 지면이 약간 변동되는 지점 등이 이러한 목표로 될 수 있다. 이와 같이 퍼트하는 골퍼를 스폿 퍼터(spot putter)라고 하며 홀을

직접 겨냥하여 퍼트하는 골퍼를 타겟 퍼터(target putter)라고 한다.
- 예 (1) 내 경우에 대한 해답은 스폿 퍼트를 하는 것이며 볼이 굴러가는 곳에 대하여 면밀한 주의력을 집중하는 것이다. 만일 볼이 그 중간 지점을 넘어가서 좌우 어느 쪽으로 잘못 굴러갈 때에는 볼이 너무 심하게 굴러갔거나 거기에 볼이 굴러가는 방향의 변경점이 있다는 것을 내가 알게 된다. (The answer for me is to spot putt and pay close attention to where the ball rolls. If it rolls over the spot and misses right or left then I know that it rolled badly or there is a break.)
  (2) 스폿 퍼팅은 12피트 이하의 거리에서 짧은 퍼트를 할 때 내가 거의 독점적으로 사용한 방법이다. 이는 몸이 움직이는 것을 방지하기 때문에 매번 효과적이다. 나는 나의 볼 앞의 1인치나 2인치 되는 곳으로 플레이 선상에 있는 한 지점을 선정하는데 볼이 그 지점 위를 굴러가는 것을 잘 관찰하기 위해서다. 그리고 나는 스트로크할 때 볼을 보는 것이 아니고 그 지점을 본다. (Spot putting is something I do almost exclusively on shorter putts, from 12 feet and closer. It is every effective because it keeps you from moving. I pick a spot an inch or two in front of my ball and on my line of play, with the intention of seeing the ball roll over that spot. I look at a spot and not at the ball when I make the stroke.) (Dave Stockton, 1996)

스푼(spoon)

3번 우드 클럽의 옛 이름이며 특히 20세기 초기에 크게 유행하였다. 로프트 각도가 약간 커서 볼을 쳐서 공중으로 높이 올리는 데 사용하였다.
- ※ 클럽 타면의 가운데가 둥그스름하게 조금 패어서 스푼을 닮았기 때문에 이 명칭이 유래하였다. 그 외에 길이와 샷 거리에 따라서 롱 스푼(long spoon), 미들 스푼(middle spoon), 숏 스푼(short spoon) 그리고 어프로치 샷에 사용되는 길이가 짧고 딱딱하며 로프트 각도가 조금 큰 배핑 스푼(baffing-spoon)이 있다.
- 예 스푼은, (주로) 20세기 이전의 골프 역사에서 나무로 된 샤프트를 장착한 클럽인데, 오늘날 3번 우드 클럽에 가장 맞먹는 클럽이다. 또한 스푼은 그 클럽 타면이 오목하기 때문에 (바꾸어 말하면 스푼과 같은 모양으로 생겼다) 사람들이 그렇게 불렀다. (The spoon was the wooden-shafted club in (primarily) pre-20th century golf history that is most equivalent to today's 3-woods. Spoons were called that because their clubfaces were concave (shaped like a spoon, in other words.))

스프레이(spray)

볼을 보내려는 방향에 대하여 크게 틀린 엉뚱한 방향으로 혹은 마구잡이로 볼을 날리는 것처럼 방향이 일정하지 않는 샷을 말한다. 스프레잉 더 볼(spraying the ball)이라고도 한다.

예 그의 새 드라이버는, 샷한 볼이 엉뚱한 방향으로 날아가 나무들 사이로 들어가서, 결국 그를 저버린 꼴이 되었다. (His new driver betrayed him by spraying a shot into the trees.) (Mark McCormack, 1975)

스프링 효과(진자 테스트 참조)(spring effect or springlike effect, see pendulum test)

클럽 헤드의 디자인, 재료 및 구조 혹은 헤드 타면에 대한 표면 처리로, 클럽 타면이 볼에 임팩트할 때 볼과 함께 타면이 압착(壓搾)되어 우그러진 후 다시 원 상태로 회복되는, 스프링과 같은 탄력이 작용하여 볼의 움직임과 비거리에 영향을 미치는 현상을 말한다.

※ R&A와 USGA는 이를 예방하기 위하여 진자 테스트 규정(Pendulum Test Protocol)에 명기된 제한 사항을 초과하지 않도록 하며 클럽 헤드에 별도의 스프링과 같은 물질이나 기술을 통합하지 않도록 조치하고 있다.

예 반발 계수가 높은 드라이버 타면은, 볼을 칠 때 그 타면이 움푹 들어간 다음, 용수철처럼 다시 원래 모양으로 돌아오는 어느 정도의 분량이 있기 때문에 사람들은 스프링 효과가 있다고 말한다. (A high COR driver face is said to have a springlike effect because of the degree to which the face depresses, then springs back into shape when striking a ball.) *COR=Coefficient of Restitution.

스피드 골프(speed golf)

한 라운드에서 플레이하는 동안 플레이어가 가급적 뛰면서 빨리 플레이하는 게임으로 그 라운드에서 낸 스트로크 수와 라운드 경과 시간을 합하여 가장 낮은 스코어를 낸 플레이어가 우승하는 골프 게임을 말한다. 히트앤 런 골프(hit and run golf)라고도 한다.

※ 1979년 미국의 육상 선수 스티브 스코트(Steve Scott)가 처음으로 구상하였으며 실제로 1982년 그는 캘리포니아의 밀러 골프 코스(Miller G.C., Anaheim, Calif)에서 뛰면서 3번 아이언과 또 하나의 클럽으로 라운드하여 29분 33.05초 동안에 스코어 95를 기록하였다. 최종 스코어는 플레이어가 낸 스코어와 그 라운드에 걸린 시간을 합하여 낸다. 예를 들어 한 라운드를 59분 30초 동안에 90타를 낸 경우 그 플레이어의 스코어는 149:30이다. 1990년에는 스피드 골프 인터내셔널(Speed Golf International)이 결성되었으며 토너먼트를 개최하기 시작하였다.

예 토너먼트 위원회가 달리 지시하지 않는 한, 대부분의 스피드 골퍼은 골프화 대신에 러닝 슈즈를 신었을지라도 그 스피드 골퍼들이 벙커에서 모래를 고르고, 볼 마크를 수리하며, 정상적인 골프 코스의 복장 규정을 준수할 것이라고 기대한다. (Unless otherwise told by a tournament committee, speed golfers are expected to rake bunkers, fix ball marks and conform to normal golf course dress code, although most speed golfers will wear running shoes instead of golf shoes.)

스핀(spin)

클럽 타면이 볼에 임팩트할 때 발생하는 볼의 회전 현상을 말한다.
- ※ 클럽 타면의 어느 부분이 어떻게 볼을 쳐서 접촉하느냐에 따라 백스핀(backspin), 사이드스핀(sidespin) 혹은 톱스핀(top spin)이 걸릴 수 있다.
- 예 그러므로 만일 당신의 볼이 공중으로 높이 치솟았다가 정확히 원하는 곳에 떨어지는 것을 지켜보고 싶다면 그것은 골프 볼에 스핀을 걸 수 있는 능력 향상에 대한 헌신적인 연습만이 그 해결의 열쇠다. (So if you like watching your balls soar through the air and land exactly where you desire then dedicated practice is key to your ability to put spin on a golf ball.)

슬라이서(슬라이스 참조)(slicer, see slice)

슬라이스(slice)

오른손잡이 골퍼의 경우 사이드스핀(sidespin)에 의하여 샷한 볼이 날아갈 때 목표에 대하여 오른쪽으로 많이 기울어지는 상태를 말한다.
- ※ 그때 볼이 오른쪽으로 약간 기울어지는 현상은 페이드(fade)라고 한다. 왼손잡이 골퍼의 경우에는 샷한 볼이 날아갈 때 왼쪽으로 많이 기울어지는 상태를 말하며 페이드는 볼이 왼쪽으로 약간 기울어지는 현상을 말한다. 습관적으로 슬라이스가 자주 나는 골퍼를 슬라이서(slicer)라고 한다.
- 예 계획적인 슬라이스(볼이 오른쪽으로 구부러지면서 날아가는 상태)를 내는 첫 번째 단계는 오픈 스탠스를 취하는 것이다. (The first step in playing a deliberate slice (flight of ball curve to the right) is to take an open stance.) (Byron Nelson, 1946)

슬로프¹(slope¹)

코스의 지면에서 한 방향이나 여러 방향으로 향한 경사도를 말한다. 특히 퍼팅 그린에서의 경사에 관해서는 골퍼들이 그린 면을 신중하게 읽는다. 일반적으로 수직 거리에 대한 수평 거리의 비율로 나타내는데 퍼센트, 비율, 도(°)로 그 경사도를 표현한다.
- ※ 퍼팅 그린의 경사는 퍼트할 때 힘의 세기와 커브에 영향을 미치는 요소가 된다.
- 예 울퉁불퉁한 지면에서 볼에 대한 완전한 접촉을 위해서는 주어진 경사가 당신에게 어떤 영향을 줄 것인가를 파악하는 것이 중요한 일이다. 바꾸어 말하면, 경사에 대항하지 말고 이에 적응하기 위하여 세트 업과 스윙을 조정하여야 한다는 것이다. (To make solid contact from uneven ground, the big thing is taking what the slope gives you. In other words, don't fight the slope; adjust your setup

and swing to accommodate it.)

슬로프²(슬로프 레이팅 참조)(slope², see slope rating)

스크래치 골퍼와 보기 골퍼의 핸디캡에 대한 평균 스코어 도표를 그리면 실제 어려움 정도에 대한 경사(slope)가 나타나는데 이 경사를 의미한다. 이 용어로부터 코스의 슬로프 레이팅을 의미하기도 하는데 그 수치를 더 슬로프(The Slope)라고 부르기도 하며 슬로프 시스템(Slope System) 자체를 의미하기도 한다. 일반적으로 평균 수준보다 더 높은 슬로프 레이팅의 코스는 낮은 슬로프 레이팅의 코스보다 어려움 정도가 더 크다는 것을 의미한다.

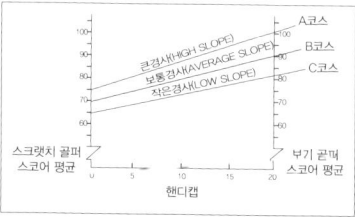
▲ A(어려운 코스), B(보통 코스), C(쉬운 코스)

- 평균 수준의 슬로프 레이팅은 113이다. 코스의 슬로프(slope of the course)라고도 한다.
- (1) 슬로프 레이팅은 코스 레이팅과 관련하여 보기 골퍼를 위한 골프 코스 어려움 정도에 대한 측정치를 말한다. (Slope rating is a measurement of the difficulty of a golf course for bogey golfers relative to the course rating.)
  (2) 슬로프 레이팅은 핸디캡 인덱스 산정에 있어서 한 요소가 되며 코스 핸디캡을 결정하는 데에도 역시 사용된다. (Slope rating is a factor in the calculation of handicap index, and is also used to determine the course handicap.)

슬로프 레이팅(slope rating)

코스 레이팅은 스크래치 골퍼가 코스에서 플레이할 때의 어려움 정도에 관한 평가인데 비하여 슬로프 레이팅은 스크래치 골퍼가 아닌 골퍼(일반적인 보기(bogey) 골퍼 즉 보통 수준 및 높은 핸디캡 골퍼)가 그 코스에서 플레이할 때의 상대적인 어려움 정도에 관한 평가의 측정치를 나타낸 것이다. 따라서 보기 골퍼와 스크래치 골퍼 사이에 생기는 코스 레이팅에 대한 어려움 정도의 차이를 측정하여 2차원적으로 보완한 조정 값이다. 슬로프 레이팅은 정수로 표시되며 적정한 핸디캡 지수(handicap index)를 휴대하면 어느 코스에서도 그에 해당되는 코스 핸디캡을 산출하여 플레이할 수 있다. 가장 낮은 슬로프 레이팅은 55, 가장 높은 것은 155이며 보통 수준의 어려움 정도를 가진 표준 골프 코스의 슬로프 레이팅은 113이다. 더 슬로프(The Slope)라고도 한다.

- 스크래치 골퍼를 제외한 대부분의 골퍼는 보기 골퍼들이다. 실험에 의하면 스크래치 골퍼와 보기 골퍼의 핸디캡에 대한 평균 스코어 도표에서 실제로 어려움 정도에 상응한 경사(slope)를 나타내는데 보통 수준의 코스에서는 핸디캡에 대한 평균 스

코어 도표(Δy/Δx)에서 1.13의 경사가 있다는 것을 알게 되었다. 그리고 서로 기량의 차이가 있는 골퍼들이 어려움 정도의 차이가 있는 모든 코스에서 일어날 수 있는 문제점을 해결하기 위하여 보기 레이팅을 산출한 뒤 코스 레이팅과 연관시켜서 휴대 가능한(portable) 지수를 내고 그것을 어떤 코스에서도 적용할 수 있게 하여 모든 골퍼들이 보통 수준의 코스에서 얻을 수 있는 스코어에 해당하는 결과를 낼 수 있도록 한 것이다. 따라서 슬로프 레이팅은 코스 레이팅과 보기 레이팅 사이의 차이에, 보통 수준의 슬로프 값(113)을 핸디캡 차이[21(26.65)][1]로 나눈 값인, 일정한 상수(5.381(4.24))를 곱하여 결정한다. ([1]괄호 안 숫자는 여성용). 관련된 중요한 용어와 그 산출 공식을 요약하면 다음과 같다.

용어	공식	소수점 이하
코스 레이팅	스크랫치 장해물 스트로크 값 +[스크랫치 유효 플레이 길이 ÷220(180)]+40.9(40.1)	1자리까지 사사오입
보기 레이팅	보기 장해물 스트로크 값 +[보기 유효 플레이 길이 ÷160(120)]+50.7(51.3)	1자리까지 사사오입
슬로프 레이팅	(보기 레이팅−코스 레이팅) ×5.381(4.24)	정수까지 사사오입
핸디캡 디퍼렌셜	(조정된 스코어−코스 레이팅) ×113÷슬로프 레이팅	1자리까지 사사오입
핸디캡 인덱스	20회 중 최선 10회의 핸디캡 디퍼렌셜 평균×0.96	1자리까지 유지, 2자리 이하 삭제
코스 핸디캡	핸디캡 인덱스×슬로프 레이팅 ÷113	정수까지 사사오입

예 슬로프: 이 용어는 더 어려운 코스에서 플레이할 때 플레이어들의 스코어가 그들의 핸디캡이 예측한 스코어보다 더 빠르게 오른다는 사실로부터 나왔다. 따라서 어떤 코스의 "슬로프 레이팅"은 이와 같이 오르는 현상을 예측한다. 이 용어는 USGA가 창안하였다. (Slope: The term comes from the fact that when playing on more difficult courses, players' scores will rise more quickly than their handicaps would predict. The "slope rating" of a course thus predicts that rise. The term was invented by the USGA.)

슬로프 핸디캡 시스템(slope handicap system or slope system)

코스 레이팅 및 슬로프 레이팅의 두 가지 코스 평가 절차를 통하여 핸디캡을 조정하는 미국에서 개발한 핸디캡 시스템을 말한다. 슬로프 시스템(slope system)이라고도 한다.

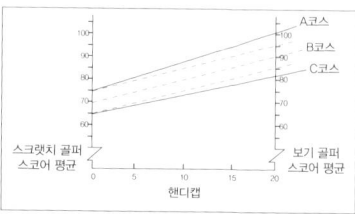

▲ A코스에서 보기 골퍼는 예측한 스코어보다 더 많은 스코어를 낸다

※ 일반적으로 코스가 보통 수준의 코스보다 더 어려운(high slope) 경우 보기 골퍼는 핸디캡에 상응(相應)한 스코어보다 더

많은 스코어를 내고 더 쉬운(low slope) 코스에서는 핸디캡에 상응한 스코어보다 더 적은 스코어를 낸다. 따라서 이를 평균화하기 위하여 모든 스코어를 보통 수준의 코스에서 낸 스코어로 환산하는 일정한 지수(指數)를 정하고 이를 휴대하여 어려움 정도가 다른 어느 코스에 가서도 그 지수 즉 핸디캡 인덱스(handicap index)를 그 코스에 해당된 코스 핸디캡(course handicap)으로 전환하여 플레이할 수 있도록 보완한 시스템이다. 즉 스크랫치 골퍼를 위한 코스 레이팅 절차에 보기 골퍼를 위한 보기 레이팅 절차를 동시에 조화시켜 두 가지 절차에 의한 2차원적인 코스 레이팅으로 발전시킨 절차라고 할 수 있다.

예 (1) 슬로프 시스템은 골퍼들이 어려운 혹은 "높은 슬로프"의 코스에서 경쟁할 때는 추가로 핸디캡 스트로크를 받도록 하고 쉬운 혹은 "낮은 슬로프"의 코스에서 경쟁할 때는 더 적은 수의 핸디캡 스트로크를 받도록 규정하고 있다. (The Slope System provides that golfers receive additional handicap strokes when competing at difficult or "high slope" courses and fewer strokes at "lower slope" courses.) (Science and Golf, D. Knuth)
(2) 이 시스템의 처리 절차 즉 슬로프 시스템은 이른바 "핸디캡 휴대 가능성으로 생긴 문제점"에 대한 해결책이다. (This procedure — the Slope System — is a solution to the so-called "portability problem".) (Science and Golf, R.C. Stroud, L.J. Riccio)

시고어(seagoer)

퍼팅 그린에서 가장 장거리에 해당된다고 생각되는 매우 긴 퍼트를 성공시킨 경우를 말한다.

※ 바다에 근접한 해안 코스와 관련이 있는 듯하다.

예 링크스 코스는 해안선에 연하여 위치해 있어서 길게 퍼트된 볼이 마치 바다를 향해 나아가는 것처럼 보였기 때문에 매우 긴 퍼트를 설명하는 데 '시고어'라는 용어가 진화(進化)하였다. (Because links courses are situated along shorelines, the term 'seagoer' evolved to describe a very, very long putt because such putts appeared to be headed for the sea.)

시니어 티(senior tee)

일반적으로 홀에서 레귤러 티(regular tee)와 포워드 티(forward tee) 사이에 설치되어 주로 연장자들이 사용하는 티를 말한다.
- 예 예를 들어, 5번 아이언 클럽으로 150 야드를 날리는 경우 그 거리에 36을 곱한 5,400 야드가 시니어 티에서 티 오프하여 가장 플레이하고 싶은 거리라는 것이다. 나는 대부분의 골프 코스에 아마도 시니어 티에서 플레이하도록 권장하는 골퍼의 나이가 있을 것이라고 생각한다. (For instance, if you hit a 5 iron 150 yards, multiplied by 36 equals 5,400 yards you would most likely play the senior tees. I think most golf courses probably have a recommended age for senior tees.)

시트 다운(sit down)

높이 날아간 볼이 그린에 떨어져서 그대로 정지하거나 거의 굴러가지 않고 빨리 멈추는 상태를 말한다.
- 예 볼이 정확히 날아가고 그린에 떨어졌을 때 빨리 정지하도록 하기 위하여 볼에 백스핀을 주어서 . . . (. . . the imparting of backspin to the ball so that it will have a true flight and "sit down" abruptly when it lights on the green.) (Patty Berg, 1941)

시트 업(sit up)

스루 더 그린에서 정지한 볼이, 풀이나 잔디가 받쳐 주는 힘으로, 치기 좋게 그 위에 얹혀 있는 상태의 볼 라이(ball lie)를 뜻한다.
- 예 드라이버는, 페어웨이에서 추가로 거리를 더 낼 필요가 있고 볼이 보기 좋게 풀 위에 얹혀 있는 경우를 제외하고, 티에서만 사용된다. (The driver is used only from the tee except when extra distance is demanded from the fairway and the ball is sitting up pertly.) (Sam Snead, 1950)

시팅 다운(sitting down)

다운스윙을 올바르게 시작할 때 하반신이 마치 의자에 허리를 내려놓고 앉은 것처럼 되는 자세를 말한다.
- ※ 다운스윙의 시작에서 왼발 뒤축이 지면에 내려오고 허리가 스탠스를 취할 때의 자세로 되돌아오며 양 어깨가 되돌아오고 체중의 수평 이동 그리고 양손을 끌어내리는 일련의 동작에서 허리를 최초의 자세로 되돌릴 때 엉덩이가 의자에 앉은 것처럼 되는 자세가 나타나는 현상을 의미한다.
- 예 다운스윙의 시작에서 . . . ,마치 의자에 앉아 있는 자세를 상상하면서, 목표에 대하여 엉덩이를 왼쪽으로(오른손잡이 골퍼) 회전한다. (At the beginning of the downswing . . . Rotate the hips to your left (right-handed golfer), toward the target, while imagining that you are sitting down into the chair.)

심판원(referee)

사실에 관한 문제를 판정(判定)하고 규칙을 적용하기 위하여 위원회가 임명한 경기 임원을 말한다.

> 예 많은 게임들과 달리 골프는 심판원을 두고 플레이하는 경우가 드물다. 따라서 능력을 갖춘 상태에서 그 직무를 수행할 기회가 제한되어 있으며 심판원으로 근무할 완전한 자격을 갖춘 골퍼는 아주 소수에 불과하다. (Unlike many games, golf is seldom played with referees. Consequently, the opportunity for officiating in that capacity is limited and few golfers are fully qualified to serve as referees.)

십구(19)번 홀(혹은 열아홉 번째 홀)(nineteenth hole)

라운드 후에 들리는 바(bar)나 식당이 있는 클럽하우스를 말한다. 18홀을 끝내고 19번째 홀에서 골프에서의 실패를 만회할 수 있다는 생각이 깔려 있다(속).

> 예 . . . 코스마다 열아홉 번째 홀에서는 깜짝 놀랄 정도의 샷에 관한 전설적인 이야기가 생각나게 된다. (. . . around every nineteenth hole, legends are recalled of astonishing shots.)

십(10)초 규칙(ten-second rule)

볼의 일부가 홀 가장자리에 걸쳐 있을 때 플레이어가 홀에 도착한 후 볼이 홀에 떨어지는 여부를 확인하기 위하여 10초 간이 더 허용된다는 규칙을 말한다.

> ※ 그 10초 간 이내에 볼이 홀에 들어가면 플레이어가 앞서 한 스트로크로 홀 아웃한 것이 된다. 10초 간 후에 볼이 홀에 들어가지 않으면 그 볼은 정지된 볼로 간주하며 10초 간 후에 볼이 들어가면 그 스코어에 1벌타를 추가하여야 한다.

> 예 10초 규칙은 퍼트한 볼이 홀 가장자리에 와서 정지한 시점에 그 플레이에 적용되기 시작한다. 플레이어는 퍼트한 볼이 홀 안에 떨어지기 위한 10초 간을 기다릴 수 있으나 그 10초 이후에는 그 볼을 가볍게 때리기 위한 한 번의 스트로크를 하지 않으면 안 된다. (The ten-second rule comes into play when a putt comes to rest at the edge of the hole. The player may wait 10 seconds for the putt to drop in, then must make another stroke for a tap-in.) (Golf, A to Z, Chris Burkhart, 2002)

싱글(single)

한 사람이 다른 한 사람에 대항하여 플레이하는 매치 혹은 각 플레이어가 한 개인으로서 플레이하는 경기를 말한다.

> 예 1969년 로열 버크데일 코스에서 열린 라이더 컵 경기는, 잭 니클로스 대 토니 잭클린의 최종 싱글 매치가 올 스퀘어 상태로 마지막 홀 그린까지 이어졌는데 결국 올

스퀘어로 끝나고 말았다. (The 1969 Ryder Cup at Birkdale was all square as the last singles came to the home green - Jack Nicklaus vs. Tony Jacklin - and they were all square.)

싱크(sink)

볼을 홀에 넣는 것을 말한다. 즉 볼을 홀에 가라앉혀서 퍼트가 성공한 사실을 뜻한다.

예 8번 홀에서 그는 4피트 퍼트를 성공시켜 버디를 냈다. (On the eighth hole, he sinks a four-foot putt for a birdie.)

골프 용어 해설(Clarification of Golfing Terms) 아

아마추어 골퍼(amateur golfer or amateur)

골프를 경기로 하든 오락으로 하든, 직업으로서 혹은 재정적 이익을 위하여 하지 않고, 골프에서 나타난 도전(挑戰)을 위하여 플레이하는 사람을 말한다. 그냥 아마추어라고도 한다.

- ※ 나이와 골프 기술 수준에 관계없이 프로가 아닌 어떤 골퍼도 아마추어라고 말할 수 있다.
- 예 아마추어 골퍼가 되는 것은 다만 진지하게 골프를 스포츠로 받아들이기 위한 것이며 프로와 같이 단시간 내에 평판이 자자해지는 것을 원하기 때문이 아니다. (Becoming an amateur golfer is, however, only for those that take the sport of golf seriously and not for those that want to make a quick splash as a pro.)

아마추어 사이드(amateur side)

특히 한 홀의 그린에서 홀이 위치한 주변의 낮은 쪽을 아마추어 사이드라고 말하며 더욱이 한쪽으로 경사진 면에서 퍼트할 경우 아마추어 골퍼는 지면의 경사나 지형을 과소 평가해서 읽는 경향이 있고 약한 퍼트 때문에 아래쪽으로 볼이 흘러서 홀에 가라앉을 가능성이 매우 낮다고 본다. 로우 사이드(low side) 혹은 아마추어 사이드 오브 더 홀(amateur side of the hole)이라고도 한다.

- ※ 반면에 그린의 높은 쪽을 프로 사이드(pro side)라고 한다.
- 예 나의 경험에 의하면, 이러한 대부분의 퍼트는 플레이어가 볼의 진로를 바로 잡기 위한 조정과 방향 혹은 휘어지는 정도 등의 준비를 충분히 하지 않기 때문에, 로우 사이드 혹은 아마추어 사이드에서 실수하게 된다. 다른 말로 표현하면, 오른쪽에서 왼쪽으로 구부러진 퍼트는 홀의 오른쪽보다 왼쪽에서 더 많이 실수하게 된다는 것이다. 그 반대도 또한 같다. (In my experience, the majority of these putts are missed on the low or amateur side, as the player fails to make enough provision for the borrow or break. In other words, more curling right-to-lefts putts are missed on the left side of the hole than the right, and vice versa.)

아메리칸 볼(볼 참조)(American ball or large size ball, see ball)

아멘 코너(Amen Corner)

미국 오거스터 내셔널 골프 클럽(Augusta National G. C.) 11번, 12번, 13번 홀이 위치한 만곡 부분에 대한 별칭을 말한다.

- ※ 미국의 골프 저술가 허버트 워렌 윈드(Herbert Warren Wind, 1916-2005)가 1958년 마스터스 토너먼트(Masters Tournament)에서 아놀드 파머(Arnold Palmer)가 마지막 날 위의 3개 홀을 성공적으로 플레이하여 결국 극적으로 우승한 사실에 감명을 받았다. 그는 1930년경에 유행했던 째즈곡 "아멘 코너에서의 외침(Shouting at Amen Corner)"이라는 제목에서 영감을 받고 위의 3개 홀을 아멘 코너라고 명명(命名)하였으며 마스터스가 있던 그 해 "그림으로 보는 스포츠(Sports Illustrated)"에 기고할 때 이 신조어(新造語)를 처음으로 사용하였다.
- 예 아멘 코너는 마스터스에서 가장 훌륭한 성과를 낸 사건들을 수반(隨伴)하고 있는데 이는 1937년 마스터스 대회에서 바이런 넬슨이 랠프 굴달에 뒤진 6타를 만회(挽回)하여(12, 13번 2개 홀) 승리로 이끌었던 사건, 그리고 1958년 마스터스에서 아놀드 파머가 별칭으로 "아멘 코너"라는 새로운 용어를 만들어 내도록 촉진한 사건이다. (Amen Corner has most famously been involved in the outcome of the Masters at the 1937 Masters, where Byron Nelson made up six strokes (12th and 13th hole) on Ralph Guldahl and went on to win; and at the 1958 Masters, where Arnold Palmer's exploits led to the coining of the monicker "Amen Corner.")

아웃(혹은 아웃 코스, 프론트 나인 참조)(out or out course, see front nine)

아웃사이드 인(outside in)

오른손잡이 플레이어의 경우 다운스윙할 때 의도하는 목표 선에 대하여 바깥쪽에서 안쪽으로 진행하면서 볼을 타격하는 클럽 헤드의 궤도(軌道)를 말한다. 이때 볼은 시계 방향으로 스핀이 걸려 슬라이스 볼이 되는 경향이 있다.

- ※ 아웃사이드 인 스윙은 과도한 오픈 스탠스를 취했을 때를 포함해서 윗몸의 회전과 클럽을 쥔 양손을 들어올리는 동작이 흐트러진다든가 혹은 다른 원인으로 백스윙에서 클럽 헤드가 균형을 잃고 의도하는 목표 선 밖으로 나가기 때문에 다운스윙에서도 클럽 헤드가 목표선 바깥쪽으로부터 안쪽으로 치게 된다는 것이다. 아웃 투 인(out to in)이라고도 한다.
- 예 만일 아웃사이드 인 스윙을 한다면 그것은 볼을 옆으로 치는 즉 오른쪽에서 왼쪽으로 볼을 가로지르듯 어긋나게 친다는 것을 뜻한다. 결국 이것은 볼에 슬라이스가 나는 스핀이 걸리게 될 것이다. (If you have outside-in swing, it means you are cutting across the ball. This will put slice spin on the ball.)

아웃 오브 레인지(out of range)

스트로크된 볼이 도달할 수 있는 범위를 벗어난 곳을 말한다. 특히 같은 홀에서 플레이할 때 앞 조와의 거리에 관심을 두어야 한다.

- **예** 플레이어는 앞서 간 플레이어들이 볼의 도달 범위 밖으로 나갈 때까지 볼을 쳐서는 안 된다. (Players should not play until the players in front are out of range.) (Golf etiquette)

아웃 오브 바운즈(out of bounds or OB)

위원회가 정한 코스의 경계선 가장자리 바깥쪽 모든 구역을 말한다. 그 가장자리 안쪽의 모든 구역은 인 바운즈(in bounds)이다.

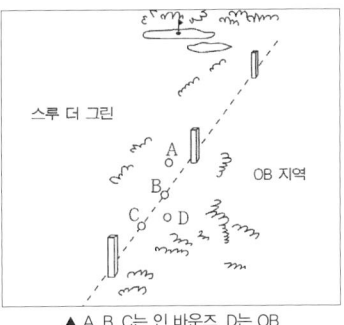

▲ A, B, C는 인 바운즈, D는 OB

- ※ 코스의 경계선 가장자리는 지면 위쪽과 지면 아래쪽의 양쪽으로 연장된다.
  - 경계선 가장자리 안쪽에 있는 전체 지면과 모든 자연물 및 인공물 등은 그것이 지표면 위나 공중이나 아래에 있든지 간에 인 바운즈에 있다는 것을 의미한다
  - 어떤 물체가 경계선 가장자리 안쪽과 바깥쪽 양쪽에 걸쳐 있는 경우에는 그 물체의 경계선 가장자리 바깥쪽에 있는 부분에 한해서 아웃 오브 바운즈이다.

경계선 가장자리는 경계물이나 선으로 정해져야 한다. 경계선의 말뚝이나 선은 흰색으로 하도록 한다.

- **예** 코스 내에서는 아웃 오브 바운즈 구역으로 정하는 것이 허용되지 않는다는 일반적인 오해가 있다. 그러나 보수를 위한 구역, 클럽하우스 및 연습장과 같이 눈에 띄는 구역이나 건물을 아웃 오브 바운즈로 마크하는 경우는 보기 드문 일이 아니다. (It is a common misconception that it is not permissible to define areas within the course as out of bounds. However, it is not unusual for features such as maintenance areas, clubhouses and practice grounds to be marked as out of bounds.)

아웃 오브 포지션(플레이 스루 참조)(out of position, see play through)

아웃 코스(아웃 혹은 프론트 나인 참조)(out course, see out or front nine)

아이언(iron)

클럽 타면이 평면으로 되어 있으며 우드 클럽보다 샤프트가 짧고 라이 각도가 크

며, 코스의 모든 부분에서 샷을 날릴 수 있는, 클럽 헤드가 금속으로 제작된 모든 클럽을 말한다.
- ※ 주로 스테인레스 스틸(stainless steel)로 제작하는데 오늘날에는 티타늄(titanium), 강화 그라파이트-섬유 에폭시 수지(graphite-fiber reinforced epoxy) 등으로 제작하여 그 성능을 향상시켰다. 클럽 한 세트의 약 2/3는 아이언 클럽으로 구성되어 있는데 1번부터 9번까지의 아이언 클럽과 피칭 웨지 및 샌드 웨지 등이 포함된다. 1, 2, 3, 4번은 롱 아이언으로 5, 6, 7번은 미디엄(medium) 아이언으로 그리고 8, 9번, 웨지 등을 숏 아이언으로 부른다. 우드 클럽은 금속으로 되어 있어도 아이언이라고 말하지 않는다. 퍼터를 아이언에 포함시키는 경우도 있다.
- 예 현재 대부분의 아이언 클럽은 주조(鑄造) 방법으로 생산되지만 아직도 다수의 고급 아이언 클럽 세트는, 결과물로 나온 클럽 헤드를 플레이어의 특별한 요구에 따라 그 뜻에 맞도록 구부려서 조절하기가 더 쉽기 때문에, 단조(鍛造) 방법으로 생산된다. (Although most irons are now produced by investment casting, many high end iron sets are still produced by forging, as the resulting clubhead is easier to adjust by bending to adapt the set to a player's specific needs.)

아이언 바이런(Iron Byron)

USGA의 로봇 골퍼(robot golfer)로서 규칙에 따라 골프 볼에 대한 규격의 적합성 여부를 측정하기 위하여 사용되는 측정기를 말한다.

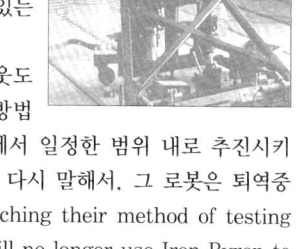

- ※ 미국의 유명한 프로 바이런 넬슨(Byron Nelson, 1912-2006)의 스윙을 모방하여 제작되었기 때문에 그 이름을 따서 명명되었다. 기록을 분석할 수 있는 고속 사진 촬영 장치를 갖추고 있다.
- 예 2000년도 갱신: USGA는 지금까지 따르던 아웃도어 방법으로부터 인도어 방법으로 볼 테스트 방법을 바꾸고 있으며 더 이상 각개의 볼을 실험장에서 일정한 범위 내로 추진시키기 위한 아이언 바이런을 사용하지 않을 것이다. 다시 말해서, 그 로봇은 퇴역중이다! (Year 2,000 update: The USGA is switching their method of testing ball compliance from outdoor to indoor and will no longer use Iron Byron to propel each ball down range. The robot is being retired!)

아키텍쳐(architecture)

코스를 설계하고 조성하는 일체의 이론과 실제 업무 즉 골프 코스 디자인(golf course design)을 말한다. 설계자를 아키텍트(architect) 혹은 디자이너(designer)라고 한다.
- 예 보통 수준의 골퍼들은 골프 코스 설계에 관하여 이야기할 때 감수성이 강한 상태로

되기 쉽다. (The average golfer is inclined to become emotional when talking about golf course architecture.) (Richard S. Tufts. 1968)

아키텍트(아키텍쳐 참조)(architect or designer, see architecture)

알고 있거나 사실상 확실한(known or virtually certain)

플레이어의 볼에 무슨 일이 생겼는가를 판단할 때의 기준을 말한다.

※ 예를 들어 볼이 페널티 구역에 와서 정지하였는가의 여부, 볼이 움직였는가의 여부 혹은 무엇이 그 볼을 움직였는가 등이다.
알고 있거나 사실상 확실하다는 것은 가능성이 있다거나 있음직하다는 것 이상의 의미를 갖는다. 이는 다음과 같은 내용 중 한 가지를 의미한다.
- 플레이어나 다른 목격자(目擊者)들이 그 사실을 보았을 경우와 같이 플레이어의 볼에 생긴 문제의 사건에 관한 결정적인 증거가 있다.
- 매우 적은 정도의 의심이 있을지라도 합리적인 모든 이용 가능한 정보에 의하면 그 볼에 생긴 문제의 사건에 관하여 적어도 95% 정도의 가능성을 나타내고 있다.

예 플레이어, 상대편 혹은 외부 영향은 그것이 원인이 되었다는 것을 알고 있거나 사실상 확실한 경우에 한하여 규칙상 그 볼을 움직인 원인이 되었다고 취급한다. (The player, the opponent or an outside influence is treated as having caused the ball to move only if it is known or virtually certain to be the cause.) (Rules of Golf, 2019)

알앤에이(R&A)

스코틀랜드 세인트 앤드루스(St. Andrews)에 위치해 있으며 유에스지에이(USGA)와 함께 세계적으로 통일된 골프 규칙을 포함한 골프 관련 규칙을 제정하고 그 시행을 관장하는 기관을 말한다.

※ 알앤에이(R&A)는 알앤에이 규칙 유한 회사(有限會社)(R&A Rules Limited.)를 의미한다. R&A = Royal and Ancient Golf Club of St. Andrews.

예 (1) 나는 알앤에이 회원의, 여성 회원 영입을 환영하는 안에, 압도적으로 찬성한다는 투표 결과(85% 다수)를 발표하게 되어 참으로 기쁘게 생각합니다. (I am very pleased indeed to announce that the membership of the R&A has voted (by an 85% majority) overwhelmingly in favour of welcoming women members.) (Peter Dawson, Sept. 18, 2014)
(2) 골프 규칙과 아마추어 자격 규칙의 제정, 해석 및 재정(裁定)에 관한 세인트 앤드루스 알앤에이 골프 클럽의 책임과 권한은 2004년 1월 1일부로 알앤에이 규칙 유한회사에 이양되었다. (With effect from 1st January 2004, the

responsibilities and authority of The Royal and Ancient Golf Club of St. Andrews in making, interpreting and giving decisions on the Rules of Golf and on the Rules of Amateur Status were transferred to R&A Rules Limited.)

애그리게이트(aggregate)

한 사람의 플레이어가 두 라운드 이상 플레이하여 낸 스코어의 합계 혹은 두 사람 이상이 플레이하여 낸 스코어의 합계를 말한다. 이와 같은 방법의 게임을 가리킬 때도 있다.

- 예 (1) ... 그의 40라운드 플레이에서 낸 스코어 합계는 2,968타인데 그것은 라운드 당 평균 74.2타이다. (... his stroke aggregate for the 40 rounds is 2,968, an average of 74.2.) (O.B. Keeler, 1930)
- 예 (2) 우리는 볼을 낮게 날도록 플레이하여 스코어를 합계하였는데 그가 물속에서 볼을 쳐 올리는 데 성공할 경우 우리는 그 합계 스코어 게임에서 틀림없이 패할 처지에 있었다. (We were playing low ball and aggregate and if he lifted out of the water we were bound to lose the aggregate.) (Arnold Palmer, My game and Yours, 1963)

야디지(yardage)

그린까지의 거리, 한 홀의 거리 혹은 코스의 거리 등 야드로 표시한 거리를 말한다.
- 예 한 홀의 거리는 티잉 구역 중간점으로부터 페어웨이 중앙을 통하여 퍼팅 그린의 앞 가장자리에서 뒤 가장자리 사이의 중간점까지 수평으로 측정해서 낸다. (The yardage of a hole is measured, on the flat, from the middle of its teeing area through mid-fairway to a point halfway from the front edge of the putting green to its back edge.) (Charles Price, 1970)

야디지 레이팅(yardage rating)

플레이할 때 단지 거리만 근거로 해서 그 코스의 어려움 정도를 평가하여 낸 수치를 말한다.
- ※ 야디지 레이팅은 유효 플레이 길이를 정하고 그 길이를 평균 비거리로 나눈 다음 일정한 상수를 더하여 낸다. 그 공식은 다음과 같다.
  스크랫치 야디지 레이팅 = (유효 플레이 길이 ÷ 220(180)) + 40.9(40.1)[1]
  보기 야디지 레이팅 = (유효 플레이 길이 ÷ 160(120)) + 50.7(51.3) ([1]괄호 안 숫자는 여성용)
- 예 야디지 레이팅 및 코스 레이팅을 파와 혼동해서는 안 된다. 두 골프 코스에서 똑같은 파를 가질 수 있으나 코스 레이팅 및 야디지 레이팅은 다르다. (Yardage rating and course rating are not to be confused with par. It is possible for two

golf courses to have the same par, but differ in course rating and yardage rating.) (Handicap System)

야디지 북(yardage book)

홀을 공략하기 위한 전략을 세울 때 그 공략 루트, 클럽 선정 그리고 샷의 종류 등을 결정하는 데 참고할 수 있도록 코스의 각 홀에 관한 정보를 간단한 스케치(sketch)와 함께 기록해 놓은 비망록을 말한다.

- ※ 야디지 북에는 벙커, 지표물, 나무, 페널티 구역, 관목 숲, 스프링클러 헤드, 경사도, 표고, 그린, 러프, 페어웨이, 경계 그리고 티 박스 등이 필요한 경우 간단한 설명과 함께 기록된다. 또 티 박스에서 벙커, 페널티 구역, 도그랙 변곡점까지의 거리 그리고 특정한 위치에서 그린 앞부분, 중간 및 뒷부분까지의 거리를 야드로 표시해 놓는다.
- 예 일부 골퍼들은 그들이 플레이했던 모든 코스의 야디지 북을 보관한다. 이는 그 골퍼가 다시 측정하지 않고도 그 코스에서 플레이할 수 있도록 여유를 잡아 둔 것이다. (Some golfers keep yardage books on every course they've played. This allows the golfer to play a course again without having to remeasure.)

양보(혹은 면제)(concede or concession)

매치 플레이에서 상대편에게 매치를 출발하기 전이나 매치의 결과가 결정되기 전에 혹은 홀을 시작하기 전이나 끝나기 전에 그 매치나 홀의 승리를 양보할 수 있으며, 어느 때든지 상대편의 다음 스트로크를 하기 전에 상대편에게 그 스트로크를 면제해 주는 것을 말한다.

- 예 (1) 상대편은 그 면제 받은 스트로크를 포함한 스코어로 그 홀을 끝마치게 되며 그 볼은 누구든지 제거할 수 있다. (The opponent has then completed the hole with a score that includes that conceded stroke, and the ball may be removed by anyone.) (Rules of Golf, 2019)
  (2) 상대편의 바로 앞서 실행한 스트로크 후 그 스트로크된 볼이 아직 움직이고 있는 동안에 한 스트로크의 면제는 상대편의 다음 스트로크에 적용된다. 그때 그 볼이 홀에 들어간 경우는 제외된다(홀에 들어간 경우에는 그 면제가 상관없는 상황이 된다). (A concession made while the opponent's ball is still in motion after the previous stroke applies to the opponent's next stroke, unless the ball is holed (in which case the concession does not matter.) (Rules of Golf, 2019)

어글리 벗 유스풀(ugly but useful or UBU)

볼을 잘못 치고 좋지 않게 보이는 샷이지만 원하는 방향과 거리에 그 볼이 떨어져서 결과가 좋은 경우를 말한다.

※ 줄여서 유비유(UBU)라고도 한다.
예 유비유(UBU)는 어글리 벗 유스풀의 약자에 해당되는데 이는 서투른 샷이 끝에 가서 좋은 결과를 낸 경우를 말한다. (UBU stands for Ugly But Useful - poor shot that ends up being good.)

어드바이스(advice)

플레이어에게 클럽의 선택, 스트로크의 방법 혹은 한 홀이나 라운드를 어떻게 플레이할 것인가에 관한 결단에 영향을 미칠 의도를 가지고 구두로 하는 설명이나 행동을 말한다.
※ 그러나 홀, 퍼팅 그린, 페어웨이, 페널티 구역, 벙커 혹은 다른 플레이어의 볼과 같은 코스 위에 있는 것들의 위치, 한 지점에서 다른 지점까지의 거리 그리고 규칙과 같은 공지사항(共知事項)은 어드바이스에 포함되지 않는다.
예 어드바이스는 언제나 도움이 되는 것은 아니다. 이 용어를 자신의 것으로 전유(專有)하는 방법은 골퍼들이 한 수많은 샷에서 얻은 경험이 설명해 주는 대로 따라야 한다는 것이다. (Advice is not always helpful. How appropriate that this term should follow explanations of the many shots golfers make.)

어센딩 블로우(어퍼 블로우 참조)(ascending blow, see upper blow)

어시스턴트 프로(프로페셔널 골퍼 참조)(assistant pro, see professional golfer)

어웨이(away)

볼이나 그 볼의 플레이어가 홀에서 떨어져 있는 상태를 말한다. 따라서 볼을 먼저 치는 플레이어의 경우를 표현하는 방법이다. 이때 "누가 멀리 있는가(Who's away)?"라는 표현은 "누가 플레이하는가(Who plays)?"라는 말과 같은 뜻이 된다.
예 미국에서 영국 관람객이 "누가 멀리 있는가?"는 "누가 플레이하는가?"를 의미한다는 사실을 이해하는 데에 하루나 이틀이 걸린다. (It takes a day or two for the English onlooker in the US to understand that "Who's away?" means "Who plays?") (Bernard Darwin, 1913)

어웨이 코스(홈 코스 참조)(away course, see home course)

어테스트(서명하다 참조)(attest, see sign)

어퍼 보디 스윙(원피스 테이크어웨이 참조)(upper body swing, see one-piece takeaway)

어퍼 블로우(upper blow or ascending blow)

티업된 볼을 칠 때와 같이 주로 드라이버로 스윙할 때 스윙의 가장 낮은 점에서 클럽헤드가 지면을 쓸어 내듯 통과한 직후 위로 향한 곡선상에서 클럽 타면이 볼을 타격하는 것을 말한다. 그때 체중은 왼쪽 발에 실리고 볼은 높이 날아간다. 어센딩 블로우(ascending blow)라고도 한다.

- 예 어센딩 블로우는 땅을 먼저 접촉하는 팻샷(fat shot)이 되는 결과가 될 수도 있고 그렇지 않으면 가끔 볼 윗부분을 쳐서 땅위에 낮게 떠서 구르는 "웜 버너(worm burner)" 현상이 되면서 볼이 허리 높이 이상은 뜨지 못하는 결과가 될지도 모른다! (The ascending blow may hit the ground first resulting in fat contact or it may hit the upper portion of the ball often times resulting in the "worm burner" that never gets above hip high!)

어프로치 샷(approach shot)

퍼팅 그린 가까이에서 볼을 홀에 접근시키거나 홀을 직접 겨누어서 하는 짧은 혹은 중간 정도의 샷을 말한다. 단지 어프로치(approach)라고도 한다.

- ※ 어프로치 샷에는 칩 샷(chip shot), 피치앤런 샷(pitch-and-run shot), 범프앤런 샷(bump-and-run shot), 피치 샷(pitch shot), 롭 샷(lob shot)등이 있다.
- 예 훌륭한 퍼팅을 할 수 있도록 뒷받침하지 못한 훌륭한 어프로칭은 단지 훌륭한 노력을 허비하는 것에 불과하다. (Good approaching without good putting to back it up is merely wasting good effort.) (Joyce Wethered, 1931)

어프로치 퍼트(혹은 어프로치 퍼팅)(approach putt or approach putting)

일반적으로 퍼팅은 홀 아웃(hole out)을 위한 퍼팅과 어프로치 퍼팅으로 나눌 수 있는데 후자는 비교적 장거리 퍼트로서 볼의 홀 인보다는 볼을 홀에 근접시키기 위한 퍼트를 뜻한다.

- 예 그러므로 오래된 교습 연구서에서 어프로치 퍼팅과 홀 아웃을 게임의 뚜렷한 두 가지 분야로 생각했던 것을 발견하는 것은 그렇게 놀라운 일이 아니다. 그러나 지금은 그 갈라놓은 선이 실제로 사라졌다. (In the older works of instruction, therefore, it is not surprising to find that approach putting and holing out were regarded as two distinct branches of the game. The dividing line has now practically vanished.) (Joyce Wethered, 1931)

언더스핀(백스핀 참조)(underspin, see backspin)

언더 컷(under cut)
볼 아래를 향하여 비스듬히 하는 샷으로 볼이 가는 방향과 반대 방향으로 스핀이 걸리도록 즉 백스핀이 걸리도록 날리는 샷 방법을 말한다.
- 예 컷: 언더 컷은 볼에 백 스핀이 걸리도록 치는 것을 말하며 슬라이스 컷은 비구선 오른쪽을 향하여 비스듬히 백 스핀이 걸리도록 치는 것을 말한다. (Cut: Under-cut is a back spin on a ball. Slice-cut is diagonal right and back spin.) ("Half Hours with an Old Golfer" by Calamo Currente, 1895)

언더 클럽(underclub)
볼을 보내고자 하는 거리에 비하여 그 목표 지점에 볼이 도달하지 못하고 짧게 떨어지는 클럽을 선정한 경우를 말한다. 다시 말하면 잘못하여 거리에 못 미치는 클럽을 선정한다는 뜻이다.
- 예 ... 그 뒤에 10번 홀에서 나는 거리에 못 미치는 클럽을 선택하였는데 친 볼이 벙커에 들어갔으며 또 하나의 보기를 냈다. (... then on the 10th, I underclubbed and put it in a bunker for another bogie.) (Arnold Palmer, 1977)

언더 파(under par)
파(par)보다 더 적은 타수의 스코어를 말한다. 따라서 1언더 파는 버디(birdie), 2언더 파는 이글(eagle)과 같은 스코어이다.
- 예 '콘도르'라는 명칭에 관하여, 언더 파 스코어 명칭을 붙일 때 조류학적(鳥類學的) 주제(主題)를 연속해서 설정하고 스코어가 낮을수록 조류의 크기가 점점 더 커진다는 사실(버디 - 이글 - 엘버트로스 - 콘도르)을 떠나서, 다른 설명을 할 수 없다. (There is no other explanation for the name 'condor' apart from its continuation of the 'bird' theme in naming under-par scores, and the size of the bird becoming bigger as the score gets lower (birdie - eagle - albatross - condor.))

언이븐 서페이스(uneven surface)
지면이 평탄하지 않고 불규칙하게 울퉁불퉁한 상태를 말한다. 이레귤래러티(irregularities)라는 말을 사용하기도 한다.
- 예 그러한 행위가 스트로크에 영향을 미치는 상태를 개선하게 되는 경우 플레이어는 디보트 자국에 떨어져 나간 디보트를 메우거나, 이미 제자리를 메운 디보트나 제자리에 있는 다른 자른 잔디를 제거하거나 누르거나 혹은 구멍이나 오목하게 팬

곳 혹은 지면의 울퉁불퉁한 곳을 돋우거나 골라서 지면을 변경해서는 안 된다. (If any of these actions improve the conditions affecting the stroke, a player must not alter the surface of the ground by replacing divots in a divot hole, removing or pressing down divots that have already been replaced or other cut turf that is already in place, or creating or elimination holes, indentations or uneven surfaces.) (Rules of Golf, 2019)

언줄레이션(undulation)

코스 표면의 기복 상태 즉 파도나 물결처럼 오르고 내림, 높고 낮음(up and down)이 여러 형태로 반복되는 현상을 말한다.
- 예 칸투어(contour)라는 말을 골프에서 사용한 경우에는 퍼팅 그린에 있는 언줄레이션에 관하여 언급하는 것이다. (When used in golf, the word "contour" refers to undulation in a putting green.)

언콕크(콕크 참조)(uncock, see cock)

언플레이어블(unplayable)

볼이 놓여 있는 상태로 보아서 있는 그대로의 상태로 플레이하기에는 너무 곤란하기 때문에 플레이어 자신이 플레이할 수 없다고 판단한 경우를 말한다.
- ※ 따라서 플레이어는 자신의 볼을, 벌이 있는 구제를 받고, 언플레이어블로 취급하도록 결정할 수 있는 유일한 사람이다. 언플레이어블 볼의 구제는 페널티 구역을 제외한, 코스 위의 어느 곳에서도 허용된다. 플레이어는 1벌타를 받고 스트로크와 거리의 구제, 후방선상의 구제 그리고 래터럴 구제의 선택 사항 중 한 가지 방법에 의하여 구제를 받을 수 있다.
- 예 (1) 그 당시(1905년)에는 언플레이어블 라이 규칙이 없었기 때문에 워렌은 그 볼이 튀어나올 때까지 마구 내리쳤다. (There was no unplayable lie rule in those days (1905), and Warren hacked away until the ball was out.) (A.T. Packard, 1926)
- (2) 언플레이어블 볼 – 스트로크와 거리의 구제 혹은 후방 선상 구제의 선택 사항들이 형편에 맞지 않은 경우 남은 단 하나의 선택 사항은 래터럴 구제를 몇 번이라도 받는 방법인데 플레이어가 플레이할 수 있는 장소에 볼이 도달할 때까지 구제를 받을 때마다 벌을 받게 된다. (Unplayable Ball – If the stroke and distance relief option or the back-on-the-line option are not favourable, the only option is to take lateral relief multiple times, taking a penalty each time, until the player can get a ball into a playable location.) (Official Guide – Interpretation, 19 Unplayable Ball, 19.2a/2, 2019)

얼라인먼트(alignment)

목표에 대한 플레이어의 준비 자세와 클럽 타면이 지향하는 조준 상태를 말한다. 일반적으로 플레이어의 준비 자세는 목표선 바로 왼쪽에 평행하게 정렬한다.

> 예 티샷에서 정렬된 조준 상태가 5도의 착오가 나면 일반적으로 볼이 페어웨이보다는 오히려 러프에 들어간다는 것을 의미할 수 있고 10도의 착오가 나면 벙커에 들어가거나 분실구 혹은 아웃 오브 바운즈 볼이 된다는 것을 의미할 수도 있다. (On a tee shot, an error in alignment of 5 degrees can usually mean a ball in the rough rather than the fairway. An error of 10 degrees may mean a bunker, a lost ball or out of bounds.)

얼리 워크(early walk)

대개 퍼트에 자신 있는 골퍼가 그의 퍼트가 끝나자마자, 그 볼이 아직 굴러가고 있는 사이에, 바로 홀을 향해 걸어가는 상태를 말한다.

> 예 볼이 홀에 들어가든지 안 들어가든지 간에 이러한 행동은 얼리 워크에 해당되는 것으로 알려져 있다. (Whether or not the ball goes in, this is known as taking an early walk.)

업(up)

1. 퍼팅에서 최소한 홀까지 도달한다는 뜻이 있다.
2. 매치 플레이에서 매치의 상태를 말할 때 이긴 홀 수를 의미한다.
3. 볼이 그린 위에 올라간 상태를 말한다.

> 예 (1) 홀까지 도달하지 않으면 결코 들어가지 않는다. (Never up, never in.)
> 예 (2) 첫 번째 매치는 전자(前者)가, 1개 홀을 남긴 상태에서 3개 홀을 이겨, 승리하였다. (The first match was gained by the former by 3 up and 1 to play.) (Charles MacArthur, 1870)
> 예 (3) 그는 17번 홀에서 놀라운 두 번의 샷으로 볼을 그린 위에 올렸다. (He got up at the 17th with two prodigious shots.) (Mark McCormack, 1975)

업라이트(플랫 참조)(upright, see flat)

업라이트 스윙(플랫 스윙 참조)(upright swing, see flat swing)

업스윙(백스윙 참조)(up-swing, see backswing)

업 앤 다운(up and down)

1. 코스의 지면이 올라가고 내려가는 즉 기복(起伏)이 있는 지면 상태를 의미한다.
2. 볼이 그린 바로 밖에 있거나 그린 사이드 벙커에 있는 경우 다만 2번의 스트로크로 볼을 홀 인시킨 경우를 말한다. 즉 볼을 그린에 올리고(up) 볼을 홀에 가라앉히는(down) 상황을 뜻한다.

   ※ 한 홀에서 그린스 인 레귤레이션(greens in regulation)으로 볼을 그린에 올리지 못한 경우 한 스트로크로 볼을 그린에 올리고 또 한 스트로크로 볼을 홀 인시키는 경우다. 업 앤 인(up and in)이라는 말을 쓰기도 한다.

   예 (1) 8번 홀, 파-3 - 오른쪽에 깃대가 있는 경우 볼이 그린사이드 벙커에 들어가서 그곳에서 플레이할 수도 있다. 한편 자신들의 드라이브 거리가 짧은 편에 속한 골퍼들은 기복이 있는 어려운 지면에 봉착할 것이다. (#8, par-3 - A right pin bring a greenside bunker into play. Golfers who short-side themselves will be facing a difficult up-and-down.) (Grayhawk G. C., AZ.)

   예 (2) 세계에서 가장 우수한 벙커 플레이어인, 게리 플레이어는 유에스 오픈의 몇 개 홀에서 실제로 어프로치 샷을 작정하고 친 볼이 벙커에 들어가면 2타로 그 볼을 그린에 올려서 홀 인시키는 상황을 기대한다. (Gary Player, the best bunker player in the world, actually aims approach shots into bunkers on some holes in the U.S. Open and counts on getting up and down in two shots.) (Dave Hill & Nick Seitz, 1977)

업저버(observer)

골프에 관한 사실 문제를 재정할 때 심판원을 보조하며 어떤 규칙 위반도 심판원에게 보고하도록 위원회가 임명한 사람을 말한다. 규칙 현대화(2019) 이전에 사용했던 규칙상 용어이다.

예 볼이 와서 정지할 것으로 예측한 구역에 스스로 서 있는 업저버는, 심판원이 플레이어 가까이에 있는 그의 위치에서, 판단을 기대할 수 없는 사실의 의문을 판결하는 위치에 서 있는지도 모른다. (An observer, by stationing himself in the area where the ball may be expected to come to rest, may be in a position to determine questions of fact that the referee, from his position near the players, could not hope to decide.)

업힐 라이(uphill lie)

홀을 향한 쪽으로 오르막 경사진 곳에 볼이 놓여 있는 상태를 말한다. 따라서 오른손잡이 플레이어의 경우 볼을 치려고 스탠스를 취할 때 왼쪽 발이 오른쪽 발보다 높이 위치하게 된다.

예 (1) 홀을 향하여 오르막 경사에 있는 볼을 샷할 때, 언덕의 위를 향한 경사 각도로 인하여 클럽 타면을 뒤로 기울이게 해서 로프트 각도가 커지기 때문에 더 긴 클럽을 잡는다. (Shots from uphill lies, take a longer club because the upward angle of the hill tilts the clubface back, adding the angle.)
(2) 홀을 향하여 오르막 경사는 보통 모든 골퍼들이 보다 쉽게 대처할 수 있는 경사진 라이에 해당되지만 볼을 칠 때 볼 뒤의 지면을 치고 거리에 못 미치는 클럽을 사용하는 것이 일반적인 문제로 되어 있다. (An uphill lie is generally one of the easier sloping lie for most golfers but hitting the ball fat and under-clubbing is a common problem.)

에런트 샷(errant shot)

골퍼가 의도하는 방향으로 볼이 날아가지 않고 다른 방향으로 향하는 경우의 샷을 말한다.

예 앞에 있는 골퍼들을 향하여 골프 볼을 잘못된 방향으로 내던지듯 날아가게 쳐서 보낸 어느 골퍼도 경고 발언으로 "포어"라고 큰 소리로 외쳐야 한다. (Any golfer who hits an errant shot that sends their golf ball hurtling toward golfers ahead should yell out "fore" as a warning.)

에버리지 골퍼(average golfer)

정확하게 규정된 수준은 없지만 일반적으로 1라운드에 스코어 90-100 정도를 낼 수 있는 골프 기술을 가진 평균 수준의 골퍼(보기 골퍼)를 말할 때 사용하는 용어이다.

예 평균 수준 골퍼들의 스윙 속도는 시간당 약 75-85 마일이다. 어느 정도 장거리를 날리는 사람의 스윙 속도는 시간당 90마일 이상일 것이다. 그리고 프로는 아마도 시간당 100마일 이상의 스윙 속도일 것이다. (The average golfers swing speed is about 75-85 mph. Someone who hits the ball a long way will have a swing speed of more than 90. A professional would probably have a 100 mph or more swing.)

에어레이션(토양의)(aeration (of soil))

1. 페어웨이나 그린의 토양에 구멍을 뚫고 신선한 공기와 수분을 공급하여 잔디를 원활하게 육성시키기 위한 통기(通氣) 작업을 말한다.
2. 토양에 내포된 이산화 탄소량을 줄이고 산소량을 늘리기 위하여 토양을 교체하거나 대기를 공급하는 작업을 의미한다.

예 (1) 구멍을 뚫어 코어를 빼는 에어레이션은 잔디가 굳어지는 상태를 줄이고, 대취가 쌓이는 것을 줄이며 수분(영양소) 침투를 개선하는 수단으로써 잔디 밭에서 하는 작업을 말한다. (Core aeration is done on turf areas as a means of reducing turf compaction, reducing thatch buildup and improving the infiltration of water(nutrients).)

예 (2) 자연의 만물은 번성하기 위하여 산소를 필요로 한다. 밀집되고, 굳어 있고, 무거운 토양은 산소의 흐름에 부정적으로 크게 영향을 미치는 경향이 있다. 바로 이러한 이유 때문에, 그 토양에는 산소와 생명 유지에 필요한 영양소를 효율적으로 식물의 뿌리에 도달시키기 위한, 에어레이션이 필요하다. (Everything in nature needs oxygen to thrive. Dense, compacted, heavy soils tend to negatively impact oxygen flow. That's why your soil needs aeration to allow oxygen and vital nutrients to efficiently reach your plants roots.)

에어메일드 더 그린(airmailed the green)

그린에 올리기 위하여 친 볼이 너무 세게 쳐서 그린을 넘어가는 경우를 말한다(속).

예 그 볼은 정말로 높이 날았는데, 결국 그녀의 7번 아이언으로 날린 볼은 그린을 넘어가 버렸다. (The ball really jumped and her 7-iron shot airmailed the green.)

에어 샷(air shot)

플레이하려는 의사를 가지고 샷하였으나 볼을 완전히 헛친 상태를 말한다.

예 당신보다 10타를 이기고 있지만 그는 어떤 양보도 하지 않을 것이다. 다만 볼을 헛친 것을 카운트하지 않는다고 말하는 것과 같은 사소한 것에 관하여 아는 체할 수도 있다. (Although ten strokes better than you he won't concede any. May be pedantic about little things like not counting air shots.) (Michael Green, 1967)

에이스¹(홀 인 원 참조)(ace¹, see hole-in-one)

티잉 구역에서 티샷한 볼이 목표로 하는 홀에 그대로 들어가는 것을 말한다. 이때 골퍼가 홀에서 에이스를 냈다고 말하는데 홀 인 원(hole-in-one)이라고도 한다.

예 "홀 인 원"에 관하여 그것을 달성한 플레이어가 이렇게 대단한 환영을 받을 수 있는 경우는 결코 여태까지 없었다. (Never can an "ace" have been so welcome to the player who achieved it.) (Eric Brown, 1969)

에이스²(ace²)

주로 거리가 긴 홀(파-4 혹은 파-5)에서 티샷한 볼이 페어웨이 중앙을 멀리 날아서 아주 좋은 위치에 떨어졌을 때 "에이스다(aced it)"라고 말한다.

예 "매번 페어웨이 중앙으로 멀리 티샷할 수 있는, 볼을 잘 치는 챔피언." ("A

champion who could ace it every time.")

에이앤에이 인스피레이션(나비스코 챔피언쉽 참조)(ANA Inspiration, see Nabisco Championship)

에이지 슈터(age shooter)
18홀 라운드에서 어떤 사람이 그의 현재 나이와 같거나 더 적은 스코어를 낸 골퍼를 말한다.
- ※ 예를 들어 70세인 한 골퍼가 18홀 플레이에서 스코어 70 이하를 냈을 때 그 골퍼는 에이지 슈터이다.
- 예 에이지 슈터로 가장 나이 많은 골퍼는 103세의 캐나다 빅토리아 출신 아더 톰슨이었다. 그는 1972년 빅토리아의 업홀드 골프 클럽에서 플레이할 때 이 위업을 달성하였다. (The oldest golfer to shoot his age was 103-year-old Arthur Thompson of Victoria, B. C. Canada. He was playing the Upholds G. C. in Victoria when he accomplished the feat in 1972.)

에이프런(혹은 칼러)(apron or collar)
퍼팅 그린에 이르는 통로 부분으로 퍼팅 그린 주변에 마련된 잔디를 짧게 깎은 구역을 말한다.
- ※ 이 구역은 한 대의 잔디 깎는 기계가 움직일 수 있는 넓이나 그보다 약간 더 큰 넓이로 조성할 수 있다.
- 예 그 골퍼의 어프로치 샷은 볼이 그린에 못미쳐 에이프런 위에 정지하였다. (The golfer's approach shot stopped short of the green on the apron.)

에임(aim)
골프 스윙 전 혹은 스윙하는 도중 목표에 대하여 클럽 타면이 지향하는 방향을 말한다. 일반적으로 클럽 타면은 스탠스와 임팩트에서 목표를 향한 플레이 선에 직각을 이룬다.
- 예 골프에 있어서 플레이어들이 목표에 대한 지향하는 방향에 관하여 토의한 경우에 그들은 스윙하기 전과 스윙 도중에 클럽 헤드 타면이 어디로 향하는가에 관하여 서로 말하는 것이다. (When players discuss aim in golf, they are talking about where the face of the clubhead is pointing before and during the swing.)

에지(edge)
골프에서 주로 홀, 퍼팅 그린, 벙커, 클럽 등의 가장자리나 끝을 말할 때 사용하는 용어이다.
- ※ 특히 그린 에지에 볼이 놓여 있을 때 그 접촉 여부에 의하여 규칙상 취급이 다를 수 있다.
- 예 일반적인 원칙으로서, 홀 위치는 퍼팅 그린 면의 가장자리에서 5보 정도의 거리가 필요하다. (Hole placement as a general rule need to be five paces from the edge of the putting surface.)

에클렉틱(혹은 에클렉틱 토너먼트)(eclectic or eclectic tournament)

2회 이상의 라운드에서 각 홀마다 가장 좋은 스코어를 선택하여 한 라운드의 스코어로 채택하는 방식의 토너먼트를 말한다. 링거 토너먼트(ringer tournament)라고도 한다.
- ※ 한 시즌의 지정된 기간에 18홀 라운드를 플레이하고 다시 18홀 라운드를 플레이하여 한 홀에서 전보다 더 좋은 스코어를 냈으면 그 스코어를 그 홀의 스코어로 대체한다. 이렇게 가장 좋은 스코어를 선택하는 방법으로 라운드를 계속하다가 토너먼트 시즌이 공식적으로 종료되면 그 당시 가장 낮은 18홀 스코어를 낸 플레이어가 우승한다. 에클렉틱(eclectic)은 취사 선택(取捨選擇)의 뜻이 있고 링거(ringer)는 대리, 대역(代役)이란 뜻이 있다.
- 예 에클렉틱 혹은 에클렉틱 토너먼트는 각 플레이어가 결과적으로 하나의 완전한 18홀 스코어로 끝나게 되는 다수-라운드 골프 토너먼트이다. (An eclectic, or eclectic tournament, is a multi-round golf tournament that results in one 18-hole score per player.)

에티켓(etiquette)

다른 플레이어와의 관계 그리고 코스와의 관계에 있어서 훌륭한 예의 범절(禮儀凡節)인 동시에 모든 플레이어가 지켜 주기를 기대하는 수칙을 말한다. 현재는 위원회가 게임 정신에 입각하여 플레이어가 지켜야 할 행동 기준에 의한 행동 규범(行動規範)도 채택할 수 있다.
- 예 플레이어가 에티켓의 중대한 위반을 한 경우 위원회는 규칙에 의하여 그 플레이어를 경기 실격시킬 수 있다. (In the case of a serious breach of etiquette, the committee may disqualify a player under rule.) (Etiquette; Behaviour on the Course, 2016)

엑스트러 홀(extra hole)

규정된 라운드에서 승부가 나지 않은 경우 연장전에서 승부를 결정하기 위하여 추가로 플레이하는 연장 홀 혹은 가외(加外) 홀을 말한다. 지정된 홀 플레이 방식 혹은 서든 데스(sudden death) 방식 등이 있다.
- 예 골프 경기에서 연장전은, 한 경기나 토너먼트에서 규정된 경기가 끝났는데, 동점자가 나와서 완전한 승자의 결정을 원하는 경우 플레이하는 추가 홀(혹은 홀들)을 의미한다. (A playoff in the sport of golf is an extra hole, or holes, played when, at the completion of regulation play in a competition or tournament, there is a tie and it is desirable to determine an outright winner.)

엔드 샤프티드(센터 샤프티드 참조)(end-shafted, see center-shafted)

엔트런트(엔트리 참조)(entrant, see entry)

엔트리(entry or entrance)

1. 경기에 참가하는 것 혹은 참가자 명부 등록을 말한다.
- ※ 참가비를 엔트리 피(entry fee) 혹은 엔트런스 피(entrance fee)라고 한다. 엔트런트(entrant)는 참가자를 의미한다.
2. 그린에 진입하는 통로(entry to the green)를 의미한다.
- ※ 벙커들과 마운드(mound)들 사이로 그린에 이르는 통로(entrance)를 뜻한다.
- 예 (1) 참가 신청 양식은 그리니치 표준 시간으로 1월 10일 오후 7시에 이용 가능함. (The entry form will be available on January 10th at 7pm GMT.)
- 예 (2) 각 골퍼들의 도전 중 하나는 어프로치 샷을 위하여 각자 그린에 이르는 최선의 통로를 찾아내는 것이다. (One of every golfer's challenges is to find the best entry to the green for his approach shot.)

엘버트로스(albatross)

한 홀에서 파(par)보다 3타 더 적게 낸 스코어를 말한다. 예를 들어 파-5홀에서 2타로 홀 아웃하거나 파-4홀에서 1타로 홀 아웃한 경우다.
- ※ 파보다 더 적은 타수에 대한 조류학적(鳥類學的) 용어 중의 하나다(버디(birdie) - 1언더 파, 이글(eagle) - 2언더 파, 엘버트로스(albatross) - 3언더 파 등). 더블 이글(double eagle)이라고도 한다. 엘버트로스는 신천옹(信天翁)을 말한다. 골프 역사상 가장 유명한 엘버트로스는 1935년 마스터스 토너먼트(Masters Tournament) 중에 미국 오거스터 내셔널 골프 클럽(Augusta National G. C.) 15번 홀에서 진 사라센(Gene Sarazen, 1902-1999)이 낸 기록이다.
- 예 그의 두 번째 샷에서 4번 우드 클럽으로 235야드를 날려 볼 홀에 가라앉히고 그 홀에서 더블 이글 혹은 엘버트로스를 달성하였다. (That 235-yard 4-wood shot had put him down in two - a double eagle or albatross.) (Henry Cotton, 1975)

엘보우 액션(elbow action)
스윙할 때 양 팔의 팔꿈치 간격을 밀접하게 유지하는 팔꿈치 관련 운동을 말한다. 특히 다운 스윙에서도 역시 밀접한 간격을 유지하면서 임팩트하는 것이 중요하다.
- ※ 오른손잡이 플레이어의 경우 가급적 최초에 가졌던 양 팔꿈치 간격을 유지하면서 테이크 백(take back)하여야 하며 톱 오브 더 스윙에서 자연히 왼손 팔꿈치는 지면을 향하게 된다. 간격이 넓은 경우에는 오버 스윙이 되기 쉽고 컨트롤하기가 어렵게 되어 정확하고 큰 스윙으로 연결되지 못하는 경향이 있다.
- 예 다운스윙에서 강조할 사항은 이 단계에서 팔과 팔꿈치 관련 운동을 최소한도로 하고 샷을 실행하기 위하여 몸을 자연스럽게 풀어 주도록 해야 한다는 것이다. (In downswing, emphasis should be minimizing arm and elbow action during this phase and letting the body naturally unwind to execute the shot.)

엘피지에이(LPGA)
여성 프로 골프 협회(Ladies' Professional Golf Association(US))를 말한다.
- 예 엘피지에이는 1950년 13명의 골퍼들 그룹이 창설하였다. 또 엘피지에이는 더블류피지에이(WPGA)를 계승하였는데 이 협회는 1944년에 창설되어 1949년 12월에 공식적으로 업무를 마감하였다. (LPGA was founded in 1950 by group of 13 golfers. The LPGA succeeded the WPGA (Women's Professional Golf Association), which was founded in 1944 and officially ceased operations in December 1949.)

엠퍼디어터(amphitheater)
가운데 부분이 사발처럼 우묵한 형태의 분지형(盆地型)으로 된 지형에 위치한 퍼팅 그린을 말한다.
- ※ 옛 로마 시대의 원형 극장(경기장)이란 말에서 나온 용어이다. 중앙의 투기장 둘레에 원형으로 계단식 관람석이 있었다.
- 예 2013년에 내가 좋아하는 코스 중 하나는 블랙록 골프 클럽이었는데 그 골프 클럽에는 그가 남긴 고유의 특징을 가진 원형 극장식 그린이 있었다. 이 접근로는 그 그린에 대한 바로 그 추억이 살아있는 곳이다. (One of my favorite courses of 2013, was the Golf Club at Black Rock - which had his signature amphitheater style green. This approach is very reminiscent of that.) *The Golf Club at Black Rock - 미국 아이다호주 코덜렌(Coeur d'Alene, ID)에 있는 코스

역결(순결 참조)(against the grain, see with the grain)
목표로 하는 지점까지의 잔디결 방향이 플레이어가 볼을 치려는 방향과 반대되는 상태를 말한다.

- ※ 특히 역결의 경우 잔디결에 의한 저항을 감안하여 플레이어는 잔디결이 볼을 치려는 방향과 같은 경우(순결)보다 더 세게 볼을 쳐야 한다.
- 예 역결 상태의 잔디결에서 퍼트할 때 볼이 홀에 도달하도록 좀 더 세게 쳐야 한다는 사실은 이치에 맞는 것이다. (When you putt against the grain it stands to reason you have to hit the ball a little harder to reach the hole.) (Ben Hogan, 1948)

역 오버랩핑 그립(그립 참조)(reverse overlapping grip, see grip)

역풍(순풍 참조)(against the wind or into the wind, see with the wind)

플레이어가 볼을 치려는 목표를 향하여 섰을 때 정면으로 불어오는 바람을 말한다.
- ※ 일반적으로 역풍이 시간당 10마일(16.09km/h)로 불면 볼에 대한 그 바람의 저항을 감안하여 정상적인 상태에서 치려는 클럽보다 한 단계 아래 번호의 클럽을 잡는 경향이 있다. 한 단계 아래 번호의 클럽을 잡는 경우의 시간당 10마일의 역풍을 원 클럽 윈드(one-club wind)라고 하며 시간당 20마일의 경우에는 투 클럽 윈드(two-club wind), 30마일의 경우에는 스리 클럽 윈드(three-club wind)라고 한다.
- 예 역풍 상태에서 볼을 칠 경우에 반드시 기억해야 할 가장 중요한 사항은 될수록 볼이 지면 가까이 낮게 날아가도록 시도하고 그렇게 유지하는 것이다. (The most important thing you need to remember when hitting into the wind is to try and keep the ball as low to the ground as possible.)

연습장(driving range)

드라이버를 사용한 티샷과 다른 클럽의 스트로크를 연습할 수 있도록 장비를 갖춘 시설이나 넓은 골프 연습 지역을 말한다.
- ※ 전문적인 연습장은 풀 스윙 연습 그리고 티샷을 연습할 수 있도록 인공 잔디가 깔려 있으며 매트가 준비되어 있다. 다만 레인지(range or practice area)라고도 말하며 독립적으로 운영되는데 일반적으로 골프 클럽 내에 준비되어 있다. 연습 볼을 레인지 볼(range ball)이라고 한다.
- 예 많은 골프 코스는 부속 연습장을 보유하고 있는데, 특히 도시 지역에서는, 그 연습장들이 독립된 시설로 설립된다.(Many golf courses have a driving range attached and they are also found as stand-alone facilities, especially in urban areas.)

연장선(extension of line)

주로 퍼팅 그린 위에서 플레이 선상의 볼 뒤로 연장된 가상선(假想線)을 말한다.
- ※ 이 규칙에 한하여 플레이 선은 그 선 양쪽의 합리적인 폭이 포함되지 않는다.
- 예 플레이어는 고의로 발을 플레이 선이나 볼 후방 플레이 선에 대한 연장선의 양쪽 지면을 딛고 선 스탠스로 혹은 고의로 한 쪽 발이라도 플레이 선이나 볼 후방 플레이 선에 대한 연장선을 밟고 선 스탠스로 스트로크해서는 안 된다. (The player must not make a stroke from a stance with a foot deliberately placed on each side of, or with either foot deliberately touching, the line of play or an extension of that line behind the ball.) (Rules of Golf, 2019)

영웅형 디자인(heroic school of design)

골프 코스 설계상의 디자인 방식으로 골퍼가 가능하다고 생각한 장해를 극복하고 최대한의 비거리를 낼 수 있다고 생각한 거리를 내게 하여 거리를 많이 내면 그만큼 그린까지 어프로치 샷이 짧아지는 모험을 시도할 수 있도록 해저드를 배치하는 형식을 말하며 전략형 디자인에서 갈라져 나온 하나의 변형이라고 할 수 있다.
- ※ 일반적으로 벙커나 페널티 구역을 플레이 선에 대하여 대각선으로 설치하여 골퍼가 그 일부 혹은 전부를 넘기는 스릴을 느낄 수 있도록 계획한다. 역시 불리한 위치로 볼을 날릴 때에는 그에 상응한 위험을 평가하도록 한다. 이렇게 디자인된 홀을 바이트 오프 홀(bite-off hole)이라고도 한다.
- 예 코스 설계자들이 지적하기를 영웅형 디자인은 본질적으로 전략형과 가벌형의 혼합형이라는 것이다. (Designers point out that heroic design is intrinsically a blend of strategic and penal design.)

옆바람(crosswind)

플레이어가 볼을 치려는 목표를 향하여 섰을 때 왼쪽에서 오른쪽으로 혹은 오른쪽에서 왼쪽으로 부는 바람을 말한다. 횡풍(橫風)이라고도 한다.
- 예 숙달된 샷 메이커들에게는 옆바람을 만났을 때 일반적으로 두 가지 선택 사항이 있는데 바람이 불어오는 쪽의 목표 옆 부분으로 볼을 날리는 방법이거나 그렇지 않으면 바람 가운데에서 볼을 커브시켜서 목표를 향하도록 치는 방법이다. (Advanced shotmakers usually have two options when facing a crosswind; Play the ball to the side of the target from which the wind is blowing, or aim at the target with a shot that curves into the wind.)

옆을 향한 스트로크(sideways stroke)

키가 큰 나무들 숲속이나 다른 비정상적인 코스 상태에 의한 방해가 있는 상황에서 볼을 똑바로 플레이할 수 없는 경우, 구제를 받지 않고, 가장 적절하다고 생각되는 페어웨이 쪽으로 옆을 향하여 스트로크하는 경우를 말한다.

예 볼이 나무 뒤에 있기 때문에 플레이어에게 합리적인 스트로크는 옆을 향한 스트로크 밖에 없는 상황이다. 그런데 한 동물이 판 동물의 구멍이 그 옆을 향한 스트로크 백스윙에 방해가 되고 있다. (A ball is behind a tree so that a sideways stroke is only reasonable stroke for the player. However, an animal hole dug by an animal interferes with the backswing for a sideways stroke.)

오너(honour)
티잉 구역에서 가장 먼저 플레이하는 플레이어의 권리를 말한다.

※ 일반적으로 한 홀에서 승리한 플레이어나 가장 적은 그로스 스코어를 낸 플레이어가 다음 티잉 구역에서 오너를 갖는다. 매치 플레이에서 플레이 순서는 중요하기 때문에 플레이어가 잘못된 순서로 플레이한 경우 상대편은 그 스트로크를 취소하고 플레이어에게 다시 플레이하게 할 수 있다. 그러나 스트로크 플레이에서는 잘못된 순서로 플레이한 것에 대한 벌은 없으며 안전하고 확실한 방법에 의한 "재빠른 골프(ready golf)(준비된 플레이어부터 즉시 플레이하는 방법)"가 허용된다.
매치 플레이와 스트로크 플레이를 막론하고 첫 번째 티잉 구역에서 오너는 조 편성표의 순서에 따라 결정되며 편성표가 없을 때에는 합의나 무작위(無作爲) 동전 던지기 방법 등으로 결정한다.

예 티잉 구역에서의 플레이 순서는 누가 오너를 가졌는가의 여부에 달려 있으며 그 후에는 어느 볼이 홀에서 가장 멀리 있는가에 의거(依據)한다. (The order of play from the teeing area depends on who has the honour, and after that is based on which ball is farthest from the hole.) (Rules of Golf, 2019)

오드(odd)
매치 플레이에서 상대적인 스트로크 수를 가감하여 스코어를 계산하는 방식으로 한 홀에서 플레이어가 친 타수가 상대편보다 1타 더 많은 경우를 뜻한다.

※ A와 B의 매치에서 A가 티샷하면 A는 오드(the odd), 그 다음에 B가 티샷하면 서로 같기 때문에 라이크(the like), 그 다음에 A가 두 번째 샷하면 A는 다시 오드(the odd), 그리고 이어서 A가 세 번째 샷하면 A는 투 모어(the two more)가 된다. 현재는 이 방식을 사용하지 않는다.

예 A가 그린 끝에서 1타 더 많은 타수로 퍼트하여 홀 아웃하였다. 그 후 B는 A와 같은 타수로 플레이하여 볼이 홀 옆에 서 있는 A의 캐디에게 맞았다. 이 경우 A는 그 홀의 패가 되는가?* 아니다. A는 그 홀의 패가 되지 않는다. A는 퍼트에서 상대편보다 1타 더 많은 타수로 홀 아웃하였기 때문에 최소한 그는 동점이 되는 것을 확보한 상황이다. 따라서 B는 그러한 결과를 낸 A로부터 아무것도 박탈할 수 없다. (A playing the odd from the edge of the green holes his putt. B in playing the like strikes A's caddie who is standing at the hole. Does A lose the hole? No. A does not lose the hole. By holing his put in the odd he secured the half, at least, and nothing that B does could deprive him of that.) (Sheringham Golf club, 1900) *그 당시 규칙에 의하여 움직이고 있는 볼이 상대편이나 그의 캐디에

게 맞은 경우 상대편은 그 홀의 패가 되었다.

오버랩핑 그립(그립 참조)(overlapping grip, see grip)

일명 바든 그립(Vardon grip)이라고도 한다.

- ※ 해리 바든(Harry Vardon)이 발명자는 아니지만 널리 알려졌으며 그가 채택하여 많은 성공을 거둔 것이 그 계기가 되었는데 그때부터 '바든 그립'으로 알려져 일반 대중이 받아들이게 되었다.
- 예 오버랩핑 그립의 이로운 점은 안정성, 편안함 그리고 역시 쉽게 익숙해지는 것이다. (The benefits of the overlapping grip are stability, comfortable and easy to adapt too.)

오버 스윙(over swing)

백스윙의 톱 오브 더 스윙(top of the swing)에서 클럽 샤프트가 지면을 향하여 수평면 이하로 내려간 상태를 말한다.

- ※ 톱 오브 더 스윙에서 클럽 샤프트가 수평면 이하로 내려가면 다운스윙에 들어가는 타이밍에 차질을 빚을 우려가 있다. 다운스윙할 때 오버스윙의 상태에서는 내려간 클럽헤드 때문에 양손과 손목을 의식적으로 쓰지 않으면 제자리로의 정확한 회전이 되지 않을 수 있다. 따라서 톱 오브 더 스윙에서 클럽을 쥔 왼손 가운뎃손가락, 약손가락 그리고 새끼손가락의 힘이 무의식중에 느슨해지기 때문에 클럽 헤드가 밑으로 내려가는 움직임을 막아야 한다.
- 예 오버 스윙의 두 가지 주요 원인은 백스윙의 톱 오브 더 스윙에서 클럽이 너무 멀리 움직여 가도록 왼쪽 팔을 구부린다는 점과 오른쪽 팔꿈치를 몸 뒤로 감싸듯 젖힌다는 점이다. (The two main causes of an overswing are the left arms bends, allowing the club to travel too far at the top of the backswing and the right elbow folds behind the body.)

오버스핀(톱스핀 참조)(overspin, see top spin)

오버클럽(overclub)

볼을 보낼 거리나 능력으로 보아서 사용해야 할 클럽보다, 거리가 더 멀리 나가는, 낮은 번호의 클럽을 선택하는 것을 말한다.

- 예 15번 홀에서 거리가 더 멀리 나가는 낮은 번호의 클럽을 잡았기 때문에 볼이 그린을 넘어가 버렸다. (He overclubbed at the 15th and went over the green.)(Mark McCormack, 1975)

오버 파(over par)

플레이한 타수가 파(par)보다 더 많은 스코어를 말한다. 반대는 언더 파(under par)라고 한다.
- 예 보기는 1 오버 파의 스코어를 의미한다. (Bogey means scoring one over par(+1).)

오(5)번 아이언(five-iron)

로프트 각 29-32도, 라이 각 59-61도, 길이 37인치 그리고 볼의 비거리 145-180야드(남성용 클럽)를 날릴 수 있는 아이언 클럽을 말한다. 옛 이름은 매시(mashie)이다.
- 예 예를 들어 두 볼을 모두 올바르게 친다면, 5번 아이언은 8번 아이언보다 볼이 더 멀리 날아갈 것이다. 그러나 8번 아이언은 5번 아이언보다 볼이 더 높은 궤도로 날아갈 것이다. (For instance, a 5-iron will go further than an 8-iron if both are hit properly. However, the 8-iron will have a higher trajectory than the 5-iron.)

오(5)번 우드(five-wood)

로프트 각 21-23도, 라이 각 55-56도, 길이 41인치 그리고 볼의 비거리 190-210 야드(남성용 클럽)를 날릴 수 있는 우드 클럽을 말한다. 옛 이름은 클리크(cleek)이다.
- 예 ... 요즈음 나이든 아마추어 골퍼들이, 장거리를 날리는 롱 아이언 클럽 대신, 5번 우드 클럽을 사용하는 것을 보게 되는데 이것도 나쁜 착상(着想)은 아니다. (... these days you see a lot of amateur senior golfers using 5-woods instead of long irons. It is not a bad idea.) (Tommy Bolt, 1971)

오보(wrong information)

매치 플레이에서 매치의 상태를 파악하려는 상대편에게 자신이 낸 정확한 스코어가 아닌 틀린 스코어를 통보하는 경우를 말한다. 규칙 현대화(2019) 이전에 사용했던 규칙상 용어이다. 현재는 틀린 타수의 정보 제공(giving the wrong number of strokes taken)으로 표현한다.
- 예 매치 플레이에서 플레이어는 그의 상대편에게 오보를 제공해서는 안 된다. (In match play, a player must not give wrong information to his opponent.) (Rules of Golf, 2016)

오즈(odds)

어떤 특정한 사건이 일어날 가능성을 말한다. 특히 통계상(統計上) 표현에서 상대적인 확률(確率)을 가리키며 일반적으로 유리한 가능성(the odds in favor)이라는 말을 사용한다. 통계나 도박에서 많이 사용하는 용어이다. 핸디캡의 개념인 유리한 조건(odds)을 의미하기도 한다. 일반적으로 이길 가망, 낌새, 공산(公算) 등으로 사용된다.

- ※ 오즈 어게인스트(odds against)는 어떤 특정 사건이 일어나지 않을 가능성이 일어날 가능성보다 더 높은 경우를 말하며 오즈 온(odds on)은 반대로 일어날 가능성이 일어나지 않을 가능성보다 더 높은 경우를 말한다.
- 예 (1) 어떤 사건이나 문제의 유리한 가능성이란 결국 그 사건이 일어나지 않을 가능성에 대한 그 사건이 일어날 가능성의 비율을 말한다. (The odds (in favor) of an event or proposition is the ratio of the probability that the event will happen to the probability that the event will not happen.)
- 예 (2) 나는 이길 가망이 전혀 없는 것처럼 보이는 경우에도 나의 전적인 노력을 다 하였다. 그리고 나는 그 노력을 절대로 중지하지 않았다. 결국 나는 승리할 기회가 없다는 감정을 가져 본 적이 결코 없었다. (I've made a total effort, even when the odds seemed entirely against me. I never quit trying; I never felt that I didn't have a chance to win.) (Arnold Palmer)

오크워드 스탠스(awkward stance)

울퉁불퉁한 곳이나 장해물을 피하기 위하여 양발을 같은 수준으로 밟고 설 수 없는 거북하고 불편한 스탠스를 말한다.

- ※ 한 발은 높고 또 한 발은 낮아서 스윙할 때 균형을 잡을 수 없는 상태를 말한다.
- 예 골프 샷을 위하여 비정상적이거나 거북한 스탠스를 취할 경우 익숙하지 않은 감각은 필요한 스윙을 실행하려는 집중력을 분산시켜 당신을 혼란스럽게 할 수 있다. (When you have an unusual or awkward stance for a golf shot, the unfamiliar feeling can distract you from your focus on executing the swing you need to make.)

오프세트(offset)

클럽 헤드의 호젤 밑부분이 헤드 가까이에서 급히 구부러진 다음 다시 이전 상태와 평행이 되도록 하여 클럽 헤드가 샤프트 축에서 조금 뒤로 떨어져서 위치하도록 디자인된 상태를 말한다. 즉 구스넥(goose-neck) 상태로 이는 레이트 히트(late hit)에 유용하다.

- ※ 이는 클럽 호젤에서, 목표가 있는 방향의, 가장 바깥쪽 끝으로부터 클럽 타면의 리딩 에지까지의 간격을 말한다. 이때 리딩 에지가 뒤에 있으면 오프세트, 앞에 있으면 온세트(onset)라고 한다.
- 예 오른쪽 눈이 우성(優性)인 플레이어는 오프세트 퍼터를 사용하도록 하며 . . . 왼쪽 눈이 우성인 플레이어는 똑바른 퍼터를 사용하도록 한다. (Players with a dominant right eye should use an offset putter . . . players with a dominant

left eye should use a straight putter.) (Jody Hawkins, 1977)

오픈(open)

1. 발의 오픈 스탠스 상태를 의미한다(오픈 스탠스 참조).
2. 클럽의 오픈 페이스 상태를 의미한다(오픈 페이스 참조).
3. 골프 토너먼트에서 프로 골퍼(professional golfer)와 아마추어 골퍼(amateur golfer)가 개방된 상태, 지역의 제한 없이 개방된 상태 혹은 두 가지 모두 개방된 상태를 뜻한다(디 오픈(The Open) 참조).

- 예 (1) 그것은 확실한 피치 샷과 칩 샷을 위한 이상적인 정렬 상태이다. 골프에서 최고의 선수인 리 트레비노는 여느 때와 같이 오픈 스탠스를 사용하였는데 2010년 피지에이 챔피언쉽에서 준우승한 바버 왓슨도 이 자세를 사용한다. (It's an ideal alignment for certain pitch and chip shots. All-time golf great Lee Trevino used an open stance regularly, as does 2010 PGA Championship runner-up Bubba Watson.)
- 예 (2) 임팩트할 때 열린 클럽 헤드 타면은, 그 헤드의 진로가 정확할지라도, 방향을 벗어나 볼을 오른쪽으로 보낼 수 있다. 사실상 클럽 타면을 다만 1.5도의 열린 상태로 두면 볼은 목표에서 70 피트 가까이 오른쪽으로 갈 수 있다. (An open clubface at impact can send your ball way off to the right even if your path is perfect. In fact, leaving your clubface open a mere 1.5 degrees can put you close to 70 feet right of your target.)
- 예 (3) 유에스지에이 남성용 핸디캡 인덱스 1.4 혹은 그 이하를 가진, 어느 프로 골퍼나 아마추어 골퍼도 유에스 오픈 골프 토너먼트를 위한 예선 통과를 시도해 볼 수 있다. (Any professional golfer, or any amateur golfer with a USGA men's handicap index of 1.4 or lower can attempt to qualify for the U.S. Open golf tournament.)

오픈 더 도어(open the door)

토너먼트에서 주로 선두에 있는 골퍼가 실수한 탓에 바로 뒤를 쫓는 골퍼에게 동점이나 앞서기를 허용하는 기회를 주는 경우를 말한다.

- ※ 반대로 그와 같은 기회를 주지 않고 더 좋은 샷을 성공시키는, 즉 동점이나 앞서기를 차단하는, 경우는 셧 더 도어(shut the door) 혹은 클로즈 더 도어(close the door)라고 말한다.
- 예 (1) 18번 홀 그린에서 커크는, 그 상황을 확정지을 수 있었던 짧은 버디 퍼트를 놓치고, 선두에 한 타 뒤지고 있던 빌리 호셸에게 동점을 허용하는 기회를 주었다. (On the 18th green, Kirk missed a short birdie putt that would've sealed the deal, opening the door for Billy Horschel who sat one shot back of the lead.)
- 예 (2) 바로 앞선 17번 홀에서 그때에 1타 앞선 것 같이 보였던 베벌리는, 핸이 어프

로치 샷한 볼이 그린의 맨 뒤로 튀어간 후, 동점을 위한 핸의 기회를 차단해 버린 것이 되었다. (Just a hole earlier on the 17th, it appeared that Beverly, then holding a 1-up lead, had a chance to shut the door after Han's approach shot bounced to the top back portion of the green.)

오픈 스탠스(open stance)

스탠스를 취할 때 플레이어가, 오른손잡이의 경우, 의도하는 플레이 선에 대하여 오른쪽 발을 약간 더 앞으로 내서 양 발의 위치를 정하고 서는 자세를 말한다.
- 따라서 양 발끝을 연결한 연장선은 목표(홀)의 왼쪽을 향하게 된다. 슬라이스(slice)가 나는 경향이 있다.
- 오픈 스탠스는 고의로 페이드 볼을 유도하기 위하여 사용한다. 오른손잡이 플레이어의 경우 오픈 스탠스의 자세로 하는 샷은 볼이 왼쪽에서 오른쪽으로 날아가기 때문이다. (An open stance is used deliberately to induce a fade. For a right-handed golfer, this is a shot that would play from left to right.)

오픈 페이스(open face or open clubface)

스탠스를 취할 때 플레이어가 오른손잡이의 경우, 의도하는 플레이 선에 대하여 직각인 클럽 헤드의 앞부분을 약간 열려 있도록 하는 것을 말한다.
- 즉 클럽 헤드의 힐(heel)은 제자리에 두고 토우(toe)를 약간 오른쪽으로 돌려 놓는 것이다. 볼이 높이 날아가거나 슬라이스(slice)가 나는 경향이 있다.
- 그런데 오픈 페이스 상태에서는 클럽의 토우 부분이 조금 뒤로 젖혀져 있다. 따라서 임팩트에서 클럽의 토우 부분이 볼에 도달하기 전에 클럽의 힐 부분이 먼저 도달하게 된다. (However, with an open face, the toe of the club is turned a little rearward. At impact, the heel of the club reaches the ball before the toe of the club does.)

온(on)

볼이 퍼팅 그린에 올라간 상태를 말한다. 흔히 온 그린(on green)이라고 한다.
- 첫 번째 홀에서 존과 다른 결승 상대자는 . . . 두 사람 모두 3타로 볼이 퍼팅 그린 위에 올라간 상태였다. (On the first hole, John and the other finalist . . . were both on in three.)

온 더 스크루스(on the screws)

특히 드라이버로 친 볼이 정확히 스위트 스폿(sweet spot)에 맞고 의도하는 방향으로 날아가는 잘 친 경우를 말한다.
- 우드 클럽이 성행했을 때 드라이버의 마모를 줄이기 위하여 클럽 타면 중앙에 플라

스틱으로 된 판을 삽입하고 나사(screw)로 조였는데 그곳은 스위트 스폿으로 그곳에 볼이 맞는 상태를 표현한 것이다.
- 예 볼을 정확히 치는 것은 부분적으로 수준 높은 연습에 쏟은 시간에 그 기반을 둔다. 클럽 타면의 힐이나 토우 쪽으로 1인치 치우쳐서 볼을 잘못 치면 날아갈 가능성이 있는 거리에서 14%의 엄청난 손실을 보게 된다. 예를 들어, 정상적으로 평균 230야드를 날리는 골퍼는 14%의 손실 즉 30야드 이상의 거리를 잃게 된다! (Hitting the ball on the screws is partially based on putting in the quality practice time. Miss hit 1 inch toward the heel or toe and you lose a whopping 14% of your potential distance. For example, if you normally hit your driver 230 yards on average, a 14% loss would amount to over 30 yards!)

올드 맨 파(Old Man Par)

특히 스트로크 플레이에서 파(par)에 도전하기 위하여, 정신적 전략의 일환으로, 창조한 의인화(擬人化)된 가상 인물을 말한다.
- ※ 따라서 플레이어는 가까이에서 플레이하는 자연인과 상대하는 것이 아니라 그 올드 맨 파와 인내력으로 경쟁하여 승리한다는 다짐을 하게 된다. 바비 존스는 올드 맨 파와의 경쟁을 특별히 강조하였다.
- 예 골프를 완전히 장악한 사람은 아무도 없을 것이다. 그리고 이보다 더 좋은 성적을 낼 수는 없었다고 생각할 정도로 좋은 성과를 낸 라운드는 없을 것이다. 아마도 이것이 골프가 모든 게임들 중에서 가장 위대한 게임이라는 이유가 될 것이다. 당신은 인간 상대편과 경쟁하는 것이 아니라 게임 자체와 경쟁하는 것이다. 당신은 (보이지 않은) 올드 맨 파와 경쟁하는 것이다 – 바비 존스. (No man ever will have golf under his thumb. No round ever will be so good it could not have been better. Perhaps that is why golf is the greatest of games. You are not playing a human adversary; you are playing a game. You are playing Old Man Par – Bobby Jones.)

올바른 처리 절차에 관한 의문(제2의 볼 참조)(uncertain about the right procedure, see second ball)

올 스퀘어(all square)

매치 플레이에서 양 사이드(side)가 각각 이긴 홀 수가 서로 같은 경우를 말한다. 스퀘어(square)라고도 한다.
- 예 트래비스는 18번째 홀에서 1홀 업이었다. 그런데 27번째 홀에서 그들은 올 스퀘어였으며 36번째 홀에서도 올 스퀘어였다. (Travis was 1 up at the eighteenth; they were all square at the twenty-seventh and all square at the thirty-sixth.) (Arthur Pottow, 1907)

옮기기 위하여 쌓아 놓은 물건(material piled for removal)

뒤에 다른 곳으로 옮기기 위하여, 코스 위에 쌓아 놓은 물건(모래, 나무, 잔디 등)을 말한다.

※ 이러한 물건들을 쌓아 놓은 장소는 규칙상 수리지로 정하지 않았을지라도 수리지로 취급한다.

예 수리지에는 뒤에 다른 곳으로 옮기기 위하여 쌓아 놓은 깎아 놓은 풀, 나뭇잎 그리고 다른 물건이 포함된다. (Ground under repair includes grass cuttings, leaves and any other material piled for later removal.) (Rules of Golf, 2019)

와인드 업(wind up)

테이크 백에서 몸을 비틀어 감아 죄는 동작을 말한다. 결국 스윙은 몸을 비틀어 죄었다가 다시 풀어 주는(unwind) 일련의 동작이라고 할 수 있다. 코일 업(coil up)이라고도 한다.

예 튼튼한 드라이빙의 열쇠는 백스윙에서 몸을 비틀어 죌 때 먼저 당신이 완전히 볼 후방에 위치해야 하는 것이다. 이것만이 그 뒤에 클럽이 아래로 되돌아오면서 당신의 몸을 풀어줄 때 실제로 당신이 볼 뒤에 그대로 위치할 수 있는 방법이다. (The key to solid driving is that you first get fully behind the ball as you wind up your backswing. Only then can your truly stay behind the ball as you unwind on the way back down.)

완전한 구제의 가장 가까운 지점(nearest point of complete relief)

볼이 비정상적인 코스 상태, 위험한 동물이 있는 상황, 틀린 그린이나 플레이 금지 구역으로부터 벌 없는 구제를 받기 위한 혹은 어떤 로컬 룰에 의하여 구제를 받을 때의 기점(基點)을 말한다.

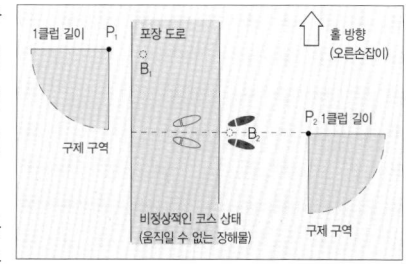

※ 완전한 구제의 가장 가까운 지점은 볼이 있는 최초의 지점에 가장 가까우나 그 지점보다 홀에 더 가깝지 않으며, 요구되는 코스 구역 안에 있고, 그러한 상태가 없었다면 볼이 있는 최초의 지점에서 플레이어가 당연히 했을 것으로 보는 스트로크를 할 때 그러한 상태에 의한 방해가 없는 볼이 놓일 추정(推定) 지점이다.

도해(圖解) : 포장 도로 위에 있는 볼에 대한 구제
B_1, B_2(○) : 비정상적인 코스 상태 위에 있거나 그 상태로부터 방해를 받는 볼 위치
P_1, P_2(●) : 완전한 구제의 가장 가까운 지점

예 플레이어의 볼이 퍼팅 그린 위에 있고 그 코스 위의 비정상적인 코스 상태에 의한

방해가 있는 경우 플레이어는 규칙에 따른 볼의 리플레이스 절차를 이용하여 최초의 볼이나 다른 볼을 완전한 구제의 가장 가까운 지점에 플레이스하고 벌 없는 구제를 받을 수 있다. (If a player's ball is on the putting green and there is interference by an abnormal course condition on the course, the player may take free relief by placing the original ball or another ball on the spot of the nearest point of complete relief, using the procedures for replacing a ball under rules.) (Rules of Golf, 2019)

외부 영향(outside influence)

플레이어의 볼이나 휴대품 혹은 코스에 대하여 일어나는 상태에 영향을 미칠 가능성이 있는 모든 사람이나 물건을 말한다.

- ※ 그러한 사람이나 물건은 다음과 같다.
  - 모든 사람(다른 플레이어를 포함). 다만 플레이어, 플레이어의 캐디, 플레이어의 파트너, 상대편 혹은 그들의 캐디는 제외된다.
  - 모든 동물.
  - 모든 자연물, 인공물 혹은 그 외의 다른 물건(움직이고 있는 다른 볼 포함) 다만 자연의 힘은 제외된다.
- 예 외부 영향(스트로크 플레이에서 다른 플레이어 혹은 다른 볼 포함)이 플레이어의 볼을 집어 올렸거나 움직였다는 것을 알고 있거나 사실상 확실한 경우 벌은 없으며 그 볼은 최초의 지점(모르는 경우 추정하지 않으면 안 된다)에 리플레이스하지 않으면 안 된다. (If it is known or virtually certain that an outside influence (including another player in stroke play or another ball) lifted or moved a player's ball, there is no penalty and the ball must be replaced on its original spot (which if not known must be estimated).) (Rules of Golf, 2019)

우드(wood)

나무로 된 클럽 헤드를 장착한 클럽 혹은 나무로 된 재질이 아닌 경우에는 나무로 된 헤드를 장착한 클럽과 같은 모양과 성능 및 일반적인 디자인 특성을 가진 헤드를 부착한 클럽을 말한다. 드라이버(1번 우드), 2-5번 우드 클럽 등이 있다.

- 예 우드 클럽은 일반적으로 드라이버와 페어웨이 우드의 두 가지로 분류되는데, 이는 전통적인 클럽 세트로, 하나의 드라이버와 하나 혹은 두 개의 페어웨이 우드(대개 3번과 5번)가 포함된다. (Woods generally fall into two classes, driver and fairway woods, with a traditional set of clubs including a driver and one or two fairway woods (usually numbered 3 and 5).)

움직이다(moved)

정지한 볼이 최초의 지점을 떠나서 다른 지점에 가서 정지하는데 그것을 육안(肉

眼)으로 (다른 누군가가 실제로 그렇게 되는 것을 보고 있었는가 보고 있지 않았는가에 관계없이) 볼 수 있는 경우를 말한다.

- ※ 이것은 볼이 최초의 지점을 떠나서 위로, 아래로 혹은 수평으로 어느 방향으로 움직였는가에 상관없이 적용된다. 볼이 흔들렸지만 최초의 위치에 그대로 있거나 그 최초의 위치에 돌아왔을 경우 그 볼은 움직인 것이 아니다.
- 예 플레이어의 정지한 볼은 그 볼이 움직인 것을 알고 있거나 사실상 확실한 경우에 한해서 움직인 볼로 취급된다. (A player's ball at rest is treated as having moved only if it is known or virtually certain that it did.) (Rules of Golf, 2019)

움직일 수 없는 장해물(장해물 참조)(immovable obstruction, see obstruction)

움직일 수 있는 장해물(장해물 참조)(movable obstruction, see obstruction)

워커 컵(Walker Cup)

1922년부터 매년 열리는 경기로 출발하였으며 1926년부터는 2년마다 열리는 미국 대 영국, 아일랜드의 남성 아마추어 골프 경기 대회를 말한다.

- ※ 최초 3년간은 매년 비공식적인 대회로 열렸으나 1926년부터는 공식적인 대회로 확정되었으며 최초 미국 뉴욕주 사우샘턴(Southampton, NY.)의 내셔널 골프 링크스 오브 아메리카(National Golf Links of America)에서 열렸다. 양 팀 선수는 각 10명 이하로 구성되며 2일간의 경기에서 매일 오전에 포섬, 오후에 싱글 매치로 진행된다. 각 매치에서 승자는 1점을 받게 되며 동점인 경우에 각 사이드는 0.5점씩 받는다. 이 대회(Walker Cup Match)의 명칭은 최초 워커 컵을 기증한 USGA 회장이었던 조지 허버트 워커(George Herbert Walker, 1875-1953)의 이름에서 유래하였다.
- 예 공식적으로 워커 컵 매치라고 부르는 이 경기는 조지 허버트 워커(미국 43대 대통령 조지 부시의 증조 할아버지)에게 경의를 표하기 위하여 명명되었다. (The event, officially called the Walker Cup Match is named in honour of George Herbert Walker (great grandfather of George W. Bush, 43rd president of the United States).)

워터 해저드(water hazard)

코스 안에 있는 모든 바다, 호수, 연못, 하천, 도랑, 표면 배수로 혹은 뚜껑이 없는 수로(물이 있고 없고를 불문하고) 그리고 이와 유사한 상태의 것을 말한다. 규칙 현대화(2019) 이전의 용어이며 현재는 새로 범위가 확장된 "페널티 구역(penalty area)"이라는 용어를 사용한다.

- ※ 워터 해저드의 한계는 수직 위와 아래로 연장된다. 볼이 워터 해저드 안에 놓여 있거나 볼의 어느 일부가 워터 해저드에 접촉하고 있는 경우 그 볼은 워터 해저드 안에 있는 볼이다. 볼이 워터 해저드 안에 들어간 경우에는 있는 그대로의 상태로 플레이하거나 구제를 받을 수 있다.
- 예 워터 해저드 안의 지면이나 풀에 접촉하고 있지 않을지라도 볼의 일부가 해저드의 한계에서 수직 위쪽으로 연장되는 면을 접촉하여 이를 차단하는 위치에 있는 경우 그 볼은 그 워터 해저드 안에 있는 볼이다. (A ball is in a water hazard when some part of the ball breaks the plane that extends vertically upwards from the margin of the hazard even though the ball does not touch the ground or grass inside the hazard.) (Decisions on the Rules of Golf, 2016)

원볼 룰(한 가지 볼을 사용하는 조건 참조)(one-ball rule, see one ball condition)

원샷터(원샷 홀 참조)(one-shotter, see one-shot hole)

원샷 홀(one-shot hole)

티잉 구역에서 1타로 퍼팅 그린에 볼을 올릴 수 있는 거리의 홀을 말한다. 즉 그린에 볼을 올리기 위하여 한 번의 드라이브 샷이 필요한 홀을 뜻한다. 원샷터(one-shotter)라고도 한다.

- 예 이 홀은 1타로 볼을 올릴 수 있는 멋진 홀이지만 고도의 골프 재능을 요한다. (Yet this is a magnificent one-shot hole, demanding the highest golfing qualities.) (Bernard Darwin, 1931)

원 아웃(one out or one off)

한 라운드 이상의 토너먼트에서 모든 참가자들의 스코어를 선두와 비교하여 보고하는 경우 그 숫자만큼 낮은 타수의 스코어를 뜻한다. 원 오프(one off) 혹은 원 백(one back)이라고도 한다.

- 예 예를 들어, 한 해설자가 어느 플레이어는 "파이브 아웃" 혹은 "파이브 오프" 혹은

"파이브 백"이라고 말할 수 있다. 이것은 그 플레이어가 선두에 비하여 5타 뒤떨어져 있다는 것을 의미한다. (For example, a commentator may say that a player is "five out" or "five off" or "five back." This means that player is behind the leader by five strokes.)

원피스 테이크어웨이(one-piece takeaway)

백스윙할 때 팔, 어깨 그리고 클럽이 일체가 되어 볼에서 멀어지는 동작을 말한다. 이때 어깨, 몸통보다 팔을 과도하게 돌리면 정확한 백스윙에 차질이 생긴다.

※ 두 팔이 움직이는 것과 왼쪽 어깨가 움직이는 것이 동시에 이루어지면 두 팔과 클럽이 Y자 모양의 구조가 형성되기 때문에 단일체(one piece)가 되어 정확한 회전이 이루어진다는 뜻이다. 따라서 백스윙할 때 처음 약 12인치까지는 클럽 타면이 지면과 거의 평행하게 움직인다. 이때 손과 손목은 비교적 수동적으로 고정되어 있으며 독립적인 운동이 거의 없는 상태가 된다. 스윙에서, 팔을 과도하게 돌리면서 어깨는 거의 돌리지 않은, 어깨보다 팔에 더 의존하는 현상을 핸지(handsy)라고 한다. 그리고 발, 다리, 히프(hip)의 움직임 없이 윗몸으로 스윙하는 것을 어퍼 보디 스윙(upper body swing)이라고 한다.

예 테이크어웨이할 때 만들어진 삼각형은 두 팔과 양 어깨로 구성된다. 따라서 원피스 테이크어웨이 동작을 하는 동안 플레이어는 본질적으로 그 삼각형이 여전히 변하지 않도록 두 팔과 왼쪽 어깨를 같은 속도로 움직여야 한다. (The takeaway triangle consists of the two arms and shoulders. During the one-piece takeaway, one must move the two arms and the left shoulder at the same speed so that the triangle remain essentially unchanged.)

원 핸드 온 더 컵(보스 핸즈 온 더 컵 참조)(one hand on the cup, see both hands on the cup)

월드 핸디캡 시스템(world handicap system or WHS)

전세계적으로 통일된 골프 핸디캡 시스템을 말한다. 2년 간의 준비 기간을 거쳐 2020년부터 시행된다.

※ 현재 80개 이상 국가에서 사용하고 있는 USGA 코스 레이팅 시스템(코스 레이팅, 슬로프 레이팅)이 대부분 그대로 WHS에 적용된다. 따라서 골프 플레이 방법에도 변동이 거의 없다. 지금까지 지역에 따라서 핸디캡에 관한 서로 다른 6개 골프 협회의 핸디캡 시스템이 사용되어 왔는데 2020년 1월 1일부터 WHS로 통일되어 시행된다.
6개 핸디캡 시스템 관할 기관 : 미국 골프 협회(The United States Golf Association(USGA)), 전국 골프 연맹 협의회(영국)(The Council of National Golf Unions(CONGU)), 유럽 골프 협회(The European Golf Association(EGA)), 남아프리카 골프 협회(The South African Golf Association(SAGA)), 골프 오

스트레일리아(Golf Australia(GA)), 아르헨티나 골프 협회(The Argentine Golf Association=Asociación Argentina de Golf(AAG))
- 예 월드 핸디캡 시스템은 서로 다른 6개 핸디캡 시스템을 하나의 핸디캡 규칙으로 통일하여 골퍼들이 어떻게 그리고 어디에서 플레이하거나에 상관없이 플레이 능력이 서로 다른 골퍼들이 공정하고 공평하게 플레이하며 경쟁하도록 하는 것이 그 목적이다. (The World Handicap System (WHS) aims to bring six different handicap system together into a single set of rules for handicapping, enabling golfers of different abilities to play and compete on a fair and equal basis, no matter how or where they play.)

웜 버너(worm burner)

볼이 겨우 낮게 지면을 떠서 날아가거나 지면에서 뜨지 못하고 튀면서 나는 듯 빠르게 굴러가는 상태의 잘못된 샷을 말한다(속).
- ※ 플레이하는 홀의 지면이 굳어 있거나 내리막인 경우 볼은 지면을 스치면서 더욱 빠르게 굴러갈 것이다. 따라서 땅 속에 있는 벌레가 지열(地熱)에 의한 화상 혹은 볼에 맞을 염려가 있어 머리를 들 수 없다는 상황을 빗대서 하는 표현이다.
- 예 웜 버너 현상이 되도록 치게 되는 가장 일반적인 원인은 임팩트 존에서 클럽의 로프트 각을 좁히거나 머리를 들면서 근본적으로 골프 볼 중앙이나 윗부분을 치는 것과 관련이 있다. (The most common reason for hitting a worm burner has to do with de-lofting the club in the impact zone, or pulling your head up and basically hitting the middle or top of the golf ball.)

웨그맨스 엘피지에이 챔피언쉽(위민스 피지에이 챔피언쉽 참조)(Wegmans LPGA Championship, see Women's PGA Championship)

웨글(waggle)

볼을 치기 전에 몸을 풀기 위하여 클럽 헤드를 가볍게 흔들어 주는 운동을 말한다. 즉 테이크 백을 위한 포워드 프레스에 들어가기 전에 힘을 빼고 몸을 풀기 위하여 클럽 헤드를 좌우로 가볍게 흔들어 주는 예비 운동을 뜻한다.
- 예 이를테면 당신은 모든 샷을 하기 전에 열다섯 번의 웨글을 하고 있는데 만일 나의 교습 계획을 정확히 따른다면 반드시 세 번의 웨글로 낮출 수 있을 것이다. (Let's say you are now waggling fifteen times before every shot. If you follow my program exactly, you should be abe to get down to three waggles.) (Tom Watson, 1977)

웨이스트 벙커(waste bunker)

웨이스트 벙커는 규칙상 모래로 된 벙커와 혼동하기 쉬운데 주로 길게 평탄하고 단단히 굳어진 모래로 되어 있는 황무지와 유사한 러프 지역을 말한다.

- ※ 이곳에서는 고무래를 사용하지 않는 지역으로 잔디가 잘 자라지 않은 대신 그곳에서 자라는 자생 식물이 드문드문 나 있으며 플레이어가 그의 클럽을 지면에 접촉해도 되는 지역이다. 일반적으로 웨이스트 벙커는 페어웨이를 보호하기 위하여 설계되며 규칙상 모래로 된 벙커와 같이 취급하지 않는 곳이다. 특히 자연 환경의 불확실성으로 이곳에 들어간 볼의 리커버리 샷(recovery shot)은 여러 가지 변수가 있기 때문에 세심한 주의를 기울여야 하며 의외로 좋은 결과를 가져올 수도 있다. 결국 벙커 구실을 하는 러프 지역이라고 할 수 있다.
- 예 웨이스트 벙커에 볼이 들어간 경우 당황하지 말아야 한다. 이곳에서 해결의 열쇠는 볼을 모래에서 풀 샷으로 솜씨 있게 꺼내는 것인데, 샷을 짧게 하고 모래를 폭발시키기 보다는 칩샷을 고려해야 한다. (If you land in a waste bunker, don't panic. The key here is to pick the ball cleanly off the sand for full shot, and, on shorter shots, consider chipping the ball rather than blasting.)

웨이트 쉬프트(weight shift)

백스윙과 다운스윙에서 움직이는 동작에 따라 체중이 옮겨가는 현상을 말한다.

- ※ 드라이버의 예를 들면 일반적으로 스탠스를 취한 자세에서 머리 위치를 중앙이나 오른쪽에 두기 때문에 백스윙에 들어가면 체중은 오른쪽으로 옮겨가는데 톱 오브 더 스윙에서는 오른쪽 다리에 많이 걸리게 된다. 그리고 다운스윙에서 체중은 자연히 왼쪽 다리로 옮겨가며 그것을 임팩트에서 왼쪽 다리가 옮겨 받는다. 그리고 팔로 스루, 피니시에서는 체중의 약 80%를 왼쪽 다리가 지탱하게 된다.
- 예 클럽 헤드와 체중 이동은 직접적으로 관련이 있다. 클럽 헤드의 방향은 체중이 이동되는 방향과 같다. 따라서 백스윙 중에 . . . 체중은 발 뒤쪽으로 옮겨간다. (Club head and your weight shift are directly related. The direction of the club head is the same direction of your weight transfer. During the backswing . . . your weight transfer to your rear foot.)

웨지(wedge)

로프트 각이 크고 타면이 비교적 넓으며 길이가 짧은 대체로 무거운 아이언 클럽을 말한다. 웨지로 플레이한다는 뜻도 있다.

- ※ 주로 홀에서 100야드 이내의 거리에서 사용하며 긴 풀숲이나 모래에서 볼을 탈출시키는 데 사용한다. 피칭 웨지(pitching wedge), 샌드 웨지(sand wedge), 롭 웨지(lob wedge) 등이 있다.
- 예 (1) 웨지는 거리보다는 정확성을 위하여 사용되는 클럽이며 일반적으로 사람들은 한 홀에서 마지막 100야드 이내의 플레이에서는 이에 의지한다. (Wedges are clubs that are used more for accuracy than for distance, and they are commonly relied upon during the last 100 yards of play on a hole.)

(2) 그는 페어웨이에서 185야드까지 날아가도록 볼을 쳤으며 웨지로 플레이하여 볼을 그린에 올리고 버디를 냈다. (He knocked the ball 185 yards up the fairway, wedged onto the green and made birdie.) (Max Conrad, 1977)

웰 아웃(well out)

벙커 등 어려운 처지에서 볼을 안전하게 탈출하는 경우 혹은 그렇게 탈출했을 때 보내는 찬사를 말한다.
- 예 그린사이드 벙커에서 탈출하는 방법... 5단계; 무릎을 구부리고 큰 스윙으로 모래를 힘껏 친다... 8단계; 끝으로 "웰 아웃"이라는 평을 받아들인다. (How to get out of a greenside bunker... Step 5; Keep your knees bend, take a full swing and hit the sand hard... Step 8; Accept the "well out" comments.)

위민스 브리티시 오픈(Women's British Open or The Women's British Open Championship)

5대 여성 메이저 대회의 하나이며 매년 영국에서 개최되는 챔피언쉽을 말한다.
- ※ 1976년 레이디스 골프 연맹(Ladies' Golf Union)이 창설하였으며 그 해 잉글랜드 요크셔(Yorkshire) 지방의 요크시 교외의 풀포드(Fulford) 골프 클럽에서 개최된 제1회 대회에서 영국의 제니 리 스미스(Jenny Lee Smith) 양이 우승하였다. 1994년부터 엘피지에이 투어 이벤트(LPGA Tour Event)로 개최되었으며 2001년부터는 엘피지에이 메이저 챔피언쉽(LPGA Major Championship)으로 승격되었다. 2007년. 후원자에 따라서, 리코 위민스 브리티시 오픈(Ricoh Women's British Open)으로 되었다.
- 예 위민스 브리티시 오픈은 1976년 레이디스 골프 연맹에 의하여 창립되었으며 여성에게, 디 오픈 챔피언쉽에 걸맞는 경기로서의 면모를 갖추어, 봉사하려는 의도였다. (The Women's British Open was established by the Ladies' Golf Union in 1976 and was intended to serve as the women's equivalent of The Open Championship.)

위민스 피지에이 챔피언쉽(Women's PGA Championship)

5대 여성 메이저 대회의 하나이며 매년 미국에서 개최되는 챔피언쉽을 말한다.
- ※ 1955년 엘피지에이 투어(LPGA Tour)로 창설되었으며 프로 골퍼에 한하여 참가하였는데 2005년에 규정을 고쳐 아마추어 골퍼도 참가하도록 변경되었다. 그러나 2006년에 프로 골퍼에 한정하도록 다시 변경되었다. 대회 명칭은 후원자에 따라 여러 차례 변경되었는데 2011년에 웨그맨스 엘피지에이 챔피언쉽(Wegmans LPGA Championship)으로 되었다. 그리고 2015년에는 엘피지에이 투어(The LPGA Tour)와 피지에이 오브 아메리카(PGA of America)의 두 파트너와 함께 통합하여 케이피엠지(KPMG) 위민스 피지에이 챔피언쉽(KPMG Women's PGA

Championship)으로 되었다. *Wegmans=미국 식품 체인점. KPMG=Klynveld Main Goerdeler+Peat Marwick. KPMG는 회계 감사 및 세무에 관한 국제 자문 회사.
- 예 위민스 피지에이 챔피언쉽은 엘피지에이(LPGA) 역사상 두 번째로 오래 존속한 토너먼트이다. 다만 유에스 위민스 오픈은 그 존속 기간이 더 길다. (The Women's PGA Championship is the second-longest running tournament in the history of the Ladies Professional Golf Association surpassed only by the U.S. Women's Open.)

위원회(committee)

경기 혹은 코스에 책임을 진 사람이나 모임을 가리킨다.
- ※ 경기에 관련된 경우에는 그 경기를 관리하는 특정한 사람들로 구성된 경기 위원회를 의미하며 그 이외의 경우에는 특정 임무를 위한 혹은 클럽의 감독 및 코스 관리를 위한 코스 관리 위원회를 의미한다.
- 예 "핸디캡 위원회"는 동료 평가를 포함한 유에스지에이 핸디캡 시스템을 확실히 따르도록 하는 데 책임을 진 골프 클럽 위원회를 말한다. (The "Handicap Committee" is the committee of golf club that ensures compliance with the USGA handicap system, including peer review.) (USGA Handicap System)

위즈인 더 레더(within the leather)

볼이 놓여 있는 지점에서 홀까지의 거리가 퍼터의 그립 자체 길이 이내의 거리만큼 짧은 거리를 말한다. 흔히 적용하는 방법이다. 퍼터의 헤드로부터 그립이 시작되는 지점까지의 거리를 의미하기도 한다. 인 더 레더(in the leather or inside the leather)라고도 한다.
- ※ 볼에서 홀까지의 거리가 퍼터에서 가죽으로 감은 그립 부분의 길이 이내에 해당되는 경우에, 일반적으로 친선 게임에서, 퍼트를 양보해 주는 경우가 있다(김미(gimme) 참조). 그런데 세월이 지나면서 김미(gimme)의 양보해 주는 거리를 퍼터의 그립 자체 길이와 같은 거리에서 점차 퍼터 헤드로부터 그립이 시작되는 지점까지의 샤프트 길이와 같은 거리로 확대하여 적용하였다. 즉 그린에서 퍼터 헤드의 토우(toe) 부분을 홀 안에 넣은 다음 볼에 접근하여 퍼터를 놓았을 때 그 볼이 그립이 시작되는 지점까지의 거리 범위 안에 있는 경우를 말한다.
- 예 볼에서 홀까지의 길이가 퍼터의 그립 길이와 같거나 더 긴 경우 그것은 퍼터의 그립 길이 범위 안에 해당된 길이가 아니다. (If the ball is even with the putter's grip or farther, it is not within the leather.)

위커 바스켓(wicker baskets)

홀 위치를 나타내는 깃대 위에 깃발 대신 나뭇가지 바구니(wicker baskets)를 단 홀 표지(標識)를 말한다.
- ※ 1912년 미국 메리온 골프 클럽(Merion G. C., Ardmore, PA) 설계자 휴 윌슨(Hugh Wilson)이 스코틀랜드를 견학하고 돌아와서 그린키퍼인 플린(William S. Flynn)에게 아이디어를 주었으며 플린은 이 깃대를 고안하여 1916년에 특허를 받았다. 문헌에 의하면 1850년대부터 스코틀랜드 링크스에서는 심한 바닷바람을 견딜 수 있도록 대나무 막대기 꼭대기에 바구니 모양의 세공품을 얹어 사용하는 곳이 있었다. 오늘날 메리온 코스의 전반 9홀은 검붉은 색, 후반 9홀은 오렌지 색의 홀 표지를 사용하고 있다. 그러나 바람의 방향은 알 수 없다.
- 예 위커 바스켓은 그 모습 그리고 매력과 함께 메리온 동쪽 코스에서의 플레이에서 도전 의욕을 더 북돋아 주고 있다. (The wicker baskets, in addition to their look and their charm, add to the challenge of playing Merion East.)

윈드치터(wind-cheater)

역풍에 대하여 바람의 영향을 줄이기 위한 방법으로 보통 때보다 더 낮게 날리는 샷을 말한다. 특히 백스핀이 많이 걸리게 하여 낮게 날아가도록 친다.
- 예 윈드치터는, 다른 샷에서 받는 바람의 영향과 같은 그런 바람의 영향을 받지 않고, 낮은 궤도로 볼이 바람을 꿰뚫고 지나가도록 샷하는 것을 말한다. (Wind-cheater refers to a low trajectory, penetrating shot that is not as affected by the wind as other shots are.)

윈터 룰(프리퍼드 라이 참조)(winter rules, see preferred lies)

유에스 오픈(US Open or The US Open Championship)

4대 메이저 대회(남성) 중 하나이며 USGA 주관으로 매년 미국에서 열리는 세계적인 챔피언쉽을 말한다.
- ※ 제1회 대회는 1895년 미국 뉴포트(Newport, R. I.)에 있는 뉴포트 컨트리 클럽의 9홀 코스(4라운드)에서 열렸으며 우승자는 영국 태생인 21세의 호러스 롤린스(Horace Rawlins)였다. 그는 그 당시 대회 전체 상금 $335 중 $150를 받았다. 1898년에 경기는 36홀에서 72홀로 연장되었다.
- 예 유에스 오픈은 최신의 남성용 핸디캡 인덱스가 1.4 이하인 어느 프로나 어느 아마추어에게도 개방되어 있다. (The U.S. Open is open to any professional, or to any amateur with up-to-date men's handicap index not exceeding 1.4.)

유에스 위민스 오픈(US Women's Open or The US Women's Open Golf Championship)

5대 여성 메이저 대회의 하나이며 유에스지에이(USGA) 주관으로 매년 미국에서 개최되는 챔피언쉽을 말한다.

- ※ 1946년에 창설되었으며 그 해 워싱턴 주 스포켄(Spokane, Wash.)에 있는 스포켄 컨트리 클럽에서 열린 제1회 대회에서 미국의 패티 버그(Patty Berg) 양이 우승하였다.
- 예 유에스 위민스 오픈은 여성 골퍼의 어느 프로나 아마추어에게도 개방되어 있다. 아마추어 골퍼는 최신의 핸디캡 인덱스가 2.4 이하이어야 하는데 이것은 2013년 4.4에서 2014년에 낮췄다. (The U.S. Women's Open is open to any professional or amateur female golfer. Amateur must have an up-to-date handicap index not exceeding 2.4, lowered in 2014 from 4.4 in 2013.)

유에스지에이(USGA)

미국 골프 협회(United States Golf Association)를 말한다.

- ※ USGA는 1894년 창설되었으며 다음의 5개 골프 클럽이 창립에 협력하였다. 5개 창립 클럽; 세인트 앤드루스(St. Andrews) 골프 클럽(NY), 더 컨트리 클럽(The Country Club, MA), 시카고(Chicago) 골프 클럽, 뉴포트(Newport) 골프 클럽(RI), 시네코크 힐스(Shinnecock Hills) 골프 클럽(Long Is, NY).
- 예 알앤에이는 골프에 관한 전세계적인 통할(統轄) 기관이다. 다만 미국과 멕시코는 제외되는데 이지역의 통할 책임은 유에스지에이에 있다. (The R&A is the ruling authority of golf throughout the world except the United States and Mexico, where this responsibility rests with the USGA.)

육(6)번 아이언(six-iron)

로프트 각 33-36도, 라이 각 60-61도, 길이 36.5인치 그리고 볼의 비거리 135-170야드(남성용 클럽)를 날릴 수 있는 아이언 클럽을 말한다. 옛 이름은 스페이드 매시(spade-mashie)이다.

- 예 그는 12번 홀에서 6번 아이언으로 볼을 날렸는데 그 볼에 맞고 깃대의 깃발이 찢어졌다. (He splintered the flag with a six-iron at the 12th.) (Dan Jenkins, 1970)

이글(eagle)

한 홀에서 파(par)보다 2타 더 적게 낸 스코어를 말한다. 따라서 파-3홀에서 이글은 에이스[1](ace[1])를 의미한다.

- 예 . . . 3번 홀(파-4)에서 8야드 거리의 퍼트로 홀 아웃하여 "이글"을 달성하고 스코어 2를 냈다. (. . . holing out from eight yards at the third for an "eagle" 2.) (Frank Moran, 1946)

이(2)단 그린(two-tiered green)

그린 면이 각각 높이가 다른 두 개 수준의 그린으로 단을 이루어 연결된 그린을 말한다.

- ※ 두 개 수준의 연결된 부분은 보통 2~5피트의 경사진 면으로 연결되어 있다. 높이가 다른 세 개 수준의 그린으로 되어 있는 그린을 삼(3)단 그린(three-tiered green)이라고 한다.
- 예 여러 단층으로 된 그린에서는 한 단에서 다른 단으로 퍼트할 때 위협을 느끼게 될 수 있다. 한 수준의 그린에서 또 다른 수준의 그린으로 퍼트할 경우 첫 번째 목표는 홀이 위치한 단으로 볼을 올리는 일이다. (Multi-tiered greens can be intimidating when putting from one tier to another. When putting from one level to another, the primary goal is to get ball onto the tier where the hole is located.)

이레귤래러티(언이븐 서페이스 참조)(irregularities, see uneven surface)

이(2)번 아이언(two-iron)

로프트 각 20-22도, 라이 각 57-59도, 길이 38.5인치 그리고 볼의 비거리 175-210야드(남성용 클럽)를 날릴 수 있는 아이언 클럽을 말한다. 옛 이름은 미드 아이언(mid-iron)이다.

- 예 요즈음, 가장 조화를 이룬 세트에서 번호가 시작되는, 2번 아이언 클럽으로 스윙에서 브라시와 맞먹는 스윙을 하게 된다. (The No. 2 iron, with which most matched sets start these days, is swinging equivalent of the brassie.) (Dai Rees, 1951)

이(2)번 우드(two-wood)

로프트 각 13-14도, 라이 각 54-56도, 길이 42.5인치 그리고 볼의 비거리 220-270야드(남성용 클럽)를 날릴 수 있는 우드 클럽을 말한다. 옛 이름은 브라시(brassie)이다.

- 예 나는 드라이버 대신 2번 우드 클럽을 권장한다. (I recommend the two wood instead of the driver.) (Tom Weiskopf, 1969)

이븐(even)

타수가 같은 경우 혹은 승패의 우열을 가리기 어려운 경우를 말한다. 특히 파로 정해진 코스에서 파와 같은 스코어를 낸 경우는 이븐 파(even par)라고 한다.

예 한 홀의 파기 4이고 그 홀에서 4 스트로크를 낸 경우 당신은 그 홀에서 이븐이다. 한 라운드의 파가 72이고 그 라운드에서 스코어 72를 낸 경우 당신은 그 라운드에서 이븐 파를 냈다. (If the par on a hole is 4 and you took 4 strokes, you are even that hole. If par for a round is 72 and you took 72 strokes, you had an even par round.)

이븐 파(이븐 참조)(even par, see even)

이퀄라이저(equalizer)

아이언 클럽 중 웨지(wedge)를 말한다. 특히 트러블(trouble)에서 탈출할 때 트러블 클럽을 사용하면 최소한 동등한(equal) 스코어를 낼 수 있다는 뜻을 내포하고 있다.

※ 미국의 탁월한 프로 벤 호건(Ben Hogan, 1912-97)이 그가 좋아하던 아이언 클럽 웨지에 붙인 이름이다. 그리고 그의 이름을 딴 클럽 세트에서는 피칭 웨지를 가리킨다.

예 지금까지 제작된 거의 대부분의 각 벤 호건 아이언 세트에서 로프트 각이 가장 큰 아이언인 피칭 웨지에는, 모든 사람들이 그 별명의 뜻을 알게 되었기 때문에, "이퀄라이저" 혹은 단순히 "E"라는 라벨을 부착하였다. (In nearly every set of Hogan irons ever made, the highest lofted iron – the pitching wedge – was labeled "Equlizer" or simply "E", as everyone came to know the meaning of that nickname.)

익스플로전(explosion)

볼이 벙커의 모래 속에 있을 때 로프트 각이 큰 클럽으로 볼 자체보다도 볼 뒤의 모래를 내리쳐서, 그 모래가 폭발하는 것처럼 튀겨 흩어지게 하는 압력을 이용하여, 모래와 함께 볼을 탈출시키는 익스플로전 샷(explosion shot)을 말한다. 벙커 플레이의 대표적인 방법이며 널리 이용된다. 벙커 플레이(bunker play) 혹은 블라스트(blast)라는 용어를 사용하기도 한다.

예 그는 아주 좋은 익스플로전 샷을 날렸는데 4타로 깃대에서 12피트 떨어진 곳에 볼을 올려 놓았다. (He played a fairly good explosion and lay four, 12 feet from the flag.) (Jack Nicklaus, 1969)

익제큐티브 코스(executive course)

파-5 홀이 없고 파-3 홀과 비교적 거리가 짧은 파-4 홀로 구성된 코스를 말한다.

※ 일반적으로 플레이 속도가 빠르며 장시간의 게임 기술이 크게 필요치 않은 장점이

있다. 다수의 인원이 단시간에 플레이할 수 있는 단체에 적합한 코스로 알려져 있다. 사업상 집행 간부(business executive)들에 대한 후원의 뜻이 있다.
- 예 익제큐티브 코스는 파의 합계가 전형적인 18홀 코스보다 현저하게 적은 코스이다. 여기에는 "9홀 코스"와 "파-3 코스"의 두 가지 유형이 있다. (An executive course is a course with a total par significantly less than that of typical 18-hole course. Two main types exist; a "9-hole course" and "par-3 course.")

익젬프트 플레이어(exempt player or exempt)

한 시즌(season)에서 받은 총 상금액 순위 목록의 정상급에 속하는 플레이어들 중에서 다음 시즌의 프로 투어에 참가할 수 있는 자격을 위한 큐 스쿨(Q school)이 면제된 플레이어를 말한다. 익젬프트(exempt)라고도 한다. 면제 자체는 익젬션(exemption)이라고 한다.
- ※ 익젬프트로 남기 위해서는, 그 투어에서 정한, 시즌 상금액 순위 이내에 들지 않으면 안 된다. 익젬프트 플레이어는 그 투어에 참가할 수 있는 자격의 투어 카드(tour card)를 받기 때문에 큐 스쿨을 통과할 필요가 없다.
- 예 디 오픈에는 현재 32개 큐 스쿨 면제 부문이 있다. 그 중요한 부문 중 하나는 최근 5년 간 다른 3개 메이저 대회 중 한 대회에서 우승한 모든 플레이어들이 포함된 것이다. (There are currently 32 exemption categories(The Open). One of significant categories is all players who have won one of the other three majors in the previous five years.)

인(혹은 인 코스, 백 나인 참조)(in or in course, see back nine)

인랜드 코스(inland course)

바다에 인접해 있지 않은 코스 즉 전통적인 스코틀랜드식 해변의 링크스랜드(linksland) 코스가 아닌 내륙 코스를 말한다.
- 예 오늘날 예일 골프 코스는 이 나라 혹은 유럽의 어느 내륙 코스와 비교하여도 뒤떨어지지 않은 고전적인 코스의 형태를 지니고 있다. (Today Yale Golf Course has a classical course which unexcelled in comparison with any inland course in this country or in Europe.)

인 바운즈(in bounds)

위원회가 정한 코스의 경계선 가장자리 안쪽의 모든 구역을 뜻한다. 그 가장자리 바깥쪽의 모든 구역은 아웃 오브 바운즈이다.

※ 정지한 볼 전체가 코스의 경계선 가장자리 바깥쪽에 있는 경우에 한해서 그 볼은 아웃 오브 바운즈이다. 플레이어는 코스 위에 있는 볼을 플레이하기 위하여 아웃 오브 바운즈에 설 수 있다.
예 볼의 어느 일부가 경계선 가장자리 위나 코스의 어느 다른 일부 위에 있는 경우 그 볼은 인 바운즈에 있는 볼이다. (A ball is in bounds when any part of the ball is above the boundary edge or any other part of the course.) (Rules of Golf, 2019)

인베스트먼트 캐스트(주조 참조)(investment cast, see cast)

인사이드(inside)

숏 게임(short game) 방법의 한 가지로 상대편 볼보다 더 홀에 가까운 안쪽의 위치를 확보하도록 플레이하는 요령을 말한다.
예 그는 그린에서 멋지게 브라운로우보다 안쪽을 확보하였는데 그의 볼이 홀에서 18피트 떨어져 있는 것에 비하여 상대편 볼은 35피트 떨어져 있었다. (He was nicely inside Brownlow on the green, eighteen feet away to his opponent's thirty-five.) (Herbert Warren Wind, 1956)

인사이드 아웃(inside out)

오른손잡이 플레이어의 경우 다운스윙에서 의도하는 목표 선에 대하여 안쪽에서 바깥쪽으로 진행하면서 볼을 타격하는 클럽 헤드의 궤도(軌道)를 말한다.
※ 일반적으로 인사이드 아웃 스윙은 볼에 시계 반대 방향으로 스핀이 걸리게 하여 후크 볼이 되게 한다. 인사이드 아웃 스윙은 양 무릎의 움직임이나 허리의 되돌리는 회전보다 먼저 양 어깨를 먼저 되돌린다든가 양손으로 다운스윙을 시작하기 때문에 일어나며 당연히 의도하는 목표 선에 대하여 클럽 헤드가 안쪽에서 바깥쪽으로 진행된다는 것이다. 인 투 아웃(in to out)이라고도 한다.
예 인사이드 아웃 스윙의 클럽 헤드 진행로에 따라 드로 볼을 치게 되는데 그것은 다수의 클럽 골퍼들이 추구(追求)했던 샷이다. (An inside out swing path hits a draw which the shot sought after by many club golfers.)

인증하다(certify)

스트로크 플레이에서 마커와 플레이어가 기록된 스코어가 정확하다는 것을 증명하기 위하여 물리적 서명(physical signature)이나 전자 인증(認證)(electronic certification) 방법으로 확인하는 것을 말한다.
※ 라운드가 끝났을 때 플레이어는 마커가 스코어 카드에 대하여 인증하는 것을 확인하지 않으면 안 된다.
예 라운드가 끝난 후 마커는 스코어 카드상의 홀 스코어에 대하여 인증하지 않으면 안

된다. 플레이어에게 두 사람 이상의 마커가 있었던 경우 각 마커는 그가 마커로 임무를 수행했던 각 홀의 스코에 대하여 인증하지 않으면 안 된다. (When round has ended, the marker must certify the hole scores on the score card. If the player had more than one marker, each marker must certify the scores for those holes where he or she was the marker.) (Rules of Golf, 2019)

인 코스(인 혹은 백 나인 참조)(in course, see in or back nine)

인터록킹 그립(그립 참조)(interlocking grip, see grip)

인터미디어트 러프(러프 참조)(intermediate rough, see rough)

인 플레이(in play)

플레이어의 볼이 코스 위에 있으며 그 홀의 플레이에 사용되고 있을 때 그 플레이어의 볼에 대한 상태를 말한다.

※ 플레이어의 볼은 티잉 구역 안에서 그 볼을 스트로크한 경우, 매치 플레이에서 플레이어가 티잉 구역 밖에서 볼을 스트로크하였는데 상대편이 규칙에 의하여 그 스트로크를 취소하지 않은 경우, 그 홀에서 처음으로 인 플레이 볼로 된다. 그 볼은 홀에 들어갈 때까지 인 플레이 상태를 유지하고 있는 볼이다.
그러나 그 볼이 코스에서 집어 올려진 경우, 분실되거나 아웃 오브 바운즈에 가서 정지한 경우, 다른 볼로 교체된 경우에는 더 이상 인 플레이 볼이 아니다. 인 플레이가 아닌 볼은 틀린 볼이다.
인 플레이 지점을 마크하기 위하여 그 장소에 볼 마커가 있는 경우
• 그 볼이 집어 올려진 경우가 아니면 그 볼은 여전히 인 플레이 볼이다.
• 그 볼이 집어 올려진 후에 리플레이스 된 경우 그 볼 마커가 제거되지 않았을지라도 그 볼은 인 플레이 볼이다.

예 이 규칙은 플레이어가 규칙에 의하여 앞서 스트로크했던 곳에서 다음 스트로크를 해야 하거나 그 스트로크가 허용된 모든 경우에 적용된다. 플레이어가 볼을 인 플레이로 하지 않으면 안 되는 방법은 앞서 한 스트로크를 코스 위의 어느 구역에서 했는가에 달려 있다. (This rule applies whenever a player is required or allowed under the rules to make the next stroke from where a previous stroke was made. How the player must put a ball in play depends on the area of the course where the previous stroke was made.) (Rules of Golf, 2019)

일반 구역(코스 구역 참조)(general area, see areas of the course)

코스 전체에서 다음과 같이 정의된 4개 구역을 제외한 코스 구역을 말한다: 즉 그 4개 구역은 (1) 플레이어가 플레이하는 홀에서 출발할 때 그 곳에서 플레이하지 않으면 안 되는 티잉 구역, (2) 모든 벙커, (3) 모든 페널티 구역, (4) 플레이어가 플레이하고 있는 홀의 퍼팅 그린이다.

- ※ 일반 구역에는 다음과 같은 구역이 포함된다.
  - 티잉 구역 이외의 코스 위에 있는 모든 티잉 장소
  - 모든 틀린 그린
- 예 플레이의 볼이 일반 구역 안에 있고 그 코스 위의 비정상적인 코스 상태에 의한 방해가 있을 경우 플레이어는 최초의 볼이나 다른 볼을 이 구제 구역 안에 드롭함으로써 벌 없는 구제를 받을 수 있다. (If a player's ball is in the general area and there is interference by an abnormal course condition on the course, the player may take free relief by dropping the original ball or another ball in this relief area.) (Rules of Golf, 2019)

일반적인 벌(general penalty)

매치 플레이에서는 그 홀의 패, 스트로크 플레이에서는 2벌타의 벌을 일반적인 벌이라고 말한다.

- 예 일반적인 벌 : 이 벌은 얻은 잠재적인 이익이 1벌타만 적용할 경우보다, 상당히 큰 모든 규칙 위반에 적용된다. (General penalty: This penalty applies for a breach of most rules, where the potential advantage is more significant than where only one penalty stroke applies.) (Rules of Golf, 2019)

일(1)번 아이언(one-iron)

로프트 각 약 17도, 라이 각 약 56도, 길이 39인치 그리고 볼의 비거리 185-220야드(남성용 클럽)를 날릴 수 있는 아이언 클럽을 말한다. 옛 이름은 드라이빙 아이언(driving iron)이다.

- 예 그리고 나서 그는 1번 아이언 클럽을 꺼내서 스트로크하였는데 볼이 약 200 야드를 넘어서 홀 인되었다. (He then took out a one-iron and holed the shot over some 200 yards.)

일(1)번 우드(드라이버 참조)(one-wood, see driver)

로프트 각 11-12.5도, 라이 각 54-56도, 길이 43-48인치 그리고 볼의 비거리 235-300야드(남성용 클럽)를 날릴 수 있는 우드 클럽을 말한다. 일반적으로 드라이버(driver)라고 한다.

예 우드 클럽은 로프트 각이 가장 작은 드라이버 혹은 1번 우드 클럽부터 시작하여 점차 숫자가 오르는 순서로 번호가 매겨진다. (Woods are numbered in ascending order starting with the driver, or 1-wood, which has the lowest loft.)

일시적인 물(temporary water)

지표면 위에, 비나 물을 뿌릴 때 생긴 물웅덩이 혹은 수역(水域)에서 넘쳐 흐른 물 등에 의한, 일시적으로 고인 물을 말한다.

※ 일시적인 물은 페널티 구역에 있지 않으며 플레이어가 스탠스를 취하기 전 혹은 후에 볼 수 있다. 이슬(露)과 서리(霜)는 일시적인 물이 아니다. 눈(雪)과 천연 얼음(氷)은 루스 임페디먼트이거나, 지면 위에 있는 경우, 일시적인 물의 어느 한 가지로 취급할 수 있다. 그리고 제조된 얼음은 장해물이다.

예 비정상적인 코스 상태에 관한 규칙은 동물의 구멍, 수리지, 움직일 수 없는 장해물 혹은 일시적인 물에 의한 방해로부터 허용되는 벌 없는 구제를 규정하고 있다. (Abnormal course condition rule covers free relief that is allowed from interference by animal hole, ground under repair, immovable obstructions or temporary water.) (Rules of Golf, 2019)

임시 움직일 수 없는 장해물(temporary immovable obstructions or TIO)

임시 움직일 수 없는 장해물(TIO)은 경기와 관련하여 고정되거나 쉽게 움직일 수 없도록 코스 위나 코스에 인접해서 세워 놓은 비영구적인 인공 물체를 말한다.

※ 임시 움직일 수 없는 장해물에는 천막, 스코어 보드, 관람석, TV 녹화타워, 간이 화장실 등이 있다. TIO에 의한 방해를 받는 경우 로컬 룰에 의한 구제를 받을 수 있다.

예 (1) 위원회는 코스 위나 코스 밖에 있는 임시 움직일 수 없는 장해물에 의한 방해로부터 벌 없는 구제를 허용하는 로컬 룰을 채택할 수 있다. (The committee may adopt a local rule allowing free relief from interference by temporary immovable obstructions on or off the course.) (Rules of Golf, 2019)

(2) 일반적으로 TIO로부터의 구제는 그 TIO의 물리적 방해나 가시선(可視線) 방해가 있을 때 허용된다. 물리적 방해는 플레이어의 볼이 TIO에 접촉해 있거나 그 안이나 위에 놓여 있는 경우 혹은 TIO가 플레이어의 의도하는 스탠스 구역이나 의도하는 스윙 구역을 방해할 경우에 존재한다. 가시선 방해는 플레이어의 볼이 TIO에 접촉해 있거나 그 안, 위나 아래에 놓여 있는 경우 혹은 TIO가 홀을 향한 플레이어의 가시선상에 있는 경우 (즉 볼과 홀을 연결한 직선상에 TIO가 있다), 혹은 홀에서 같은 거리의 원호(圓弧)에 연하여 측정할 때 그 볼이 홀을 향한 플레이어의 똑바른 가시선상에 있게 되는 TIO에서 1클

럽 길이 이내(이 1클럽 길이 폭이 있는 구역은 흔히 "복도"라고 부른다)에 있는 경우에 존재한다. (Relief from a TIO is normally allowed when there is physical interference or line of sight interference from the TIO. Physical interference exists when the player's ball touches or lies in or on a TIO, or the TIO interferes with the player's area of intended stance or area of intended swing. Line of sight interference exists when the player's ball touches or lies in, on or under a TIO, or the TIO is on the player's line of sight to the hole (that is, the TIO is located on the straight line between the ball and the hole), or the ball is within one club-length, measured on an equidistant arc from the hole, of a spot where the TIO would be on the player's direct line of sight to the hole (this one club-length wide area is commonly referred to as the "corridor").) (Official Guide – Committee Procedures, 8F Model Local Rule F-23, 2019)

임팩트(impact)

클럽 헤드가 볼을 치는 순간 즉 클럽 타면이 볼에 충돌하는 순간을 뜻한다. 일명 결정적인 순간(moment of truth)이라고도 한다.

- 예 당신이 임팩트에 도달할 때까지 당신의 체중은 약 70에서 75 퍼센트가 발 앞부분으로 옮겨 있어야 한다. (By the time you arrive at impact, approximately 70-75 percent of your weight should be shifted onto the front foot.)

입스(yips)

주로 성과에 대한 긴장 혹은 압박감 때문에 일시적으로 통제할 수 없는, 특정한 근육에 영향을 미치는, 신경상의 기능 장애 즉 국소 신경 이상증(focal dystonia)을 말한다.

- 예 독자들은 골프의 큰 스승인 아머가 '입(yip)'이라는 말을 처음 창안했다는 사실을 상기한다. . . 아머는 '입스(yips)'를 '숏 게임을 해치는 뇌 경련'이라고 정의하였다. 이때 '해치는'이라는 표현은 완곡(婉曲)한 표현이다. (Readers are reminded that word 'yip' was invented by T.D. Armour the great teacher of golf . . . Armour defines 'yips' as a 'brain spasm which impairs the short game.' 'Impairs' is a euphemism.) (Stephen Potter, 1968) *이를테면 '해치다(impair)'는 '망치다(spoil)'의 완곡한 표현. 아머(Tommy Armour, 1894-1968)는 스코틀랜드 출신의 탁월한 미국 프로 골퍼.

골프 용어 해설(Clarification of Golfing Terms) 자

자신의 권리 보호(protect his or her rights)

플레이어가 자신의 권리와 이익을 지키기 위하여, 매치 플레이에서 재정을 구하거나 스트로크 플레이에서 2개의 볼을 플레이하는 조치를 말한다.

- ※ 제이(2)의 볼(second ball) 및 재정을 구하기(request ruling)를 참조한다.
- 예 (1) 매치 플레이에서 플레이어와 상대편이, 그들 중 한 사람의 규칙 위반 여부에 관하여, 서로 동의하지 않은 경우 두 사람 중 누구든 규칙에 의하여 재정을 구하는 조치를 취함으로써 자신의 권리를 지킬 수 있다. (In match play, if the player and opponent disagree whether one of them has breached a rule, either player may protect his or her rights by asking for a ruling under rule.) (Rules of Golf, 2019)
- (2) 스트로크 플레이에서 한 홀을 플레이하는 동안 올바른 처리 절차에 관하여 의문이 있는 플레이어는 벌 없이 2개의 볼로 그 홀을 끝마칠 수 있다. (In stroke play, a player who is uncertain about the right procedure while playing a hole may complete the hole with two balls without penalty.) (Rules of Golf, 2019)

자연의 힘(natural forces)

바람, 물과 같은 자연의 영향 혹은 중력(重力)의 영향 때문에 분명한 이유 없이 무엇인가 일어나는 경우를 말한다.

- 예 자연의 힘(바람이나 물과 같은)이 플레이어의 정지한 볼을 움직인 원인이 된 경우 벌은 없으며 그 볼은 새로운 지점에서 플레이하지 않으면 안 된다. (If natural forces (such as wind or water) cause the player's ball at rest to move, there is no penalty and the ball must be played from its new spot.) (Rules of Golf, 2019)

자연 현상의 기상 상태(elements)

기상 변화에 의한 비바람이나 폭풍, 폭설, 혹서(酷暑) 등 플레이에 영향을 미칠 수 있는 기상 상태를 의미한다.

- 예 플레이어는 햇빛, 비, 바람 혹은 다른 자연 현상의 기상 상태로부터 보호받기 위하여 일부러 배치한 그의 캐디 혹은 다른 사람이나 물건이 있는 상태에서 스트로크해서는 안 된다. (A player must not make a stroke with his or her caddie or any other person or object deliberately positioned to give protection from sunlight, rain, wind or other elements.) (Rules of Golf, 2019)

잔디결(역결, 순결 참조)(grain, see against grain, with the grain)

잔디밭에서 잔디가 자라면서 집단적으로 잔디 잎이 한 쪽으로 기울어진 상태를 말한다.

- ※ 잔디를 깎은 뒤에도 그곳과 그 주변의 잔디가 같은 방향을 향한 경우가 많다. 특히 퍼팅 그린 위에서 홀까지의 잔디 종류와 잔디결에 따라 저항이 다르기 때문에 퍼트 한 볼의 속도에 영향을 미치게 된다.
- 예 잔디결은 그린 위에서, 그대로 바람직하게 위를 향하여 똑바로 자란 것이 아니라, 펑펑하게 누워 있는 산디에 붙인 용어이다. (Grain is the term given to grass that lies flat on green, instead of growing upright as is desirable.) (Bob Rosburg, 1963)

잔디를 짧게 깎은(페어웨이 잔디 높이나 그 이하로 깎은 참조)(closely mown, see cut to fairway height or less)

잠정구(provisional ball)

플레이어가 방금 플레이한 볼이 아웃 오브 바운즈가 될 가능성 혹은 페널티 구역 밖에서 분실 될 가능성이 있는 경우에 플레이하는 또 다른 볼을 말한다.

- ※ 최초의 볼이, 페널티 구역을 제외한, 코스의 어느 곳에서도 분실되거나 아웃 오브 바운즈가 된 경우 혹은 최초의 볼이 있다고 추정되는 지점보다 홀에 더 가까운 곳에서 잠정구를 플레이한 경우 잠정구가, 스트로크와 거리의 벌을 받고, 플레이어의 인 플레이 볼로 된다.
- 예 스트로크하기 전에 플레이어는 잠정구를 플레이하겠다는 것을 발표하지 않으면 안 된다. 플레이어가 단지 다른 볼을 플레이한다든가 다시 볼을 플레이한다는 말을 하는 것만으로는 충분하지 않다. 플레이어는 잠정구라는 말을 사용하거나 규칙에 의하여 잠정적으로 볼을 플레이한다는 사실을 달리 명확히 표시하지 않으면 안 된다. (Before the stroke is made, the player must announce that he or she is going to play a provisional ball. It is not enough for the player only to say that he or she is playing another ball or is playing again. The player must use the word "provisional" or otherwise clearly indicate that he or she is playing the ball provisionally under rule.) (Rules of Golf, 2019)

장거리 샷(length[2])

주로 드라이브 샷이나 장거리 클럽을 사용하여 성공적으로 날리는 장거리 샷을 말한다.

- ※ 티에서 홀까지의 거리 등은 단순한 거리(distance)로 표현한다.
- 예 (1) 훌륭한 골퍼들과 우수한 사람들이 장거리 샷에 대한 열망에 도취되어 가고 있다. (Good golfers and excellent fellows are becoming intoxicated with the passion for length.) (Harry Vardon, 1912)
  (2) 장거리 샷은 토너먼트 골프에서 분명히 나에게 이루 헤아릴 수 없는 도움을 주었던 것이 사실이다. (Length has certainly helped me immensely in tournament golf.) (Jack Nicklaus, 1969)

장비(equipment[1])

일반적으로 광범위하게 말할 때, 도구(implements) 및 기기(device)를 포함하여, 골프에 필요한 모든 물품을 가리킨다. 규칙에서는 휴대품(equipment[2])이란 말을 같이 사용하고 있다.

- 예 골프 장비의 형태에는 골프 볼 자체, 골프 볼을 치기 위하여 고안된 도구, 스트로크하는 과정에 도움이 되는 기기(器機) 그리고 어떤 방법으로든 풍부한 플레이 체험을 갖게 하는 품목들이 포함된다. (Types of equipment include the golf ball itself, implements designed for striking the golf ball, devices that aid in the process of playing a stroke, and items that in some way enrich the playing experience.)

장해물(obstruction)

코스와 분리될 수 없는 물체와 경계물을 제외한 모든 인공물을 말한다.

- ※ 장해물의 예들 들면 인공적인 경계를 포함한 인공 포장된 도로나 통로, 건축물 및 비막이 대피소, 스프링클러 헤드, 배수로나 관개(灌漑) 수로 혹은 제어(制御) 박스, 말뚝, 벽, 울타리 및 담(경계물인 경우는 아니다), 골프 카트, 잔디 깎는 기계, 자동차 및 다른 운송 차량, 쓰레기통, 도로 안내 표지 및 긴 의자, 플레이어의 휴대품, 깃대 및 고무래 등이다.

  장해물은 움직일 수 있는 장해물 혹은 움직일 수 없는 장해물 중 어느 한 쪽이다.
- 예 (1) 벌 없이 플레이어는 코스 위나 코스 밖의 어느 것에서도 움직일 수 있는 장해물을 제거할 수 있으며 어떤 방법으로도 할 수 있다. (Without penalty, a player may remove a movable obstruction anywhere on or off the course and may do so in any way.) (Rules of Golf, 2019)
  (2) 비정상적인 코스 상태 이외의 다른 것 때문에 볼 있는 그대로의 상태로 플레이하기가 분명히 불합리한 경우(예를 들어, 플레이어가 일시적인 물 안이나 움직일 수 없는 장해물 위에 서 있으나, 볼이 관목 속에 있기 때문에 스트로크 할 수 없는 경우) 규칙에 의한 구제는 없다. (There is no relief under rule when playing the ball as it lies would be clearly unreasonable because of something other than an abnormal course condition (such as, when a player is standing in temporary water or on an immovable obstruction

but would be unable to make a stroke because of where the ball lies in a bush.) (Rules of Golf, 2019)

재드롭(re-drop)
볼을 드롭했을 때 규칙에서 요구하는 조건을 충족하지 못한 경우 볼을 다시 드롭하는 것을 말한다. 규칙 현대화(2019) 이전에 사용했던 용어로 현재는 "다시 드롭하다(drop again)"라는 말을 사용한다.
- 예 볼이 지면에 떨어진 후 그 볼이 더 나쁜 라이에 와서 정지해 있다고 해서 재드롭하지는 않는다. (You don't get to re-drop because your ball came to rest in a worse lie after landing.)

재정(ruling or decision)
골프 규칙에 관한 올바르고 공정한 공식적인 판정을 뜻한다.
- ※ 판정은 위원회나 위원회가 임명한 심판원이 한다. 따라서 플레이어들은 심판원에 의한 사실에 관한 문제의 판정이나 규칙의 적용 방법에 따르지 않으면 안 된다. 심판원이 없거나 심판원이 위원회에 재정을 회부한 경우 그 위원회의 재정은 최종적이다.
R&A와 USGA는 규칙 현대화(2019) 이전에 규칙에서 의문되는 문제의 해결과 명확한 판정을 위하여 2년마다 최신의 규칙 해석에 관한 "골프 규칙 재정(裁定)(Decisions on the Rules of Golf)"을 발행하였다.
- 예 플레이어는 심판원의 재정을 위원회에 상소(上訴)할 권리를 가진 것이 아니다. (A player has no right to appeal a referee's ruling to the committee.) (Rules of Golf, 2019)

재정을 구하기(자신의 권리 보호 참조)(ruling request or asking for a ruling, see protect his or her rights)
매치 플레이에서 라운드 중 심판원이 없는 경우 플레이어들이 규칙을 어떻게 적용할 것인가에 관하여 서로 동의하지 않거나 의문이 있는 경우 어느 플레이어든 규칙에 의하여, 자신의 권리를 지키기 위한 수단으로, 재정을 구하는 조치를 말한다.
- ※ 심판원이나 위원회의 재정은 모든 플레이어에 대하여 구속력을 갖는다.
- 예 심판원이나 위원회가 합리적인 시간 내에 나타나지 않은 경우 플레이어는 뒤에 심판원이나 위원회가 나타났을 때 재정을 구할 것이라는 사실을 상대편에게 통보함으로써 재정을 요청할 수 있다. (If a referee or the committee is not available in a reasonable time, the player may make the request for a ruling by notifying the opponent that a later ruling will be sought when a referee or the committee becomes available.) (Rules of Golf, 2019)

적격 골프 볼 목록(list of conforming golf balls)

R&A의 사정(査定)을 받고 골프 규칙에 적합한 것으로 판정된 골프 볼의 상세한 목록을 말한다.

- ※ R&A는 경기와 경기 조건 제정에 참고할 수 있도록 이 목록을 정기적으로 자체의 웹사이트(www.randa.org)에 게시한다.
- 예 위원회는, 경기 조건에서, 플레이어가 사용하는 볼은 R&A에서 발행한 현행 적격(適格) 골프 볼 목록에 등재된 볼이 아니면 안 된다고 요구할 수 있다. (The committee may require, in the conditions of competition, that the ball the player plays must be named on the current list of conforming golf balls issued by the R&A.)

적격 드라이버 헤드 목록(list of conforming driver heads)

R&A의 사정(査定)을 받고 골프 규칙에 적합한 것으로 판정된 드라이버 헤드의 상세한 목록을 말한다.

- ※ R&A는 경기와 경기 조건 제정에 참고할 수 있도록 이 목록을 정기적으로 자체의 웹사이트(www.randa.org)에 게시한다.
- 예 적격 드라이버 헤드 목록은 USGA와(혹은) R&A에 사정(査定)을 위하여 제출된 그리고 골프 규칙에 적합하다고 확정된 모든 드라이버 헤드의 모델과 로프트 각에 대하여 이를 확인해주고 있다. (The list of conforming driver heads identifies the models and lofts of all driver heads that have been submitted for evaluation to the USGA and/or R&A and have been determined to conform to the rules of golf.)

전략형 디자인(strategic school of design)

골프 코스 설계상의 디자인 방식으로 단순히 열등한 샷에 스스로 불이익을 받도록 하는 모형보다는 오히려 플레이어의 도전 의욕을 고취시켜서 그에 대응한 사고의 반응을 유발할 수 있도록 벙커 등을 배치하여 탁월한 샷에는 그에 상응한 충분한 보상을 받을 수 있는 형식을 말한다.

- ※ 따라서 차후 그린에 볼을 올릴 수 있는 유리한 위치지만 더 큰 목적을 위하여 불리한 위치 쪽으로 볼을 날릴 때에는 어느 정도의 위험을 감수할 것인가를 평가할 수 있는 선택적이고 전략적인 사고가 필요하다.
- 예 전략형 디자인 코스에서는 일반적으로 벙커 등은 대각선으로 위치시키며 "위험에 따른 보상(報償)"의 기회를 주게 된다. (On a strategic school of design course, bunkers usually placed diagonally and "risk/reward" opportunities are created.)

점퍼(플라이어 참조)(jumper, see flyer)

정지한 볼(ball at rest or remain at rest or come to rest)
볼이 움직임 없이 놓여 있는 상태를 말한다. 이 외에 같은 뜻이지만 정지해 있는 볼(ball remain at rest), 와서 정지한 볼(ball come to rest) 등의 용어가 있다.
- 예 (1) 벙커 안에서 장해물을 제거할 때 볼이 움직여서 홀에 더 가까이 갔는데 그 볼을 리플레이스하면 볼이 정지해 있지 않을 상황이다. (Ball in bunker moves closer to hole when obstruction removed and ball will not remain at rest when replaced.)
  (2) 볼이 움직일 수 있는 장해물에 와서 기대어 정지하였다. (A ball come to rest against a movable obstruction.)

제2의 볼(자신의 권리 보호 참조)(second ball, see protect his or her rights)
스트로크 플레이 중 틀린 장소에서의 플레이에서 규칙 위반이 중대한가의 여부가 확실하지 않은 경우 혹은 올바른 처리 절차에 관하여 의문이 있는 경우 규칙에 의하여 자신의 권리를 지키기 위한 수단으로 두 번째로 플레이하는 볼을 말한다.
- 예 (1) 제2의 볼을 플레이하기로 결정하기 전에 스트로크를 한 경우 이 규칙은 전혀 적용되지 않으며 플레이어가 제2의 볼을 플레이하기로 결정하기 전에 플레이했던 볼로 낸 스코어를 카운트한다. (If the player make a stroke before deciding to play a second ball, this rule does not apply at all and the score that counts is the score with the ball played before the player decided to play the second ball.) (Rules of Golf, 2019)
  (2) 이 규칙에 의하여 플레이한 제2의 볼은 해당 규칙에 의하여 플레이한 잠정구와는 다르다. (A second ball played under this rule is not the same as a provisional ball under rule 18.3.) (Rules of Golf, 2019)

제일(jail)
형편없는 골퍼가 친 후 볼이 가서 정지였는데 그 상태에서 탈출이 거의 불가능한 곳을 의미한다(속). 인 제일(in jail) 혹은 데드[3](dead[3])라는 말을 사용하기도 한다.
- ※ 친 볼이 깊은 러프나 나무 숲에 들어간 경우 혹은 러프의 지면에 박힌 경우에 마치 나무가 감옥의 창살 기둥처럼 느껴진다는 것(jail for a golf ball)을 빗대어 하는 말이다.
- 예 제일은 흔히 서투른 골퍼가 볼을 친 후 그 골프 볼이 정지해 있는 곳으로 그곳에서 탈출하기란 거의 불가능한 곳을 말한다. (Jail - where a golf ball usually lies after a hacker hits it. A place from which escape is nearly impossible.)

져크(jerk)

러프, 모래 혹은 나쁜 라이에서 타이밍이 허물어진, 홱 잡아당기듯 급격한 스윙으로 클럽 헤드가 탄력을 잃은 채 볼 바로 밑의 지면을 파면서 치는 상태를 말한다.

- ※ 그러한 샷을 져크드 샷(jerked shot)이라고 한다. 또 리듬(rhythm)이 없고 순조롭지 못한 상태로 퍼트하는 골퍼를 져키 퍼터(jerky putter)라고 한다.
- 예 클럽으로 볼 바로 뒤를 빠른 컷 샷으로 쳐서 볼을 날리고 지면에 도달해서는 그대로 정지한 점으로 보아, 이는 져크 스트로크로 알려진 바와 같이, 아주 그대로 이루어진 것이다. (This is best accomplished by what is known as a "jerking" stroke, wherein the club strikes with a quick cut immediately behind the ball and comes to dead stop on reaching the ground.) (James P. Lee, 1895)

조이시어 자포니카(한국 들잔디 참조)(Zoysia japonica, see Korean lawngrass)

조 편성(draw²)

경기에서 상대편 혹은 동반 경기자를 결정하는 것을 말한다. 제비뽑기(lot) 방식을 채택하는 경우도 있다. 제비뽑기 자체를 의미하기도 한다.

- ※ 예선 라운드에 의하여 제출한 스코어 순위로 결정하는 일반 순위 조 편성의 경우 동점일 때는 스코어를 제출한 순서에 따라 결정 되는데 그 순서를 결정할 수 없을 때에는 눈가림 제비뽑기(blind draw) 방식을 채택한다.
- 예 플레이어들은 토너먼트 조직책으로부터 이메일로 조 편성에 관한 통지를 받게 될 것이다. (Players will receive notification of the draw by email from the tournament organizer.)

주니어 골퍼(junior golfer)

아마추어 골퍼(amateur golfer)로서 관할 단체가 정한 특정한 나이에 아직 도달하지 않은 골퍼를 말한다.

- 예 주니어 골퍼는 오직 주니어 골퍼로 한정된 경기에서 경기할 경우 그 비용을 받을 수 있다. (A junior golfer may receive expenses when competing in a competition limited exclusively to junior golfers.) (Amateur Status)

주니어 티(junior tee)

홀에서 맨 앞으로 나와서 포워드 티보다 더 앞에 설치되는, 홀까지 가장 가까운 거리의, 티를 말한다.

- ※ 일반적으로 주니어 혹은 초보자(beginner)들이 사용한다.

예 주니어 티 - 녹색 티 마커는 오히려 적색 티(여성용) 마커보다 더 짧은 거리를 나타내며 일반적으로 그곳에서 주니어와 초보자들이 치도록 표시하고 있다. (Junior tee - Green tee markers often have shorter yardage than even the red tee(women's) markers, and usually indicate where juniors and beginners hit from.)

주조(cast)

클럽 헤드 제작에서 녹인 쇠붙이를 액체 상태에서 헤드 모형이나 다른 용기에 부어 원하는 모양의 헤드를 제작하는 주조(鑄造) 방법을 말한다.

※ 이 방법은 단조(鍛造) 방법에 비하여 값이 싸고 주변 무게 분산(perimeter weighting) 등의 디자인이 가능하다는 장점이 있다. 인베스트먼트 캐스트(investment-cast)로 알려져 있다.

예 주조 방법은 똑같은 클럽을 대량 생산하기 위하여 모형이 사용되는 수단에 의한 빠른 공정(工程)이다. (Investment casting is a quick process whereby a mold is used to mass-produce identical clubs.)

중대한 위반(serious breach)

스트로크 플레이에서, 올바른 장소에서 하는 스트로크에 비하여, 틀린 장소에서 플레이한 결과로 플레이어가 현저한 이익을 받을 수 있는 경우를 말한다.

※ 중대한 위반이 있었는지의 여부를 결정하기 위하여 스트로크의 어려움 정도, 홀에서 볼까지의 거리, 플레이 선상에 있는 장해물의 영향, 스트로크에 영향을 미치는 상태 등을 비교한다. 매치 플레이에서는, 플레이어가 틀린 장소에서 플레이한 경우 그 홀의 패가 되기 때문에, 중대한 위반의 개념(槪念)은 적용되지 않는다.

예 플레이어가 규칙에 의하여 2개의 볼을 플레이했을 때 각각의 볼을 틀린 장소에서 플레이하여 중대한 위반이 있었던 경우 그 플레이어는 실격된다. (When a player plays two balls under the rule, if there was a serious breach in playing each ball from wrong place, the player is disqualified.) (Rules of Golf, 2019)

지거(jigger)

로프트 각이 중간 정도이며 타면이 얇고 샤프트가 짧았으며 특히 러닝 어프로치 샷에 사용했던 아이언 클럽을 말한다. 1920년대에 유행하였으며 현재는 사용하지 않는다.

예 지거는 겉모양이 클리크를 닮았으나 샤프트가 더 짧고 4번 아이언 정도의 무게가 나간다. (The jigger resembles a cleek in appearance but is shorter in the shaft and has the weight of a No.4.) (Abe Mitchell, 1937)

지면에 박히다(embedded)

플레이어가 앞서 한 스트로크의 결과로 볼이 스스로 지면에 만든 피치 마크 안에 있으며 그 볼의 일부가 지표면보다 아래에 있는 상태를 말한다.

- ※ 볼이 지면에 박힌 것으로 되기 위해서는 반드시 그 볼이 흙과 접촉해야 할 필요는 없다. 예들 들어 풀이나 루스 임페디먼트가 볼과 흙 사이에 끼어 있는 경우도 있다. 볼이 박힌 경우에는 (1)자체의 힘으로 지면에 만든 피치 마크 안에 있으면서 그 일부가 지표면 이하로 묻혀 있어야 한다. (2)볼이 흙에 접촉하고 있지 않은 상태에서도 그 일부가 지표면 이하로 묻혀 있으면 역시 지면에 박힌 볼이다. (3)그러나 풀 위에 얹힌 볼의 어느 일부라도 지표면 이하로 묻혀 있지 않으면 그 볼은 지면에 박힌 볼이 아니다.
- 예 위원회는 페어웨이 잔디 높이나 그 이하로 깎은 구역의 지면에 볼이 박힌 경우에 한하여 구제를 허용하는 로컬 룰을 채택할 수 있다. (The committee may adopt a local rule allowing relief only for a ball embedded in an area cut to fairway height or less.) (Rules of Golf, 2019)

지연(부당한 지연 참조)(delay, see unreasonable delay)

직각 홈(홈 참조)(square grooves, see groove[1])

클럽 페이스에 새겨 있는 U자형 홈(U-shaped grooves)을 말한다. 실험에 의하면 홈의 깊이와 넓이 그리고 다른 홈과의 거리가 같은 조건이면 V자형에 비하여 U자형 홈(직각 홈)의 클럽이 볼에 더 많은 스핀이 걸리게 하며 따라서 러프에서 볼 컨트롤이 더 용이하다.

- ※ 클럽 페이스에서 직각으로 패 있는 U자형 홈에 관하여 1990년 미국에서 직각 홈이 있는 핑 아이2(Ping Eye2) 아이언 클럽을 생산한 핑(Ping)사의 창업자 칼스텐 솔하임(Karsten Solheim)과 직각 홈이 있는 클럽은 규칙에 부적합하다고 생각한 유에스지에이(USGA) 사이에 소송 사건이 있었다. USGA는 캐나다의 골프 회사 애큐폼 골프(Accuform Golf)의 창업자 색션(John L. Saksun)을 상담역으로 영입하여 이 문제를 해결하도록 하였다. 결국 소송이 진행된 지 몇 개월 만에 색션은 가장 비용 효과가 큰 경제적인 해결책을 제시하였다. 따라서 USGA 측에서 1986~1990년 3월 31일 이전에 제작된 U자형 홈의 클럽(Ping Eye2 iron)에 대해서는 USGA의 새로운 규제를 면제해주고(grandfathered in) 칼스텐은 핑 아이2 클럽을 규칙에 맞게 재정비한다는 데 합의하고 그 소송 사건을 종결하였다.
- 예 본질적으로, USGA는 이전에 승인한 V자형 홈으로 되돌려서 모든 아이언 클럽(다만 웨지는 아니다)의 홈에 관한 원래 주장으로 다시 돌아갔는데, 그 V자형 홈은 가장 일반적인 형태지만 새로운 규칙에서 반드시 V자형 홈이 되어야 할 필요는 없다. (Essentially, the USGA has "rolled back" the grooves on all irons (not just wedges), reverting back to the previously approved V-grooves --

V-grooves are the most common, but under the new rule the grooves does not need to be V-shaped.)

진자 테스트(스프링 효과 참조)(pendulum test, see spring effect)

스프링 효과를 방지하기 위하여 진자(振子)와 같은 형태의 기구로 드라이빙 클럽의 적합성 여부를 테스트하는 방법을 말한다.

- ※ 클럽 타면에 강철로 된 작은 진자를 충돌시켜 그 접촉 시간 즉 특성 시간(characteristic time)을 측정하여 적합성 여부를 판단한다. 특성 시간이 길수록 스프링 효과도 크다. 따라서 규정된 특성 시간은 239마이크로초(microseconds, μs)로서 이때 최대 허용 오차 18마이크로초(μs)를 합한 257마이크로초(μs)를 초과해서는 안 된다.
- 예 이 체계(體系)는 R&A와 USGA가 관리하는 휴대용 진자 테스트 기구를 사용하여 드라이빙 클럽의 탄력성을 측정하는 절차를 취급한다. (This method covers the procedure for measuring the flexibility of a driving club using a portable pendulum testing apparatus as administered by R&A and USGA.) (Pendulum Test Protocol)

골프 용어 해설(Clarification of Golfing Terms)

채프맨(파인허스트 참조)(Chapman, see Pinehurst)

챔피언쉽 티(백 티 참조)(championship tee, see back tee)

토너먼트를 위한 티로. 백 티를 사용하지 않는 경우, 백 티 뒤에 설치하여 홀까지의 거리가 가장 원거리가 되는 티를 말한다.

※ 더 팁스(the tips)라고도 한다(속). 일반적으로 검은색으로 표시한다.

예 이 용어는 백 티가, 예를 들어 흔히 클럽 챔피언쉽과 같은, 토너먼트 플레이에 사용되기 때문에 그 이름이 나왔다. 그 뒤부터 챔피언쉽 티라고 부르게 되었다. (The term derives because the back tees are often the one used in tournament play – club championship, for example. Hence, "championship tees.")

챠지(charge)

1. 특히 홀을 향한 퍼트에서 과감하게 혹은 무모할 정도로 강하게 스트로크하는 것을 말한다.
2. 코스에서 공세적으로 그리고 성공적으로 플레이하는 상태를 말한다.
3. 다른 플레이어에게 밀려나고 있던 플레이어가 극적으로 훌륭한 플레이 성적을 내는 상태로 변하는 것을 말한다.

예 (1) 그녀는 홀까지 25피트 거리를 과감하게 퍼트하였는데 볼이 홀을 2피트나 지나가 버렸다. (She charged a 25-footer and it ran two feet past the hole.) (Woman Golfer, 1977)

예 (2) . . . 6-언더 파 즉 65타가 게시되었는데 . . . 결국 세 사람은 파-71, 거리 6,620야드의 오크우드 컨트리클럽 코스에서 공세적으로 그리고 성공적으로 플레이하였다. (. . . posted six-under-par 65s . . . The three charged the 6,620-yard, par-71 Oakwood C. C. course.) (New York Times, 1977)

예 (3) 나의 승리는, 대부분 뒤에 처져 있다가, 결코 포기하지 않은 가운데 극적으로 훌륭한 성적을 내서 이루어진 것들이다. (Most of my wins have come from charging up from behind – by never quitting.) (Sam Snead, 1962)

체크 업(check up)

백스핀이 많이 걸린 볼이 지면에 떨어져서 급히 정지하고 그 뒤에 뒤로 약간 구르는(backs up a bit) 현상을 말한다.

예 현재 내게 있어서 골프의 가장 큰 문제 중 하나는 실제로 볼이 지면에 떨어져서 급히 정지하고 뒤로 약간 구르며 줄곧 앞으로 구르지 않는 칩 샷을 날리는 것이다.
(One of my biggest problems in golf today, is hitting chip shots that actually check up and don't run on forever.)

초속(initial velocity)

클럽 헤드에 의하여 임팩트된 볼이 날아갈 때의 최초 속도(最初速度)를 말한다. 이에 대한 제한은 골프의 전통과 관습을 보존하기 위하여 볼의 날아간 거리와 굴러간 거리를 제한하기 위한 수단의 한 가지다.

- ※ 초속(初速)의 성확한 정의는 볼이 클럽 헤드와 같은 타격 수단에 의한 임팩트(impact) 후 2피트를 날아갈 때 측정한 볼의 속도를 말한다. 골프 볼은 R&A와 USGA 내규의 골프 볼 초속 표준(initial velocity standard)에 명기된 지정된 한도를 초과해서는 안 된다. 2008년 10월부터 유효한 R&A와 USGA의 테스트 규정(Initial Velocity Test Protocol)에 의하면 초속 표준은 초당 250피트(250ft/sec)로 되어 있다. 따라서 허용 오차를 포함하여 초당 255피트를 초과해서는 안 된다(250피트/초 + 5피트/초(2% 허용 오차) = 255피트/초).
- 예 R&A와 USGA는, 볼이 단단하고 육중한 장벽에 충돌했을 때의 반발 계수와 접촉 시간의 두 가지 측정을 통한 고도의 정확성을 활용해서, 볼의 초속(初速) 측정치를 추정(推定)하여 계산해 낼 수 있다는 사실을 발견하였다. (The R&A and USGA have found that initial velocity measurements may be estimated, with a high degree of certainty, through the measurement of both coefficient of restitution and contact time for impacts against a rigid, massive barrier.) (Prediction of Initial Velocity from COR and Contact Time - R&A, 2012)

총거리 표준(overall distance standard)

볼이 날아간(carry) 거리와 굴러간(roll) 거리를 합계한 거리에 대하여 이를 제한하기 위한 표준 거리를 말한다. 골프의 본질적인 전통과 관습을 보존하기 위하여 R&A와 USGA는 볼의 날아가고 굴러간 총거리를 통제하기 위한 방법의 하나로 규칙상 볼의 거리에 관한 제한을 정하였다.

- ※ 볼이 날아간 거리와 굴러간 거리를 합계한 거리는 R&A, USGA가 승인한 기구로 테스트할 때 R&A, USGA 내규의 골프 볼 총거리 표준에 명기된 지정된 거리를 초과해서는 안 된다. 2004년 6월 1일부터 유효한 R&A, USGA의 테스트 규정(Overall Distance Test Protocol)에 의하면 총거리 표준은 320야드(292.6m)로 되어 있다(317야드 + 3야드(최대 허용 오차) = 320야드).
- 예 골프 볼에 대한 총거리 표준으로 알려진 새로운 테스트 절차는, 골프 볼 제작에서 오직 기술적인 발달을 통하여 얻을 수 있는, 거리 획득으로 유리해진 상태에 대한 제한을 설정하기 위하여 계획되었다. (Known as the Overall Distance Standard for golf balls, the new testing procedure was designed to establish a limit on the distance advantage that may be gained solely through technological

advances in the manufacture of golf balls.) (USGA, 1976)

최대 스코어 경기(maximum score)

스트로크 플레이 방식으로 한 홀에 대한 플레이어나 플레이어 사이드의 스코어는, 파의 2배, 고정된 수(6, 8, 10 등) 혹은 네트 더블 보기(net double bogey)와 같은, 위원회가 정한 최대 스트로크 수로 제한되는 경기를 말한다.

- ※ 플레이 속도를 돕기 위하여 플레이어가 그 홀에서 자신의 스코어가 최대 스코어에 도달한 경우 스스로 그 홀의 플레이를 중단하도록 장려(奬勵)되고 있다. 플레이어가 규칙에 의하여 홀 아웃하지 않은 경우 그 스코어 카드에는 스코어를 기록하지 않거나 최대 스코어에 해당된 어떤 스코어 혹은 최대 스코어 이상의 스코어를 기록하지 않으면 안 된다.
- 예 플레이어가, 어떤 이유로든, 규칙에 의하여 홀 아웃하지 않은 경우 그 홀에서 스코어는 최대 스코어가 된다. (A player who does not hole out under the rules for any reason gets the maximum score for the hole.) (Rule of Golf, 2019)

최대한의 구제를 받을 수 있는 지점(완전한 구제의 가장 가까운 지점 참조)(point of maximum available relief, see nearest point of complete relief)

완전한 구제의 가장 가까운 구제 지점이 없는 경우 벙커 안이나 퍼팅 그린 위의 비정상적인 코스 상태에서 벌 없이 구제를 받기 위한 기점(基點)을 말한다.

- ※ 최대한의 구제를 받을 수 있는 지점은, 볼이 있는 최초의 지점에 가장 가까우나 홀에 더 가깝지 않고, 요구되는 코스 구역 안에 있으며, 그러한 상태가 없었다면 볼이 있었던 최초의 지점에서 플레이어가 당연히 했을 것으로 보는 스트로크를 할 때 그러한 비정상적인 코스 상태에 의한 방해가 가장 작은, 볼이 놓일 추정 지점이다. 최대한의 구제를 받을 수 있는 지점은 볼의 라이, 플레이어의 의도하는 스탠스나 스윙 구역에 대한, 그리고 퍼팅 그린 위에 한해서는, 플레이 선에 대한 상대적인 방해의 정도로 비교하여 찾아낸다.
- 예 완전한 구제의 가장 가까운 구제 지점이 없는 경우 플레이어는 아직 최대한의 구제를 받을 수 있는 지점을 기점으로 사용하여 이 벌 없는 구제를 받을 수 있는데 이때 최대한의 구제를 받을 수 있는 지점은 퍼팅 그린 위나 일반 구역 안의 어느 한 곳에 있지 않으면 안 된다. (If there is no such nearest point of complete relief, the player may still take this free relief by using the point of maximum available relief as the reference point, which must be either on the putting green or in the general area.) (Rules of Golf, 2019)

쵸크[1](choke[1])

스윙할 때 회전 반경을 짧게 하기 위하여 평상시보다 클럽 헤드에 가까운 아래쪽으로 샤프트를 내려 잡는 것을 말한다.
- ※ 따라서 클럽을 짧게 그립할 때 쵸크 다운 온(혹은 쵸킹 업 온)(choke down on or choking up on) 혹은 그립 다운(grip down)이라고 한다.
- 예 (1) 나는 처음부터 끝까지 스윙하는 동안 확실히 볼에 더 가까이 다가가 있기 위하여 클럽 샤프트를 내려 잡았다. (I choked down on the club, to make sure I stayed down to the ball throughout the swing.) (Sam Snead, 1962)
  (2) 나는 5번 아이언을 사용, 샤프트를 내려 잡고 강타하여, 나무 사이를 통해서 볼을 탈출시키고 . . . (I used a 5-iron, choking up on it, punched the ball out through the trees . . .) (Arnold Palmer, 1963)

쵸크²(choke²)

플레이할 때 신경 과민 상태가 되는 것을 말한다.
- ※ 1940년대부터 미국의 스포츠 특히 야구, 농구, 테니스 등에서 많이 사용하는 용어로 신경 과민 상태 혹은 다른 정신적 영향으로 침이 마르고 삼키기 어려우며 심한 경우 목 경련이 일어나는 정신 의학적으로 심신증(心身症) 상태를 말한다.
- 예 때로는 특정한 홀이 신경 과민 상태를 유발할 것이다 . . . 예를 들어 사이프러스 18번 홀과 같은 신경 과민 홀처럼 . . . (Somtimes a particular hole will cause a choke - a choke hole . . . like the 18th at Cypress.) (Dave Marr in George Plimpton, 1967)

출발 시간(starting time)

플레이어가 라운드의 첫 번째 홀의 티잉 구역에서 스트로크하여 그 라운드를 시작하는 시간을 말한다. 티 타임(tee time)이라고도 한다.
- ※ 출발 시간이 오전 10시 28분(10:28)이라면 정확한 그 시간에 첫 번째 티에 나와 있어야 한다. 그 때는 이미 플레이할 준비 운동을 끝내고, 장갑을 착용하고, 볼과 티(tee peg)를 손에 쥐고, 사용할 클럽을 손에 들고 있어야 한다.
- 예 출발 시간이 어떤 이유로(기상, 다른 조의 늦은 플레이, 혹은 심판원에 의한 재정이 필요한 경우 등) 지연된 경우 플레이어의 조(組)가 출발할 수 있을 때 플레이어가 나타나고 플레이할 수 있는 준비가 되어 있는 경우에는 이 규칙에 위반되지 않는다. (If the starting time is delayed for any reason (such as weather, slow play of other groups or the need for a ruling by a referee), there is no breach of this rule if the player is present and ready to play when the player's group is able to start.) (Rules of Golf, 2019)

칠리 딥(chili-dip or chilly-dip)

피치 샷에서 클럽이 볼을 치기 전에 땅을 먼저 치는 잘못된 샷으로 볼이 약하지만 조금 높이 오르고 아주 짧은 거리를 굴러가거나 거의 굴러가지 않는 상태를 말한다(속).

- ※ 칠리 딥은 칠레 고추(chili)가 들어간 멕시코 요리. 요리할 때 타코(taco)에 너무 많은 칠리 소스(chili sauce)를 떠서 얹었기 때문에 다른 재료들과 함께 다시 흘러 내려서 그릇 속에 흩어지는 모양을 빗댄 표현이다.
- 예 (1) "칠리 딥"은 대부분의 골퍼들이, 웨지를 사용한 칩 샷과 피치 샷에서, 땅을 먼저 친 경우를 설명할 때 사용하는 용어이다. 칩 샷이나 피치 샷에서 볼보다 땅을 먼저 치는 칠리 딥이 된 경우 스윙이 끝난 뒤에도 아직 볼이 발 옆에 그대로 있을지도 모른다. ("Chili dip" is a term most golfers use when describing wedge shots – chips and pitches – that are hit fat. When you chili dip a chip shot or pitch shot, the ball might still be at your feet after you complete the swing.)
  (2) "일정한 기압이 유지되는 상태에서 우주복이 너무 불편하였기 때문에 두 손을 편하게 다룰 수 없었고 몸을 돌리는 어떤 동작도 불가능하였다. 결국 이것은 땅을 먼저 치는 일종의 한 손으로 하는 칠리 딥이었다." ("The suit was so clumsy, being pressurized, it was impossible to get two hands comfortably on the handle and it's impossible to make any kind of a turn. It was kind of a one-handed chili-dip.") (Alan Shepard Jr. talking about his moon shot to Ottawa Golf Magazine)

칠(7)번 아이언(seven-iron)

로프트 각 38-40도, 라이 각 61-63도, 길이 36인치 그리고 볼의 비거리 125-160야드(남성용 클럽)를 날릴 수 있는 아이언 클럽을 말한다. 옛 이름은 매시 니블리크(mashie-niblick)이다.

- 예 7번 아이언 클럽을 사용할 때는 볼을 완전히 중앙에 놓는 것보다 조금 더 왼발이 있는 쪽으로 놓도록 한다. (When using a 7-ron, you should lay your ball a little more to your left foot instead of perfectly centered.)

칩 샷(chip shot)

그린에 가까운 에이프런이나 페어웨이 혹은 가벼운 러프 지역에서 볼이 낮게 튀어 올라 그린 위의 가장자리 근처에 떨어진 다음 그 볼이 그린 위를 굴러가서 홀에 이르도록 치는 어프로치 샷의 한 방법으로 가장 많이 사용하는 방법이다.

- ※ 일반적으로 아이언 4번에서 웨지까지의 클럽을 사용하며 백스핀이 거의 걸리지 않도록 친다. 러닝 어프로치(running approach)와 유사하다.
- 예 칩 샷은, 샷 그 자체로서 독특한 하나의 샷 종류이지만, 월터 헤이건이 어프로치의 훌륭한 장점을 예증(例證)했을 때 비로소 오늘날과 같은 탁월한 방식으로 인정되었다. (But the chip shot, as a distinct species of shot in itself, never quite reached its present prominence until Walter Hagen illustrated the merit of good approaching.) (Roger Wethered, 1931)

칩앤런 샷(범프앤런 샷 참조)(chip-and-run shot, see bump-and-run shot)

칩 오프(chip-off)

동점일 때 승자를 결정하는 방법으로 시행하는 서든 데스 칩 샷(sudden death chip shot)을 말한다.
- ※ 일반적으로 18홀에서 시행한다. 그린 근처의 일정한 거리에서 홀에 가장 가깝게 볼을 붙인 플레이어가 우승한다.
- 예 칩 오프는 동점일 때 승자를 결정하는 방법으로 보통 18홀에서 서든 데스 칩 샷을 하게 된다. (A chip-off is a method of breaking ties in which the players make sudden death chip shots, usually at the 18th hole.)

칩인(chip in)

칩 샷으로 홀 아웃한 상태를 말한다. 즉 칩 샷으로 날린 볼이 그대로 홀에 들어가는 것을 뜻한다.
- 예 그는 한 번 퍼트하여 홀 아웃한 경우가 10번 있었는데 한 번은 칩 샷한 볼이 홀 인 되어 이글을 달성하고 스코어 3을 냈으며 . . . (He one-putted 10 times, once chipped in for an eagle three . . .) (New York Post, 1977)

칩퍼(chipper)

주로 퍼팅 그린 밖에서 칩 샷에 사용할 목적으로 디자인된 아이언 클럽으로 로프트 각이 10도 이상이다.
- ※ 규칙상 칩퍼의 샤프트는 클럽의 힐(heel)에 부착되어야 하며 그립은 한 개가 있어야 하고 그 횡단면은 원형이어야 한다.
- 예 내가 앞서 말한 의견에 따라, 사실을 이해한 많은 열렬한 팬들은, 그들이 애정을 다하여 '칩퍼'라고 부르는 독특한 클럽을 휴대하고 . . . (Many addicts, realizing the truth in my foregoing remarks, carry a special club which they affectionately call their 'chipper', ...) (George Houghton, 1957)

칩핑 스웨일(프린지 스웨일 참조)(chipping swale, see fringe swale)

골프 용어 해설(Clarification of Golfing Terms)

카(카트 참조)(car, see cart)

카드(스코어 카드 참조)(card, see score card)

카트(cart)

골프 카트를 말한다. 골프 클럽을 넣은 골프 백을 싣고 코스에서 끌 수 있도록 제작된 두 바퀴가 달린 작은 손수레(트롤리, trolley)를 의미한다. 수동식과 동력식(클럽, 골퍼 이동용)이 있다. 다만 카(car), 캐디 카, 캐디 카트 혹은 골프 카(golf car)라고도 한다.

- 예 전동(電動) 카트를 타 본 느낌이 어떤가? 나는 평생 한 번도 카트를 이용해 본 적이 없다. 그리고 앞으로도 결코 이용하지 않을 것이다. (How does it feel to ride in an electric cart? I have never used one in my life. I never will.) (Tommy Bolt, 1971)

카트로(cart path or car path)

골프 카트를 운행할 수 있도록 필요한 재질로 인공 포장된 코스 위의 도로 혹은 통로를 말한다.

- ※ 일반적으로 인공 포장된 도로는 골프 규칙상 비정상적인 코스 상태(움직일 수 없는 장해물)로 취급한다.
- 예 데니엘 양의 강력한 드라이브 샷으로 날린 볼이 포장된 카트로에 맞고 튀어서 우거진 나무들 속으로 들어가 버렸다. (Miss Daniel's high drive bounced on a paved cart path and the ball flew away into heavy trees.)(Gordon S. White, 1978)

칸투어(contour)

골프 코스 설계 특히 그린에서 지형의 기복, 경사, 언줄레이션 등의 지형 변화를 의미하는 설계상 용어를 말한다.

- ※ 일반적으로 칸투어는 지형의 고저를 나타내는 방법으로 같은 높이를 연결한 선, 즉 등고선(等高線, contour line)을 의미한다.
- 예 다음은 퍼팅 면에서 볼 수 있는 일반적인 지형 변화에 의한 지형의 모양들이다: 즉 경사, 지면층, 언줄레이션, 우묵한 땅, 낮은 지역, 둥근 언덕, 마운드, 작은 산마루 그리고 가파르면서 일부는 완만한 구릉지 등이다. (The following are some common contour features found in the putting surface: slopes, decks,

undulations, bowls, swales, humps, mounds, ridges and hogbacks.)

칼러(에이프런 참조)(collar, see apron)

캐디(caddie)
라운드 중에 플레이어의 클럽을 들어 나르거나 운반하거나 취급하며 필요한 어드바이스를 주는 수단으로 플레이어를 돕는 사람을 말한다.
- ※ 플레이어의 캐디는 플레이어가 어드바이스를 구할 수 있는 유일한 사람(파트너나 파트너의 캐디는 제외)이다. 플레이어는 라운드 중 캐디의 행동에 대하여 책임을 지며 그 캐디가 규칙을 위반한 경우 벌을 받게 된다. 플레이어는 어느 한 시점(時點)에도 2사람 이상의 캐디를 고용해서는 안 된다. 캐디를 일명 루퍼(looper)라고도 하는데 둥그런 고리와 같은 플레이 라운드를 돈다고 해서 나온 말이다(속).
- 예 (1) 플레이어는 라운드 중 캐디를 교체할 수 있으나 단지 그 새로운 캐디로부터 어드바이스를 받을 목적으로 일시적으로 교체해서는 안 된다. (The player may change caddies during a round, but must not do so temporarily for the sole purpose of getting advice from the new caddie.) (Rules of Golf, 2019)
  (2) 캐디는 사라져 가는 직종이다. 전동 카트가 점점 더 유행하는 사이에 캐디는 점점 더 부족하게 된다. (Caddies are a dying breed. They are getting scarcer and scarcer while electric carts are getting more and more prevalent.) (Buddy Hackett, 1968)

캐디 마스터(caddie master or caddy master)
캐디의 양성, 교육 훈련, 관리 감독 및 배속을 위하여 골프 클럽에서 임명한 직원을 말한다.
- ※ 훌륭한 캐디의 배출은 캐디 마스터의 역할이 크다.
- 예 오거스터 내셔널 골프 클럽에서 캐디들은 그들의 골퍼들을 골라잡지 않는다. 캐디 마스터가 그들을 배당한다. (At Augusta, the caddies do not get to pick their golfers. They are assigned by the caddie master.) (Dick Schaap, 1970)

캐디 카(혹은 캐디 카트, 카트 참조)(caddie-car or caddie cart, see cart)

캐디 피(caddie fee)
라운드 중 플레이어의 골프 클럽을 운반하고 원조해준 서비스에 대한 대가로 캐디에게 주는 요금을 말한다.

- 예 라운드가 끝나면 모든 캐디 피는 반드시 현금으로 직접 그 캐디에게 지불되어야 한다는 것을 유념해 주시기 바랍니다. (Please note that all caddie fees must be paid in cash at the completion of the round direct to the caddie.)

캐리¹(carry¹)

클럽을 골프 백에 넣고 가져가거나 손에 들고 혹은 잡고 운반하는 것을 말한다.
- 예 후년에 나는 멋셀버러 골프 클럽에 오는 유명한 플레이어들 대부분의 클럽을 운반하는 명예를 누렸다. (In later years I had the honour of carrying to most of the prominent players who came to Musselburgh.) (Robert Ferguson, 1907)

캐리²(carry²)

볼이 지면에 떨어지기 전에 추진력이 소모될 때까지의 거리를 공중으로 날아가거나 벙커, 페널티 구역 혹은 장해물을 넘어가는 것을 말한다.
- ※ 따라서 총거리(總距離)는 볼이 공중으로 날아간 거리와 볼이 지면에 떨어져서 굴러간(roll) 거리를 모두 합계한 거리를 뜻한다.
- 예 (1) 볼이 날아간 거리와 굴러간 거리를 합계한 거리는 알앤에이에서 승인한 기구로 테스트할 때 골프 볼 총거리 표준에 명기된 조건에 의하여 지정된 거리를 초과해서는 안 된다. (The combined carry and roll of the ball, when tested on apparatus approved by the R&A must not exceed the distance specified under the condition set forth in the Overall Distance Standard for golf balls.)
  (2) 역풍이 부는 가운데 그가 마지막 홀의 백 티에서 플레이한 볼이 그 도로를 넘어갔다. (He carried the road against a wind from the back tee at the last hole.) (Andrew Kirkaldy, 1921)

캐리 백(carry bag)

골퍼들이 보통, 클럽들을 넣고, 운반할 수 있는 가벼운 골프 백을 말한다.
- ※ 그 외에 다리를 펴서 세워 놓을 수 있는 골프 스탠드 백(golf stand bag)이 있다. 크고 무거운 골프 백은 스태프 백(staff bag)이라고 한다.
- 예 이 접을 수 있는 무게가 가벼운 캐리 백에는 소수의 클럽이든 완전한 한 세트의 클럽이든 들어갈 수 있을 것이다. (This collapsible, lightweight carry bag will hold a few clubs or a full set.)

캐리어 그랜드 슬램(그랜드 슬램 참조)(Career Grand Slam, see Grand Slam)

캐리 오버(carry over or carryover)

1. 스트로크하여 날린 볼이 벙커, 페널티 구역, 장해물 혹은 나무 숲 등을 날아서 넘어가는 현상을 말한다.
2. 승패의 결정 혹은 내기에서 승자의 결정을 다음 홀이나 다음 게임으로 이월(移越)하는 것을 말한다. 스킨스(Skins) 게임에서는 동점의 경우 그때까지 이월된 판돈과 그 홀의 스킨 판돈은 다음 홀로 넘어간다(carryover).

- 예 (1) 130야드 거리다. 두 번째 샷으로 날린 볼이 바닷물이 있는 곳을 완전히 넘어간 것이다. (The 130-yd. Second is a full carry over salt water.) (Anthony F. Merrill, 1950)
- 예 (2) 예를 들어, 친선 스킨스 게임은 홀당 1달러 내기로 플레이할 수도 있다. 이때 연속해서 3개 홀을 우승자 없이 플레이한 경우 4번째 홀에서 내기 돈은 4달러가 되는데 그것은 그 홀의 내기 돈 1달러와 각 홀에서 1달러씩 이월된 3달러를 합계한 돈이다. (For example, a friendly skins game might be played for $1 per hole. If three holes in a row are played without a winner, then the fourth hole is worth $4 ($1 for its own value, plus a dollar for each hole that carries over).)

캐비티 백(cavity back)

아이언 헤드 제작 방법의 한 가지로 헤드의 무게를 외곽으로 배분시켜 스위트 스폿(sweet spot) 역할 범위를 크게 하고 무게 중심을 낮게 유지하여 볼을 쉽게 그리고 효과적으로 칠 수 있도록 헤드 뒤쪽 가운데 부분이 움푹 들어간 모양으로 설계하는 것을 말한다.

- 예 이와 같이 아이언 클럽 헤드의 뒤쪽 가운데 부분이 움푹 들어가게 된 캐비티 백이 형성되어 클럽 타면의 뒤쪽 중앙에서 헤드 무게가 다른 곳으로 이동되는데 그것은 클럽 헤드의 보다 큰 무게가 헤드의 주변 혹은 가장자리에 분산되어 있는 것을 의미한다. (Creating such a cavity in the back(cavity back) of an iron head removes weight from behind the center of the clubface, meaning more of the clubhead's mass is around the perimeter, or edges, of the clubhead.)

캐스팅 더 클럽(casting the club)

백스윙의 절정에서 플레이어의 클럽을 쥔 손목이 뒤로 젖혀졌다가 제자리로 되돌아오는 손목의 언콕크(uncock) 동작이 바로 다운스윙을 시작하기 전에 나타나는 것을 말한다. 즉 손목이 제자리로 되돌아오는 동작이 너무 빨라서 정확한 다운스윙이 되지 못하고 볼의 비거리를 잃게 되는 현상을 뜻한다. 캐스팅(casting)이라고도 한다.
- ※ 클럽을 쥔 양 손목이 허리 높이까지 내려오기 바로 전에 코크(cock) 상태가 풀어지기 시작하는 것이 중요한데 톱 오브 더 스윙(top of the swing)에서 바로 클럽을 내던지는 것처럼(casting the club) 손목과 클럽을 일직선으로 연결되는 모양과 같이 전환하는 것은 정확한 다운스윙과 임팩트로 연결되지 못하는 결과가 될 수 있다. 이러한 현상에 대하여 마치 제물낚시에서 낚싯대를 던지는(fishing from the top) 모양과 같거나 절정에서 실제로 클럽을 던지는 것(throw the club from the top)과 같다는 표현도 있다.
- 예 이 문장 가운데 스윙의 최정점(最頂點)에서 클럽을 던진다는 표현은 실제 문자 그대로 클럽을 던지는 행동을 의미하는 것은 아니다. 그리고 단순히 또 다른 말 표현이 있는데 그것은 클럽을 내던지듯 혹은 절정에서 낚싯대를 던지듯이라는 말이다. (To throw the club from the top does not mean literally to throw the club; it is simply another phrase for casting the club or fishing from the top.)

캐주얼 워터(casual water)

페너티 구역 안에 있지 않으며 플레이어가 스탠스를 취하기 전 혹은 취한 후에 볼 수 있는 코스 위에 일시적으로 고인 물을 말한다. 규칙 현대화(2019) 이전에 사용했던 용어로 현재의 "일시적인 물"을 의미한다.
- 예 벙커 안에 있는 캐주얼 워터는 페어웨이나 그린 위에 있는 캐주얼 워터와 같은 것이 아니다. (Casual water in a bunker is not the same thing as casual water on the fairway or green.) (W.H. Faust, 1929)

캔(can)

홀 자체를 말하거나 퍼트로 홀에 볼을 가라앉히는 것을 말한다(속).
- ※ 플레이어의 어려운 퍼트가 기적적으로 성공한 경우 그 볼이 홀에 정확히 들어갔다(canned it)라고 말한다.
- 예 (1) 지미가 말하기를 "스니드에게 다른 것이 있다면 그것은 홀에서 볼을 집어 올릴 때 그는 곱사등처럼 등을 구부린다는 점이다." ("The only difference in Snead," said Jimmy, "is that he is getting humpbacked from picking balls out of the can.") (The Education of a Golfer, 1962)
- (2) 3번 홀에서 그가 40피트 거리의 퍼트를 시도하였는데 그 볼이 홀에 가라앉았다. (On the third hole he tried to a 40-foot putt and canned it.) (Howard Liss, 1974)

캘러웨이 시스템(Callaway System)

대부분의 골퍼들이 실제로 공식적인 핸디캡 인덱스를 갖고 있지 않거나 부정확한 경우 라운드가 끝난 뒤 골프 기술에 관계없이 정해진 표에 의하여 각 골퍼가 낸 그로스 스코어를 조정해서 서로 공정한 스코어를 산정할 수 있도록 즉석 핸디캡 허용량(handicap allowance)을 결정하여 네트 스코어를 내는 방법을 말한다.

※ 1947년 미국 노스 캐롤라이나주 파인허스트(Pinehurst, N.C.) C. C.의 영국 출신 프로 라이오넬 캘러웨이(Lionel Callaway, 1895-1988)가 고안하였다. 라운드가 끝난 뒤 골퍼의 그로스 스코어를 내고 정해진 표에 의하여 순서대로 최악의 홀 스코어를 합계한다. 그리고 그 타수를 공제할 수 있는 핸디캡으로 간주한 다음 여기에 −2에서 +2타까지를 더하고 빼는 2차 조정을 끝낸 후 그 결과를 그로스 스코어에서 빼면 골퍼의 네트 스코어를 낼 수 있다. 그 정해진 표는 다음과 같다

그로스					핸디캡 공제
70	71	72			스크랫치
73	74	75			최악의 홀 스코어의 1/2
76	77	78	79	80	1개 최악의 홀 스코어
81	82	83	84	85	1개 최악의 홀 스코어, 그 다음 최악의 홀 스코어의 1/2
86	87	88	89	90	순서대로 2개 최악의 홀 스코어
91	92	93	94	95	순서대로 2개 최악의 홀 스코어, 그 다음 최악의 홀 스코어의 1/2
96	97	98	99	100	순서대로 3개 최악의 홀 스코어
101	102	103	104	105	순서대로 3개 최악의 홀 스코어, 그 다음 최악의 홀 스코어의 1/2
106	107	108	109	110	순서대로 4개 최악의 홀 스코어
111	112	113	114	115	순서대로 4개 최악의 홀 스코어, 그 다음 최악의 홀 스코어의 1/2
116	117	118	119	120	순서대로 5개 최악의 홀 스코어
121	122	123	124	125	순서대로 5개 최악의 홀 스코어, 그 다음 최악의 홀 스코어의 1/2
126	127	128	129	130	순서대로 6개 최악의 홀 스코어
−2	−1	0	+1	+2	2차 핸디캡 조정

* 다음 조건을 지켜야 한다.
1. 상기 표는 파-72 코스에 적용되는 것으로 파의 수치가 다르면 그로스 스코어에서 그 차이만큼을 더하거나 빼야 한다.
2. 1/2스코어는 사사오입하여 정수로 한다.
3. 공제할 수 있는 최대한도의 핸디캡은 50이다.
4. 모든 홀에서 더블 파를 넘는 스코어는 적용하지 않고 최고 더블 파로 한다.
5. 샷 건(shot gun) 방식을 사용하지 않는 한 17번, 18번 홀 스코어는, 그 중에 골퍼의 가장 높은 스코어가 있을지라도, 핸디캡 공제로 사용하지 않는다.
(적용); A, B, C 골퍼가 각각 낸 그로스 스코어가 64, 71, 97인 경우 A와 B는 표에 의하여 스크랫치이기 때문에 핸디캡 조정이 없다. 그러나 C는 표에 의하여

순서대로 3개 최악의 홀 스코어를 공제해야 하기 때문에, 그의 스코어 카드에서 스코어 9, 8 그리고 7이라고 가정하면, 그 3개 홀 스코어의 합계 24가 핸디캡 공제 스트로크 수로 나타난다. 그리고 표의 밑줄에 있는 2차 핸디캡 조정에서 97에 해당된 밑줄의 -1을 적용하여 24-1=23이 된다. 따라서 C의 최종 핸디캡 허용량은 23이며 C의 네트 스코어는 97-23=74가 된다.

- **예** 캘러웨이 시스템은 확정된 핸디캡을 가진 플레이어가 아무도 없을 때 토너먼트에서 네트 스코어 상을 결정하기 위한 방법이다. (The Callaway system is a way of determining net-score prizes in a tournament when none of the players have an established handicap.)

캘커타(Calcutta)

토너먼트를 시작하기 전에 경매를 통하여 공개적으로 모든 참가 팀이 팔리게 되는 내기 혹은 도박을 위한 게임을 말한다. 내기에 건 돈은 사전에 결정된 조건에 따라 우승팀에게 배분된다.

- ※ 대부분 포볼 방식으로 플레이하며 8~16개 팀이 한 플라이트(flight)로 된다. 경매는 골퍼나 팀에 공개되어 있다. 우승할 가능성이 있다고 판단한 팀에 입찰하게 되는데 자신이 속한 팀에도 입찰할 수 있으며 최고가의 입찰자에게 낙찰된다. 자신이 속한 팀이 우승 가능성이 있는데 다른 팀에게 낙찰된 경우 잠재적인 상금의 일부를 지키기 위하여 그 낙찰자에게 낙찰 금액의 절반을 주고 되살 수 있으며 그 팀이 우승한 경우 상금을 나누는 조건이다. 지역에 따라 캘커타 게임 규정의 여러 변형이 있는데 일반적으로 우승팀에게 판돈의 70%를, 준우승 팀에게 30%를 지불한다. 최초 인도 캘커타에서 시작되어 그 명칭이 생겼다. 이 토너먼트는 도박에 가까운 형태의 게임이라고 할 수 있다.
- **예** 캘커타 방식은 그 토너먼트에서 플레이하는 모든 팀들이 토너먼트 개시 이전에 경매에 부쳐지고 팔린다. (Calcutta is a game in which all the teams playing in a tournament are auctioned off – and sold – before the tournament.)

캡틴(captain)

골프 클럽에서 선출된 그 클럽 회원을 대표하는 명예로운 골퍼를 말한다. 초기에는 클럽의 연례 경기에서 우승한 회원을 캡틴으로 선출하는 경쟁에 의한 방법을 채택하였으나, 그 후 정확한 시기는 알 수 없으나, 대개 18세기 말 - 19세기 초기부터 이전의 캡틴들 혹은 클럽 원로들의 선출에 의한 방법으로 바뀌어서 임명되었다. 회원 선거 혹은 경쟁에 의한 방법도 남아 있다.

- ※ 일반적으로 캡틴의 임무는 클럽의 집회가 있을 때 당연히 의장이 되었다. 다른 클럽과의 시합을 주관하고 우승자에게 상을 수여하며 대외적으로 회원을 대표한다. 그리고 그 클럽의 게임에 관련된 전체적인 분쟁의 조정자 역할을 담당하였다.
- **예** 정확히 어느 단계에서 캡틴의 직책이 경쟁으로 결정하던 때가 끝나고 임명하

는 방법으로 결정되기 시작하였는가를 말하는 것은 불가능하다. (Exactly at what stage the office of captain ceased to be competitive and began to be decided by nomination it is impossible to say.) (A History of Golf by Robert Browning)

커티스 컵(Curtis Cup)

1932년부터 2년마다 열리는 미국 대 영국, 아일랜드의 여성 아마추어 골프 경기 대회를 말한다.

- ※ 비공식적인 대회는 1905년부터 있었으나 공식적인 경기 대회는 1932년 잉글랜드 남부 서리(Surrey)주 웬트워스 골프 클럽(Wentworth G. C.)에서 시작되었다. 초기에는 2일간 경기가 진행되었으나 2008년부터 3일간으로 조정되었으며 최초 2일간은 포섬과 포볼 플레이 그리고 마지막 날은 싱글 매치로 진행된다. 각 매치에서 승자는 1점을 받게 되며 동점인 경우에 각 사이드는 0.5점씩 받는다. 그리고 총 점수는 20점이다. 이 대회(Curtis Cup Match)의 명칭은 두 자매의 이름으로 커티스 컵을 기증한 미국 아마추어 대회의 우승자들인 해리엇 커티스(Harriet Curtis, 1881-1974)와 마가릿 커티스(Margaret Curtis, 1883-1965)의 이름에서 유래하였다.
- 예 오늘 유에스지에이는, 세인트 루이스(미주리주) 컨트리 클럽에서 6월 6일부터 8일까지 개최되는, 2014년 커티스 컵 매치 미국 대표 8명의 플레이어들을 발표하였다. (The USGA today announced the eight players who will represent the USA in the 2014 Curtis Cup Match, to be conducted June 6-8 at St. Louis(Mo) Country Club.)

커플(couple)

스트로크 경기에서 함께 플레이하는 두 사람의 플레이어들을 말한다.

- 예 스트로크 플레이에서 함께 경쟁하는 두 플레이어들을 한 "커플"이라고 한다. (In stroke play, two players competing together are a "couple.") (The Golfer's Handbook, 1974)

컨트롤드 샷(controlled shot)

지형이나 내고자 하는 거리에 따라서 주로 완전한 스윙보다 더 작은 스윙으로 그리고 원하는 방향이나 샷 방법을 통제하는 것을 말한다.

- ※ 컨트롤드 샷은 스윙 속도나 그 힘의 강약으로 조정하기보다 스윙의 크기와 그 폭으로 조정한다. 하프(half, 1/2) 스윙, 쿼터(quarter, 1/4) 스윙, 스리쿼터(three-quarter, 3/4) 스윙 등이 있으며 적합한 클럽 선택으로 다양하게 조정할 수 있다.
- 예 첫 번째는 "드로 샷"이다. 아주 간단히 말해서 이는 후크 샷처럼 볼이 오른쪽에서 왼쪽으로 날아가는 경우지만 이 경우는 계획된 그리고 통제된 샷이다. (First off,

what is a "draw shot." Quite simply, its when your ball flies from right to left – like a hook shot but it's a planned and controlled shot.)

컨트리클럽(클럽² 참조)(country club, see club²)

컬레미티 제인(Calamity Jane)

스포츠 사상 유명한 퍼터의 이름이다. 1921년 바비 존스(Bobby Jones)는 컬레미티 제인이라는 이름의 낡은 퍼터 하나를 선물로 받았는데 그 후 그는 그 퍼터를 사용하여 수많은 장거리 퍼트를 성공시켰기 때문에 그 퍼터는 골프 역사상 가장 유명한 클럽 중의 하나가 되었다.

- ※ 본래 컬레미티 제인은 미국의 서부 개척 시대에 소도둑으로 이름난 여성으로 사격과 승마의 명수로 알려졌던 인물이다. 본명은 마르타 제인 버크(Marta Jane Burke, 1852-1903)로 컬레미티(calamity)는 재앙, 불행이라는 뜻이다. 재앙에 관한 다음과 같은 변명이 있다.
- 예 (1) 짧은 거리의 퍼트를 망친 것보다 어떤 더 큰 재앙이 골퍼에게 닥칠 수 있단 말인가? (What greater calamity can befall a golfer than a short putt missed?) (A History of Golf)
  (2) 장거리의 퍼트가 성공한 것보다 어떻게 더 큰 재앙을 잘 회피한 사람이 있을 수 있단 말인가? (What greater averter of calamity could there be than a long putt holed?) (A History of Golf by Robert Browning)

컴백(come back)

퍼팅 그린에서 퍼트하여 볼이 홀을 지나친 후 다시 홀을 향하여 그 볼을 퍼트하는 상태를 말한다.

- 예 그가 퍼트한 볼이 홀을 지나가서 다시 홀을 향하여 퍼트할 때 애를 먹었다. (He shot past the hole, and had trouble when he came back.) (Paul D. Peery, 1969)

컴프레션(compression)

골프 볼 제작에서 사용하는 용어로 볼의 압축 강도 즉 압축률(compression rate)을 말한다. 즉 임팩트에서 클럽 페이스가 볼에 타격을 가했을 때 볼이 조금 납작하게 변형되는 정도를 측정하여 볼의 단단함과 부드러움 정도를 정하는 것을 뜻한다.

- ※ 일반적으로 숙련된 프로와 아마추어는 주로 압축률 100의 볼을 그리고 대부분의 일반 골퍼들은 압축률 90-80의 볼을 사용한다. 골프 볼의 압축 강도 측정

은 볼에 일정한 표준 중량을 가했을 때 변형이 없는 볼을 압축률 200으로 그리고 2/10인치(5.08mm)의 변형이 있을 때 압축률 0으로 정한다. 그리고 1/1,000인치 (0.0254mm)의 변형이 있을 때마다 1포인트씩 내려간다. 압축률이 큰 볼은 작은 볼에 비하여, 약간의 차이가 있으나, 더 단단하며 탄력성이 있고 비거리가 길다.

> 예 본질적으로 볼의 압축 강도는 볼의 단단함이다. 따라서 압축 강도가 높으면 높을수록 볼은 더 단단할 것이다 - 즉 압축을 가했을 때 압축되는 양이 더 적을 것이다. (Essentially the ball's compression is its hardness. The higher the compression, the harder the ball - the less it will compress.) (Dave Hill & Nick Seitz, 1977)

컵(홀¹ 참조)(cup, see hole¹)

1. 퍼팅 그린 위의 홀을 컵이라고도 한다.
2. 볼이 홀에 들어갔을(cupped) 때 즉 홀 아웃을 의미하기도 한다.
3. 코스 위의 작고 깊이 팬 곳을 말하며 깊고 주위가 둘러싸여 있는 라이의 볼 상태를 컵피(cuppy)라고 한다.

> 예 (1) 미국에서 영국인 관객이 홀을 컵이라고 부르는 것을 듣는 데 익숙해지려면 하루 이틀은 걸린다. (It takes a day or two for the English onlooker in the US to grow accustomed to hear a hole called a cup.) (Bernard Darwin, 1913)

> 예 (2) . . . 그는, 15피트 거리의 퍼트로 볼이 홀에 들어가서, 또 하나의 버디를 냈다. (. . . he cupped a 15-footer for another birdie.) (Paul D. Peery, 1969)

> 예 (3) . . . 그것은 어쩌면 잔디 가운데의 작게 오목한 곳 혹은 작고 깊이 팬 곳에 있기 때문에 앞으로 쳐 내기 위해서는 롱 스푼이 필요한 볼이다. (. . . the ball, which possibly lies in a small indentation or 'cup' in the turf, and so requires the long-spoon to drive it forth.) (Robert Chambers, 1862)

컵피(컵 참조)(cuppy, see cup)

컷¹(cut¹)

거리가 짧고 볼이 높이 뜨며 강한 백스핀과 사이드스핀(sidespin)이 걸리고 슬라이스가 나는 경향이 있는 컨트롤드 샷 즉 볼을 향하여 클럽 타면을 오픈 상태로 유지하면서 볼 밑을 통과하듯 치는 컷 샷(cut shot) 혹은 컷업 샷(cut-up shot)을 말한다. 따라서 컷 샷된 볼은 공중으로 올랐다가 땅에 떨어진 뒤에 굴러가는 길이가 짧고 빨리 정지하게 된다.

> 예 러프나 벙커에서 플레이할 때 컷 샷은 그린 위에 볼이 한 번 떨어지면 그 볼이 멈추는데 도움이 될 것이다. (Playing from the rough or from a bunker, the cut shot will help you hold the green once the ball hits it.) (Sam Snead, 1950)

컷²(cut²)

토너먼트에서 플레이어(들)를 줄이기 위한 조치로, 처음 2개 라운드를 끝마친 후, 사전에 결정된 스코어보다 많은 스코어 즉 컷오프(cutoff) 스코어를 통과하지 못한 스코어를 낸 플레이어(들)를 탈락시키는 것을 말한다.

- ※ 컷오프 스코어와 같거나 더 낮은 스코어의 경우에는 컷 통과에 성공하다 즉 메이크 더 컷(make the cut)이라고 말하며 컷오프 스코어보다 더 높은 스코어의 경우는 컷 통과에 실패하다 즉 미스 더 컷(miss the cut)이라고 말한다.
- 예 (1) 1962년 그는 유에스 오픈에서 처음으로 승리하였는데 그 다음 해 그 챔피언 쉽에서는 36홀 컷 통과에 성공하지 못하였다. (In 1962 he won his first US Open and the following year in that championship did not make the 36-hole cut.) (Al Barkow, 1977)
  (2) 그는 단 한 번도 컷 통과에 실패하는 일 없이 41개 토너먼트를 끝마쳤다. (He completed 41 tournaments without missing a cut.) (William Wright, 1977)

컷³(cut³)

한 홀에서 디자인한 그대로 볼을 플레이하는 것이 아니라 목표에 이르는 거리를 줄이기 위하여 지름길을 선정하고 페어웨이나 러프 혹은 아웃 오브 바운즈를 가로지르는 행위를 말한다. 숏 컷(short cut) 혹은 컷 어크로스(cut across) 등의 용어를 사용한다.

- 예 그는 안전하게 플레이할 수 있었고 그 홀의 오른쪽을 계속 확보할 수 있었으나 결국, 그 주에 가장 훌륭한 티샷을 날렸는데, 극적으로 도그렉 홀을 가로질러서 마침내 깃대에서 144야드 떨어진 페어웨이 중간에 볼을 떨어뜨렸다. (He could have played it safe and stayed to the right side of the hole, but he hit his best tee shot of the week, dramatically cutting the dogleg and ending up 144 yards from the flag, in the middle of the fairway.)

컷 샷(컷업 샷)(컷¹ 참조)(cut shot or cut-up shot, see cut¹)

컷오프(컷² 참조)(cutoff, see cut²)

토너먼트 경기자 축소 방법에서 기준이 되는 컷오프 스코어(cutoff score)를 말한다. 4개 라운드를 모두 플레이하기 위해서는 처음 2개 라운드에서 낸 스코어가 컷오프 스코어와 같거나 더 낮아야 한다.

- 예 바이스코프는 어제 이럭저럭 2개 라운드의 컷 통과에 성공하였는데 결국 컷오프 스코어 150이 게시되었고 이로써 마지막 2개 라운드에 참가하는 플레이어는 153

명에서 63명으로 줄었다. (Weiskopf just managed to make the two-round cut yesterday, posting 150, the cutoff number that shaved the field from 153 players to 63 for the final two rounds.) (Gordon S. White, 1977)

케이먼 골프 볼(Cayman golf ball)

오늘날의 골프 볼과 크기는 같으나 더 가볍고, 거리가 짧게 나며, 시간이 많이 걸리지 않는 단거리 코스에서 플레이하기 위하여 잭 니클로스(Jack Nicklaus)가 주문했던 골프 볼을 가리킨다. 그는 카리브해 케이먼 군도의 그랜드 케이먼 섬(Grand Cayman, Cayman Islands)의 짧은 코스에서 케이먼 볼(Cayman ball)을 사용하는 플레이를 구상하였다.

- 짧은 코스에서 정상적인 골프와 동등한 게임 효과를 낼 수 있는 방안에 관한 최초 창안은 미국의 골프 설계가인 디델(William H. Diddel)이었는데 1980년대 잭 니클로스는 그가 설계한 단거리 코스에 적합한 골프 볼을 개발하도록 맥그리거사(MacGregor Golf Company)에 요청하였다.
- 케이먼 골프 볼은 보통 골프 볼과 크기는 같다. 그러나 딤플 대신에 오돌토돌한 표면으로 되어 있으며 보통 골프 볼이 대략 45그램인 것에 비하여 무게가 24그램이다. (Cayman golf ball is the same size as a golf ball. Instead of dimple it has a bramble surface and weighs 24 grams, compared to the approximately 45 grams of a golf ball.)

케이피엠지 위민스 피지에이 챔피언쉽(위민스 피지에이 챔피언쉽 참조)(KPMG Women's PGA Championship, see Women's PGA Championship)

코스(course)

위원회가 정한 경계선 가장자리 안쪽의 플레이할 수 있는 구역 전체를 말한다.

- 경계선 가장자리 안쪽의 모든 구역은 인 바운즈로 코스의 일부이며 바깥쪽의 모든 구역은 아웃 오브 바운즈로 코스의 일부가 아니다. 경계선 가장자리는 지면 위쪽과 아래쪽의 양쪽으로 연장된다.
  골프 코스는 정의(定義)된 5개 코스 구역으로 구성되어 있는데 일반 구역과 4개 특정 구역 즉, 플레이어가 플레이하는 홀을 출발할 때 사용하지 않으면 안 되는 티잉 구역, 모든 페널티 구역, 모든 벙커, 플레이하고 있는 홀의 퍼팅 그린으로 되어 있다.
  골퍼들의 접근성에 따라 다음과 같은 형태의 코스가 있다.
  1. 퍼블릭 코스(public course) - 일반 대중에게 공개되어 있는 코스를 말한다. 여기에는 뮤니시펄(municipal) 코스와 일일요금제(daily fee) 코스가 있다.
  2. 리조트 코스(resort course) - 리조트에서 소유하고 있으며 대부분 호텔, 헬스

센터, 레스토랑 등과 함께 있다. 투숙객은 원하는 시간에 플레이 가능하며 그린 피(green fee)가 할인된다. 부분적으로 일반 대중에게 개방되어 있으나 이용 접근면에서 제약이 따른다.
3. 세미프라이빗 코스(semi-private course) – 회원권을 판매하며 비회원도 플레이가 허용된다. 회원은 원하는 시간에 이용 가능하며 그린 피가 할인되고 다른 오락 시설에도 쉽게 접근할 수 있다.
4. 프라이빗 코스(private course) – 회원권을 가진 골퍼들에게만 개방되어 있다. 회원권 가격은 골프 클럽에 따라 차이가 많으며 고가의 회원권 코스는 수백명 정도의 소수 인원으로 제한되어 있다. 비회원(visitor)은 회원의 고객으로 초대되어 플레이할 수 있다. 국가별로 여러 가지 형태의 코스가 있는데 일반적으로 세미프라이빗 코스 형태가 많이 채택되고 있다.

> 예 볼의 일부가 코스의 2개 특정 구역 안에 있는 경우 그 볼은 다음과 같은 우선 순위에 따라 처음에 볼이 그 특정 지역에 와서 놓여 있는 것으로 취급된다. 그 우선 순위는 페널티 구역, 벙커, 퍼팅 그린 순이다. (If part of the ball is in two specific areas of the course, it is treated as lying in the specific area that comes first in this order: penalty area, bunker, putting green.) (Rules of Golf, 2019)

코스 관리 본부장(superintendent)

총체적인 코스 관리를 책임진 관리관을 말한다. 그는 헤드 프로와 함께 일하면서 코스를 항상 플레이 가능하도록 유지할 책임을 진다.

> ※ 그 외에 코스 전 지역에 걸쳐 그린키퍼 요원의 잔디 깎기와 물주기를 감독하고 각 그린의 홀 위치를 정한다.

> 예 로버트 트렌트 존스 밑에서 공부한 코스 관리 본부장 폴 오티즈는 . . . 잔디, 모래, 바람과 나무들을 다룰 수 있는 열성적인 조각가와 같았는데 골프 코스 관리의 고뇌(苦惱)와 환희(歡喜)에 관하여 말하면서 수다를 떨고 있다. (Superintendent Paul Ortiz . . . a zealous sculptor of grass, sand, wind and trees who studied under Robert Trent Jones, chatters on about the woes and ecstasy of golf course maintenance.) (Jolee Edmondson, 1978)

코스 구역(코스 참조)(areas of the course, see course)

코스 레이팅(course rating)

정상적인 코스와 기후 조건에서 스크랫치 골퍼가 그 코스에서 플레이할 때의 어려움(playing difficulty) 정도에 관한 평가를 나타낸 것이다. 코스 레이팅은 소수점 이하 한 자리까지의 스트로크 수로 표시되며 거리와 스크랫치 골퍼의 기량(技倆)으로 스코어 획득에 영향을 미치는 범위의 장해물들에 근거하여 산출된다. 따라서 코스 레이팅은 과반수 이상 스크랫치 골퍼의 스코어 평균치와 같다.
- ※ 코스 레이팅은 일반적으로 그 나라의 골프 통할 기관에서 임명된 요원이 측정한다. 코스 레이팅을 확정하는 데 지배적인 고려 요소는 거리이기 때문에 각 홀의 정확한 거리 측정이 무엇보다 중요하다. 먼저 실제 길이보다 더 길게 혹은 더 짧게 플레이하도록 영향을 미치는 요소들 즉 구르기, 고도, 도그렉/강제 레이업, 우세한 바람 및 표고 등을 고려한 스크랫치 골퍼의 유효 플레이 길이를 정하고 그 길이를 평균 비거리로 나눈 다음 일정한 상수를 더하여 야디지(yardage) 레이팅을 낸다. 코스 레이팅 평가는 백티(back tee)를 기준으로 한다. 그리고 스코어 획득에 영향을 미치는 지형, 페어웨이, 목표로서의 그린, 회복성과 러프, 벙커, 아웃 오브 바운즈/극심한 러프, 페널티 구역, 나무, 그린 면 및 심리 상태 등의 징해물 고려 요소들에 대하여 그 중요성에 따른 가중치를 고려한 평가를 수치로 나타낸 장해물 스트로크 값을 내서 그 값을 레이팅 산출에 적용한다. 결국 정확한 코스 레이팅은 스크랫치 야디지 레이팅에 스크랫치 장해물 스트로크 값을 더하여 낸다. 그 공식은 다음과 같다.

  코스 레이팅(남성)=스크랫치 장해물 스트로크 값+(스크랫치 유효 플레이 길이÷220)+40.9
  코스 레이팅(여성)=스크랫치 장해물 스트로크 값+(스크랫치 유효 플레이 길이÷180)+40.1
  (핸디캡 시스템)
- 예 코스 레이팅은, 골프처럼, 영국 제도(諸島)가 그 근원지다. 최초 코스의 어려움 정도에 대한 측정 기준은 파(par)였다. 파라는 용어는 주식에서 나왔는데 즉 "어떤 한 주식이 정상 혹은 파(par) 값 이상이나 그 이하가 될 수도 있다"라는 표현에서 나왔다. (Course rating, like golf, has its origin in the British Isles. The first measure of course difficulty was par. The word par is derived from stocks; i.e., "a stock may be above or below its normal or par figure.")

코스 레코드(course record)

지금까지 그 코스에서 공식적으로 개최된 토너먼트 중 기록된 가장 낮은 스코어를 말한다. 대부분의 클럽하우스 벽에는 이러한 내용들이 기록되어 있다.
- 예 로컬 룰에 의하여 프리퍼드 라이의 시행이 허용되고 있는 경우에 기록된 스코어는 공식 코스 레코드로 인정하지 않도록 권장한다. (It is recommended that a record score should not be recognised as a official course record if a local rule permitting preferred lies is in operation.)

코스와 분리될 수 없는 물체(integral object)

위원회가 코스에서 플레이할 때 도전(挑戰)의 일부로 정한, 그것으로부터 벌 없는 구제가 허용되지 않는, 인공물을 말한다.
- ※ 코스와 분리될 수 없는 물체는 규칙상 움직일 수 없는 물체로 취급된다. 위원회가 코스와 분리될 수 없는 물체로 정한 인공물은 장해물이나 경계물(境界物)이 아니다. 인공 표면의 도로를 장해물로 규정하지 않고 코스와 분리될 수 없는 물체로 선

언할 수 있다. 만일 그 도로에서 벌 없이 구제를 받을 때에는 그 홀의 묘미를 더해 주는 특유한 상황 전개가 이루어지지 않고 전략적인 도전 의욕이 상실되어 그 홀의 장점이 없어지기 때문이다.

- 예 (1) 이 규칙(규칙 15)은 움직일 수 없는 장해물(규칙에 의하여 다른 형태의 벌 없는 구제가 허용된다), 경계물 혹은 코스와 분리될 수 없는 물체(벌 없는 구제는 허용되지 않는다)로부터의 구제를 제공하지 않는다. (This rule(rule 15.2) does not give relief from immovable obstructions (a different type of free relief is allowed under rule) or boundary objects or integral objects (no free relief is allowed).) (Rules of Golf, 2019)
- 예 (2) 그러므로 위원회는 인공 포장된 도로나 통로를 코스와 분리될 수 없는 물체로 정할 수 있다. 아마도 그 가장 좋은 예는, 그린 뒤에 있는 도로가 코스와 분리될 수 없는 부분으로 되어 있으며 로드 홀로 알려진, 세인트 앤드루스 올드 코스 17번 홀이다. (Accordingly, a committee may declare an artificially-surfaced road or path to be an integral object of the course. Perhaps the best example of this is the 17th hole at the Old Course, St. Andrews, known as the Road Hole, where the road behind the green is an integral object of the course.)

코스 핸디캡(course handicap)

스크랫치 혹은 핸디캡이 0인 수준에 대하여 플레이어의 스코어 능력을 조정하기 위한 방법으로 플레이하는 코스의 특정한 위치의 티에서 플레이어가 받을 수 있는 핸디캡 스트로크(handicap stroke) 수를 말한다. 그러므로 핸디캡 인덱스를 결정한 다음 이를 코스 핸디캡으로 전환해서 그 핸디캡 스트로크를 근거로 하여 어떤 코스에서도 플레이할 수 있다.

- ※ 코스 핸디캡은 핸디캡 인덱스에 플레이하는 코스의 슬로프 레이팅을 곱하고 113으로 나눈 값의 정수로 나타낸다. 즉 코스 핸디캡 = 핸디캡 인덱스 × 슬로프 레이팅 ÷ 113. 결국 보통 수준의 어려움 정도를 갖는 코스에 상응한 핸디캡으로 전환되는 것이다. 이때 소수점 이하는 정수까지 사사오입한다. 핸디캡 인덱스를 코스 핸디캡으로 전환해서 작성한 차트를 코스 핸디캡 표(course handicap table)라고 하며 정확한 코스 핸디캡을 확인하는 데 이용된다. 골프 규칙의 플레이어에 관한 핸디캡은 엄밀히 말해서 코스 핸디캡을 의미한다(핸디캡 시스템).
- 예 플레이어는 핸디캡 인덱스를 코스 핸디캡으로 전환하지 않으면 안 된다. 예를 들어, 16.2의 핸디캡 인덱스는 슬로프 레이팅 140의 코스에서 코스 핸디캡 20으로 전환된다. (A player must convert a Handicap Index to a Course Handicap. For example, a Handicap Index of 16.2 would convert to a Course Handicap of 20 at a course with a Slope Rating of 140.)

코트 어 브레이크(caught a break)

골프에서 잘못된 샷인데 끝에 가서 볼이 좋은 위치로 나오는 경우를 말한다.
- ※ 예를 들어, 날아가던 볼이 나무에 맞고 페어웨이로 튀어 나오는, 즉 어려운 상황에서 행운을 잡은 때를 말한다. 현재형은 켓치 어 브레이크(catch a break)이다. 브레이크는 행운, 호기(好機)라는 뜻도 있다.
- 예 "케니는 언제 행운을 잡으려는가?" 케네스 그린의 전 생애는 불운했었다는 것을 명백히 보여 주었지만 그가 이번 주에 직면한 사건에 비할 만한 것은 아무것도 없다. ("When is Kenny going to catch a break?" Ken Green's entire career has been defined by hard luck, but nothing compares to what he confronted this week.) *Kenny; Kenneth J. Green(1958-), 미국 프로 골퍼.

콕크(cock)

백스윙에서 클럽을 쥔 손목을 젖히는 동작을 말한다. 그러나 의식적으로 손목을 젖힐 필요는 없다. 또 다운스윙에서 콕크된 손목이 제자리로 되돌아오는데 그 동작을 언콕크(uncock)라고 한다.
- ※ 스윙에서 테이크 백이 끝나기 바로 전에 자연히 손목이 뒤로 젖혀지게 되는데 그때부터 다운스윙이 시작되어 임팩트 전까지 일부 그 상태를 유지하게 된다. 언콕크의 가장 적절한 시기는 손목이 허리 높이까지 내려오기 바로 직전에 코크 상태가 풀어지기 시작하는 것이 중요하다. 임팩트 직전까지 콕크되어 있던 손목이 제자리에 되돌아오면서 클럽 헤드에 가속도가 붙고 그만큼 강력한 힘으로 볼을 타격하게 된다. 콕크와 언콕크를 의식적으로 하기보다는 정확한 백스윙과 다운스윙을 하게 되면 자연히 몸에 익숙해지는 동작으로 이해하여야 한다.
- 예 백스윙에서 당신은 손목이 뒤로 젖혀지는 것을 억제하지 않지만 확실히 손목을 뒤로 젖히도록 하지도 않는다. (On the backswing you don't restrain your wrists from cocking; but you don't make a definite move to cock them.) (Jack Nicklaus, 1969)

콘도르(condor)

한 홀에서 파보다 4타 더 적게 낸 스코어를 말한다. 파-5 홀에서 홀 인 원을 달성한 경우다. 벌처(vulture), 트리플 이글(triple eagle) 혹은 더블 앨버트로스(double albatross) 라고도 한다.
- ※ 5언더 파는 오스트리치(ostrich, 타조), 6언더 파는 피닉스(phoenix, 불사조)이다.
- 예 콘도르 - 한 홀의 4 언더 파. 콘도르를 처음 달성한 경우는, 1962년 미국 아칸소 주 호프 컨트리클럽의, 오른쪽으로 구부러진 도그렉으로, 480 야드, 파-5, 5번 홀에서 래리 브루스가 서 있는 한 나무를 넘겨 드라이브 샷을 날린 볼이 그대로 홀에 들어간 때였다. (The 'condor' - four under par for a hole. The first occurred in 1962, when Larry Bruce drove into the hole over a stand of trees on the 480-yard dogleg right par-5 fifth hole at Hope Country Club in Arkansas, USA.)

콜 업 홀(call-up hole)

그린에서 퍼트를 준비한 조가 그 홀의 티에 서 있는 다음 조에게 플레이하도록 신호를 보내고 옆으로 비켜서는 홀을 말한다. 주로 파-3 홀을 이용한다.

- ※ 티 오프를 끝마친 조가 그린까지 걸어오는 사이에 앞서 신호를 보낸 조는 그 그린에서의 플레이를 끝마쳐야 한다. 빠른 플레이 속도에 도움이 될 수 있다는 생각에서 나온 방법이다.
- 예 관리 위원회는 모든 파-3 홀을 콜 업 홀로 결정하였다. 따라서 회원들은 다음 조에게 그들의 티샷을 하도록 신호를 보낼 의무가 있다. (The management committee has determined that all par-3 holes shall be call-up holes. Members are to wave up the group following to play their tee shot.)

쿼터 샷(quarter shot)

스윙에서 풀 스윙(full swing)의 1/4로 대폭 줄이고 조정해서 하는 컨트롤드 샷(controlled shot)의 한 가지를 말한다.

- 예 모든 퍼트 그리고 소규모의 1/4 샷과 같은 경우와 같이, 어떤 스트로크에는 거의 힘을 들이지 않는다. (Some of the strokes are given with scarcely an effort, such as all putts and little quarter shots.) (R.H. Lyttelton, 1901)

쿼터 스윙(컨트롤드 샷 참조)(quarter swing, see controlled shot)

퀄리파잉 스쿨(qualifying school or Q school)

프로 투어(tour)에서 플레이할 수 있는 자격을 얻기 위한 예선 경기로 골퍼들이 참가하는 일련의 토너먼트를 말한다. 약해서 큐 스쿨(Q school)이라고도 한다.

- ※ 피지에이(PGA), 엘피지에이(LPGA) 등에서는 매년 지역 토너먼트를 개최하는데 이 토너먼트에서 정상급의 플레이어들은 전국 큐 스쿨 토너먼트에 참가하게 된다. 투어에 따라 다르지만 이들 토너먼트에서 정상급의 스코어를 낸 약 50명 정도가 각기 해당되는 투어를 위한 익셈프트(exempt)로 남게 된다. 큐 스쿨 과정은 투어에 따라 다르다. 피지에이(PGA)에서는 예선 전 단계, 1단계, 2단계 그리고 최종단계를 거친다.
- 예 엘리트 투어의 예선을 통과하는 것은 매우 경쟁이 심해서 소수를 제외하고 대부분의 프로 골퍼들은 통과하지 못한다. 정상적인 골프 토너먼트에서와 같이 각 골퍼는 극복해야 하는 4단계까지 갈 수 있는데 그 중에서 다만 소수의 플레이어만 다음 단계로 진출하게 된다. (Getting through the qualifying school of an elite tour is very competitive and most professional golfers never achieve it. There can be up to four stages to negotiate, each of them like a regular golf

tournament, with only a small of player going to the next stage.)

퀘일 하이(quail-high)

볼이 낮게 비행하고 굴곡 없이 약간 평탄한 궤도를 그리면서 멀리 날아가는 샷을 말한다.

- ※ 지상 가까이 날아가는 메추라기(quail) 높이 정도로 낮다는 뜻이 있다.
- 예 나는 한 나무 밑으로 볼이 낮게, 멀리 날아가면서 후크가 나도록 쳤다. (I hit a quail-high hook under a tree.) (Sam Snead, 1962)

크라운(crown)

클럽 헤드에서 윗부분의 정상을 말한다(헤드 참조).

- 예 클럽 헤드(우드)의 소울에서 헤드 정상까지의 길이는, 허용되는 특징물을 포함하여, 2.8인치(71.12mm) 이하이다. (The distance from the sole to the crown of the clubhead, including any permitted features, is not greater than 2.8 inches (71.12 mm).)

크래프트 나비스코 챔피언쉽(나비스코 챔피언쉽 참조)(Craft Nabisco Championship, see Nabisco Championship)

크랙¹(crack¹)

일류급 플레이어 혹은 챔피언 플레이어를 말한다.

- ※ 일류급 플레이어(crack player), 유명한 챔피언급 플레이어(the well-known crack), 일류급 골퍼(crack golfer) 등의 표현이 있다.
- 예 모든 일류급 플레이어들은 드라이브 샷을 날릴 때 그들은 인사이드 아웃으로 샷한다는 느낌을 갖는다. (All crack players feel that they swing from in-to-out when driving.) (Percy Boomer, 1946)

크랙²(crack²)

탁월하게 플레이해 온 상태가 특히 중압감(重壓感)에 몰려서 갑자기 무너지는 현상을 말한다.

- 예 내가 프레디 테이트에 대항하여 플레이해 온 이래 여하튼 사람들로부터 그가 갑자기 무너질지도 모른다는 말을 들은 것은 오직 그 때 밖에 없었는데 확실히 마지막 두 홀을 플레이할 때 그는 맥없이 무너져 버렸다. (It was the only time I ever played against Freddie Tait in which he may be said to have in any way cracked, and he certainly did crack when playing those last two holes.)

(Harold Hilton, 1907)

크로스 벙커(cross-bunker)
코스에서 페어웨이를 가로질러 길게 늘어진 벙커를 말한다. 플레이 선을 가로질러 위치해 있으며 일반적으로 그린사이드 벙커에 비하여 벙커의 측면이 낮게 디자인 된다.
- 예 당신은 2개 홀 다운이 될지도 모르고, 또 다음 샷은 볼 윗부분을 쳐서 그 볼이 크로스 벙커에 들어갈 것 같아, 몹시 겁먹을 수도 있지만, 아무쪼록 그에게 이러한 상태를 보게 해서는 안 된다. (You may be two down and scared stiff that you are going to top the next one into the cross-bunker; but for heaven's sake don't let him see it.) (John Stobbs, 1961)

크로스 아웃 볼(X-out ball)
볼 제조업자가 제조한 볼의 미관상(美觀上) 결함을 이유로, 불량 골프 볼이라고 생각하여, 볼 위의 상표를 "X"자로 지워 버린 볼을 말한다.
- ※ 크로스 아웃 볼이 규칙에 부적합하다는 유력한 증거가 없는 한 그러한 볼도 사용할 수 있다. 그러나 경기 조건에 적격 골프 볼 목록에 등재된 볼을 사용하여야 한다는 조건을 채택한 경기에서는, "X" 표시가 없는 볼이 그 목록에 등재되어 있을지라도, 그러한 크로스 아웃 볼은 사용할 수 없다.
- 예 크로스 아웃 골프 볼은 많은 골프 샵과 소매 상점에서 허름하게 혹은 평범하게 포장된 박스로 판매되고 있는데 보통 정상적인 골프 볼에 비하여 터무니없이 할인되고 있다. 그것은 크로스 아웃 볼이 제조 과정에서 잘못된 결과로 나온 볼이기 때문이다. (X-out golf balls are sold in many golf shops and retail stores in boxes with dull or plain packing, and usually at steep discounts to regular golf balls. That's because an x-out ball is the result of mistake in the manufacturing process.)

크로스 오버(cross-over)
코스의 전반과 후반 코스에서 동시에 출발한 후 한 지점에서 양쪽 골퍼들이 서로 교차하여 라운드하는 것을 말한다.
- ※ 시간 절약을 위하여 다수의 골퍼들이 동시에 출발하기를 원하는 경우 라운드하는 방법이다.
- 예 9홀을 끝낸 뒤 곧 전반 9홀을 플레이한 조(組)들은 후반으로 건너가고 후반 9홀을 플레이한 조들은 전반으로 건너가게 된다. 결국 이 방식은 첫 번째 조의 티 오프와 마지막 조의 티 오프 사이에 해당하는 동안만큼 시간을 줄인다. (Upon the completion of nine-holes, groups from the front nine will cross-over to the back nine, and groups from the back nine will cross-over to the front nine.

Ultimately, this format reduces the amount of time between the first group and the last group teeing off.)

크로스컨트리(cross-country)

코스에서 레이아웃되어 있는 홀 순서대로 플레이하지 않고 산야를 가로지르듯 한 홀의 티에서 다른 홀의 그린을 향하여 플레이하는, 즐거움이나 흥미를 목적으로 하는, 게임 즉 크로스컨트리 골프 게임을 말한다.

- 예 당신의 샷을 날리는 기술은 엄격한 시험을 받을 것이며 다수의 표준 코스에서는 똑같은 종류의 홀에서 날리는 드로, 페이드, 롭 샷 그리고 펀치 샷 등은 모두 필요치 않을 것이다. 바로 이러한 점이 크로스컨트리 골프가 훌륭하다는 것인데 결국 다양성은 인생에 있어서 양념과 같은 것이라고 할 수 있다! 그리고 크로스컨트리 홀을 플레이하면서 한 번 샷할 때 그 샷에 대해서만 생각하는 사람은 극소수에 불과하며 체스와 같이 최소한 둘 혹은 세 수 앞을 내다보고 생각하여야 한다. (Your shot making skills will be tested to the extreme, not many standard courses will require draws, fades, lob shots and punches all on the same hole; it's this that makes cross country golf so great, after all, variety is the spice of life! Very few people would play a cross country hole and only think about one shot at a time, like chess you should think at least 2-3 moves ahead.)

크로스 핸디드(cross-handed)

오른손잡이 플레이어의 경우 특히 퍼트할 때 클럽의 그립(grip)에서 왼손을 오른손보다 밑으로 내려 잡는 크로스 핸디드 그립 방법을 말한다.

- ※ 물론 왼손잡이 플레이어의 경우는 그 반대이다. 크로스 핸디드 그립(cross-handed grip), 레프트 핸드 로우(left hand low) 혹은 로우 레프트 핸드(low left hand)라는 말을 쓰기도 한다.
- 예 크로스 핸디드 퍼팅에 관하여 헤이는 이 요령이 "가장 자연스러운 방법"이라고 생각하고 있다. (As for cross-handed putting, Hays considers it "the most natural way.") (John S. Radosta, 1977)

크로케(croquet)

본래는 15세기부터 유럽에서 유행하였는데 나무 망치와 나무 볼을 이용하여 U자형 금속을 거꾸로 세운 문(hoop)을 통과하는 야외 잔디밭에서 하는 경기를 말한다. 그런데 골프에서는 1909년부터, 크로케에서 볼을 치는 방식과 같이, 퍼트 선이나 그 연장선을 걸터 서거나 한 쪽 발이라도 그 선을 밟고 서는 스탠스로 스트로크 하는 것이 금지되었다.

- ※ R&A는 크로케에서 볼 치는 망치와 유사한 망치 형태의 헤드가 달린(mallet-headed type) 클럽이나 헤드 중간에 샤프트가 부착된 퍼터(center-shafted putter)의 사용을 1952년까지 금지하였다. 이 금지 규정에는 스케넥터디 퍼터(Schenectady putter)도 포함되어 있었다.

> 예 . . . 는, 크로케 방식의 퍼팅이 금지되기까지는, 매우 공명 정대한 플레이어였다. (. . . was a pretty fair player until croquet-style putting was outlawed.) (Dave Hill & Nick Seitz, 1977)

클럽¹(club¹)

골프 클럽을 의미하며 골프 볼만 치기 위하여 디자인된 골프 장비를 말한다. 가늘고 긴 샤프트(shaft)와 클럽을 잡는 부분의 그립(grip) 그리고 우드나 아이언으로 구성된, 클럽 타면을 가진, 클럽 헤드(club head)로 되어 있다.

※ 오늘날 번호를 붙여 규격화된 클럽과 옛 클럽을 대조하여 보면 다음과 같다(피터 데이비즈(Peter Davies)).

	평균 로프트 각(도)
〈우드〉	
1번 우드 ······ 드라이버(driver)	11-12.5
2번 우드 ······ 브라시(brassie)	13-14
3번 우드 ······ 스푼(spoon)	15-17
4번 우드 ······ 배피(baffy), 혹은 클리크(cleek)	18-20
5번 우드 ······ 클리크(cleek)	21-23
〈아이언〉	
1번 아이언 ······ 드라이빙 아이언(driving iron)	약 17
2번 아이언 ······ 미드 아이언(mid-iron)	20-22
3번 아이언 ······ 미드 매시(mid-mashie)	23-25
4번 아이언 ······ 매시 아이언(mashie iron)	27-28
5번 아이언 ······ 매시(mashie)	29-32
6번 아이언 ······ 스페이드 매시(spade mashie)	33-36
7번 아이언 ······ 매시 니블리크(mashie niblick)	38-40
8번 아이언 ······ 피처(pitcher) 혹은 피칭 니블리크(pitching niblick)	41-44
9번 아이언 ······ 니블리크(niblick)	45-48
피칭 웨지(pitching wedge)	50-52
샌드 웨지(sand wedge)	54-58
퍼터(putter)	약 3

> 예 잉글랜드와 평화 조약을 체결한 후 제임스 4세가 퍼스에서 골프를 시작했을 때 클럽과 볼을 구하러 사람을 보냈던 상대는 그 지역 활 제작자였다. (When James IV began playing golf at Perth after the treaty of peace with England it was to the local bow-maker that he sent for clubs and balls.) (A History of Golf)

클럽²(club²)

주로 사교와 스포츠를 목적으로 골프를 하는 회원들이 모임을 갖는 공동체 즉 골프 클럽 혹은 그 목적의 장소를 말한다. 특히 골프 컨트리클럽(golf country club)은 골프 외에 수영이나 테니스 등의 시설들도 갖추고 있는 경우가 많다.

- ※ 골프 클럽은 자체의 코스와 클럽 하우스를 갖춘 공동체를 말하는데 클럽이 되기 전에는 회원들이 모여 먼저 골프회(Golfing Society)를 만들어 다른 골프 코스에서 플레이하였다. 그 뒤 코스와 클럽 하우스를 갖춘 골프 클럽으로 격상(格上)되었다 (로버트 브라우닝 "골프의 역사").
- 예 그 당시에 우리가 지금 상상하고 있는 클럽은 그 이름조차 없었다. 그리고 몇 년 뒤에는 여러 종류의 다양한 이름과 함께 '에든버러의 젠틀맨 골퍼스', '리스회', '골핑 캄퍼니'와 같이 막연히 이를 암시하고 있는 리스의 골프 공동체를 발견하게 된다. (At this date the supposed Club had not even a name. For some years to come we find the Leith golfing community vaguely alluded to as 'the Gentlemen Golfers of Edinburgh', 'the Leith Society', 'the Golfing Company', with all sorts of variations.) (A History of Golf)

클럽 길이(길이 참조)(club-length, see length¹)

클럽¹의 직선 길이를 말한다. 코스에서 여러 가지 목적으로 거리를 측정하는 단위로 사용할 수 있는데 일반적으로 가장 긴 클럽을 사용한다. 규칙상 구제를 받을 때 1클럽 길이 혹은 2클럽 길이 이내에 볼을 드롭하거나 티잉 구역을 측정할 경우 이 단위를 사용한다.

- 예 래터럴 구제에서, 기점으로부터 2클럽 길이 이내에 2개 이상의 코스 구역이 있는 경우 볼을 구제 구역에 드롭했을 때 그 볼은 처음에 접촉한 구역과 같은 코스 구역 안에 있는 구제 구역에 와서 정지하지 않으면 안 된다. (In lateral relief, if more than one area of the course is located within two club-lengths of the reference point, the ball must come to rest in the relief area in the same area of the course that the ball first touched when dropped in the relief area.) (Rules of Golf, 2019)

클럽을 고정하는 것(anchoring the club)

스트로크할 때 클럽¹을 직접적으로 고정하거나 간접적으로 안정점(安定點)을 이용하여 클럽을 고정하는 동작을 말한다. 즉 클럽이나 클럽을 쥐고 있는 손을 플레이어의 몸에 직접 붙인 상태로 혹은 간접적으로 클럽을 쥔 손을 안정점으로 만들기 위하여 팔뚝을 플레이어의 몸에 붙인 상태로, 그리고 또 한 손으로 그 안정점을 이용하여, 고정된 상태로 스트로크하는 것이다.

- ※ 600년 골프 역사를 통하여 골프 게임을 플레이하는 본질은 손으로 클럽을 쥐고 볼

을 향해 자발적으로 스윙하는 동작이기 때문에 그 본질과 전통적 특징을 유지하기 위하여 2016년부터 다음과 같은 상태에서 스트로크하는 경우 그에 대한 금지 규칙이 적용되었다.

1. 클럽을 쥐고 있는 손을 어느 한 손이나 팔뚝(팔꿈치에서 손목까지의 부분)에 접촉할 수 있는 경우를 제외하고 플레이어가 클럽이나 클럽을 쥐고 있는 손을 자신의 몸 한 부분에 의도적으로 접촉한 경우에 그 클럽은 직접적으로 고정된 상태이다.
2. 플레이어가 클럽을 쥔 손을 안정점(安定點)으로 삼기 위하여 팔뚝을 자신의 몸 한 부분에 의도적으로 접촉한 경우 고정점(anchor point)이 있는 상태이다. 이 때 안정점(stable point)은 그곳을 기점(基點)으로 하여 다른 한 쪽 손으로 클럽을 스윙할 수 있는 점을 말한다.

따라서 스트로크 중에 클럽을 고정하지 않는다는 조건으로 벨리 퍼터(belly-length putter)나 롱 퍼터(long putter) 등 현행 규칙에 적합한 클럽의 사용은 계속 허용된다.

- 예 (1) 클럽을 고정하는 것은 클럽이 마치 물리적으로 몸에 달라붙어 있는 것처럼 그 클럽의 움직임을 제한하여 그 결과 플레이어가 스트로크하는 데 특별한 지원과 안정성을 제공함으로써 플레이어가 자발적으로 스윙하는 동작에 대한 노력을 경감시켜 준다. (Anchoring the club relieves the player from making a free swing by restricting the movement of the club as if it were physically attached to the player's body and thereby providing extra support and stability for the stroke.)
- (2) 플레이어는 스트로크할 때 클럽을 직접적으로 고정하거나 간접적으로 고정점을 이용하여 클럽을 고정해서는 안 된다. (In making a stroke, the player must not anchor the club either directly or indirectly through use of an anchor point.) (Rules of Golf, 2019)

클럽 제작자(club-maker)

골프 클럽을 손수 만드는 사람 혹은 골프 클럽을 제조 판매하는 사업자를 말한다.

- ※ 1603년 스코틀랜드의 제임스 6세(James IV)는 '에든버러의 조궁장(造弓匠) 시민'으로 알려진 윌리엄 메인(William Mayne)을 평생토록 왕실의 화살, 활, 창 및 클럽 제작자(club-maker)로 임명하였다(로버트 브라우닝 "골프의 역사").
- 예 그 당시 클럽 타면에 대한 몇 가지 실험이 있었다. 어떤 클럽 제작자들은 압축력을 향상시키고 그 결과로 거리를 늘리기 위한 시도로 가죽과 다른 재료를 사용하였다. (There was some experimentation with club face. Some club-makers used leather and other materials in an attempt to increase compression and therefore distance.)

클럽 타면(페이스¹ 참조)(club-face, see face[1])

클럽하우스(clubhouse)

클럽²에서 갖는 행사 특히 라운드 전이나 후에 갖는 대부분의 모임과 활동을 하는데 사용하는 그 골프 클럽의 주요 건물을 말한다.

- ※ 전형적인 클럽하우스는 락커룸(locker room)과 욕탕, 휴게실, 식당, 스넥바(snack bar), 골퍼들과 그들의 친지들을 위한 별실과 그 외에 필요한 공간을 갖추고 있다.
- 예 모든 골프 코스에서, 특히 라운드 전이나 후에 갖는 대부분의 활동은 클럽 하우스에서 행하게 된다. (Most of the activity at any golf course – especially before and after a round of golf – takes place in the clubhouse.)

클럽 헤드(헤드 참조)(club head, see head)

클럽 헤드 길이(길이 참조)(clubhead-length, see length¹)

클럿치 퍼트(clutch putt)

긴장되고 중요한 고비에 처한 상태에서 반드시 성공시켜야 하는 퍼트를 하는 경우 혹은 그러한 퍼트를 말한다.

- ※ 현재의 유리하고 우세한 상황을 유지하기 위해서 혹은 선두를 지키기 위하여 반드시 볼을 가라앉혀야 하는 중요한 퍼트의 경우다.
- 예 저스틴 레너드는 1999년 라이더 컵 경기에서 미국 팀에게 우승을 안겨 준 눈부신 중요한 퍼트를 성공시켰다. (Justin Leonard made a spectacular clutch putt in the 1999 Ryder Cup that give the American team the win.)

클레임(claim)

규칙에 관한 의문이나 분쟁이 일어났을 경우 그에 대한 항의 표시로 정확한 재정(裁定)을 받기 위한 이의 제기(異議提起)를 말한다. 규칙 현대화(2019) 이전에 사용했던 용어로 현재는 재정을 구하기(ruling request)라는 말을 사용한다.

- 예 위원회는 클레임이 신속히 제기되었고 클레임을 제기하는 플레이어가 클레임을 제기하거나 재정을 원한다는 것과 그 클레임을 제기하거나 재정을 원하게 된 근거가 되는 사실 등을 합당한 시간 내에 그의 상대편에게 통보한 경우에 한하여 그 클레임을 수리할 수 있다. (The committee may consider a claim only if it has been made in a timely manner and if the player making the claim has notified his opponent at the time that he is making a claim or wants a ruling and of the facts upon which the claim or ruling is to be based.) (Rules of Golf, 2016)

클로즈 더 도어(오픈 더 도어 참조)(close the door, see open

the door)

클로즈드 스탠스(closed stance)
스탠스를 취할 때 플레이어가, 오른손잡이의 경우, 의도하는 플레이 선에 대하여 오른 발을 약간 더 뒤로 빼서 양발의 위치를 정하고 서는 자세를 말한다.
- ※ 따라서 양 발끝을 연결한 연장선은 목표(홀)의 오른쪽을 향하게 된다. 후크(hook)가 나는 경향이 있다.
- 예 34년 간의 골프 교습에서 내가 보아 온 대부분의 잘못은 내가 가르친 골퍼들이 클로즈드 스탠스로 자세를 취하려는 경향이 있다는 것이다. 즉 양쪽 발끝 선이 목표선에 평행이 아니라 목표 오른쪽을 가리키고 있는 것이다. (The most common error I have seen in my 34 years of teaching is that the golfers I have taught tend to set up closed stance, (stance line pointed to the right of the target not parallel to the target line).) (Terry Shaffer)

클로즈드 페이스(closed face or closed clubface)
스트로크할 때 플레이어가, 오른손잡이의 경우, 의도하는 플레이 선에 대하여 직각인 클럽 헤드의 앞 부분을 약간 닫혀 있도록 하는 것을 말한다.
- ※ 즉 클럽 헤드의 힐(heel)은 제자리에 두고 토우(toe)를 약간 왼쪽으로 돌려놓는 것이다. 후크(hook)가 나는 경향이 있다. 셧 페이스(shut face)라고도 한다.
- 예 클로즈드 페이스는, 오른손잡이 골퍼의 경우, 클럽 타면이 향하는 일직선이 목표선 왼쪽을 향하고 있는 상태를 말한다. (A closed clubface is one where the line of the face of the club is pointing towards the left of the target line for right handed golfers.)

클리어¹(clear¹)
어려운 고비를 통과하거나 볼이 어떤 장해물을 무난히 넘어가서 통과하는 현상을 말한다.
- 예 샘은 5번 아이언 클럽으로 골프 볼을 수평 거리 120m를 날리기 위하여 쳤다. 그런데 45m 높이의 나무 한 그루가 샘이 있는 곳에서 35m 앞에 서 있으며 그 나무는 바로 볼이 날아가는 진로 상에 있다. 이러한 경우 볼이 포물선을 그리면서 날아갈 때 최대 높이 즉 80m 높이까지 오를 경우 그 나무를 무난히 넘어갈 수 있을까? (Sam hit a golf ball with a 5-iron a distance of 120m horizontally. A tree 45m high and 35m in front of Sam is directly in the path of the ball. Will the ball clear the tree if the ball makes a parabolic curve and has a maximum height or 80m?)

클리어²(clear²)

홀이나 그린이 게임이 끝나거나 경기가 지연되어 비어 있는 상태 혹은 그러한 장소를 말한다.

> 예 (1) 앞서 나간 조(組)와의 속도를 맞추어 나가는 일은 그 조의 책임이다. 한 홀이 비어 있도록 늦어지고 그 결과 후속조가 지연되는 경우 그 조에 속한 플레이어 수에 관계없이 후속조에게 먼저 플레이하여 나아가도록 권하여야 한다. (It is a group's responsibility to keep up with the group in front if it loses a clear hole and it is delaying the group behind, it should invite the group behind to play through, irrespective of the number of players in that group.)
> (2) A와 B는 한 파-3 홀에서 다른 플레이어들이 그린을 비울 때까지 기다리고 있는 플레이어들이다. (A and B are players waiting for the green to clear at a par three hole.)

클리크(cleek)

1. 코스의 일반 구역에서 길게 샷을 날리거나 모래나 러프에서 플레이하거나 어프로치나 퍼팅에 사용하도록 디자인된 블레이드(blade)가 좁은 옛 아이언 클럽을 말한다. 보통 클리크, 퍼팅에 적합하도록 변형시킨 퍼팅 클리크(putting cleek) 그리고 약간 길고 헤드가 작으며 주로 스리쿼터 샷에 사용하는 드라이빙 클리크(driving cleek)가 있다.
2. 1번 아이언(1-iron or driving iron) 클럽의 옛 이름을 가리킬 때도 있다.
3. 로프트 각도가 약간 큰 우드 클럽(wooden cleek)으로 스푼과 유사하지만 클럽 헤드의 위아래가 보다 얇은(shallower-faced) 옛 클럽을 말한다.
4. 5번 우드 클럽의 옛이름이며 4번 우드 클럽(baffy)의 옛 이름을 대신하는 경우도 있다.

> 예 (1) 방향의 정확성이 요구되는 샷이 필요한 경우 나는 브라시보다 클리크 혹은 드라이빙 아이언 사용을 더 선호한다. (If the shot is one that calls for accuracy in direction, I prefer to use the cleek or driving iron rather than the brassie.) (Alexander H. Revell, 1915)
> 예 (2) 어느 움푹 팬 곳으로 깊고 주위가 둘러싸여 있는 곳에서 나는 드라이빙 아이언, 2번 아이언 혹은 4번 우드 클럽 중 하나를 선택한다. (In any cuppy position, a driving iron, 2-iron, or 4-wood was my selection.) (Sam Snead, 1962)
> 예 (3) 최근에 우드 클리크라고 부르는 클럽이 유행하게 되었는데 그 클럽은 아이언 헤드를 장착한 클리크보다는 타면이 깊고 넓기 때문에 서투른 골퍼에게는 유용하다. (Of late there has come into vogue a club called the wooden cleek, which is helpful to the bad golfer because it has a deeper and broader face than the iron-headed cleek.) (Harry Vardon, 1912)

> 예 (4) 라이 상태가 좋고 넓게 트인 홀에서 평균 거리를 날릴 수 있는 능력을 가진 골퍼들은 어느 곳에서도 볼을 175야드 이상을 날리는 데에 4번 우드(배피)를 사용할 수 있는데 그것은 옛 클리크를 훌륭한 다용도 클럽으로 만드는 역할을 한다. (With favorable lies and wide-open holes the golfer with average power can use the 4-wood (or baffy) for shots of anywhere from 175 yards up - which makes the old cleek a pretty versatile club.) (George Peper, 1977)

클릭(click)

1. 단단하고 탄력성 있는 볼을 잘 쳤을 때 들리는 딸깍 소리와 만족스러운 감동을 뜻한다.
2. 갑자기 정상급에 오르는 상태를 말하는 경우도 있다.

> 예 (1) 단단한 재질로 되어 있는 새로운 볼은 클럽 타면에 맞고 날아갈 때 극도의 만족스러운 딸깍 소리를 내는데 모든 골퍼들이 특히 퍼팅 그린 위에서 이를 즐긴다. (The new solid ball gives a most satisfying click off the club face, which all golfers enjoy, particularly on the putting green.) (Henry Cotton, 1975)

> 예 (2) 이때쯤 나는 투어에서 바로 정상급에 오르기 시작했었다. 따라서 1962년에 나는 . . . 상금 합계 48,000달러를 달성하였다. (By this time I had begun to click on th tour. In 1962 I had . . . made a total of $48,000.) (Tony Lema, 1964)

클린¹(clean¹)

규칙에 의하여 주로 퍼팅 그린 위에서 볼을 집어 올려 닦는 것을 말한다.

> 예 퍼팅 그린 위에 있는 볼은 집어 올려서 닦을 수 있다. 볼이 있는 지점은 그 볼을 집어 올리기 전에 마크하지 않으면 안 되며 그 볼은 최초의 지점에 리플레이스 하지 않으면 안 된다. (A ball on the putting green may be lifted and cleaned. The spot of the ball must be marked before it is lifted and the ball must be replaced on its original spot.) (Rules of Golf, 2019)

클린²(clean²)

잔디나 땅을 거의 접촉하지 않고 볼을 확실히 그리고 완전하게 치는 상태를 말한다. 이렇게 치기 좋도록 풀 위에 얹혀 있어서 볼 전체가 잘 보이는 상태를 클린 라이(clean lie)라고 한다.

> ※ 벙커에서 이런 볼을 치면 볼이 그린을 넘어가기 쉽다.

> 예 볼을 확실하고 완전하게 치지 않았을 때 목표에 못 미치는 샷이 되는데 그것은 볼에 풀이 너무 많이 따라 붙는다는 것을 뜻한다. 따라서 볼을 확실히 그리고 완전하게 치기 위해서는 지면을 쳐서 디보트 파내는 행위를 예방하는 조치가 필요하다.

(The shot is left short when the ball is not hit cleanly, meaning too much grass is taken with the ball. A clean shot is needed to prevent chunking out divots.)

킥(kick)

볼이 예측할 수 없는 방향이나 바람직하지 않은 방향으로 튀는 현상을 말한다.

- 예 친 볼이 공중에 달아맨 것처럼 높이 올라가서 보기 좋았으나 에이프런(apron)에 조금 못미쳐 떨어졌으며 바람직하지 않은 방향인 뒤로 튀어 작은 개울에 들어갔다. (The ball hung in the air and looked good but it landed just short of the apron and kicked back into the creek.) (Mark McCormack, 1967)

킥 포인트(kick point)

볼에 대하여 임팩트할 때 클럽 샤프트 부분에서 가장 많이 휘어지는 지점을 말한다. 벤드 포인트(bend point), 플렉스 포인트(flex point) 혹은 벤드 프로파일(bend profile)이라고도 한다.

- ※ 킥 포인트는 설계에 따라 각각 다르게 나타나는데 샤프트의 탄성에 따른 복원력이 볼을 타격하는데 있어서 중요한 힘의 한 요인이 된다. 킥 포인트가 헤드 쪽에 가까우면 로우 킥(low kick), 그립 쪽에 가까우면 하이 킥(high kick)이라고 한다. 킥 포인트는 볼의 탄도에 영향을 미친다. 일반적으로 로우 킥 포인트의 경우에는 휘어지는 각도가 크기 때문에 탄도가 높고 거리가 많이 나지 않는 반면에 하이 킥 포인트의 경우는 휘어지는 각도가 작기 때문에 볼의 탄도가 낮고 거리가 많이 나는 경향이 있다.
- 예 (1) 오늘날 킥 포인트라는 용어는 "벤드 프로파일"이라는 문구로 대체되고 있다. (Today the term kickpoint is being replaced by the phrase "bend profile.")
  (2) 클럽 맞춤에서 한 가지 중요한 목적은 샤프트의 벤드 프로파일을 당신의 스윙 기교(技巧) 수법에 맞추는 것이다. (An important goal in clubfitting is to match the shaft bend profile to your swing mechanics.)

골프 용어 해설(Clarification of Golfing Terms) 타

타겟 샷(혹은 타겟 골프)(target shot or target golf)

한 낙하 지역(landing area)에서 러프나 벙커 혹은 다른 구역을 넘어 다른 낙하 지역 즉 타겟 지점으로 볼을 날릴 수 있도록 디자인된 코스에서의 플레이를 말한다.

- ※ 지형에 따라 홀까지 볼 낙하 지역의 페어웨이가 각각 독립되어 있는 경우 실패하면 대안이 없거나 달리 찾기가 어렵다는 위험을 감수해야 하지만 정확한 샷에는 충분한 보상이 뒤따르기 때문에 전략적 사고가 요구된다. 표준 디자인 방법은 아니나 특히 습지나 사막 등의 부지에 적용된다. 이와 같이 설계된 코스를 타겟 골프 코스(target golf course)라고 한다.
- 예 타겟 골프 - 이 말은 미국식(가벌형(加罰型)) 골프 코스를 설명하기 위하여 영국인이 사용했던 용어다. (Target Golf - A term used by the Brits to describe American style (penal-style) golf course.)

타수(매치¹ 참조)(number of strokes taken, see match¹)

매치 플레이에서, 플레이하고 있는 홀의 플레이 도중 어느 한 시점(時點) 혹은 그 홀의 플레이를 끝마친 시점에 플레이어가 낸 타수를 의미한다.

- ※ 상대편은 어느 때든지 플레이어가 그 홀에서 친 스트로크 수에 관하여 물을 수 있는데 이 경우 플레이어는 그가 낸 타수에 관하여 올바른 정보를 제공하지 않으면 안 된다.
- 예 한 홀을 플레이하는 동안이나 그 홀의 플레이가 끝난 뒤, 상대편은 어느 때든지 플레이어가 그 홀에서 낸 타수에 관해서 물을 수 있다. 이것은 상대편이 다음 스트로크 혹은 그 홀의 나머지 부분을 어떻게 플레이할 것인가를 결정하거나 방금 끝마친 홀의 결과를 확인할 수 있도록 해 준다. (At any time during play of a hole or after the hole is completed, the opponent may ask the player for the number of strokes the player has taken on the hole. This is to allow the opponent to decide how to play the next stroke and the rest of the hole, or to confirm the result of the hole just completed.) (Rules of Golf, 2019)

타이(tie)

골프 경기에서 2사람 이상의 플레이어들이 동점이 되는 경우를 말한다. 특히 매치 플레이에서 타이의 경우를 올 스퀘어(all square)라고 한다.

- ※ 최종 우승자를 배출하기 위하여 연장전(playoff)을 하게 된다.
- 예 플레이어들이 한 홀에서 낮은 스코어가 동점일 때 그 홀은 비겼다고 말한다. (When players tie for low score on a hole, they are said to have halved the hole.)

타이거(tiger)

강력한 플레이어, 특히 눈에 띄게 두드러진 플레이어를 말한다.

> 예 이제 내 스스로 초심자로부터 눈에 띄는 강력한 골퍼에 이르기까지 수천 명에 달하는 골퍼들을 잘 관찰하여 . . . (Now my own observations of many thousands of golfers from neophytes to tigers . . .) (Percy Boomer, 1946)

타이트¹(tight¹)

좁은 페어웨이 혹은 좁은 페어웨이를 가진 코스를 의미한다. 일반적으로 25야드 혹은 그 이하의 넓이를 가진 좁은 페어웨이(tight fairway)를 가리킨다.

> 예 이는 훌륭한 페어웨이와 그린을 겸비해서 좋지만 좁은 코스다. (It is a good tight course with good fairways and greens.) (Anthony F. Merrill, 1950)

타이트²(tight²)

볼이 지면에 아주 밀착해서 정지한 상태의 라이(lie)를 말한다.

> ※ 풀이 거의 없거나 잔디를 아주 낮게 깎아 놓은 상태의 지면에 볼이 놓여 있어서 마치 볼이 지면에 달라붙은 것 같은 상태의 볼 라이를 타이트 라이(tight lie)라고 한다.

> 예 . . . 에 있는 표면이 딱딱한 지면에 밀착된 상태의 볼 라이에서 나는 이때 현명한 샷은 볼을 고의로 짧게 치는 방법이라고 결정했다. (. . . with a tight lie on crusty ground I decided that the intelligent shot was to lay up.) (Jack Nicklaus, 1969)

탭 인(tap in or tap-in)

몇 인치 밖에 안 되는 아주 짧은 거리에서 볼을 가볍게 때린 퍼트로 홀 아웃하는 경우를 말한다.

> ※ 실패할 가능성이 거의 없는 경우에도 방심(放心)은 금물(禁物)이다. 1983년 잉글랜드 북서부 사우스포트(Southport)에 있는 로열 버크데일(Royal Birkdale) 골프 코스에서 개최된 브리티시 오픈(British Open)에서 미국의 헤일 어윈(Hale Irwin)은 3라운드 14번 홀에서 2인치 거리의 탭 인 퍼트(tap-in putt)를 놓치고 결국 준우승에 머물렀다.

> 예 잘 친 250야드 드라이브 샷과 짧은 거리에서 가볍게 볼을 때려 홀 아웃한 퍼트가 동일한 샷 가치를 가질 수 있다는 것은 불합리한 것처럼 보인다. (It seems illogical that a well-struck drive of 250 yards can have the same shot value as the tap-in putt.)

터치(touch)

특히 퍼팅에 있어서 섬세하고도 정밀하게 볼을 때려서 보내는 것을 말한다. 따라서 볼을 칠 때 힘의 세기에 따른 촉감(觸感)의 정도가 중요시된다. 이러한 샷을 터치 샷(touch shot)이라고 한다.
- 예 그들이 퍼팅의 섬세한 감각을 전혀 잃지 않는 한 그들은 확실히 3퍼트 이상은 필요치 않을 것이다. (Unless they have lost their putting touch altogether they will certainly need no more than two putts.) (Francis Ouimet, 1926)

터프(turf)

골프 코스를 덮고 있는 잔디를 말한다. 일반적으로 지표면 층에 뿌리와 일부 줄기가 섞여서 성장하고 있으며 그 높이를 깎아서 정비한 상태를 뜻한다. 때로는 터프그라스(turfgrass)라고도 한다.
- 예 골프 코스 잔디는 골프 스포츠를 할 때 그 표면으로 사용하는 골프 코스를 덮고 있는 풀을 말한다. (Golf course turf is the grass covering golf course, which is used as a playing surface in sport of golf.)

턴(turn)

아웃 코스의 9홀을 끝내고 인 코스로 들어가는 중간점 즉 코스의 전환점 혹은 스코어의 전환점을 말한다.
- 예 (1) 모든 사람들은 그 매치의 중간점인 9번째 홀에서 트래비스가 3개 홀 업(up)이었을 때 그 매치는 이미 끝났다고 생각했었다. (Everybody thought the match was over at the ninth hole for Travis was 3 up at the turn.) (Arthur Pottow, 1907)
(2) 나는 긴 5번 홀에서 스코어 3 즉 이글을 내서 그를 앞서 갔으며 전반전에서 스코어 32로 전환점을 만들었다. (I moved ahead of him with an eagle 3 on the long fifth and made the turn in 32.) (Jack Nicklaus, 1969)

턴 오버(turn over)

스윙할 때 그립을 쥔 양손의 손바닥 방향이 백스윙과 다운스윙에서 서로 반대 방향으로 뒤집어지는 동작을 말한다.
- ※ 이때 양손의 턴 오버는 의식적인 동작이 아닌 정상적인 스윙에서 자연스럽게 이루어지는 것이 바람직하다. 슈퍼네이션(supination) 및 프로네이션(pronation) 참조.
- 예 스윙의 정상에서 아래를 향하여 스윙하고 볼을 임팩트하면서 지나갈 때 팔뚝, 손 그리고 클럽은 시계 반대 방향으로 회전되어야 한다. 이 동작을 정확히 할 경우 오른손 손바닥, 왼손 손등 그리고 클럽 타면은 임팩트 후에 아래를 향할 것이다. 이러한 회전은 클럽 타면이 자연스럽게 뒤집어지도록 허용하며 염려되는 슬라이스를 예방하는 데 도움이 된다. (The forearms, hands and club should be rotating in counterclockwise motion as you swing down and through the ball. When

you do this correctly, the right palm, back of the left hand and clubface will be facing down after impact. This rotation allows the face to turn over naturally, which helps prevent the dreaded slice.)

테스트(test)

플레이어가 다음 스트로크에 대한 유리한 정보를 얻기 위하여 벙커나 퍼팅 그린의 상태를 실제로 경험해 보는 행위를 말한다.

- 예 (1) 벙커 안에 있는 볼을 스트로크하기 전에 플레이어는 다음 스트로크에 관한 정보를 알 수 있도록 모래의 상태를 테스트하기 위하여 손, 클럽, 고무래 혹은 다른 물건으로 벙커 안의 모래를 고의로 접촉해서는 안 된다. (Before making a stroke at a ball in a bunker, a player must not deliberately touch sand in the bunker with a hand, club, rake or other object to test the condition of the sand to learn information for the next stroke.) (Rules of Golf, 2019)
- (2) 라운드 중 그리고 규칙에 의하여 플레이가 중단된 동안, 플레이어는 퍼팅 그린이나 틀린 그린을 테스트하기 위하여 고의로 다음의 어느 한 행동을 해서는 안 된다: 즉 표면을 문질러 보는 행위, 혹은 볼을 굴려 보는 행위. (During a round and while play is stopped under rule, a player must not deliberately take either of these actions to test the putting green or a wrong green: rub the surface, or roll a ball.) (Rules of Golf, 2019)

테이크 백(테이크 어웨이 참조)(take back, see take away)

테이크 어웨이(take away or takeaway)

스윙에서 클럽을 뒤로 들어올리기 시작하는 동작을 말한다. 테이크 백(take back) 이라고도 한다.

- 예 오른손잡이 골퍼의 경우 왼쪽 어깨를 턱 밑으로 돌아가도록 허용하는 동작으로 테이크 어웨이를 시작하라. (Start the takeaway by allowing your left shoulder to turn under your chin for the right-handed golfer.)

텍사스 웨지(Texas wedge)

퍼팅 그린 밖에서 홀을 향한 약간 긴 거리의 어프로치 샷에 사용하는 경우의 퍼터를 말하거나 퍼터로 퍼팅 그린 밖에서 하는 샷을 의미한다. 경우에 따라서 에이프런(apron)에서 바로 볼을 굴려서 그린 위로 올리거나 벙커에서 바로 볼을 굴려서 탈출하는 경우 웨지보다 퍼터가 더 유용할 때가 있다. 오늘날에는 퍼팅 그린 밖에서 사용되는 모든 퍼터를 말할 때 이 용어를 사용한다(속).

- ※ 이 용어는 미국 텍사스 출신의 벤 호건(Ben Hogan, 1912-97)과 다른 프로들이

1940년대와 50년대에 널리 이 방법을 사용한 데서 유래하였다. 특히 텍사스주의 건조하고 바람이 많으며 페어웨이와 그린이 단단한 상태에서 가볍게 퍼터를 사용하는 것이 웨지를 사용하는 것보다 더 확실하였기 때문에 텍사스 웨지라고 불렀다.

- 예 (1) 맨은 72홀에서 단지 99번의 퍼트를 하였는데. . . 이 숫자는 그린 가장자리 주변에서 퍼트하는 텍사스 웨지를 카운트하지 않은 퍼트 수였다. (Menne used only 99 putts for 72 holes . . .Texas wedges, putts from the fringe, were not counted.) (John P. May, 1977)
- (2) . . . 사실상 적지 않은 기회에 매우 확신이 있는 경우 그(니클로스)는 그린 밖에서 그의 퍼터를 사용한다. 이전에는 이러한 샷이 일반적으로 언급되었는데 아직도 어떤 지방에서는 이를 "텍사스 웨지"라고 부른다. (. . . so confident in fact that on not a few occasions he (Nicklaus) uses his putter from off the green. This shot used to be referred to and is still referred to in some quarters as the "Texas Wedge.") (Tom Scott & Geoffrey Cousins, 1969)

템포(tempo)

골프 스윙에서 타이밍(timing)에 대한 조정(調整)을 말한다. 즉 스윙 전체를 통틀어 호기(好機)를 잡기 위하여 스윙을 진행하는 데 필요한 모든 동작의 순서에 따른 속도를 조절하는 행위라고 할 수 있다.

- 예 골프는 난폭한 힘의 게임이 아니라 타이밍, 리듬 그리고 템포가 어우러진 우아한 게임이다. 골퍼가 이러한 모든 정보에 관하여 동시에 주의를 기울이려고 노력할 때에는 스윙에서 당연히 리듬과 템포에 장해를 받을 수 있다. (Golf is an elegant game of timing, rhythm and tempo, not brute force. It's no wonder that rhythm and tempo of the swing can suffer as the golfer tries to pay attention to all this information at once.) (Golfsmith)

토너먼트(tournament)

다수의 플레이어가 참가하여 경쟁하며 비교적 짧은 시간 간격으로 진행된 일련의 시합에서 승자만 계속 진출하여 마지막에 우승자를 배출하는 경기 방식을 말한다.

- ※ 경쟁자가 한 팀이 될 수도 있다. 오늘날에는 일반적으로 연속되는 일자에 4라운드의 스트로크 플레이로 진행된다.
- 예 톰 왓슨은 오늘 놀라운 69타를 냈으며 서부 지역 골프 토너먼트에서 우승하였다. (Tom Watson fired 69 today and won the Western golf tournament.) (NY Times, 1977)

토너먼트 플레이어스 클럽(tournament players club or TPC)

미국 피지에이 투어(PGA Tour)에서 연쇄형(chain)으로 운영하는 퍼블릭(public)

과 프라이빗(private) 골프 코스를 말한다. 대부분 그 코스에서는 피지에이 투어 행사가 열린다.
- 예 최초의 토너먼트 플레이어스 클럽은 1980년에 계획된 플로리다주 폰테 베드라 비치에 있는 쏘그라스 티피시였으며 현재 피지에이 투어의 본부가 있는 곳이다. (The first tournament players club was TPC at Sawgrass in Ponte Vedra Beach, Florida, designed in 1980 and now the headquarters of the PGA Tour.)

토우(toe)

1. 클럽 헤드에서 샤프트가 연결된 부분으로부터 가장 멀리 떨어져 있는 맨 앞의 끝부분을 말한다(헤드 참조).
2. 클럽 헤드의 토우로 볼을 치는 현상이나 그와 같은 샷을 말한다.
3. 클럽 헤드를 플레이어의 발이 있는 안 쪽으로 약간 돌리는 것을 말한다.
- 예 (1) . . . 그리고 클럽의 토우는 좀 더 빨리 볼 쪽으로 향하게 해야 한다. (. . . and the toe of the club ought to turn on to the ball a little sooner.) (Roger Wethered, 1931)
- 예 (2) 볼이 토우 부분에 맞았거나 힐 부분에 맞은 것 중 한 쪽인데 결국 볼을 어긋난 방향으로 보내 버렸다. (The ball is either toed or heeled, and it is sent off in the wrong way.) (James Braid, 1911)
- 예 (3) 클럽 헤드를 안 쪽으로 틀지 않아야 한다. 이는 숨막히는 듯한 후크가 나거나 볼이 왼쪽으로 향하는 끌어당기는 형태의 샷을 하는 결과를 초래한다. (Don't "toe"(turn in) the club head. This results in a "smothered" hook or pulled shot(to the left).) (Patty Berg, 1941)

토크(torque or torsion)

어떤 물체의 비틀리는 힘에 대한 저항을 말한다. 다시 말하면 비틀리는 힘에 대한 회전 모멘트 혹은 회전 우력(回轉偶力)을 가리킨다. 보통 골프에서 토크는 볼에 임팩트할 때 클럽 샤프트가 약간 비틀어지려는 경향을 뜻한다. 토션(torsion)이라고도 한다.
- ※ 일반적으로 클럽 샤프트는 클럽 헤드 힐(heel) 부분의 호젤(hosel)을 통하여 접합되어 있으며 클럽 헤드의 무게 중심은 대부분 헤드 중앙 부분에 위치하기 때문에 스윙에서 샤프트가 비틀어지려는 경향이 생기며 이로 인하여 토크가 큰 경우에는, 임팩트할 때 클럽 타면이 플레이 선에 대하여 정확히 직각으로 볼에 접촉해야 하는데, 그 정확성에 약간의 차질을 빚어 방향성이 떨어질 수 있다. 따라서 헤드 속도가 빠른 골퍼에게는 다소 낮은 토크(low torque)의 샤프트를 그리고 헤드 속도가 느린 골퍼에게는 상대적으로 높은 토크(high torque)의 샤프트를 권장하고 있다.
- 예 클럽 샤프트의 구부러진 결과는 자체의 탄력성이며 샤프트가 뒤틀린 결과는 자

체의 비틀림이다. 골프 볼을 보다 똑바로 치기 위해서는 비틀림이 낮은 샤프트가 필요하다. (The amount a club's shaft bends is its flex, and the amount its shaft twists is its torque. To hit a golf ball straighter, you need a low-torque shaft.)

톱(top)

임팩트에서 클럽이 볼의 윗부분 즉 볼의 가로 중앙선 위쪽을 치는 현상이나 그와 같이 하는 샷 즉 톱프드 샷(topped shot)을 말한다. 톱핑 더 볼(topping the ball)이라는 말을 쓰기도 한다.

- 예 실제로 볼 윗부분을 치는 현상에는 별개의 명확한 세 가지 종류가 있는데 . . . 그 세 가지는 클럽이 평범하게 볼에 맞는 "얕은 톱", 클럽이 가파르게 볼에 맞는 "가파른 톱" 그리고 팔과 클럽이 휘두르는 반경이 변경되어 볼을 치게 되는 "반경을 놓친 톱"이다. (There are in fact three separate and distinct kinds of tops . . . The three kinds of tops are the "shallow top," the "steep top" and the "missed-radius top".) (Jim Hardy, 1977)

톱스핀(top spin or topspin)

클럽 타면으로 볼에 임팩트할 때 클럽이 볼의 윗부분을 쳐서 볼이 가는 방향과 같은 방향으로 회전하는 현상을 말한다.

- ※ 볼이 갑자기 땅에 떨어지기 때문에 날아가지 못하며 역결 상태의 그린에 혹은 경사진 그린에서 유용하게 사용할 수도 있다. 포워드스핀(forward spin) 혹은 오버스핀(overspin)이라고도 한다.
- 예 톱스핀은 홀에 이르는 선을 따라 볼을 끝까지 굴러가게 하기 때문에 퍼트할 때 볼에 톱스핀을 거는 것이 매우 중요하다. (It is so necessary to put topspin on the ball when putting, as it makes the ball run through on the line to the hole.) (Bobby Locke, 1953)

톱 오브 더 스윙(top of the swing)

백스윙에서 클럽을 뒤로 끝까지 들어올려 순간적으로 정지하는 정점을 뜻한다. 즉 백스윙 끝에서 다운스윙으로 들어가지 전에 순간적으로 정지하는 스윙의 최정점(最頂點)을 의미한다.

- 예 어떤 골퍼는 플랫 스윙이라고 부르는 야구식 스윙을 하는데 백스윙에서 그의 클럽으로 몸 주위를 돌리고 톱 오브 더 스윙에서 그의 양팔은 어깨선 밑으로 유지한다. (A golfer makes a baseball swing, also called flat swing, when he moves the club around his body on the backswing, keeping his hands well below his shoulder line at the top of the swing.)

투 샷(two-shot)

볼을 그린에 올리기 위해서는 드라이브 샷과 또 다른 클럽에 의한 풀 샷(full shot)이 필요한 경우를 말한다. 이렇게 두 번의 샷이 필요한 홀(two-shot hole)을 투 샷터(two-shotter)라고 한다.

- 예 (1) 나는 두 번의 샷으로 도달할 수 있거나 거의 도달할 수 있는 홀에 관해서는 무엇인가 기본 원칙이 있다고 생각한다. (I think there is something fundamental about holes that are reachable or near-reachable with two shots.)
  (2) 현재 짧은 2개 홀과 몇 개의 멋진 두 번의 샷이 필요한 홀들이 있다. (There are two short holes and several fine two-shotters.) (W. Herbert Fowler, 1913)

투 샷터(투 샷 참조)(two-shotter, see two-shot)

투섬(twosome)

스트로크 경기에서 함께 플레이하는 두 사람의 플레이어들을 말한다.

- 예 "투섬"은 골프 용어가 아니다. 한 사람이 다른 한 사람에 대항하여 플레이하는 경우 그 매치는 "싱글"이다. 스트로크 플레이에서 같이 경쟁하는 두 사람의 플레이어들은 두 사람으로 된 한 "커플"이다. ("Twosome" is not a golf term. If one man plays against another, the match is a "single". In stroke play, two players competing together are a "couple".) (The Golfer's Handbook, 1974)

투어(tour)

골프 시즌에 맞추어 정식 프로가 경쟁하는 프로 골프 토너먼트를 하나의 규정된 예정 계획으로 통합하여 시행하는 원정 경기(遠征競技)를 말한다.

- ※ 개별적인 투어는 지역에 기반을 두고 있는데 이러한 지역 투어를 하나의 계획된 일정표를 통하여 통합함으로써 질서 있고 전국적인 효과를 낼 수 있도록 한 조직에 의하여 감독을 받는다. 규모가 큰 투어는 피지에이 투어(PGA Tour), 챔피언 투어(Champions Tour), 엘피지에이 투어(LPGA Tour) 등이 있으며 그 활동은 미국에서 활발하다. 프로 투어는 소수의 프로 골퍼(touring pro)가 참가한다. 미국에서 공식적인 피지에이 투어를 위한 조직은 1968년에 설립되었다. 투어 이전에 서키트(circuit)라는 용어를 사용하기도 하였다.
- 예 나는 지난 2년 간 가끔 국내 투어에서 플레이했을 뿐인데 관객이 적은 것에 충격을 받았던 사실을 기억한다. (I have played only occasionally on the home tour in the last two years but remember being shocked at the small crowds.) (Tony Jacklin, 1970)

투어 프로(프로페셔널 골퍼 참조)(touring pro, see professional golfer)

투 클럽 윈드(역풍 참조)(two-club wind, see against the wind)

투 피스(two-piece)

고체 핵심에 흠집이 잘 나지 않는 설린(surlyn)을 입혀 2겹으로 되어 있는 볼을 말한다. 스리 피스(three-piece) 볼의 짧은 내구성(耐久性)을 보완하였다.

- ※ 솔리드 센터 코어(solid center core)에 상처가 잘 나지 않는 견고한 설린(hard surlyn)을 겉에 입혔다. 탄력성이 풍부하고 압축되어 있어서 장거리 샷이 가능하다. 수명이 길다는 장점이 있다. 그러나 스핀이 덜 걸리고 컨트롤이 어렵다는 면도 있다.
- 예 누군가 나에게 투 피스, 스리 피스 그리고 포 피스까지 그 골프 볼들 사이의 차이를 설명해 줄 수 있는가? (Can someone explain to me the difference between a two piece, three piece and even four piece golf ball?)

툼 스톤(tomb stone)

플레이하는 코스의 파(par)에 플레이어의 핸디캡을 더한 스트로크 수만큼 플레이한 후 볼이 정지한 지점에 작은 표지(標識)나 깃대를 세우는데 그 코스에서 가장 멀리 나가서 표지나 깃대를 세운 플레이어가 우승하는 스트로크 플레이 경기 방식을 말한다. 플래그 토너먼트 (혹은 깃대 세우기 토너먼트)(flag tournament)라고도 한다.

- ※ 참가자들은 경기 전에 지정된 스트로크 수와 함께 클럽이 준 이름표가 붙은 묘비(墓碑) 모양의 작은 돌로 된 표지 혹은 깃대를 지급 받고 플레이하여 지정된 수의 스트로크에서 최후로 스트로크한 볼이 정지한 지점에 그 작은 묘석(墓石) 혹은 깃대를 세운다. 즉 자신이 가진 스트로크 수를 모두 소진하여 끝났음을 의미한다. 흥미를 더하기 위하여 몇 가지 익살맞은 비문(碑文)도 준비한다(1. ○○○, 여기에 잠들다. 2. 볼이 물에 빠지지 않았으면 더 살았을 것을! 3. ○○○, 3퍼트 때문에 여기에 묻히다 등).
- 예 툼 스톤에서 골퍼들은 할당된 스트로크 수와 함께 라운드를 시작하며 그 스트로크를 모두 소모할 때까지 플레이한다. 그 골프 코스에서 가장 멀리 나간 골퍼가 우승자가 된다. (In tombstone, golfers begin their rounds with an allotment of strokes and they play until their strokes run out. The golfer who makes it farthest around the golf course is the winner.)

트랙 아이언(럿 아이언 참조)(track iron, see rut iron)

트랩(벙커 참조)(trap, see bunker)

트러블(trouble)
그 가운데에서 혹은 그 근처에서 플레이할 경우에는 규칙에 의한 벌을 받게 될지도 모르는 코스 안의 러프, 벙커, 페널티 구역, 장해물이나 나쁜 라이 혹은 어떤 상태로든 이것들에 부닥치는 곤란한 상황을 말한다. 이러한 상황에서 볼을 칠 때 트러블 샷(trouble shot)이라고 하며 그 때에 사용한 적합한 클럽을 트러블 클럽(trouble club)이라고 한다.
> 예 트러블 샷을 할 경우, 각각 보통이 아닌 상황에서는 각기 다른 형태의 강타가 필요하기 때문에, 되풀이할 수 있는 스윙은 있을 수 없으며 거기에 관한 점검 사항이 적힌 목록도 없다. (In hitting trouble shots there is no repeating swing, no list of checkpoints involved, because each unusual situation calls for a different type of swipe.) (George Peper, 1977)

트러블 클럽(트러블 참조)(trouble club, see trouble)

트레일링 에지(리딩 에지 참조)(trailing edge, see leading edge)

트로피(trophy)
골프 경기의 우승자에게 우승을 인정하고 그 증거의 상으로 수여하는 기념물을 말한다. 메달(medal)을 수여하거나 트로피와 함께 수여하는 경우도 있다.
> 예 유에스 오픈 골프 트로피는 독특한 명칭을 가지고 있지 않다. 단순히 유에스 오픈 챔피언쉽 트로피로 알려져 있다. (The U.S. Open golf trophy does not have a unique name. It is simple known as the U.S. Open Championship Trophy.)

트롤리(카트 참조)(trolley, see cart)

트루 템퍼(True Temper)
골프 클럽 샤프트를 생산하는 미국의 세계적인 기업 트루 템퍼 스포츠 회사(True

Temper Sports Inc., Memphis, Tenn., US)를 말한다.
- ※ 1902년 아메리칸 포크앤호우(American Folk and Hoe)란 이름으로 농기구와 공구 생산으로 출발하였으며 1923년부터 골프 클럽 샤프트를 생산하기 시작하였다. 1949년 트루 템퍼 회사로 개칭하였으며 1981년 트루 템퍼 하드웨어와 스포츠로 분리되어 오늘에 이르렀다. 특히 이 회사에서 골프 볼을 테스트할 수 있는 로봇 "아이언 바이런(Iron Byron)"을 발명하였다.
- 예) 트루 템퍼사는 주로 골프 클럽을 제작하는 많은 회사들을 위하여 샤프트를 제조한다. 그 클럽 제작 회사들은 다음과 같은 회사들이 포함되어 있다. 즉 애덤스, 브리지스톤, 캘러웨이, 클리브랜드, 코브라, 미즈노, 나이크, 핑, 테일러메이드, 타이틀리스트 그리고 윌슨이다. 또 트루 템퍼사는 중국 광저우에 그라파이트 샤프트 제조 시설을 보유하고 있다. (True Temper manufactures shafts for many of major golf club manufacturers including Adams, Bridgestone, Callaway, Cleveland, Cobra, Mizno, Nike, Ping, TaylorMade, Titleist and Wilson. True Temper also has a graphite manufacturing in facility Guangzhou, China.)

트리플 보기(triple bogey)

한 홀에서 파(par)보다 3타 더 많이 낸 스코어를 말한다. 혹은 다만 트리플(triple)이라고도 한다.
- 예) 트리플은 트리플 보기의 별명인데 한 홀에서 파(par)보다 3타 더 많은 스코어를 말한다. (Triple is a nickname for triple bogey, a score of three strokes over par on a single hole.)

트윗치(twitch)

특히 짧은 퍼팅에 대한 신경 과민증 혹은 신경 이상 상태로 인하여 일부 경련(痙攣)을 일으키고 정상적인 퍼트를 하지 못하는 상태를 말한다.
- 예) (1) 나에게 있어서 해결할 문제는, 우리가 경련을 동반한 신경 과민이라고 부르는, 증상이었는데 미국인들은 이것을 "긴장으로 인한 신경상의 기능 장애"라고 말하는 것이었다. (What settled the problem for me was what we call the twitch and the Americans the "yips".) (Henry Longhurst, 1971)
- (2) 경련을 동반한 신경 과민증이 시작된 많은 골퍼들은 짧은 퍼트에서 그런 상태가 되는데 그것은 그들이 확신이 없는 가운데 볼을 너무 빨리 치려고 하기 때문이다. (Many golfers who start to twitch their short putts do so because in their lack of confidence they try to strike the ball too soon.) (Dave Thomas, 1967)

특성 시간(진자 테스트 참조)(characteristic time, see pendulum test)

틀린 그린(wrong green)

플레이어가 플레이하고 있는 홀의 퍼팅 그린이 아닌 코스 위의 모든 그린을 말한다.

※ 따라서 틀린 그린에는 당시에 플레이어가 플레이하고 있지 않는 다른 홀의 퍼팅 그린, 일시적인 그린이 사용되고 있는 홀에서 그 홀의 정상적인 퍼팅 그린, 모든 연습용 퍼팅 그린, 연습용 칩핑 그린, 연습용 피칭 그린이 포함된다.

예 플레이어 볼의 어느 일부가 틀린 그린에 접촉해 있는 경우 혹은 어떤 물건(루스 임페디먼트나 장해물 등) 위나 안에 있는데 그 물건이 틀린 그린 가장자리 안쪽에 있는 경우 혹은 틀린 그린이 플레이어의 의도하는 스탠스나 의도하는 스윙 구역을 물리적으로 방해하는 경우 규칙에 의한 방해가 생긴 것이다. (Interference under rule exists when any part of the player's ball touches a wrong green or lies on or in anything (such as a loose impediment or an obstruction) and is inside the edge of a wrong green or a wrong green physically interferes with player's area of intended stance or areas of intended swing.) (Rules of Golf, 2019)

틀린 볼(wrong ball)

틀린 볼은 플레이어의 다음과 같은 볼 이외의 모든 볼을 말한다.
- 인 플레이 볼(최초의 볼 혹은 교체한 볼을 불문하고),
- 잠정구(규칙에 의하여 잠정구를 포기하기 전),
- 스트로크 플레이에서 규칙에 의하여 플레이한 제2의 볼.

※ 틀린 볼의 예를 들면 다른 플레이어의 인 플레이 볼, 내버려진 볼 그리고 플레이어 자신의 볼인데 아웃 오브 바운즈가 된 볼, 분실된 볼 혹은 집어 올렸으나 아직 인플레이로 하지 않은 볼 등이다.

예 플레이어가 페널티 구역의 물속이나 일시적인 물속에서 움직이고 있는 틀린 볼을 스트로크한 경우에는 벌이 없다. (There is no penalty if a player makes a stroke at a wrong ball that is moving in water in a penalty area or in temporary water.) (Rules of Golf, 2019)

틀린 장소(wrong place)

규칙에 의하여 플레이어가 자신의 볼을 플레이해야 하거나 플레이하도록 허용된 장소 이외의 코스 위의 모든 장소를 말한다.

※ 틀린 장소에서 플레이한 경우의 예를 들면 다음과 같다.
- 잘못된 지점에 볼을 리플레이스하거나 규칙에 의하여 볼을 리플레이스 해야 하는데 그 볼을 리플레이스하지 않고 플레이한 경우.
- 드롭한 볼을 규정된 구제 구역 밖에서 플레이한 경우.

- 잘못된 규칙에 의하여 구제를 받고 그 결과 볼을 규칙에 의하여 허용되지 않은 장소에 드롭하고 그 허용되지 않은 장소에서 플레이한 경우.
- 플레이 금지 구역에서 볼을 플레이하거나 플레이 금지 구역이 플레이어의 의도하는 스탠스나 스윙 구역을 방해하고 있을 때 플레이한 경우.
- 한 홀의 플레이를 시작할 때 티잉 구역 밖에서 볼을 플레이하는 것이나 그 잘못을 시정하려고 하는 동안에 티잉 구역 밖에서 플레이하는 것은 틀린 장소에서 플레이한 것이 아니다.

예 스트로크 플레이에서 규칙 위반이 중대한가의 여부가 확실하지 않은 경우 플레이어는 틀린 장소에서 플레이한 볼과 규칙에 따라 올바른 장소에서 플레이한 제2의 볼의 두 볼로 그 홀의 플레이를 끝마쳐야 한다. (In stroke play if uncertain whether breach is serious, the player should play out the hole with both the ball played from a wrong place and a second ball played from a right place under the rules.) (Rules of Golf, 2019)

틀린 타수의 정보 제공(타수 참조)(giving the wrong number of strokes taken, see number of strokes taken)

매치 플레이에서 홀의 플레이 도중이나 플레이가 끝난 후 상대편의 타수에 관한 물음에 대하여 그때까지 플레이어가 낸 타수(number of strokes taken)가 아닌 틀린 타수의 정보를 제공한 경우를 말한다.

※ 상대편은 매치의 상태를 파악하기 위하여 어느 때든지 플레이어의 타수(스트로크 수와 벌타)를 물어볼 수 있다. 이때 플레이어는 올바른 타수를 알리지 않으면 안 된다. 상대편의 물음에 대답하지 않은 경우 그 플레이어는 틀린 타수의 정보를 제공한 것으로 취급된다. 플레이어가 벌을 받은 경우에도 역시 합리적으로 가능한 한 빨리 상대편에게 그 사실을 알리지 않으면 안 된다.

예 홀이 끝난 후 플레이어가 틀린 타수의 정보를 제공하였으나 그것이 그 홀의 승패 혹은 비긴 상태 여부에 대한 상대편의 이해에 영향을 미치지 않은 경우에는 벌이 없다. (If the player gives the wrong number of strokes taken after a hole is completed but this does not affect the opponent's understanding of whether the hole was won, lost or tied, there is no penalty.) (Rules of Golf, 2019)

틀에 맞는(groove[2])

클럽 헤드가, 일정한 홈을 따라가듯, 정확히 일정한 진행로와 움직이는 절차에 따라서 진행되는 틀에 맞는 스윙(grooved swing)을 말한다.

※ 틀에 맞는 스윙은 1920년대에 유명한 미국의 야구 선수 베이브 루스(Babe Ruth)의 베트 스윙을 모방한 동작이다. 그는 궤도처럼 매번 정확히 일정한 진행로를 따라서 베트를 휘둘렀는데 그 베트가 진행하는 원호 안에 들어오는 볼을 포착했을 때 스윙했다(로버트 브라우닝 "골프의 역사").

> 예 플레이어가 클럽을 쥐고 스윙을 잘 할 때 특히 시종일관 매우 일치된 스윙을 할 때 그는 틀에 맞는 진로에 따른 스윙을 한다는 말을 듣는다. (When a player is swinging the club so well, so consistently, it is said that his swing is grooved.)

티¹(tee¹)

티잉 구역에서 플레이할 때 볼을 지면보다 높게 올려 놓기 위하여 사용한 물건을 말한다. 티의 길이는 4인치(101.6㎜)를 초과해서는 안 되며 휴대품 규칙에 적합한 것이 아니면 안 된다.

> ※ 지면에서 볼을 알맞은 높이로 조절하기 위하여 지면에 꽂는 나무, 고무 혹은 플라스틱 제품의 물건 즉 티팩(혹은 팩)(tee peg or peg)을 가리킨다. 볼을 티 위에 올려 놓는 것을 티 업(tee up) 혹은 티잉(teeing)이라고 하며 티 업된 볼을 티드 볼(teed ball)이라고 한다.

> 예 볼은 지면에 꽂았거나 지면 위에 놓은 티 혹은 직접 지면 자체의 어느 한 곳에서 플레이되지 않으면 안 된다. 이 규칙의 적용 목적상, "지면"에는 티나 볼을 올려 놓기 위한 곳에 갖다 놓은 모래나 다른 자연 물질이 포함된다. (The ball must be played from either a tee placed in or on the ground, or the ground itself. For purpose of this rule, the "ground" includes sand or other natural materials put in place to set the tee or ball on.) (Rules of Golf, 2019)

티²(티잉 구역 참조)(tee², see teeing area)

티잉 구역을 약해서 티라고 말하기도 한다.

> 예 복숭아나무의 또 다른 특징은 그 탄력성(샤프트)이 뛰어나다는 점인데 이러한 특징은 극도로 티(티잉 구역)의 길이를 증가시키는 결과를 가져왔다. 어떤 경우에는 티가 80야드 정도로 긴 것도 있다. (Another feature of peachtree is exceptional flexibility, brought about through the extreme length of the tees. . . . In some cases the tees are as much as eighty yards long.) (Robert Trent Jones, 1954)

티드 업(teed up or teed)

코스의 일반 구역에서 정지한 볼이 풀이나 모래가 받쳐 주는 힘으로 치기 좋게 그리고 쉽게 접근할 수 있는 상태의 라이를 말한다. 다만 티드(teed)라고도 한다.

> 예 얕은 모래 벙커 안에서 치기 좋고 접근하기 쉽게 보이는 볼을 조심해야 한다. (Be cautious with a teed ball in a shallow sand bunker.) (Sir Walter Simpson, 1887)

티 마커(tee-marker)

티잉 구역에서 전면과 측면을 한정하기 위하여 앞 부분 양쪽에 설치한 2개의 표지(標識)를 말한다.

※ 플레이어는 스트로크하기 전에, 스트로크에 영향을 미치는 상태를 개선하기 위하여, 티잉 구역에 있는 티 마커를 움직여서는 안 된다. 티 마커를 가끔 블록(blocks)이라고도 한다. 많은 골프 코스에서 티 마커를 나무토막으로 만들었기 때문에 이런 명칭이 나왔다.

예 (1) 라운드 출발 전에 플레이어들이 어떤 색깔의 티에서 플레이할 것인가를 결정하면 그 후에 전 라운드에서 같은 색깔의 티 마커가 있는 티에서 티 오프하게 된다. (At the start of a round, players decide which color tees they will play, then play the entire round teeing off from the same color tee markers.)

(2) 티 마커의 위치는 각 티잉 구역을 정하기 위하여 위원회가 설정하며 그 티잉 구역에서 플레이하는 모든 플레이어에 대하여 같은 위치에 그대로 있어야 한다. (The location of the tee-markers is set by the committee to define each teeing area and should remain in that same location for all player who will play from that teeing area.) (Rules of Golf, 2019)

티 박스(tee-box)

티잉 구역을 말한다.

※ 골프의 초기에 모래를 쌓아서 볼을 올려 놓을 티를 만들기 위하여 티잉 구역이라고 할 수 있는 곳에 놓아 둔 모래를 넣은 상자를 의미하였는데 오늘날에는 티잉 구역 자체를 그렇게 부르기도 한다.

예 모티머는 티 박스 위에 앉아서 양팔로 머리를 감싼 채 얼굴을 파묻었다. (Mortimer sat down on the tee-box, and buried his face in his hands.) (P.G. Wodehouse, 1922)

티샷(tee shot)

사용하는 클럽에 상관없이 티잉 구역의 지면에 볼을 놓고 그대로 치거나 티팩 위에 티업하고 드라이버로 날리는 동작을 말한다. 티샷하는 것을 티 오프(tee off)라고도 한다.

예 티샷은 아마도 골프에서 가장 중요한 스포츠 동작인데 좋은 출발은 경쟁에서 좋은 절반을 차지하기 때문이다. (The tee shot is probably the most important in golf, for a good start is half the battle.) (Sam Snead, 1946)

티업(tee up)

티잉 구역 위에서 하는 동작으로 볼을 지면에서 높이 올려 놓고 치기 위하여 티팩 위에 놓는 것을 말한다. 결국 게임 시작을 의미한다. 티잉(teeing)이라고도 한다.
- 예 헤이건은 스스로 내게 말하기를 그는 별로 자신 없는 큰 경기에서는 결코 티업하지 않는다고 하였다. (Hagen himself told me that he never teed up in a big event with less confidence.) (Frank Moran, 1946)

티 오프(티샷 참조)(tee off, see tee shot)

티샷하는 것을 뜻한다. 혹은 플레이어들이 라운드를 시작하는 시간을 말할 때에도 사용한다.
- 예 우리는 오전 9시 30분에 티 오프하였다. (We teed off at 9:30.)

티잉(티업 참조)(teeing, see tee up)

티잉 구역(teeing area)

플레이어가 플레이하는 홀을 출발할 때 그가 그 곳에서 출발하지 않으면 안 되는 구역을 말한다.
- ※ 티잉 구역은 앞쪽에서 뒤끝까지 2클럽 길이의 직사각형으로 된 구역이며 전면 가장자리는 2개 티 마커의 맨 앞 지점 사이를 연결한 선으로 정해진다. 측면 가장자리는 2개 티 마커의 바깥쪽 지점들로부터 뒤로 연결한 선으로 정해진다. 모든 다른 티잉 구역 장소는 일반 구역의 일부분이다. 챔피언쉽 티(championship tee), 백 티(back tee), 레귤러 티(regular tee), 포워드 티(forward tee), 레이디스 티(ladies tee), 주니어 티(junior tee) 등이 있다.
- 예 (1) 플레이어가 스트로크 하기 전에 티업된 볼이 티에서 떨어지거나 그 플레이어가 티에서 떨어뜨린 경우 그 볼은 벌 없이 그 티잉 구역의 어느 곳에서도 다시 티업할 수 있다. (If a teed ball falls off the tee or is knocked off the tee by the player before the player has made a stroke at it, it may be re-teed anywhere in the teeing area without penalty.) (Rules of Golf, 2019)
- 예 (2) 티 마커의 위치를 정할 때에는 왼손잡이 플레이어를 고려해야 하며 오른손잡이 플레이어들이 움직이는 데 필요한 공간만큼 역시 왼손잡이 플레이어들에게도 티잉 구역에서 여유를 확보해 주는 것이 중요하다. (When positioning tee-markers it is also important to take account of the left-handed player and ensure that the teeing area affords these players as much room for manoeuvre as right-handed players.)

티칭 프로(프로페셔널 골퍼 참조)(teaching pro, see professional golfer)

티타늄(titanium)

원래 화학 원소이지만 전이(轉移) 금속 원소로 널리 사용된다. 철, 알루미늄(aluminum), 몰리브덴(molybdenum) 등과 합금하여 단단하고 매우 가벼우며 내부식성(耐腐蝕性)이 강한 소재로 변하는 물질로 골프 클럽 헤드, 샤프트에 널리 이용된다.

> 예 티타늄은 드라이버의 클럽 헤드에 사용되는데 제작자들에게 전체 무게를 늘리지 않고도 전체 크기를 키우고 스위트 스폿을 넓힐 수 있게 해 주기 때문이다. (Titanium is used in the club heads of drivers because it allows manufacturers to increase the overall size and the sweet spot without increasing the overall weight.)

티팩(티¹ 참조)(tee peg, see tee¹)

팁(tip)

클럽 샤프트의 그립 쪽에서 밑으로 내려가면서 점점 더 가늘어져 맨 끝에 헤드와 접촉하는 가장 가는 부분을 말한다. 반대로 그립 쪽으로 맨 위의 가장 굵은 끝 부분을 버트(butt)라고 말한다.

> ※ 팁스(tips)는 챔피언쉽 티를 의미하기도 하며 요점이나 비결을 뜻하기도 한다.

> 예 모든 샤프트는 그립 끝에서는 굵고 밑으로 점점 가늘어져서 헤드가 있는 끝에 가서는 작아진다. 이는 샤프트 팁의 끝은 가장 약한 부분이고 맨 위의 그립은 가장 강한 부분이라는 것을 의미한다. (Because all shafts are larger at the grip end and taper down to be smaller at the head end, that means the tip end is the weakest side and the grip end is the strongest side of the shaft.)

골프 용어 해설(Clarification of Golfing Terms) 파

파(par)

한 홀 혹은 라운드에서 숙달된 플레이어가 기대할 수 있는 표준 스코어를 말한다. 따라서 파는 정상적인 기후 조건하에 한 홀 혹은 라운드에서, 퍼팅 그린 위에서의 2타를 포함하여, 퍼팅 그린에 도달하기까지 실수 없이 낼 수 있는 타수를 의미한다. 동사로도 쓰인다.

※ 일반적으로 각 홀의 파는 주로 그 길이에 따라 퍼팅 그린에서의 2퍼트를 포함하여 파-3, 4 및 5로 정해지며 파-6까지 있다. 한 홀에서 파와 동등한(equal) 스코어를 낸 경우 이븐 파(even par)를 냈다고 말한다. 현재 적용되는 파에 대한 홀 길이는 다음과 같다.

	남성(야드)	여성(야드)
파-3	250 이하	210 이하
파-4	251 - 470	211 - 400
파-5	471 - 690	401 - 590
파-6	691 이상	591 이상

예 (1) 황금 곰(잭 니클로스)은 오늘 모든 파-3 홀에서 파를 냈다. (Golden Bear parred all three holes today . . . (1997).)
(2) 파라는 용어는 동등하다는 뜻에 해당된 라틴어에서 나왔다. (Par derives its name from the Latin for equal.)

파/보기 경기(par/bogey)

스트로크 플레이 방식이며 매치 플레이와 같은 스코어 계산 방법을 사용한다.

※ 플레이어나 사이드는 위원회에 의하여 정해진 목표 스코어보다 더 적은 스트로크 수로, 혹은 더 많은 스트로크 수로 홀을 끝마치는 것에 따라 그 홀에서 승리하거나 패하게 된다. 따라서 승리한 홀 수의 합계가 패한 홀 수의 합계에 비하여 가장 많은 플레이어나 사이드가 그 경기에서 우승하게 된다.

예 위원회의 처리 절차, 해당 부분(파/보기 경기에서 규칙 위반에 대한 벌로 홀을 빼는 방식을 사용하는 플레이 속도 방침의 채택 방법)을 참조한다. (See committee procedures, section - (how to adopt pace of play policy in par/bogey with deduction of holes used in the penalties for breach).) (Rules of Golf, 2019)

파 브레이커(par breaker)

경기에서 언더 파를 성공시킨 기회 즉 버디나 그보다 더 좋은 성적을 내는 횟수의 백분율을 말한다.

- ※ 따라서 플레이한 홀 수에 대하여 플레이어가 언더 파를 성공시킨 횟수의 백분율(the percentage of the time they shoot under par) 혹은 언더 파를 낸 홀의 백분율(percentage of holes which were played under par)을 뜻한다. 프로 투어에서 플레이한 홀 수에 관계없이 언더 파를 내는 백분율이 가장 높은 플레이어를 가리키는 경우도 있다.
- 예 바버 왓슨은 언더 파를 내는 기회의 성공률 23.9퍼센트를 기록하여 그 투어에서 훌륭한 4위를 차지하고 있는데 이는 그가 파-4 홀들과 파-5 홀들에서 우위를 차지하여 그러한 성과를 달성하였다. (Bubba Watson registers a par breaker 23.9 percent of the time, good for fourth on the tour - and he's done that deed by dominating the par 4s and 5s.)

파인드(find)

볼이 벙커나 페널티 구역에 도달하거나 다른 원하지 않은 상황에 이르는 것을 말한다.
- 예 . . . 그의 두 번째 샷도 역시 볼이 벙커에 이르렀다. (. . . playing his second, it also found the bunker.) (Willie Tucker, 1899)

파인허스트(혹은 채프맨)(Pinehurst or Chapman)

처음에 두 사람의 파트너가 한 팀이 되어 각자의 볼을 드라이브 샷하고 제2타는 볼을 서로 바꿔서 플레이한 다음 가장 좋은 볼을 선정하여 볼이 선정되지 않은 파트너가 제3타를 치게 된다. 그 이후는 볼이 홀 인될 때까지 교대로 플레이하는 게임을 말한다.
- ※ 1950년대에 미국 파인허스트(Pinehurst, N.C.)의 파인허스트 리조트(Pinehurst Resort)에서, 탁월한 아마추어 골퍼로서 마스터스(Masters) 대회에 17년 연속 출전했던, 딕 채프맨(Dick Chapman)이 창안하였기 때문에 파인허스트 혹은 채프맨이라는 이름이 나왔다. 일반적으로 2개팀이 한 조가 되어 플레이하며 남녀 혼성팀이 흔하다. 파-3 홀에서는 티샷한 다음 각 팀의 볼을 선정한다. 평균 50-75%의 핸디캡 허용률을 사용한다. 파인허스트(채프맨) 시스템(Pinehurst System) 혹은 아메리칸 포섬(American Foursome)이라고도 한다. 처음 두 볼을 티샷하여 그 중 유리한 볼 하나를 선정하여 교대로 플레이하는 방식을 캐내디언 포섬(Canadian fourome)이라고 한다.
- 예 역시 채프맨 시스템으로도 알려진 파인허스트(혹은 파인허스트 시스템)는 두 사람이 한 팀이 되는 형식의 경기다. (Also known as Chapman System, Pinehurst (or Pinehurst System) is a 2-person team competition format.)

파크(혹은 파크랜드)(park or parkland)

러프(rough) 지역이 별로 없고 풀이 무성한 목초지에 레이 아웃(lay-out)된 파크 코스 혹은 파크랜드 코스를 의미한다.
- ※ 골프 코스가 해안에서 점차 내륙으로 확대되면서 전원과 같은 풍경을 배경으로 곳곳에 나무가 줄지어 있고 평탄하면서 풀이 풍성한 페어웨이와 카페트 같은 그린을 만들어 마치 공원과 같은 환경이 조성된 코스의 한 양식이다. 공원과 유사하다고 해서 파크랜드(parkland)라는 말이 나왔다.
- 예 (1) 대부분의 피지에이 투어 코스는 파크랜드 코스이다. 오거스터 내셔널 골프 클럽도 역시 다른 파크랜드 코스가 그렇게 되고자 열망하는 대상이 된 파크랜드 코스이다. (Most PGA tour courses are parkland courses. Augusta National Golf Club is the parkland course that other parkland courses aspire to be.)
  (2) 우리의 내륙형(內陸型) 골프 코스 - 혹은 파크 코스는 아주 많은 영국인들의 비웃음을 받았다. (Our inland type of golf course - or park course - was very much ridiculed by British.) (H.B. Martin, 1936)

파트너(partner)

매치 플레이나 스트로크 플레이의 어느 한 플레이에서, 한 사이드로서 플레이어와 협력하여 함께 경쟁하는, 또 한 사람의 플레이어를 말한다. 플레잉 파트너(playing partner)라고도 한다.
- 예 스리섬, 포섬, 베스트볼 혹은 포볼 플레이에서는, 문맥상(文脈上) 그와 같이 인정되면, "플레이어"라는 용어에 그의 파트너 혹은 파트너들이 포함된다. (In threesome, foursome, best-ball or four-ball play, where the context so admits, the word "player" includes his partner or partners.)

팔로우 스루(follow through)

다운스윙에서 클럽이 볼을 맞힌 후 마지막까지 스윙 궤도를 따라 움직이는 동작을 말한다. 즉 임팩트 후 피니시까지 일련의 동작을 말한다.
- 예 클럽 헤드가 자연스럽게 흐르듯 움직인다면 팔로우 스루는 의식적으로 완성되지 않을 것이다. 다만 자연히 이루어질 것이다. (The club-head will flow naturally on, and your follow through will not have been consciously made. It will just happen.) (Joyce & Roger Wethered, 1931)

팔(8)번 아이언(eight-iron)

로프트 각 41-44도, 라이 각 62-63도, 길이 35.5인치 그리고 볼의 비거리 115-150야드(남성용 클럽)를 날릴 수 있는 아이언 클럽을 말한다. 옛 이름은 피칭 니블리크(pitching niblick)이다.
- 예 그는 8번 아이언으로 볼을 쳤으며 두 번의 퍼트로 파를 냈다. (He hit an 8-iron

and two-putted for par.) (Dave Anderson, 1977)

팝 업(pop up)
갑자기 높이 튀어 오르도록 볼을 치는 짧은 샷을 말한다. 뚜렷이 볼 바로 밑을 치기 때문에 거의 날아가는 거리만큼 가파르게 볼이 튀어 오르는 형태의 샷을 뜻한다.
- 예 팝 업은, 대부분 티샷의 경우에 발생하는데, 볼이 앞으로 날아가는 거리만큼 거의 같은 높이로 공중으로 튀어 오르게 치는 샷을 말한다. (A pop-up is a shot — in most cases from the tee — that goes up in the air to almost the same height as the distance it flies forward.)

패러다이스 골프(paradise golf)
플레이어들이 티잉 구역 뿐만 아니라 코스의 어느 곳에서도 볼을 티업하고 플레이 할 수 있는 골프를 말한다.
- 예 패러다이스 골프에서는, 플레이어들이 단지 티잉 구역 뿐만 아니라, 코스의 어디에서도 볼을 티업하는 것이 허용된다. (In paradise golf, players are permitted to tee up the ball anywhere along the course, not just on the teeing area.)

팩(티¹ 참조)(peg, see tee¹)

팻¹(fat¹)
클럽 헤드의 스윙 궤도가 너무 낮아서 볼 바로 뒤의 지면을 치는 상태를 말한다. 클럽이 지면을 치고 난 후 바로 볼의 중앙 하단에 맞은 경우 볼은 약간 높이 오르거나 낮게 뜨고 충분한 거리가 나지 않는다. 이러한 샷을 팻샷(fat shot)이라고 한다.
- ※ 이와 관련해서 유사한 말에 히트 이트 팻(hit it fat.), 청크 이트(chunk it.), 히트 이트 헤비(hit it heavy.) 등이 있다.
- 예 ... 페어웨이 벙커에서 볼 바로 뒤를 칠 수 있었다는 한 가지 이유는 발보다 높이 있는 볼 위치를 감안한 조정에 실패하고 있기 때문이다. (... one reason you could be hitting the ball fat in fairway bunkers is you are failing to compensate for the ball being higher than your feet.) (Arnold Palmer, 1978)

팻²(fat²)
퍼팅 그린 위의 안전하고 넓은 구역을 말한다. 따라서 깃대에 가까이 볼을 붙이려는 압박감에서 벗어나 어프로치 샷에서 매우 쉽고 안전한 목표를 찾을 수 있다.
- 예 그는 그린 위의 넓은 구역 대신 깃대를 직접 겨냥하고 공략하여 추가로 두 번의 버

디를 냈었다. (Now he attacked the flags instead of the fat and ran off two more birdies.) (Charles Gillespie, 1977)

퍼리미터 웨이팅(perimeter weighting)

클럽 제작에 있어서 특히 아이언 클럽 타면의 뒤쪽 중앙 부분 혹은 스위트 스폿(sweet spot)에 집중된 클럽 헤드 무게를 클럽 헤드 주변 테두리 부분으로 배분시키는 방법을 말한다. 이와 같이 무게가 배분된 클럽을 퍼리미터 웨이티드 클럽(perimeter weighted club)이라고 한다.

- ※ 클럽 헤드 뒷부분의 캐비티 백(cavity back)을 형성하기 위한 재료를 클럽 헤드 주변으로 옮겨 주면 헤드 무게의 특성이 변경된다는 원리를 이용하였다. 퍼리미터 웨이팅의 특징은 무게 중심점(center of gravity) 위치가 변경되며 클럽 헤드 무게가 무게 중심점에서 멀수록 그 무게 중심점의 수직 회전축에 대한 클럽 헤드의 관성 모멘트(moment of inertia)가 커지고 따라서 헤드의 비틀림에 대한 저항력이 커진다. 그러므로 이러한 현상은 스위트 스폿에서 벗어난 곳에 볼이 맞은 경우에도 그 결함의 상당한 정도가 보완(forgiveness)되는 효과를 보게 된다는 것이다. 1960년대 핑 골프(Ping Golf)의 칼스텐 솔하임(Karsten Solheim)은, 당시에 머슬 백(muscle back) 형태의 아이언 클럽이 대세를 이루고 있을 때, 처음으로 이 클럽을 소개하였다.
- 예 퍼리미터 웨이팅은 클럽의 무게 중심점 위치, 클럽의 관성 모멘트(중심에서 벗어난 곳에 볼이 맞은 경우 비틀림에 대한 저항력), 클럽 타면의 탄력 정도 그리고 임팩트 시에 느끼는 감각 및 소리까지도 변하게 한다. (Perimeter weighting causes changes to a club's center of gravity location, its moment of inertia (resistance to twisting on off-center strikes), the amount of flex in the clubface, its feel and even sound at impact.)

퍼블릭 링크스(public links)

1. 일반 대중에게 공개되어 있는 즉 비회원제로 운영되는 모든 골프 코스를 뜻한다.
2. 특히 퍼블릭 코스에서 플레이하는 골퍼를 위하여 개최되는 미국 아마추어 퍼블릭 링크스 챔피언쉽(The US Amateur Public Links Championship)을 말한다. 약해서 퍼블릭 링크스 혹은 퍼블링크스(Publinx)라고 한다.

- ※ 미국의 퍼블릭 링크스는 1922년 미국의 톨레도(Toledo, Ohio)에 있는 오타와 파크 코스(Ottawa Park Course)에서 최초로 개원되었다.
- 예 (1) 퍼블릭 링크스는 모든 비회원제 코스를 말하는 용어인데 실제 링크스 코스와 혼동하지 말아야 한다. (Public links is a term that refers to any nonmembership course, which is not to be confused with a true links course.)
- 예 (2) 퍼블링크스는 퍼블릭 코스 골퍼들에게 전국적인 경기를 위한 출구를 마련하

기 위하여 창설되었는데, 그 당시에 유에스 아마추어 대회 참가는 USGA나 다른 전국적인 관할 단체에 가입된 클럽의 회원들로 제한되어 있었기 때문이다. (The Publinx was created to provide an outlet for national competition for public course golfers because at that time, entry to U.S. Amateur was restricted to members of clubs that were affiliated with the USGA or other national governing bodies.)

퍼블릭 코스(코스 참조)(public course, see course)

퍼스(가시금작나무 참조)(furze, see whin)

퍼스트 컷(러프 참조)(first cut, see rough)

코스의 페어웨이에 바로 인접된 일반 구역으로 페어웨이 잔디보다 약간 길게 그리고 다른 러프 지역보다는 더 짧게 깎은 퍼스트 컷 러프(first cut of rough) 구역 혹은 그 잔디를 말한다.

- (1) 퍼스트 컷은 잔디를 짧게 깎은 페어웨이 바로 옆 쪽의 잔디를 말한다. 퍼스트 컷 지역의 잔디는 페어웨이 잔디보다 더 길게 자라지만 프라이머리 러프의 잔디만큼 긴 것은 아니다. (The "first cut" refers to the grass that is immediately alongside the closely mown fairway. The first cut is grown higher than the fairway grass but not as high as the primary rough.)
- (2) 우리는 스텝 컷 러프를 조성하기 위하여 우리의 코스 페어웨이 주변에 6피트 넓이로, 블루 그라스 잔디를 심으려고 한다. (We are likely going to lay down 6 feet of bluegrass sod around our fairways to create a step cut of rough.)

퍼시먼(persimmon)

미국산 감나무로 특히 드라이버의 클럽 헤드를 제작하는 데 사용되는 자재를 의미한다.

- ※ 메탈 우드(metal wood)가 나오기 전에 전통적인 드라이버 헤드는 나무로 제작하였는데 주로 그 자재는 퍼시먼을 사용하였으며 단풍나무를 사용하기도 하였다.
- 클럽 헤드는 전통적으로 단단한 나무로 된 재질 즉 일반적으로 감나무로 만들었기 때문에 우드라고 부르는데 현대의 클럽은 헤드를 메탈, 예를 들어, 티타늄 혹은 탄소 섬유와 같이 합성 재료로 만든다. (Woods are so called because, traditionally, they had a club head that was made from hardwood, generally persimmon, but modern clubs have heads made from metal, for example titanium, or composite materials, such as carbon fiber.)

퍼터(putter)

1. 일반적으로 타면이 거의 수직이고 라이 각이 크며 샤프트가 짧은, 퍼팅을 위하여 디자인된 클럽을 말한다. 플랫 스틱(flat stick) 혹은 숏 스틱(short stick)이라고도 한다(속).
   - 1850년대까지 퍼터는 나무로 제작하였는데 그 후 알루미늄 퍼터가 출현하였고 20세기에 들어서면서 똑바르고 단순한 블레이드 퍼터(blade putter), 망치 형태의 헤드가 달린 맬리트 퍼터(mallet putter) 등이 등장하였다.
2. 퍼팅 능력 면에서 높이 평가되는 플레이어를 말한다.
   - (1) 실세로 지금까지 제작된 모든 퍼터는 2가지 종류로 나눌 수 있는데 - 그것은 망치 형태와 블레이드 형태이다. (Virtually every putter ever made falls into two categories - the mallet and the blade.) (Bob Rosburg, 1963)
   - (2) 어떤 사람들은 드라이브 샷을 잘하는 사람들이 되어 본 경험도 없이 퍼팅 능력이 우수한 사람들이 된 경우도 있다. (Some mens are good putters without being good drivers).

퍼트(putt)

한 홀의 플레이 중 퍼팅 그린 위나 그 근처에서 마지막 단계로 비교적 차분하게 홀 아웃하기 위하여 혹은 다음 스트로크로 홀 아웃할 수 있도록 볼을 홀에 근접시키기 위하여 그 볼을 치는 것을 말한다. 일반적으로 퍼터를 사용하나 반드시 그것으로 국한되지는 않는다.
- (1) 노련한 골퍼지만 가장 짧은 거리의 퍼트라 할지라도 감히 그 퍼트를 위한 그의 스탠스나 스트로크를 조심성 없이 함부로 하지는 않는다. (Not even an expert dare be careless of his stance or his stroke for even the shortest of puts.) (Arnold Haultain, 1908)
- (2) 예를 들어 만일 당신의 퍼트가 왼쪽에서 오른쪽으로 구부러지는 퍼트라면 당신의 중간 목표는 홀을 향해서 볼 때, 이를테면, 6시 방향에서 8시 방향으로 옮겨갈 수 있다. (If your putt is breaking from left-to-right, for example, your intermediate target could move from six o'clock to, say, eight o'clock as you look at the hole.)

퍼트 선(line of putt)

퍼팅 그린 위에서 플레이어가 스트로크한 뒤 그 볼이 가도록 원하는 선을 말하며, 퍼트 선 혹은 볼 후방 퍼트 선의 연장선을 걸터 서거나 밟고 서서 스트로크하는 경우를 제외하고, 의도하는 그 선의 양쪽 적절한 폭을 포함한다. 규칙 현대화(2019) 이전에 사용했던 용어로 현재는 "플레이 선"으로 이해한다.
- 플레이어의 볼이 퍼팅 그린 위에 있는 경우 플레이어, 그의 파트너 혹은 그들의 한

캐디는 스트로크 전에 퍼트 선을 지시할 수 있으나 스트로크 중에는 지시할 수 없다. (When the player's ball is on the putting green, the line of putt may be indicated before, but not during, the stroke by the player, his partner or either of their caddies.) (Rules of Golf, 2016)

퍼트 아웃(홀 아웃 참조)(putt out, see hole out)

퍼티(putty)

옛 이클립스(Eclipse) 볼을 말한다(속). 현재는 사용하지 않는다.
- ※ 이클립스는 '능가하다'라는 뜻의 볼로 그 당시 거터-퍼처(gutta-percha), 탄력성을 높이기 위하여 가황(加黃) 처리한 고무 그리고 코르크(cork)를 비밀리에 합성한 개량된 거터-퍼처 볼이라고 소문난 볼 이름이었다. 보통 퍼티라고 불렀다. 퍼티(putty)는 거터-퍼처 볼의 다른 이름인 거티(gutty or guttie)와 운(韻, rhyme)이 맞는다.
- 예 최종적으로 '이클립스'라고 부르는 볼이 나왔는데 골퍼들 사이에는 보통 '퍼티'로 더 많이 알려져 있다. 이는 그 볼이 거터 퍼처 볼보다 더 유연(柔軟)한 재질로 되어 있으며 '퍼티'는 '거티'와 운(韻)이 맞는다는 점 때문이다. (Finally, there is the ball called the 'Eclipse', but more commonly known among golfers as the 'putty', because it is of softer substance than the gutta-percha ball, and because 'putty' rhymes with 'gutty'.) (Horace Hutchinson, 1890)

퍼팅 그린(putting green)

플레이어가 플레이하고 있는 홀에서 퍼팅을 위하여 특별히 마련되었거나 위원회가 퍼팅 그린으로 정한 구역을 말한다.
- ※ 플레이하고 있는 홀 이외의 다른 모든 홀의 퍼팅 그린은 틀린 그린이며 일반 구역의 일부분이다. 퍼팅 그린의 가장자리는, 위원회가 다른 방법(선이나 점선을 사용하는 등)으로 정하지 않는 한, 특별히 마련된 구역이 시작되는 장소(가장자리를 나타내기 위하여 잔디를 뚜렷하게 깎아 놓은 곳 등)라는 것을 보고 알 수 있는 곳에 의하여 정해진다. 두 개의 홀을 포함한 마련된 구역 전체는 어느 홀을 플레이하고 있을 때에도 퍼팅 그린으로 취급된다. 줄여서 그린(green)이라고도 한다.
- 예 (1) 플레이어나 캐디는 플레이 선을 가리켜 주기 위하여 퍼팅 그린 위나 퍼팅 그린 밖의 어느 곳에도 물건을 갖다 놓아서는 안 된다. 이것은 그 물건을 스트로크 하기 전에 제거한다 할지라도 허용되지 않는다. (The player or caddie must not set an object down anywhere on or off the putting green to show the line of play. This is not allowed even if that object is removed before the stroke is made.) (Rules of Golf, 2019)
  (2) 자연의 힘이 퍼팅 그린 위에 있는 플레이어의 볼을 움직인 원인이 된 경우 그 플레이어가 다음에 플레이하지 않으면 안 되는 장소는 그 볼을 이미 집어 올려

서 최초의 지점에 리플레이스 했는가 하지 않았는가의 여부에 따라 다르다. (If natural forces cause a player's ball on the putting green to move, where the player must play from next depends on whether the ball had already been lifted and replaced on its original spot.) (Rules of Golf, 2019)

퍼팅 클리크(클리크 참조)(putting cleek, see cleek)

펀치볼(punchbowl)

지형상 주변이 언덕으로 둘러싸여 있거나 양쪽이 언덕으로 되어 있는 사발 모양으로 움푹 들어간 곳에 마련된 퍼팅 그린을 말한다. 이에 반대되는 그린은 플레토우(plateau) 그린이다.

- 예 퍼팅 그린은 주로 대지형(臺地型)이었는데 나는 매우 소중한 초기 세대 코스 설계자의 작품인 구식 펀치볼 형 그린 중에서 단 하나밖에 생각해낼 수 없다. (The putting greens were mainly of the plateau type, and I can recall only one of the old-fashioned punch-bowls so beloved of an earlier generation of architects.) (Bernard Darwin, 1914)

펀치 샷(punch shot)

바람이 세게 부는 상태에서 클럽 샤프트를 짧게 내려 잡고 스윙을 작게 하여 세게 내려치듯 볼을 스트로크하는 방법을 말한다. 특히 역풍 상태에서 흔들림 없이 볼을 낮게 내보내는 데 적합한 샷이다. 넉다운 샷(knockdown shot)이라고도 한다.

- 예 당신이 플레이하고 있는 거리로 보아서 정상적으로 사용하는 클럽보다 더 멀리 나가는 클럽을 잡으세요. 150 야드를 보내는데 대체로 7번 아이언을 사용한 경우 펀치 샷에서는 6번 아이언이나 5번 아이언까지를 잡으세요. (Take more club than you would normally use from the distance you are playing. If you are 150 yards out and would typically use 7-iron, take a 6-iron or even 5-iron for a punch shot.)

펌 페어웨이(firm fairway)

햇볕에 그을려 당분간 수분이 없고 발 밑의 단단한 감촉과 골프화의 압력을 잘 이겨내는 듯한 느낌을 받는 단단한 페어웨이를 말한다. 일반적으로 기대하는 거리보다 볼이 더 멀리 굴러간다.

- ※ 반면에 물이 흐르거나 비가 많이 와서 물이 밴 상태의 페어웨이를 소기 페어웨이(soggy fairway)라고 한다. 볼이 잘 구르지 않는다.
- 예 정상적인 페어웨이보다 단단한 페어웨이에서 볼이 더 멀리 굴러간다. 어떤 골퍼들, 예를 들어 볼을 멀리 칠 수 없는 골퍼들은, 바로 이러한 이유 때문에 단단

한 페어웨이를 좋아한다. (Balls roll farther on firm fairways than on normal fairways. Some golfers - for example, those who don't hit the ball far - like firm fairways for precisely this reason.)

페널티 구역(penalty area)

플레이어의 볼이 와서 정지한 경우 그 곳에서 1벌타를 받고 구제가 허용되는 구역을 말한다. 페널티 구역은 바다, 호수, 연못, 하천, 도랑, 표면 배수로 혹은 그 외에 뚜껑이 없는 수로(水路)를 포함한 코스에 있는 모든 수역(水域) 그리고 위원회가 페널티 구역으로 정한 코스의 다른 모든 부분이 해당된다.

- ※ 페널티 구역에는 2가지 형태가 있는데 그것들을 표시하기 위하여 사용된 색깔에 의하여 식별된다.
    - 노란 표시 페널티 구역에서는 플레이어를 위한 2가지 구제의 선택 사항(스트로크와 거리의 구제, 후방선상의 구제)이 있다.
    - 빨간 표시 페널티 구역에서는 위의 2가지 선택 사항 외에 추가로 플레이어를 위한 래터럴 구제(lateral relief)의 선택 사항이 있다.

    위원회가 페널티 구역의 색깔을 마크하지 않았거나 지시하지 않은 경우 그 구역은 빨간 표시 페널티 구역으로 취급한다. 페널티 구역의 가장자리는 지면 위쪽과 지면 아래쪽의 양쪽으로 연장된다. 페널티 구역의 가장자리는 말뚝, 선 혹은 물리적인 특징을 띤 것으로 정해져야 한다.
- 예 (1) 볼이 페널티 구역 안에 있는 경우 플레이어는 일반 구역에 있는 볼에 적용하는 같은 규칙에 의하여 벌 없이 그 볼을 있는 그대로의 상태로 플레이하거나 혹은 규칙에 의한 벌 있는 구제를 받고 페널티 구역 밖에서 그 볼을 플레이하는 것 중 어느 한 가지로 할 수 있다. (When ball is in penalty area the player may either play the ball as it lies without penalty, under the same rules that apply to a ball in the general area, or play a ball from outside the penalty area by taking penalty relief under rule.) (Rules of Gplf, 2019)
    (2) 플레이어는 페널티 구역에서 구제를 받은 후를 포함하여, 페널티 구역 밖에 있는 볼을 플레이하기 위하여 그 페널티 구역 안에 설 수 있다. (A player may stand in a penalty area to play a ball outside the penalty area, including after taking relief from the penalty area.) (Rules of Golf, 2019)

페더리(페더 볼 참조)(feathery, see feather ball)

페더 볼(feather ball)

가죽 주머니에 깃털을 넣어서 제작된 초기의 깃털 볼로 1848년 거터 퍼처 볼이 나오기 이전에 사용했던 골프 볼을 말한다. 일명 페더리(feathery or featherie)라고도 부른다.

> 예 페더 볼 제작은 지루하고 시간을 소모하는 과정이다. 볼 한 개는 2 실링에서 5 실링 사이의 값인데 그것은 오늘날 미국 달러로 10에서 20 달러와 같은 가치다. (Making a featherie was a tedious and time-consuming process. A single ball would cost between 2 shillings and 5 shillings, which is the equivalent of 10 to 20 US dollars today.)

페럴(ferrule)

클럽 헤드의 호젤(hosel)과 샤프트를 연결할 때 그 호젤 끝에 물미 역할을 하도록 끼우는 접합 보강용 작은 고리를 말한다(호젤 참조).

> 예 물미 역할을 하는 작은 고리는 대부분의 아이언 골프 클럽과 다소의 우드 골프 클럽에 있는 한 구성 부품이다. 이것은 샤프트가 호젤에 삽입되는 부분에 장착되어 있는 작은 물체로 보통 검은색이며 일반적으로 그 부분의 플라스틱 덮개 역할을 한다. (A ferrule is a component of most golf irons and some golf woods: it is the small, usually black, usually plastic cover the point where the shaft enters the hosel.)

페스큐(fescue)

한지형(寒地型) 잔디로 주로 골프 코스의 러프 조성에 많이 사용되는 한 종류의 잔디를 말한다. 춥고 습기가 많은 지역에서 잘 자라며 건조하고 척박한 산성 토양에서도 잘 자란다. 특히 레드 페스큐(red fescue)는 잎이 섬세하고 높은 밀도와 균일성을 유지하고 있으나 염분을 함유한 토양이나 배수가 불량한 곳에서는 잘 자라지 않는다.

※ 학명: 페스투카(Festuca spp.).

> 예 (1) 페스큐 잔디는 미국과 영국에서 골프 코스에 널리 이용되며 일반적으로 세컨드 컷 러프 너머에 사용된다. (Fescues are common on golf courses in the US and UK, usually beyond the second cut in the rough.)
> (2) 아놀드는, 축축한 페스큐 잔디 코스에서 볼을 최대한으로 굴리는 . . . 영국의 기후와 영국 코스에 어울리는 이상적(理想的)인 게임을 하고 있다. (Arnold has an ideal game for the British climate and the British courses . . . maximum amount of roll on the springy fescue courses.) (Mark McCormack, 1967)

페어(pair)

1. 매치에서 파트너로 같이 플레이하는 두 사람의 골퍼를 말한다. 혹은 매치에서 파트너로 같이 플레이하도록 지정되거나 조(두 사람의 골퍼)로 편성되는 것을 뜻한다

2. 스트로크 경기에서 같이 플레이하는 두 사람의 골퍼를 말한다. 혹은 스트로크 경기에서 같이 플레이하도록 지정되거나 조(2사람 이상의 골퍼들)로 편성되는 것을 뜻한다.
- ※ 스트로크 경기에서 함께 플레이하기 위하여 두 사람의 골퍼가 한 조를 이루는 것을 페어링(pairing)이라고 한다.
- 예 (1) 나와 내 아버지가 한 조(파트너)가 되어 올드 톰 모리스와 그의 아들 지미로 구성된 한 조(파트너)와 대항하게 되었는데 . . . (. . . my father and I being paired against Old Tom Morris and Jimmie, his son.) (Willie Park in Leach, 1907)
- 예 (2) 1. . . . 그는 신시내티 프로-암 대회에서 그의 친구 톰 와이스코프와 함께 플레이하였는데 그곳에서 그들은 다름 아닌 토미 볼트 및 그의 파트너와 조를 이루었다. (. . . he was playing with his pal Tom Weiskopf in a pro-am in Cincinnati, and they were paired with none other than Tommy Bolt and his partner.) (Dan Jenkins, 1977)

　2. 오늘 그들은 같은 조로 편성되었는데, 마치 닭싸움에서 투계들이 싸우듯, 서로 치고 받는 격투 장면 같이 경쟁하였다. (Today they were in the same pairing, pitted like combatants in a cockfight, matching blow for blow.) (John S. Radosta, 1977)

페어 그린(fair green)

링크스(links)에서 비교적 잔디가 짧고 관목의 수풀이나 장해물 등이 없는, 오늘날 페어웨이에 해당되는, 구역의 옛 이름을 말한다.
- 예 페어 그린 위의 볼에서 다만 한 클럽 길이 이내를 제외하고 볼을 플레이하기 위하여 돌, 뼈 혹은 클럽에 손상을 줄 수 있는 것을 제거해서는 안 된다. (You are not to remove stones, bones, or any break-club for the sake of playing your ball, except upon the fair green, and that only within a club length of your ball.) (1744, Articles & Laws)

페어웨이(fairway)

홀의 티잉 구역에서 퍼팅 그린까지 뻗쳐 있는 잔디를 짧게 깎은 구역을 말한다.
- ※ 페어웨이는 본래 항해 용어로 확 트인 항로(clear channel)라는 뜻이다. 20세기에 들어와서 항로라는 뜻보다 골프 용어로 받아들이게 되었다.
- 예 결국 페어웨이는 언제나 한결같이 잔디밭답게 깎아 놓은 잔디 상태를 가리킨다. (Fairway is turf that has been mowed to a lawn-like consistency.) (Charles Price, 1970)

페어웨이 벙커(fairway bunker)

페어웨이에서 플레이 선을 가로지르는 벙커(cross bunker)나 페어웨이 양측에 설계된 벙커(side bunker)를 막론하고 페어웨이에 디자인된 모든 벙커를 말한다.

- 예 페어웨이에서 볼 수 있는 모든 벙커는 그 디자인에 관계없이 페어웨이 벙커라고 부른다. (Any bunker found in the fairway, regardless of its design, is called a fairway bunker.)

페어웨이 우드(fairway wood)

드라이버를 제외한 우드 클럽을 말한다. 일반적으로 페어웨이에서 볼을 비교적 멀리 날리거나 티에서 보다 정확한 샷이 필요한 경우에 사용된다(우드 2번 브라시(brassie), 3번 스푼(spoon), 4번 배피(baffy), 5번 클리크(cleek)).

- 예 . . . 페어웨이 우드라고 해서 그 사용은 확실히 페어웨이에만 국한된 것이 아니다. 그렇게 사용하는 것은 페어웨이 우드의 주요 기능이지만 티 밖에서는 모두 똑같이 유용한 클럽들이다. (. . . the use of fairway woods is certainly not restricted to the fairway. That might be their primary function but they are equally useful off the tee.) (Davis Love, 1977)

페어웨이 잔디 높이나 그 이하로 깎은(cut to fairway height or less)

코스 위의 페어웨이 잔디 높이나 그 보다 낮게 깎은 잔디 상태를 의미한다.

- ※ 따라서 잔디를 짧게 깎은(closely mown) 구역은 페어웨이 잔디 높이나 그 이하로 깎여 있는 구역을 가리킨다.
- 예 볼이 페어웨이 잔디 높이나 그 이하로 깎여 있지 않은 일반 구역의 일부분에 있는 모래 속에 박힌 경우 규칙에 따른 구제는 허용되지 않는다. (When the ball is embedded in sand in a part of the general area that is not cut to fairway height or less, relief under rule is not allowed.) (Rules of Golf, 2019)

페어웨이스 인 레귤레이션(fairways in regulation)

티에서 드라이브 샷으로 날린 볼이 페어웨이에 안착하는 성공률을 말한다. 다른 말로 표현하면 안착시킬 수 있는 기회를 가리킨다. 약해서 F-I-R라고 한다.

- ※ 따라서 18홀 코스에서는 4개의 파-3 홀을 제외한 14번의 에프아이알(F-I-R) 기회가 있다.
- 예 퍼스트 컷 러프는 페어웨이가 아니다 . . . 따라서 그곳에 볼이 떨어진 경우에는 F-I-R로 카운트하지 않는다. 마치 어프로치 샷한 볼이 에이프런/프린지에 떨어진 경우 G-I-R로 카운트하지 않는 것과 마찬가지다. (First cut is not fairway . . . so it doesn't count as a F-I-R. Much like hitting your approach shot on the apron/fringe doesn't count as G-I-R (Greens In Regulation).)

페이드(슬라이스 참조)(fade, see slice)

페이스¹(face¹)
클럽 헤드에서 볼이 맞는 표면 즉 클럽 타면을 말한다. 클럽 타면은 단단하고 견고하여야 하며 마킹 부분을 제외하고는 매끄러워야 하고 조금도 오목한 곳이 있어서는 안 된다.
- ※ 특히 아이언 클럽의 임팩트 부분은 동일한 재료로 되어 있어야 한다. 페이스의 위 아래(depth)가 비교적 넓으면 페이스가 깊다(디프 페이스드, deep faced)라고 하며 반면에 좁은 경우에는 얕다(셸로우 페이스드, shallow faced)라고 한다. 클럽 헤드는, 퍼터를 제외하고, 볼이 맞는 타면이 1면뿐이어야 한다.
- 예 클럽 타면은 매끄러워야 하며 조금도 오목한 곳이 있어서는 안 된다. (The club face must be smooth and must not have any degree of concavity.) (Design of Clubs)

페이스²(face²)
노출된 모래 제방의 표면 혹은 벙커의 경사진 측면을 말한다.
- 예 벙커의 측면은 너무 깔끔하게 정리되어서도 안 되며 턱이 약간 내민 상태여야 한다. (The face of bunker must not kept too tidy, and it should have a slightly overhanging lip.) (T. Simpson, 1931)

페이스 프로그레션(face progression)
클럽 호젤의 샤프트 중심선 축에서 클럽 페이스의 밑 부분 리딩 에지(leading edge)까지의 간격을 말한다. 리딩 에지 프로그레션(leading edge progression(LEP))이라고도 한다.

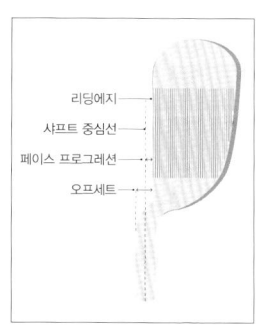

- ※ 이는 클럽 호젤에서, 목표가 있는 방향의, 가장 바깥쪽 끝으로부터 클럽 타면의 리딩 에지까지의 간격을 뜻하는 오프세트(offset)와 밀접한 관계를 갖는다. 일반적으로 아이언 클럽에서 구스넥(goose-neck) 클럽과 같이 오프세트가 커도, 샤프트의 중심선 축이

클럽 타면의 리딩 에지에 가깝기 때문에, 페이스 프로그레션은 작아진다. 물론 아이언과 우드 클럽 헤드에 따라 샤프트의 중심선 축이 리딩 에지보다 앞에 혹은 뒤에 있을 수 있다. 백스윙에서 클럽 헤드가 오픈되었다가 다운스윙 때 다시 회복되는데 오프세트 클럽에서 리딩 에지가 샤프트보다 뒤에 오기 때문에 특히 임팩트할 때 아주 적은 시간이지만 클럽 타면이 볼에 직각으로 회복되는 데 도움을 준다. 아이언 세트는 보통 장거리 클럽일수록 오프세트를 크게하는 점진적인 오프세트(progressive offset) 설계를 한다. 페이스 프로그레션과 오프세트는 무게 중심점

(center of gravity)의 위치와도 관련이 있으며 임팩트에서 볼의 비행 각도와 궤도에 영향을 미친다.
- 예 페이스 프로그레션과 오프세트는 측정 방법은 다르지만 양쪽은 모두 호젤에서 클럽 타면의 리딩 에지까지의 간격에 관한 상관관계를 말하는 두 가지 규격의 수치들이다. (Face Progression and Offset are two specifications which are measured differently but both refer to the relationship of the distance from hosel to the leading edge of the clubface.)

포기빙 클럽(forgiving club)

볼을 잘못 쳤지만 클럽 구조상 그 결함을 바로 잡을 수 있도록 디자인된 클럽을 말한다.
- ※ 클럽 헤드의 토우(toe)나 힐(heel) 부분으로 볼을 쳤을지라도 결과적으로 좋은 결과를 가져온 경우 결함을 바로 잡을 수 있도록 디자인된 클럽에 의하여 잘못 친 손실을 어느 정도 벌충된 결과라고 할 수 있다. 일반적으로 대부분의 골퍼들은 이와 같은 결과를 가져오는 클럽은 클럽 헤드의 무게가 주변 테두리로 분산된 퍼리미터 웨이티드 클럽(perimeter-weighted club)이라고 생각한다.
- 예 포기빙 클럽은 클럽 헤드의 토우나 힐 부분에 볼이 맞은 경우에도 좋은 결과를 낳는 클럽을 말한다. (A forgiving club is one that produces good results even when the ball hits off the toe or the heel of the clubhead.)

포볼(four-ball)

두 사람의 파트너들로 된 사이드(side)들이 경쟁하며 각 플레이어는 자신의 볼로 플레이하는 방식을 말한다. 사이드의 각 홀 스코어는, 두 사람의 파트너들이 그 홀에서 낸 스코어 중, 적은 쪽 스코어로 한다.
- ※ 포볼은 두 사람의 파트너들로 된 한 사이드와 두 사람의 파트너들로 된 다른 사이드 사이의 매치 플레이로 혹은 두 사람의 파트너들로 된 다수의 사이드들 사이의 스트로크 플레이로 플레이할 수 있다.
- 예 (1) 우리는 버지니아주 비콘스데일에서 열린 포볼 경기에서 두 사람의 남부인 도웰과 커스맨에게 대항하여 4홀 다운으로 패했다. (In a 4-ball at Beaconsdale, Virginia, we were four down against Dowel and Cussman, two Southerners.) (Stephen Potter, 1968)
- 예 (2) 사이드는 라운드의 전부 혹은 일부를 어느 파트너 한 사람에게 대표시킬 수 있다. 따라서 반드시 두 파트너가 모두 참가할 필요는 없으며, 혹은 두 파트너가 참가할지라도, 그들이 각 홀을 플레이할 필요는 없다. (The side may be represented by one partner during all or any part of a round. It is not necessary for both partners to be present or, if present, for both to play on each hole.) (Rules of Golf, 2019)

포섬(교대로 샷 게임 참조)(foursome, see alternate shot)

두 사람의 파트너들로 된 한 사이드로서 경쟁하며 각 홀에서 한 개의 볼을 교대로 플레이하는 방식을 말한다. 교대로 샷(alternate shot) 게임이라고도 한다.

- ※ 1. 포섬은 두 사람의 파트너들로 된 한 사이드와 두 사람의 파트너들로 된 다른 사이드 사이의 매치 플레이로 혹은 두 사람의 파트너들로 된 다수의 사이드들 사이의 스트로크 플레이로 플레이할 수 있다.
  미국에서는 스카치 포섬(Scotch foursome)이라고도 한다.
  각 사이드(2사람)가 각 홀에서 각자 티 오프하여 보다 유리한 쪽 볼을 선택하여 그 볼을 교대로 샷하는 방식을 그린 섬(green some)이라고 한다.
  2. 네(4) 사람의 골퍼가 같은 그룹에서 함께 플레이하는 경우를 뜻한다.
- 예 (1) 1. 윌슨 대통령이 급사(急使)로부터 루시타니아호가 격침되었다는 보고를 받은 때는 쉐비 체이스 골프 클럽에서 즐거운 포섬 플레이가 한창 진행되는 도중이었다. (It was during the midst of an enjoyable foursome at Chevy Chase that President Wilson was informed by messenger of the sinking of the Lusitania.) (H.B. Martin, 1936) *1915년 5월 7일 루시타니아호가 독일 U-Boat 어뢰 공격으로 격침되었으며 미국이 1차대전에 참전하였다.
  2. 한 사람의 파트너는 모든 홀수 번호의 홀이 있는 티잉 구역에서 사이드를 위하여 먼저 플레이하지 않으면 안 되며 다른 한 사람의 파트너는 모든 짝수 번호의 홀이 있는 티잉 구역에서 사이드를 위하여 먼저 플레이 하지 않으면 안 된다. (One partner must play first for the side from the teeing area of all odd numbered holes, while the other partner must play first for the side from the teeing area of all even numbered holes.) (Rules of Golf, 2019)
- 예 (2) 어떤 플레이 양식이든 관계없이 오락으로 하는 골프 라운드의 같은 조에서 플레이하는 4사람의 골퍼들을 일반적으로 "포섬" 골퍼들이라고 말한다. (Any four golfers playing in the same group regardless of what format they are playing in a recreational round of golf is commonly referred to as a "foursome" of golfers.)

포어(fore)

사람이 맞을 위험이 있는 방향을 향하여 볼을 스트로크할 때 볼의 도달 거리 이내에 있거나 있을지도 모르는 플레이어들의 안전을 위하여 그쪽을 향하여 "포어"라고 크게 외치는 경고 발언을 말한다.

- 예 이제는 푸른색 코트를 입은 USGA 관리 중 한 사람이 티 한 가운데를 거닐면서, 로프 뒤 우리 주변에 떼를 이루어 모여 있는 팬들에게, 조용히 하도록 정중한 동작으로 손을 들어 "부디, 앞을 조심하세요"라고 단호히 말하였다. (Now one of the USGA blue coats strolled to the middle of the tee and held up his arms, motioning politely for quiet among the fans clustered around us behind the ropes. "Fore, please." he said firmly.) (Dan Jenkins, 1975)

포어캐디(forecaddie)

플레이하는 동안 볼의 위치를 플레이어들에게 가리키기 위하여 위원회가 배치한 사람을 말한다. 규칙 현대화(2019) 이전에 사용했던 규칙상 용어이다.

- 예 나의 첫 번째 일자리는 포어캐디 역이었으며 내가 클럽을 나르는 캐디로 승격하기 전에 아마도 2년 동안 그렇게 일했을 것이다. (My first job was as a forecaddie, and I daresay it would be a couple of years before I was promoted to a carrying caddie.) (Robert Ferguson, 1907)

포워드스윙(forward swing)

일반적으로 백스윙의 절정에서 손, 팔, 클럽이 아래로 향하여 임팩트를 포함한 팔로우 스루(follow through)로 연결된 스윙 동작 즉 다운스윙을 가리킨다. 때로는 다운 스윙을 구분하여 말하는 경우 임팩트에서 볼을 타격한 후 클럽이 목표를 향하여 앞으로 움직여 팔로우 스루로 연결되는 동작을 뜻할 때도 있다.

- 예 리스트 액션은 클럽 회전에 의하여 (백스윙에서) 뒤트는 동작과 (포워드스윙에서) 뒤틀어진 상태를 풀어 주는 동작에 따른 무의식적인 반응일 것이다. 이는 오른쪽 어깨(오른손잡이 골퍼) 위에서 움직이는 클럽 스윙에 필요한 원형 운동에 의하여 생긴다. (Wrist action will be an involuntary reaction to the coiling action (back swing) and the uncoiling action (forward swing) of the club. It is caused by the circular motion needed to swing the club over the right shoulder (right handed golfer).)

포워드스핀(톱스핀 참조)(forward spin, see top spin)

포워드 티(forward tee)

각 홀의 티잉 구역 세트 중에서 앞으로 나와서 설치되는, 홀까지 상대적으로 가까운 거리의, 티를 말한다. 프론트 티(front tee)라고도 한다.

- ※ 특별히 다른 티를 설치하는 경우를 제외하고 일반적으로 빨간색으로 표시하며 레이디스 티(ladies' tee)를 겸하기도 한다.
- 예 대부분의 골프 코스는 적어도 3개 세트의 티가 있다. 즉 전방에 있는 포워드 티, 중간 티 그리고 후방에 설치하는 백 티(챔피언쉽 티)이다. (Most golf course have at least three sets of tees – the forward tees, middle tees and back (or championship) tees.)

포워드 프레스(forward press)

백스윙하기 전에 목표를 향하여 클럽 샤프트를 앞으로 조금 기울이는 섬세한 동작을 말한다.
- ※ 즉 테이크 백에 들어가기 바로 전에 스윙의 탄력을 얻기 위하여, 오른손 잡이의 경우, 목표를 향하여 클럽 샤프트의 그립 부분을 약간 왼쪽으로 기울여서 클럽 타면을 가볍게 넌 상태로 포착하기 어려운 예비 동작을 뜻한다.
- 예 이는 골프 게임의 많은 독특한 면에서 골퍼에게 도움이 되는 매우 민감한 동작이다. 포워드 프레스에 대한 일반적인 기법은 없다. 각자 골퍼는 클럽을 각각 다르게 스윙하는 것과 마찬가지로 포워드 프레스에서 각 골퍼가 이용하는 기법 역시 각각 다르다. (It is a very subtle movement that helps a golfer in many different facets of the game. There is no common forward press technique. Just as every golfer swings the club differently, so is the forward press different for every golfer that utilizes the technique.)

폼¹(form¹)

한 골퍼의 과거 성과에 비추어 보아서 그의 플레이 표준 특히 본받을 만한 스윙 형태에 관련된 전형적(典型的)인 형식을 말한다.
- 예 나는 킬러가, 정확히 관찰하고 있다고 생각하는데, 요즈음 주로 그 주의력을 "독특한 방법" 대신 "전형적인 형식"에 집중하고 있다고 생각한다. (I think O.B. Keeler made an accurate observation that main attention is now paid to "form" instead of to "style".) (Horton Smith, 1948)

폼²(form²)

플레이 방식을 말한다.
1. 매치 플레이 방식: 싱글(single), 포섬(foursome), 스리볼(three-ball) 그리고 포볼(four-ball).
2. 스트로크 플레이 방식: 개인(individual), 포섬, 포볼, 최대 스코어(maximum score), 파/보기(par/bogey) 그리고 스테이블포드(stable ford).
- 예 플레이 방식에는 매치 플레이 방식과 스트로크 플레이 방식이 있다. (There are forms of match play and forms of stroke play.)

폿 벙커(pot bunker)

그렇게 크지 않은 벙커로서 일반적으로 깊고 밑바닥이 거의 둥글며 측면이 가파르게 조성되어 있고 맨 위 가장자리 부분이 주위의 지면과 같은 높이로 되어 있는, 마치 항아리 같은 모양의, 벙커를 말한다.
- 예 세계적으로 이름 있는 골퍼들까지도 가끔 항아리형 벙커에서 옆을 향하거나 그린에서 멀리 뒤로 탈출시켜야 할 때도 있다. 그러한 벙커들은 대부분 골프에서 가벌적(加罰的)인 형태의 벙커들이다. (Even the best golfers in the world

sometimes have to play out sideways or backwards away from the green from pot bunkers. They are the most punitive types of bunkers in golf.)

푸쉬(push)

오른손잡이 플레이어의 경우 다운스윙에서 클럽 헤드의 진로가 크게 인 투 아웃(in to out)으로 진행하고 볼에 대한 임팩트에서 밀어내는 형태의 샷(push shot)을 하는 경우를 말한다. 이때 볼은 일반적으로 목표선 오른쪽으로 똑바로 날아가는 경향이 있다.

- ※ 스핀(spin)에 의하여 볼이 점차 오른쪽으로 기울어지는 페이드(fade)와 차이가 있다. 푸쉬(the push)에서 클럽 타면은 그 진로에 직각을 유지하여 볼은 오른쪽으로 일직선으로 날아가게 된다.
- 예 그날 대부분 그의 드라이브 샷에서 밀어내는 형태의 샷을 했던 매트웰은 점심 후에 연습장으로 갔다. (Mattwell, who had been pushing his drives most of the day, went to the practice range after lunch.) (Gordon S. White, 1977)

푸즐(foozle)

잘못하여 실패한 샷 혹은 매우 볼을 잘못 친 상태를 말한다(속). 휘프(whiff)라는 유사한 용어도 있다.

- 예 (1) . . . 대부분의 골퍼들은 맨 처음 동작에서 잘못된 샷의 원인이 되는 씨앗을 뿌리게 된다. (. . . the majority of golfers sow the seeds of a foozle in the first movement.) (Harry Vardon, 1912)
- (2) 여성들은 . . . 더할 나위 없는 좋은 라이에서 아주 볼을 잘못 친 경우에 그냥 웃어버리는 경향이 있다. (Women . . . are apt to giggle when they foozle out of a perfect lie.) (P.G. Wodehouse, 1922)

푸트 액션(foot action or foot work)

골프 스윙의 백스윙과 다운스윙의 동작과 동시에 양쪽 발, 다리, 무릎의 동작 그리고 체중의 수평 이동에 따른 배분 등 양쪽 발에 관련된 동작을 말한다.

- ※ 특히 테이크 백 바로 전에 양쪽 무릎은 약간 구부린 상태에서 안쪽으로 모으고 다리에 걸린 체중은 발 안쪽에 오도록 한다. 무릎에 관련된 니 액션(knee action)과 밀접히 연관되어 있다. 푸트 워크(foot work)라고도 한다. 처음에 체중은 양 다리에 거의 균등하게 배분하되 백스윙할 때 드라이버의 경우는 머리를 약간 오른쪽에 두기 때문에 스윙할 때 체중이 오른발에 더 걸리게 된다. 이때 체중은 발과 발바닥 안쪽에 오도록 하고 약간 구부린 양쪽 무릎은 안쪽으로 모으되 백스윙 상태에서도 가급적 그 상태를 유지하도록 노력한다. 어깨와 엉덩이가 돌아갈 때 왼발의 앞부분이 지면에 닿은 상태에서 뒤축을 약간 들어올리면서 체중이 엄지발가락에 걸린다. 다운스윙에서 허리와 어깨가 회전하면서 왼발 뒤축이 지면으로 내려오고, 다리 그

리고 하반신의 수평운동으로 목표 반대쪽으로 저항력이 축적되면서, 손과 팔에 힘을 실어주게 된다. 오른쪽 무릎이 왼쪽으로 운동하면서 오른쪽 뒤꿈치가 들리고 임팩트에서는 오른쪽 엄지발가락으로 지면을 힘차게 밟게 된다. 이러한 일련의 동작은 정확한 백스윙과 다운스윙 동작에 의하여 자연스럽게 원활한 동작이 이루어진다고 이해하여야 한다.
- 예 니클로스는 푸트 액션이, 볼에 대한 임팩트에서 클럽 헤드가 최대한의 속도를 내는 데 필요한, 지렛대 역할 형성의 열쇠라는 사실을 발견하였다. (Nicklaus discovered that foot action is key to creating the leverage needed to get the clubhead moving at maximum speed at contact.)

푸트 워크(푸트 액션 참조)(foot work, see foot action)

푸트 웨지(foot wedge)

어려운 라이에 있는 볼을 발로 차서 더 좋은 장소로 옮기는 데 사용한 클럽의 역할을 하는 수단을 말한다. 킥시(kicksie)라고도 한다(속).
- ※ 발로 웨지의 역할을 하는 것을 빗대어 하는 말이다. 물론 규칙 위반이다. 같은 상황에서 손으로 하는 경우는 핸드 웨지(hand wedge) 혹은 핸드 매시(hand mashie)라고 한다(속).
- 예 푸트 웨지 - 모든 골퍼가 골프 코스에 휴대하고 들어가는 15번째 클럽에 대한 속어이다. 아무도 보고 있지 않을 때 몰래 볼이 놓여 있는 페어웨이 디보트에서 그 볼을 가볍게 차는 데 사용한다. (Foot Wedge - Golf slang for the 15th club every golfer takes onto the golf course. Used to secretly tap your ball out of a fairway divot when no one else is watching.) (Leaderboard. com)

풀(pull)

오른손잡이 플레이어의 경우 다운스윙에서 클럽 헤드의 진로가 크게 아웃 투 인(out to in)으로 진행하고 임팩트에서 클럽 타면이 엎치듯 앞으로 기울인 상태로 볼을 타격하는 끌어당기는 형태의 샷(pull shot)을 말한다. 이때 볼은 일반적으로 목표선 왼쪽으로 똑바로 날아가는 경향이 있다.
- 예 골드워터는 끌어당기는 형태의 샷을 하여 볼이 왼쪽으로 날아갔으며 그 볼이 한 관객에 맞았다. (Goldwater pulled his ball to the left and hit a spectator.) (Paul D. Peery, 1969)

풀 샷(full shot)

완전한 스윙 과정을 이행하여 정상적으로 스트로크하는 동작을 말한다. 즉 스윙할 때 백스윙 크기와 힘을 조절하지 않고 끝까지 풀 스윙(full swing)을 완료하여 샷하는 것을 의미한다.
- 예 클리크(우드 5번)로 하는 하프 혹은 스리쿼터 샷은 때때로 아이언으로 하는 풀 샷보다 더 좋은 결과를 낼 때가 있다. (A half or three-quarter shot with cleek is frequently much better than a full shot with the iron.) (P.A. Vaile, 1916)

풀 세트(full set)

골프 클럽 14개 혹은 그 세트를 휴대하는 것을 말한다.
- ※ 풀 세트를 구비하는 예를 들면 다음과 같다.

예	우드(번호)	아이언(번호)	웨지	퍼터
1	1, 3, 5	3, 4, 5, 6, 7, 8, 9, 5(왼손잡이)	피칭, 샌드	1
2	2, 4, 6	2, 3, 4, 5, 6, 7, 8, 9	피칭, 샌드	1
3	1, 3, 4, 5	3, 4, 5, 6, 7, 8, 9	피칭, 샌드	1

- 예 어떤 골프 장비 제작회사들은 판매용으로 완성된 골프 세트를 제작한다. 풀 세트를 한 박스에 담고 있는데 때로는 골프 백도 포함되어 있으며 몇 가지 부속품이 포함될 수도 있다. (Some golf manufacturers make complete golf sets for sale. A full set of clubs in one box, sometimes with a golf bag included, and perhaps a few accessories.)

풀 스윙(풀 샷 참조)(full swing, see full shot)

풀 카트(pull cart)

골프 클럽이 들어 있는 백을 달아매고 코스 여기저기를 끌고 돌아다닐 수 있는 두 바퀴 달린 카트를 말한다.
- 예 캐디들은 모두 준비되어 있지만 플레이어 대부분은 자신들의 백을 스스로 운반하거나 백 나르는 카트를 사용하고 있다. (Caddies are provided, but the bulk of the players either tote their own bags or use pull carts.) (John M. Ross, 1978)

풀 후크(후크 참조)(pull-hook, see hook)

퓨어 샷(히트 이트 퓨어 참조)(pure shot, see hit it pure)

프라이드 에그(박힌 라이 참조)(fried egg, see embedded lie)

모래에 반쯤 묻힌 볼을 뜻한다.

※ 마치 한 쪽만 익혀서 계란 노른자를 그대로 살린 계란 프라이와 유사한 모양에서 유래하였다(속).
예 대부분의 골퍼들은, 프라이드 에그는 말할 것도 없거니와, 정상적인 벙커 샷을 두려워한다. (The majority of golfers dread a normal bunker shot, let alone the fried egg.)

프라이머리 러프(러프 참조)(primary rough or grassed rough, see rough)

프라이빗 코스(코스 참조)(private course, see course)

프레쉬 에어(fresh air)

볼을 치려고 스윙하였으나 완전히 실패한 경우 혹은 그러한 프레쉬 에어 샷(fresh air shot)을 말한다. 휘프(whiff)라고도 한다.
※ 실패한 샷이지만 샷할 때 미풍(微風)을 일으켰기 때문에 부르는 용어이다.
예 볼을 치려고 시도하였으나 그렇게 하는 데 실패한 경우 그것은 한 샷으로 카운트된다. 정상적으로 말해서 프레쉬 에어 스트로크와 같은 경우를 가리키는 것이다. (If you attempt to hit the ball but fail to do so then it still counts as a shot. Normally referred to as a fresh air stroke.)

프레스(press)

1. 스트로크 혹은 샷할 때, 심리적 및 육체적으로, 압박을 받는 상태에서 너무 힘을 들이고 애를 쓰는 상태를 말한다.
2. 게임 도중에 추가로 내기를 거는 행위를 가리킨다.
예 (1) 그러나 우리는 곧 이어 조화를 깨뜨리고 억지로 스윙에 힘을 가하기 시작하여 속도를 너무 빨리 가속시킨다. 그 순간부터 스윙의 특성을 잃고, 타이밍이 허물어져 볼 바로 밑의 지면을 치는, 져크 샷을 하게 되는데 이것이 바로 '프레스를 받는 상태'이다. 그러므로 천천히 서둘러라 - 프레스를 피하라. (But directly we begin to force the swing out of its harmony - to over-accelerate the pace - from that instant it loses the character of a swing and becomes a hit, a jerk - and this is 'pressing.' Festina lente(hasten slowly) - Don't press.) (Horace Hutchinson, Badminton Golf, 1890) *festina lente(L) - 바쁘면 돌아가라(라틴).
예 (2) 포드와 골비는 처음 6개 홀을 끝낸 뒤 앞서 있었는데 스니드와 바버는 절박해져서 추가로 내기를 걸었다. (Ford and Goalby were ahead after the first six holes and Snead and Barber pressed - added a bet.) (Dave Hill &

Nick Seitz, 1977)

프레지던트(president)
옛 니블리크(niblick)에 해당되는 로프트 각을 가진 클럽으로, 클럽 타면에 큰 구멍이 있는 물 속에서 볼을 쳐낼 때 사용하는 옛 클럽을 말한다. 워터 아이언(water iron)이라고도 한다. 현재는 사용하지 않는다.

- ※ 처음 창안한 사람은 스코틀랜드 로열 멋셀버러 골프 클럽(Royal Musselburgh G. C.)의 회원 로이(W. G. Roy, 1782-1856)였는데 헤드 중앙에 구멍을 뚫어 샷할 때 진흙, 모래, 물이 빠져나갈 수 있도록 개선하였다. 그리고 처음 제작자는 제임스 앤더슨(James Anderson)으로 1879년에 최초로 소개되었다. 그러나 아주 짧은 기간 유행하고 점차 사라졌다. 헤드 중앙에 뚫린 구멍이 사물을 꿰뚫어 보는 명석(明晳)한 두뇌를 갖게(clear-headed) 만든다는 뜻에서 프레지던트라고 불렀다.
- 예 프레지던트는 하나의 구멍이 뚫려 있는 니블리크를 말한다. (The 'president' is a niblick with a hole in it.) (Sir Walter Simpson, 1887)

프로그 헤어(프린지 참조)(frog hair, see fringe)

프로네이션(슈퍼네이션 참조)(pronation, see supination)
손바닥 표면이 아래쪽을 향하도록 손목을 안쪽으로 돌리는 내전 동작(內轉動作)을 말한다.

- ※ 위를 향한 손바닥이 아래를 향하도록 팔의 척골(尺骨)을 중심으로 요골(橈骨)이 회전하면서 손과 앞 팔을 돌려서 뒤집는 동작을 가리킨다(반대: 슈퍼네이션(supination)).
- 예 (1) 헤이건이 내전 동작에 대하여 설명한 바와 같이 "뒤집는 동작" 자체는 올바르게 혹은 정확하게 볼을 치는 행위에 도움이 되는 것은 아니다. (The "turnover", as Hagen describes pronation, is not conducive to correct or accurate hitting.) (H.B. Martin, 1936)
  (2) 임팩트 바로 전에 왼쪽 손목이 내전 동작을 하게 되면 볼을 치기 전에 클럽 헤드 속도가 소모(消耗)되고, 스윙에 따른 호(弧)를 구속하게 되며, 다른 여러 잘못을 스스로 초래하게 된다. (By pronating his left wrist just before impact, a golfer expends his club head speed before he strikes the ball, restricts the arc of his swing, opens himself to making numerous other errors.) (Ben Hogan, 1957)

프로리드믹 스윙웨이트 스케일(스윙웨이트 참조)(Prorhythmic Swingweight Scale, see swingweight)

프로 사이드(아마추어 사이드 참조)(pro side, see amateur side)

특히 한 홀의 그린에서 홀이 위치한 주변의 높은 쪽을 프로 사이드라고 말하는데 한 쪽으로 경사진 면에서 홀보다 높은 위쪽으로 퍼트할 때 프로는 퍼트 요령을 잘 알고 있으며 그린을 정확히 읽고 경사와 볼의 커브를 제대로 평가하기 때문에 성공 가능성이 높다고 본다. 하이 사이드(high side) 혹은 프로 사이드 오브 더 홀(pro side of the hole)이라고도 한다.

- 예 (1) 흔히 퍼팅 그린의 경사진 곳의 위나 그 근처에 홀을 파는 경우가 있다. 그곳은 "프로 사이드"라고 말하는 홀 쪽이다. 예를 들어, 만일 왼쪽에서 오른쪽으로 휘어지도록 치는 퍼트를 읽었다면 그 홀의 왼쪽이 "프로 사이드"이다. (Often the hole is cut on or near a slope on the putting green. The side of the hole that is referred to as the "pro side". For instance, if you read a putt to break from left to right, the left side of the hole is the "pro side".)
  (2) (내가 사용한 용어로) 프로 사이드에서 실수하든지 아마추어 사이드에서 실수하든지 간에 그것은 순이론적인 말에 불과하다. 실수는 실수일 뿐이다. (Whether it misses on the pro side or the amateur side (as I use the term) is academic; a miss is a miss.)
  (3) 경사진 홀에서 퍼트할 때 커브의 중간 목표인 그 정점을 향하여 노력을 집중할 수 있으며 퍼트한 볼의 속도가 괜찮은 경우 당신은 이 커브된 퍼트에서 더 좋은 성공 기회를 잡을 수 있을 것이다. 다시 말해서, 이 경우에 가장 낮게 평가하더라도, 최소한 이것은 하이 사이드 혹은 프로 사이드에서 실수가 시작되는 경우로 보는 것이다. (If you can focus on hitting the putt to the apex of the curve, and your speed decent you'll have more chance of making those curly putts. Or at least start missing them on the high or pro side.)

프로 샵(pro shop)

일반적으로 골프 클럽 내에 있거나 독립적으로 운영되는 골프 용품 매점을 말한다. 골프 볼, 클럽, 골프화, 티, 골프 플레이에 필요한 물건이나 기타 기념품이 준비되어 있다. 골프 샵(golf shop)이라고도 한다.

- 예 골프 프로 샵의 경우, 그러한 매점에서는, 골프를 주제로 한 선물뿐만 아니라 골프 볼, 클럽, 골프화 및 티와 같은 골프 장비가 준비되어 있으며 때로는 간단한 식사와 가벼운 음식물을 제공한다. (In the case of golf pro shops, such stores usually provide equipment such as golf balls, clubs, shoes and tees, as well as golf-themed gifts, and sometimes snacks and refreshments.)

프로 암(pro-am)

프로페셔널(professional)과 아마추어(amateur)를 줄인 말이며 일반적으로 프로 골퍼와 아마추어 골퍼가 한 팀이 되어 경쟁하는 경기를 말한다.

- ※ 따라서 프로와 아마추어가 함께 참가하며 프로와 아마추어가 같이 혹은 서로 대항하여 경쟁하는(compete with or against) 경우가 있다.
- 예 프로 암 골프는 아마추어와 프로 골퍼가 같이 플레이할 수 있는 경기다. 각 프로 암 골프 팀은 한 사람의 아마추어와 한 사람의 프로로 구성되며 프로 골퍼는 핸디캡 없이 플레이하지만 아마추어 골퍼는 그들의 핸디캡을 적용하여 스트로크 수를 낸다. (Pro-am golf is where amateur and professional golfers can play together. Each pro-am golf team is made-up of one amateur and one professional. The professional golfer plays no handicap, but the amateur gets strokes from their handicap.)

프로페셔널 골퍼(professional golfer or professional)

골프 기술이나 명성을 기반으로 하여 직업으로서 혹은 생계를 위하여 골프를 하거나 골프 교습을 하는 사람을 말한다.

- ※ 그냥 프로(professional or pro)라고도 한다. 골프 교습을 주로 하는 티칭 프로(teaching pro)와 순회 경기에 주로 참가하는 투어 프로(touring pro) 그리고 프로를 보조하는 어시스턴트 프로(assistant pro)가 있다.
- 예 헤이건이 편견(偏見)의 벽을 깨뜨리기 전에는, 도대체 프로 골퍼는, 그 신분이나 지위라고 할 수 있는 것이 없었다. (Before Hagen broke down the walls of prejudice, a professional golfer had no standing whatever.) (Gene Sarazen, 1950)

프론트(프론트 나인 참조)(front, see front nine)

프론트 나인(front nine or out or out course)

18홀 플레이에서 첫 번째 9홀 즉 전반 9홀을 말한다. 일반적으로 1번 홀 티에서 출발한다. 약해서 프론트(front)라고도 한다.

- ※ 그 외에 전반 코스를 아웃 코스(out course) 혹은 약해서 아웃(out)이라고도 한다.
- 예 예를 들어 10번 홀에서 라운드를 시작한 경우 프론트 나인은 10번에서 18번 홀까지이다. (For example, if you start your round on the 10th hole, your front nine consists of holes 10-18.)

프론트 티(포워드 티 참조)(front tee, see forward tee)

프리샷 루틴(pre-shot routine)
볼을 치기 전에 하는 골퍼의 습관적인 준비 동작을 뜻한다.
- ※ 따라서 클럽을 쥐는 동작, 정확한 목표를 정하기 위하여 볼 뒤에 서는 동작, 볼에 접근하는 동작, 볼 뒤에 클럽을 세팅하는 동작, 스탠스를 취하는 동작, 연습 스윙을 해 보는 동작 등이 포함될 수 있다. 중요한 것은 이 모든 동작이 일관성을 유지하여야 한다는 것이다.
- 예 프리샷 루틴은 모든 면에서 일관성이 있어야 한다는 것이다. 숙달된 많은 골퍼들은 프리샷 루틴에서의 일관성은 일관성있는 스윙으로 이끈다고 믿고 있다. (A pre-shot routine should be consistent in every respect. Many experts believe that consistency in the pre-shot routine leads to consistency in the swing.)

프리크(freak)
전통을 따르지 않거나 골프 규칙에 따르지 않는 혹은 양쪽 다 지키지 않는 상태를 말한다. 얼룩이라는 뜻도 있다.
- 예 (1) '규칙을 지키지 않는 플레이어는 멋진 풍경화에 남겨진 얼룩이다'라는 말이 있다. ('A freak player is a blot on the landscape.') (Alexander H. Revell, 1915)
  (2) 지금까지 전통에서 벗어난 이상한 퍼터들이 발명되었는데 그에 따라 다수의 비전통적인 퍼팅 스타일이 생겼다. (Freak putters have been invented, and there are many freak styles of putting.) (J.C. Jessop, 1976)

프리퍼드 라이(preferred lies)
폭설, 해빙, 장마 혹은 혹서(酷暑)와 같은 기후 조건에서는 코스의 불량한 상태가 나타나기 때문에 코스 보호와 공정한 플레이를 위하여 로컬 룰로 개선된 라이에 볼을 플레이스하도록 허용하는 구제 사항을 말한다. 윈터 룰(winter rules)이라고도 한다.
- 예 플레이어는 그 볼을 단 한 번만 플레이할 수 있으며 볼을 플레이스한 시점(時點)에 그 볼은 인 플레이로 된다. 그 로컬 룰(프리퍼드 라이)은 상태가 개선되면 곧 철회(撤回)되어야 한다. (A player may place his ball only once, and it is in play when it has been placed. The local rule (preferred lies) should be withdrawn as soon as the conditions warrant.)

프린지(fringe)
퍼팅 그린 면의 가장자리 주변 부분 혹은 그 부분의 잔디를 말한다. 이 부분의 잔디는 그린 잔디보다 더 길지만 그린 밖의 잔디보다는 더 짧게 깎는다.
- ※ 칼러(collar)와 유사한 지역이다. 일명 프로그 헤어(개구리 털)(frog hair)라는 말도

있다(속).

예 나는 그린 면 가장자리 잔디를 개구리 털이라고 부르면서 자랐다. 그런데 어떤 골퍼가 그는 소년 시절부터 어떤 것이 다른 것과 거의 같은 경우를 암시할 때 "다만 개구리 털 만큼 밖에 차이가 없다" 라는 문구를 사용해 왔다고 내게 말하였다. 많은 사람들은 빙 크로스비가 골프에 관한 이러한 은어(隱語)의 일부 용어를 만들었다고 믿고 있다. (I grew up calling this fringe frog hair. One golfer told me that since he was a boy he'd used the phrase "There's only a frog hair of difference." to suggest one thing being almost the same as another. Many credit Bing Crosby with making the term a part of golf vernacular.)

프린지 스웨일(스웨일 참조)(fringe swale, see swale)

퍼팅 그린 가장자리에 인접한 외곽 지역으로 잔디를 비교적 짧게 깎은 구역이며 칩샷이나 퍼팅을 할 수 있도록 디자인된 약간 낮은 지역을 말한다.

※ 일반적으로 그린키퍼(greenkeeper)는 코스의 여러 지역에 필요한 역할 특성에 따라 잔디를 깎게 되는데 이곳의 잔디는 보통 에이프런(apron) 잔디 높이 정도로 깎는다. 프린지 스웨일 혹은 칩핑 스웨일(chipping swale)이라고 한다.

예 많은 코스 설계자들은 칼러와 연관하여 프린지 스웨일 혹은 칩핑 스웨일을 준비한다. 일반적으로 이것들은 주변이 그린으로 되어 있는 낮은 지역에 위치하지만 때로는 오르막 경사, 내리막 경사, 평지에도 설치된다. (In conjunction with collars, many architects provide fringe or chipping swales. These are commonly situated in depressed areas surrounding greens, but are sometimes placed on uphill and downhill slopes and level areas.)

플라이(fly)

1. 플레이한 볼이 날아서 벙커, 페널티 구역, 퍼팅 그린 혹은 다른 장해물을 확실히 넘어가는 것을 말한다.
2. 볼이 높이 날도록 띄우는 것을 말한다.
3. 플레이한 볼이 일정한 거리를 공중으로 날아서 도달하고 한 번 땅에 떨어진 후에 튀는 일이 없거나 거의 없는 상태를 말한다. 온 더 플라이(on the fly)라는 말을 사용한다.

예 (1) 바버는 대부분의 아마추어 골퍼들은 볼이 그린을 확실히 넘어가지 않을까 하는 설명하기 어려운 두려움을 가지고 있다고 생각한다. (Barber feels that most amateurs have that inexplicable fear of flying the green.) (Oscar Fraley, 1977)

예 (2) 나의 드라이브 샷으로 볼을 높이 띄우고 저 나무들을 넘겨서 도그렉 홀 모퉁이에서 겪을지 모르는 곤란함을 무릅쓰고... (... risking trouble on dogleg corners by flying my drives over the trees.) (Sam Snead, 1962)

예 (3) 치 치 로드리게스가 첫 번째 그린을 향하여 어프로치 샷한 볼이 높이 솟아올라서 똑바로 깃대를 향하여 날아가 실제로 그 볼이 튀지 않고 홀 인된 다음 튀어서 밖으로 나왔다. (Chi Chi Rodriguez's approach shot to the first green soars straight at the flag, actually lands in the cup on the fly, then bounces out.) (Dick Schaap, 1970)

플라이어(flyer, flier or jumper)

플라이어 샷(flyer shot)을 말한다. 즉 클럽 타면과 볼 사이에 끼어 있는 풀이나 다른 물질의 영향을 받아 볼이, 스핀이 걸리지 않거나 적게 걸린 상태로, 플레이어의 예상보다 더 높이 그리고 멀리 날아가고 지면에 떨어진 후에 정지하는 길이도 더 긴 경우의 샷을 말한다. 점퍼(jumper)라고도 한다.

- ※ 또 클럽이 볼을 치기 전에 볼 뒤에 있는 풀을 먼저 치게 되는 상태의 위치에 볼이 놓여 있어서 플라이어 샷을 할 것 같은 라이를 플라이어 라이(flyer lie)라고 한다.
- 예 "플라이어"는 의도하는 거리보다 볼이 더 멀리 날아가는 어프로치 샷인데 때로는 골퍼가 목표를 넘어서 상당한 거리를 가도록 볼을 지나치게 치는 원인이 되기도 한다. (A "flyer" is an approach shot that travels (or flies) farther than intended, often causing the golfer to overshoot the target by a good amount.)

플라이트[1](flight[1])

토너먼트에서 비슷한 핸디캡 혹은 플레이 능력을 가진 플레이어들의 그룹을 말한다.

- ※ 토너먼트에서 여러 수준급의 골퍼들에게 기회를 주기 위하여 일반적으로 기술 수준이 같은 몇 개의 플라이트로 편성되는데 보통 한 수준의 플라이트는 대강 핸디캡 수준이 거의 같은 골퍼들로 구성되어 경쟁하도록 한다. 자신이 속한 플라이트에서 가장 좋은 성적을 낸 플레이어를 플라이트 승자(flight winner)라고 한다. 결국 기량이 다른 골퍼들에게 각기 기술 수준에 따라 속해 있는 플라이트에서 각기 우승할 수 있는 기회를 제공하기 위한 구분이다. 플라이트는 보통 그로스 스트로크 플레이 토너먼트(gross stroke play tournament)에 적용된다.
- 예 (1) 플라이트는 기술 수준을 나타내기 위한 이름을 붙인다. 예를 들어 그 토너먼트에서 최상의 골퍼들은 챔피언쉽 플라이트에 편성되며 그 다음 우수한 수준의 골퍼들은 1급 플라이트에 편성되는데 계속 이와 같은 방법으로 편성된다. (The flights are named to indicate that skill level; for example, the best golfers in the tournament are grouped in the championship flight; the next-best, in the first flight, and so on.)
  (2) 돈은 남성 골프 협회 토너먼트의 2급 플라이트에서 스트로크 플레이 타이틀을 획득하였다. (Don won the stroke-play title in the second flight of the men's golf association tournament.)

플라이트[2](flight[2])

스트로크한 볼이 날아간 궤도(trajectory) 혹은 비행 경로(ball flight)를 말한다.

> 예 정확한 기본(자세, 그립, 목표 및 볼 위치)을 습득한 후에 골퍼들이 그들의 게임을 향상시키는 데 할 수 있는 최선의 노력은 볼이 날아가는 경로를 이해하는 일이다. (After learning the proper fundamentals (posture, grip, aim and ball position), the best thing golfers can do to develop their games is to understand ball flight.)

플래그(깃대 참조)(flag, see flagstick)

홀 위치를 표시하기 위하여 깃대 위에 달아 놓은 표지로서의 펄럭이는 물체(깃발) 혹은 깃대(flagstick)를 약해서 플래그(flag)라고 한다.

> 예 (1) 깃대에는 거의 변함없이 깃발을 달고 거기에는 일반적으로 정확한 홀 번호를 표시하는 숫자를 기록하지만 반드시 그렇게 해야 하는 것은 아니다. (While a flagstick almost invariably has a flag attached to it, usually with numeral on it indicating the correct number of a hole, it does not have to.) (Charles Price, 1970)
>
> (2) 메리온 골프 코스에는 . . . 깃대에, 실제 깃발이 아닌, 잔 나뭇가지로 엮은 바구니 모양의 위커 바스켓을 달았다. (Merion . . . has wicker baskets attached to its flagsticks rather than actual bunting.) (Charles Price, 1970)
>
> (3) 엘더는 어프로치 샷으로 12번과 14번 홀에서 깃대로부터 4피트 이내의 거리에 그의 볼을 올려 놓았다. (Elder put his approaches within four feet of the flag on the 12th and 14th.) (NY Times, 1977)

플래그 토너먼트(톰 스톤 참조)(flag tournament, see tomb stone)

플랜지(flange)

아이언 클럽 헤드 뒤쪽의 아래 부분이 소울과 함께 연결되어 두툼하게 뒤로 내민 부분을 말한다.

> ※ 무게 중심에 따른 디자인 방법의 한 가지이며 클럽 헤드 소울의 트레일링 에지(trailing edge) 부분을 포함해서 헤드 뒤쪽 밑부분을 뒤로 연장하여 내민 부분으로 설계한다. 특히 퍼터는 타면 뒤로 내민 부분이 연결되어 있는 무게 중심을 고려한 플랜지 퍼터가 있다. 샌드 웨지처럼 지면에 대는 소울이 두툼하고 둥그스름하게 나온 부분을 플랜지 소울(flange sole)이라고 한다.
>
> 예 피칭 웨지는 샌드 웨지보다 플랜지가 더 얇기 때문에 이 피칭 웨지를 사용하여 볼을 깎아서 내려치거나 지면에 박힌 볼 아래로 내려치기를 더 잘 할 수 있다. (Since the pitching wedge has a thinner flange than the sand wedge, it is better able to cut down and under a buried ball.) (Arnold Palmer, 1977)

플랜지 소울(플랜지 참조)(flange sole, see flange)

플랫(flat)

1. 클럽 헤드의 라이(lie) 각도 즉 샤프트와 지면이 이루는 각도가 비교적 작아서 (혹은 헤드와 샤프트가 이루는 각도가 커서) 클럽이 평면에 가깝게 누워 있는 상태를 말한다. 라이 각도가 커서 수직에 가까운 경우는 업라이트(upright)라고 한다.
2. 코스의 지면이 굴곡이 별로 없고 평탄한 경우를 말한다.

- 예 (1) 클럽의 라이에 관한 문제에 있어서 키가 큰 플레이어의 클럽은 수직형이어야 하며 키가 작은 사람의 클럽은 평면형이어야 한다. (In the matter of lie, a tall player's club ought to be upright, a short man's flat.) (Sir Walter Simpson, 1887)
- 예 (2) 그는 비교적 평탄한 지형에서 코스를 디자인할 때 퍼팅 그린을 높이는 기술이 있는 디자이너로 알려진 사람이었다. (He was known for his technique of elevating the putting greens when designing courses in relatively flat terrain.)

플랫 스윙(flat swing)

스윙할 때 클럽이 움직이면서 이룬 궤적(軌跡)의 면이 비교적 평면에 가까운 스윙을 말한다. 한편 수직에 가까운 스윙은 업라이트 스윙(upright swing)이라고 하며 스트로크 바로 전에 샤프트와 지면이 이루는 라이 각도가 크기 때문에 샤프트가 수직에 가깝다.

- ※ 특별한 경우를 제외하고, 약간의 차이가 있지만 일정한 샤프트 길이를 감안할 때, 일반적으로 키가 작은 골퍼는 플랫 스윙을 그리고 키가 큰 골퍼는 업라이트 스윙을 하게 된다. 오른손잡이의 경우 과도한 플랫 스윙에서는 후크 볼(hook ball)이 나올 가능성이 있으며 심한 업라이트 스윙에서는 클럽이 슬라이스를 내는 아웃사이드 인(outside in) 궤도가 되기 쉽다는 점이 있다.
- 예 그녀는 평면에 가까운 스윙이면서, 여성 골퍼로서는, 단연코 엄청난 힘을 들인 것처럼 보이는 동작으로 볼을 내리쳤다. (With her flat swing she lashed the ball with what in a woman golfer seemed a positively terrific power.) (Frank Moran, 1946)

플랫 스틱(퍼터 참조)(flat stick, see putter)

플러그드 라이(박힌 라이 참조)(plugged lie, see embedded lie)

플러스 포(plus fours)

무릎 아래까지 덮는 운동용 반바지로 특히 골프용이며 니커 보커보다 4인치 더 길게 잡아맨다.

- ※ 1차 세계대전 후 유럽에서 크게 유행하였다.
- 예 호프와 같이 있던 사람은, 체크 무늬가 있는 플러스 포와 함께 기이한 골프 복장으로 채비를 갖춘, 여성 코미디언 필리스 딜러였다. (With Hope was Phyllis Diller, the comedienne, outfitted in an outlandish golfing outfit with checked plus fours.) (George Plimpton 1967)

플러스 핸디캡(plus handicap)

거의 매번 플레이할 때마다 파(par)보다 더 낮은 그로스(gross) 스코어를 낼 수 있는 플레이어의 경우를 말한다.

- ※ 따라서 플러스맨(plus-man)이라고 하면 스크랫치 플레이어보다 더 좋은 스코어를 낼 수 있는 사람이다. 대부분 핸디캡의 경우는 네트 스코어를 내기 위하여 그로스 스코어에서 핸디캡을 빼지만 플러스 핸디캡의 경우는 네트 스코어를 내기 위하여 그로스 스코어에 핸디캡을 더한다.
- 예 어떤 골퍼가 플러스 핸디캡을 가진 경우 그의 핸디캡 인덱스는 그 코스 레이팅보다 더 낮다. 예를 들어, 플러스 2 핸디캡 골퍼는 레이팅이 가장 쉽다고 평가된 2개 홀에서 각각 그 홀에서 낸 핸디캡 스코어에 1스트로크를 더하게 된다. (If a golfer has a plus handicap, his handicap index is lower than the course rating. For example, a golfer with a plus 2 handicap would add a stroke to their handicap score on the two easiest rated holes.)

플러시드 이트(flushed it)

플레이어가 원하는 방향으로 최대한의 거리가 나도록 볼을 잘 치고 그런 느낌을 받은 경우를 말한다.

- ※ 이 경우에 그는 볼을 아주 잘 쳤다(flushed it, or hit it flush)라는 말을 듣는다.
- 예 "플러시"라는 용어는 스윙에서 클럽 타면과 골프 볼 사이의 완전한 접촉이 이루어지는 동작을 하게 되는 골퍼들에게 적용되는 표현이다. (The term "flush" is applied by golfers to the act of making perfect contact between clubface and golf ball in swing.)

플러프(fluff)

샷을 잘못하거나 실패한 경우를 말한다.

- ※ 볼을 맞히지 못하고 잔디를 쳐서 볼이 약간 치솟았다가 제자리에 떨어진 경우 그 골퍼는 샷을 실패했다(The golfer has fluffed it.)라고 말한다.

예 그는 그의 웨지로 칩샷을 날렸으나 실패하였으며 결국 그 볼은 몇 야드 밖에 날아가지 못하고 러프 속으로 사라져 버렸다. (He fluffed his wedge chip, however, advancing the ball only a few yards and leaving it in the rough.) (Jack Nicklaus, 1969)

플러피(fluffy or fluffy lie)

볼이 잔디 위에 얹혀 있는 상태를 말한다(속). 즉 플러피 라이(fluffy lie)를 의미한다.
※ 볼이 마치 보풀린 물건 위에 있는 것과 같은 상태를 의미한다. 이러한 상태에서 날린 볼은 가끔 기대하는 것보다 더 멀리 날아갈 수 있으나 일반적으로 클럽이 볼 아래를 지나가기 때문에 짧은 샷이 나오는 경우가 많다.
예 역시 플러피 라이는 때때로 이른바 플라이어 샷을 내도록 한다. 이러한 샷은 볼과 클럽 타면 사이에 풀이 걸려서 일어나기 때문에 클럽 타면의 홈과 볼 사이의 접촉이 줄어들게 되고 백스핀이 약하게 걸리게 된다. 따라서 그 결과는 보통 때보다 볼이 높이 뜨고 굴러가는 거리도 길어지는 샷이 된다. (Fluffy lies often generate so-called flier shots, too. This happens when grass is caught between the ball and clubface, reducing contact with the grooves and decreasing backspin. The result - a shot that flies and rolls farther than usual.)

플럼 밥(plumb bob or plumb line)

수직선을 확인 측정하는 방법으로 지구 중력의 중심점을 향하여 선으로 연결해 내려뜨리는 원뿔 모양의 측연추(測鉛錘)를 말한다. 이렇게 내린 선을 플럼 라인(plumb line)이라고 한다.
※ 측연추를 달아야 수직선이 되기 때문에 결국 플럼 밥과 플럼 라인은 같은 개념이다. 흔히 팔을 펴서 그 끝에 퍼터 샤프트를 수직으로 내려뜨려 잡고 볼과 홀을 연결한 가상선을 한쪽 눈으로 측정하여 그린에서의 플레이 선 혹은 경사도를 측정하는 데 이용한다.
예 일명 플럼 밥이라고 부르며 이는 퍼트할 때 골퍼들이 볼을 어떻게 커브시킬 것인가를 결정하기 위한 하나의 방법이다. (Called a plumb bob, this is one way golfers try to determine how a putt will break.)

플럽(flub)

서투른 샷 혹은 실수하여 잘못 친(mishit) 샷을 말한다(속).
예 그는 마지막 샷을 잘못 쳐서 그 매치에서 패했다. (He flubbed the last shot and lost the match).

플레이(play)

1. 스트로크한다.

2. 특정한 클럽으로 스트로크하거나 샷하여 볼을 날린다.
3. 골프를 하는 행동 즉 플레이하는 행동 자체를 말한다.
4. 퍼팅과 구별하여 티와 일반 구역에서 스트로크하는 행동을 뜻한다.

> 예 (1) 볼이 홀에서 가장 멀리 있는 사람이 먼저 스트로크하여야 한다. (He whose ball lyes farthest from the hole is obliged to play first.) (Articles and Laws in Playing at Golf, 1744)
> 예 (2) 그는 그의 아이언 클럽으로 완벽한 샷을 날려 아웃 코스에서 스코어 32를 냈다. (Playing his iron clubs perfectly, he was out in 32.) (Eric Brown, 1961)
> 예 (3) 매치 플레이에서, 한 홀의 플레이를 하는 행동 중에, 플레이어와 상대편이 서로 볼이 바뀐 경우 . . . (In match play, if the player and opponent exchange balls during the play of a hole . . .)
> 예 (4) "나는 퍼트가 아주 좋지 않았소 . . . 지금까지 플레이하여 패배한 토너먼트 중에서 가장 멋진 골프였소" 라고 말하면서 "티와 일반 구역에서 스트로크하는 행동"과 그린에서의 퍼팅을 확실히 구별하는 게리 플레이어에게 그 매치를 양보하였다. ("I putted so badly . . . It was the finest golf I've ever played to lose a tournament.", concedes Gary Player, differentiating between his "play" and his putting.) (Dick Schaap, 1970)

플레이 금지 구역(no play zone)

위원회가 플레이를 금지한 코스의 일부분을 말한다. 플레이 금지 구역은 비정상적인 코스 상태의 일부분 혹은 페널티 구역의 일부분 중 한 부분으로 정해지지 않으면 안 된다.

> ※ 위원회는 어떤 이유로든 플레이 금지 구역을 정하여 취급할 수 있다. 예컨대
> • 야생 생물, 동물 서식 환경(棲息 環境), 환경상 취약 지역의 보호,
> • 어린 나무, 화단(花壇), 잔디 종묘장(種苗場), 잔디를 갈아입힌 구역 혹은 다른 식재(植栽) 구역의 손상 방지,
> • 플레이어를 위험으로부터 보호,
> • 역사적 혹은 문화적 중요성이 있는 지역의 보호.
> 예 플레이어의 볼이 페널티 구역 안에 있으나 플레이 금지 구역 밖에 있는데 그 플레이 금지 구역이 플레이어의 의도하는 스탠스 구역이나 의도하는 스윙 구역에 방해가 되는 경우, 플레이어는 규칙에 의하여 페널티 구역 밖에서 벌 있는 구제를 받거나 최초의 볼이나 다른 볼을 그 페널티 구역의 이 구제 구역(구제 구역이 있는 경우) 안에 드롭함으로써 벌 없는 구제를 받는 것 중 한 가지로 하지 않으면 안 된다. (If a player's ball is in a penalty area, and is outside a no play zone but a no play zone interferes with his or her area of intended stance or area of intended swing, the player must either take penalty relief outside the penalty area under rule, or take free relief by dropping the original ball or another ball in this relief area (if it exist) in the penalty area.) (Rules of

Golf, 2019)

플레이 선(line of play)

플레이어가 스트로크 후에 자신의 볼이 가도록 의도한 선을 말하며 그 선에 대한 지면 위의 합리적인 폭과 양쪽의 합리적인 폭을 포함한다. 플레이 선은 두 지점 사이가 반드시 직선이 되어야 할 필요는 없다.

- ※ 다시 말해서 목표를 겨누어 볼이 그 목표에 이르도록 의도하는 쪽으로 플레이하기 위한 주관적인 가상선(假想線)이다.
- 예 플레이어가 볼을 친 뒤 그 볼이 가기를 원하는 방향은 플레이 선이라고 알려져 있다. 그런데 흔히 실제로 그 볼이 어디로 가는가 하는 것은 또 다른 문제이다. (The direction a player wants his ball to travel after hitting it is known as its line of play. Where the ball actually goes is often another matter.)

플레이 속도(pace of play)

한 라운드를 얼마나 빨리 진행하는가에 관하여 그 라운드를 마치는 데 걸린 시간의 장단(長短)을 가리킨다.

- ※ 플레이어는 방해나 주의를 산만(散漫)하게 하는 것들이 없이 플레이할 수 있는 상태가 된 후 40초 간 이내에 스트로크하도록 권장되고 있다.
- 예 기억할 사항: 플레이 속도는 급히 서둘러서 해야 하는 샷에 관한 사항이 아니라 차례가 왔을 때 바로 스트로크할 수 있도록 준비하고 있어야 하며 코스에서 능률적으로 행동해야 한다는 사항에 관한 것이다. (Remember; pace of play isn't about rushing your shots, it's about being ready to play your stroke when it's your turn, and behaving efficiently on the course.)

플레이스(place)

집어 올린 볼을 다른 지점에 놓거나 다른 볼을 어떤 볼이 있었던 지점이나 또 다른 지점에 놓는 등 일반적으로 볼을 지면에 내려 놓는 행위를 가리킨다.

- 예 볼이 구제 구역 밖에 와서 정지한 경우 플레이어는 올바른 방법으로 두 번째 드롭을 하지 않으면 안 된다. 그때에도 볼이 역시 구제 구역 밖에 와서 정지한 경우 플레이어는 규칙에 의한 볼을 리플레이스하는 처리 절차를 사용하여 볼을 플레이스 함으로써 구제 받는 절차를 끝마치지 않으면 안 된다. (If the ball comes to rest outside the relief area, the player must drop a ball in the right way a second time. If that ball also comes to rest outside the relief area, the player must then complete taking relief by placing a ball using the procedures for replacing a ball in rules.) (Rules of Golf, 2019)

플레이 스루(play through)

플레이 속도에 관한 에티켓으로 한 조가 홀의 규정된 플레이 속도에 대한 목표 시간을 지키지 못하고 후속 조가 더 빠르게 플레이할 수 있는 것이 명백한 경우 그 후속 조에게 먼저 플레이하여 나아가도록 신호하는 조치를 말한다.

- ※ 규정된 플레이 시간을 지키지 못하여 앞 조와의 사이에 한 홀이 상당히 비어 있도록 늦기 때문에 지정된 홀 위치에서 플레이하고 있지 않은 경우는 아웃 오브 포지션(out of position) 상태이다.
- 예 (1) 그들을, 먼저 플레이하여 나아가도록, 통과시킬 의사를 그들에게 통보하는 것이 필요하다. 즉 손을 흔들어 앞으로 오도록 신호하거나 그들에게 말해야 한다. 그 다음 한 쪽 옆으로 비켜 있어야 한다. (You need to communicate to them that you are letting them play through – give them a wave forward or speak to them – then move to the side.)
  (2) 플레이어들이 플레이 속도가 더 빠른 조가 먼저 플레이하여 나아가는 것을 허용하도록 장려되고 있다. (Players are encouraged to allow faster groups to play through.) (Rules of Golf, 2019)

플레이스먼트(placement)

목표를 향한 샷의 정확한 판단과 표적에 대한 정확성을 말한다.

- 예 "자, 그린이 아주 늦군요. 해결의 열쇠는 목표에 대한 정확성입니다. 볼이 홀에 바싹 다가가도록 쳐야 합니다." ("With the greens so slow, the key is placement. Get the ball in close.") (Ray Floyd, 1978)

플레이 오프(play-off)

경기에서 일정한 홀 수의 경쟁이 끝났는데 2사람 이상의 플레이어가 동점이 된 경우 승자가 결정될 때까지 연장해서 계속하는 플레이를 말한다. 즉 연장전을 말한다.

- ※ 일반적으로 사전에 정한 홀 수를 플레이하거나 서든 데스 플레이 오프(sudden death play-off)로 진행한다.
- 예 골프 토너먼트에서 사용되는 연장전에는 3가지 형태가 있다. 그것들은 완전한 18홀 연장전, 서든 데스 방법 그리고 3~4개 홀 스코어 합계 방법의 연장전이다. (There are three types of playoff that are used in golf tournaments. They are a full 18-hole playoff, sudden death and an aggregate playoff.)

플레이의 일시 중지(suspension of play)

특별한 경우에 위원회의 지시에 의하여 플레이가 잠시 혹은 상당한 시간 중단되는 것을 말한다. 플레이어들은 위원회의 플레이 재개(resuming play) 지시가 있을 때 그 플레이를 재개하지 않으면 안 된다.

- ※ 위원회는 절박한 위험이 있는 경우 즉각적인 일시 중지(immediate suspension) 선언을 할 수 있으며 어두워지거나 코스가 플레이 불가능한 상태가 된 경우 정상적인 일시 중지(normal suspension) 지시를 할 수 있다.
- 예 자연의 힘이 플레이의 일시 중지나 골프 코스 폐쇄를 강제하는 경우가 허다하다. (There are many instances when Mother Nature forces the suspension of play or closure of golf course.)

플레이 재개(플레이의 일시 중지 참조)(resuming play, see suspension of play)

플레이 중단(stopping play)

플레이 도중 그 플레이를 그만두는 것을 의미한다. 플레이어가 규칙에서 허용하지 않는 어떤 이유로든 그 이유에 의하여 플레이를 중단한 경우 그 플레이어는 실격된다.

- 예 라운드 중 위원회에 의한 일시 중지, 매치 플레이에서 합의에 의한 플레이 중단 그리고 낙뢰(落雷) 때문에 개별 플레이어에 의한 플레이 중단의 경우를 제외하고 플레이어는 플레이를 중단해서는 안 된다. (During a round, a player must not stop play except in the cases of suspension by committee, stopping play by agreement in match play and individual player stopping play because of lightning.) (Rules of Golf, 2019)

플레이 클럽(play club)

전적으로 수직면의 타면을 가진 클럽으로 가장 멀리 볼을 날리는 옛 우드 클럽을 말한다. 이 클럽을 그 뒤에 드라이버(driver)라고 불렀다.

- 예 무엇보다도 먼저 당신의 모든 샷은, 힘이 닿는 범위 내에서, 플레이 클럽이나 아이언 클럽으로 치시오. (First of all, play all your shots, with the play-club or with the iron, well within your strength.) (Price Collier, 1897)

플레이트(소울 플레이트 참조)(plate, see sole plate)

플레잉 파트너(파트너 참조)(playing partner, see partner)

플레잉 프로페셔널(playing professional)

주로 토너먼트에서 경쟁하는 프로 골퍼(professional golfer)를 말한다.

> **예** 그는 한 동안 아디어 클럽의 프로로 있었으나 경기하는 프로 골퍼의 천직을 다시 계속하기 위하여 세인트 앤드루스로 돌아왔다. (He was for a period professional to Ardeer Club, but returned to St. Andrews to resume his vocation of playing professional.) (The Golfer's Handbook, 1974)

플레토우 그린(plateau green)

주변의 평지보다 높고 평평한 지면에 조성된 대지형(臺地型) 퍼팅 그린을 말한다. 다만 플레토우(plateau)라고도 한다.

> **예** 나는 티샷을 약하게 날렸기 때문에 볼이, 대지형 그린에서 티까지의 거리 중, 거의 중간 정도까지 그 대지형 그린으로부터 뒤로 굴러 내려와 버렸다. (I hit a weak tee-shot and the ball ran down from the plateau green almost halfway back to the tee.) (Eric Brown 1961)

플렉스(flex)

클럽 샤프트의 유연함(flexibility)과 단단함(stiffness)에 대한 정도를 말한다. 즉 스윙 형태에 따라 특정한 힘이 가해졌을 때 클럽 샤프트의 휘어지는 양으로 그 정도를 파악할 수 있다.

> ※ 플렉스를 측정하는 공식 계량기나 기준 단위는 없다. 그러나 일반적으로 체력에 따라 적용되는 클럽 샤프트의 단단한 상태에서 유연한 상태까지의 등급에 따른 기호를 사용한다. 즉 극히 단단함(Extra Stiff) 기호 X, 단단함(Stiff) 기호 S, 보통(Regular) 기호 R, 아마추어 및 시니어용(Senior) 기호 A, 여성용(Ladies) 기호 L 등이다.

> **예** 한 골퍼가 그에게 적합한 플렉스를 가진 클럽으로 스윙하고 있는 경우 그 클럽 헤드는 그 골퍼가 컨트롤할 수 있는 최대한의 속도로 볼을 향해 움직일 것이다. (If a golfer is swinging clubs with the proper flex, the clubhead will move into the ball at the maximum speed that the golfer can control.) (Golf Illustrated, 1977)

플렉스 포인트(킥 포인트 참조)(flex point, see kick point)

플로터(floater or floater ball)

물 위에 뜨는 골프 볼(floating golf ball)을 말한다. 일부 연못이 있는 연습장에서 회수한 후 다시 사용할 수 있다. 플로터 볼(floater ball)이라고도 한다.

> **예** 물에 뜨는 골프 볼은 물 위에 뜰 수 있도록 밀도가 낮은 고체 핵심을 넣은 투피스 구조로 되어 있으며 볼을 최대한 보호하고 장기 사용을 위한 방수 재료로 되어 있는 것이 그 특징이다. (The floating golf ball is a two-piece construction with a low density solid center allowing it to float and feature a water resistant

for maximum protection and long-term use.)

플롭 샷(flop shot)
볼이 급하게 높이 뜨지만 멀리 날지 않으며 지면에 가볍게 떨어지도록 치는 샷을 말한다. 롭 샷(lob shot)과 유사하다. 플롭(flop)이라고도 한다.
- ※ 따라서 흔히 그린 가장자리 근처에 있는 깃대를 향하여 벙커나 다른 장해물을 넘길 때 사용하는 샷이다. 주로 웨지를 사용하며 제한된 손목 운동을 이용하는 샷으로 짧은 피치 샷의 일종이라고 할 수 있다. 마치 도움닫기 높이뛰기에서 등을 밑으로 해서 넘기(Fosbury flop)에 성공하고 안착하는 것과 유사한 모양이다.
- 예 플롭 샷의 의도는 볼을, 가파르게 오르고 또 가파르게 떨어지는, 높은 아치형 궤도를 따라 가도록 보내서 그린에 떨어진 다음 거의 굴러가는 거리가 없이 빨리 정지하게 하는 것이다. (The intention of flop shot is to send the golf ball on a high-arcing (or arcking) trajectory, steeply up and steeply down, so that when it lands on the green it stops quickly, with very little roll.)

플립(flip)
주로 로프트 각이 큰 웨지로 높게 날도록 짧게 그리고 섬세하게 손목을 제한적으로 사용하여 볼을 치는 어프로치 샷을 말한다. 플립 샷(flip shot)이라고도 한다. 웨지를 사용한 경우 플립 웨지 샷(flip wedge shot)이라고 한다. 규모가 작은 플롭(flop)이라고 할 수 있다.
- 예 그가 한 플립 샷으로 볼이 벙커를 넘어갔는데 그 볼이 홀에 가까운 곳에 떨어졌다. (He hit a flip shot over the bunker, landing the ball near the hole.)

피(fee)
골프에서는 입장료, 사용료 등을 말한다. 그린[1](green[1]), 엔트리(entry) 참조.
- 예 개별적인 코스의 그린 피는 일반적으로 그 주의 요일, 그 날의 시간대 그리고 골퍼의 회원 자격 여부에 따라서 다르다. (An individual course's green fees typically vary depending on day of week, time of day and status of the golfer.)

피네스 샷(finesse shot)
어려운 라이에 있는 볼을 치는 경우로 플레이어의 재능과 상상력을 필요로 하는 섬세한 샷을 말한다.
- ※ 나무 뒤에 있는 볼을 치거나, 잡초가 우거진 곳에서 볼을 꺼내거나, 물 속에서 볼을 치는 등 플레이어가 지금까지 시도해 보지 못했던 기술과 재능이 필요한 경우이다. 델리케이트 샷(delicate shot)이라고도 한다.
- 예 피네스 샷을 더 잘 이해하기 위해서는, 임팩트에서 클럽 헤드가 최대 속도를 내는

파워 스윙과 피네스 스윙을, 구별할 필요가 있다. 따라서 나는 그린으로부터 45 야드 이내에서 하는 모든 웨지 샷을 피네스 샷으로 분류할 예정이다. (To better understand the finesse shot we need to differentiate between a power swing and a finesse swing. Any wedge shot within 45 yards of the green I will label as a finesse shot.)

피니건(Finnigan)

멀리건(Mulligan)을 잘못 친 경우 다시 허용되는 샷을 말한다. 피네건(Finnegan)이라고도 한다.
- 예 피니건은 멀리건을 망친 후에 다시 치는 것이다. 이 경우에는 두 번의 샷 중에서 더 좋은 쪽 볼을 플레이한다. (A Finnigan is played after a poor Mulligan. You get to play whichever of the two shots is better.)

피니시(finish)

스윙의 마지막 단계로 모든 동작이 정지되는 상태를 말한다. 일반적으로 좋은 스윙이 되었다면 좋은 피니시로 마감된다.
- 예 나는 흔히 학생들로부터 다음과 같은 질문을 받는다. "이미 볼을 쳤는데 . . . 그 뒤에 왜 피니시가 그렇게 중요합니까?" (I often hear from students: "The ball has already been hit . . . why is the finish important?")

피벗(pivot)

스윙할 때 어깨, 몸통 그리고 골반 등을 비트는 축회전(軸回轉)을 말한다. 즉 척추라는 축을 중심으로 어깨, 허리 등을 돌려서 스윙하는 것을 뜻한다.
- ※ 스윙에서 피벗은 몸을 돌려서 비트는 동작이 포함되는데 테이크 백 그리고 백스윙에서 몸을 비틀었다가 다운스윙에서 풀게 된다. 이는 니 액션(knee action) 혹은 푸트 액션, 허리, 어깨 등 몸 전체의 관련 동작에 의하여 이루어진다. 급한 회전, 힘이 세게 들어가는 동작을 피해야 한다.
- 예 피벗은 인위적인 동작이 아니다; 그것은 몸 전체의 자연스러운 회전축에 따른 회전이다. (The pivot isn't an artificial action; it is a natural turn of the body.) (Sam Snead, 1946)

피오리어 시스템(Peoria System)

대부분의 골퍼들이 실제로 공식적인 핸디캡 인덱스를 갖고 있지 않거나 부정확한 경우, 캘러웨이 시스템과 유사하게, 라운드가 끝난 뒤 골프 기술에 관계없이 토너먼트 관리 위원회가 사전 비밀리에 선정한 홀에서 각 골퍼들이 낸 스코어를 조정하여 서로 공정한 스코어를 산정할 수 있도록 즉석 핸디캡 허용량(handicap

allowance)을 결정하는 방법을 말한다.
- ※ 미국 일리노이주 중북부의 도시 피오리어(Peoria, Ill.)가 발상지이기 때문에 피오리어 시스템이라는 명칭이 나왔다. 위원회는 일반적으로 사전 비밀리에 2개 파-3홀, 2개 파-4홀 및 2개 파-5홀의 6개 홀을 선정한다(파의 합계 24). 따라서 골퍼들은 그 사실을 모르고 스트로크 플레이 방식으로 플레이한 뒤 선정된 홀이 공표된다. 그리고 각 골퍼들의 선정된 홀 스코어를 합계하고 3을 곱한 후 그 코스의 파를 뺀 수치의 80%가 플레이한 골퍼의 핸디캡 허용량으로 나타난다. 결국 골퍼의 그로스 스코어에서 이 핸디캡 허용량을 빼면 피오리어 시스템에 의한 네트 스코어를 낼 수 있다. 단, 다음 조건을 지켜야 한다.
  1. 핸디캡 허용량은 사사오입하여 정수로 한다.
  2. 모든 홀에서 더블 파를 넘는 스코어는 적용하지 않고 최고 더블 파로 한다.
- (적용): 위원회가 비밀리에 선정한 6개 홀에서 골퍼 A의 스코어가 30인 경우 3배를 하면 30×3=90이다. 여기에서 그 코스의 파-72를 빼면 90-72=18이다. 그리고 18의 80%는 18×0.8=14.4인데 사사오입하여 골퍼 A의 최종 핸디캡 허용량은 14로 나타난다. 따라서 이때, 그 코스에서 골퍼 A의 그로스 스코어를 90으로 가정하면, A의 피오리어 시스템 네트 스코어는 90-14=76이 된다.
- * 더 공정성을 기하기 위한 방법으로 12개 홀을 선정(파의 합계 48)하여 각 골퍼들의 선정된 홀 스코어를 합계하고 1.5를 곱한 후 그 코스의 파를 뺀 수치의 80%를 골퍼의 핸디캡 허용량으로 하는 경우 그 방법을 뉴(뉴) 피오리어 시스템(New New Peoria System)이라고 한다.
- 예 피오리어 시스템은, 예컨대 동료들의 야외 경기 참가와 자선 행사 등에서, 대부분의 골퍼들이 실제 핸디캡 인덱스를 갖지 않은 경우 토너먼트를 위한 1일용 핸디캡 시스템의 한 종류이다. (The Peoria System is a sort of 1-day handicapping system for golf tournaments where most of golfers do not have real handicap indexes (company outings and charity events, for example).)

피지에이(PGA)

프로 골프 협회(Professional Golfers' Association(US))를 말한다.
- 예 피지에이는 프로 골퍼 협회로 1916년에 창립되었다. 오늘날 피지에이는 대부분 남성들로 구성되어 있으나 다소의 여성들도 포함되어 있다. (The PGA is Professional Golfers' Association, which was established in 1916. Today the PGA is mostly composed of men but includes some women.)

피지에이 챔피언쉽(PGA Championship or The USPGA Championship)

4대 메이저 대회(남성)의 하나이며 USPGA 주관으로 매년 미국에서 개최되는 세계적인 챔피언쉽을 말한다.
- ※ 제1회 대회는 1916년 미국 뉴욕주 이스트체스터(Eastchester)에 있는 시와노이 컨트

리클럽(Siwanoy C.C.)에서 개최되었으며 우승자는 짐 반스(Jim Barnes)였다. 그는 상금으로 그 당시 $500와 로드맨 와너메이커(Rodman Wanamaker)가 기증한 와너메이커 트로피를 받았다. 초기의 경기는 매치 플레이였으나 1958년에 72홀 스트로크 플레이로 변경되었다.

- 예 ▪ 피지에이 챔피언쉽은 주로 부유한 아마추어가 주관했으며 일반적으로 깊이 존경 받는 스포츠가 개최되지 않았던 그 당시에 특별히 프로 골퍼들에게 주목 받는 토너먼트를 제공하기 위하여 창립되었다. (The PGA Championship was established for the purpose of providing a high-profile tournament specifically for professional golfers at a time when they were generally not held in high esteem in a sport that was largely run by wealthy amateur.)

피치(혹은 피칭, 피치 샷 참조)(pitch or pitching, see pitch shot)

피치 마크(볼 마크 참조)(pitch mark, see ball mark)

피치 샷(pitch shot)

주로 그린 앞에 벙커가 있고 깃대가 그린 중앙에서 앞으로 꽂혀 있는 경우나 그린이 비교적 작은 홀에서 사용하는 어프로치 샷 방법으로 로프트 각이 큰 아이언, 피칭 웨지나 샌드 웨지를 사용하여 볼을 약간 높이 띄우고 작게 튀면서 굴러가며, 짧은 거리를 가게 하거나 바로 정지할 수 있게 하기 위하여, 어느 정도의 백스핀이 걸리도록 친다.

- ※ 피치(pitch) 혹은 피칭(pitching)이라고도 한다. 볼이 떨어져서 굴러갈 수 있는 거리가 있는 경우에는 피치앤런 샷(pitch-and-run shot) 방법을 사용할 수 있다. 칩 샷 다음으로 많이 사용한다.
- 예 ▪ 결국 기본적인 피치 샷은, 모든 것을 단순하게 유지한다면 쉽게 할 수 있다. 실제로 현 상황에서 노력해야 할 것은 완전한 스윙을 줄여서 하는 단축형으로 샷하는 것이다. (The basic pitch shot however can be made easy if you just keep things simple. Really, all you are trying to do here is hit an abbreviated form of your full swing.)

피치앤런 샷(pitch-and-run shot)

볼을 짧게 낮은 높이의 피치 샷으로 날려 그 볼이 지면에 떨어진 후 어느 정도 굴러갈 수 있는 거리가 있는 경우에 하는 어프로치 샷 방법을 말한다. 피치앤 런(pitch-and-run)이라고도 한다.

예 (1) 조금 오르막으로 된 언덕에서 끝나는 홀을 플레이하고 있는 경우에 피치앤런 샷은 그린 가까이에 볼을 떨어뜨려 홀까지 굴러가는 완벽한 샷이 될 수 있다. (If you are playing a hole that has a bit of an uphill finish, the pitch and run can be the perfect shot to land near the green and then run up to the hole.)
(2) 기본적인 피치앤런은 볼이 절반은 공중으로 날아가고 절반은 지면에서 굴러가는 20-40 야드 거리의 샷을 말한다. (The basic pitch-and-run is a shot of 20-40 yards that travels about halfway in the air and halfway along the ground.) (George Peper, 1977)

피치앤퍼트 코스(pitch-and-putt course)

다만 어프로치와 퍼팅만 할 수 있는 홀들로 디자인된 축소형 골프 코스를 말한다.
예 피치앤퍼트 코스는 역시 파-3 홀들로만 구성되어 있고 그 홀에서 플레이하는 거리는 100야드를 넘지 않는다. (A pitch-and-putt course also has only par-3 holes, but no hole of play is longer than 100yards.)

피치 인(pitch-in)

피치 샷으로 날린 볼이 홀 인(hole in)된 경우를 말한다.
예 . . . 4개의 연속적인 버디를 냈으며 한 번은 피치 샷으로 날린 볼이 홀 인되어 스코어 3 즉 이글을 냈다. (. . . four consecutive birdies, a pitch-in for an eagle three.) (NY Times, 1977)

피칭 아이언(pitching iron)

비교적 짧은 거리를 날리는 데 사용하는 숏 아이언(short iron)을 말한다. 일반적으로 8번, 9번 아이언 및 피칭 웨지 클럽을 가리킨다.
예 숏 아이언 클럽들은 그 클럽들이 갖는 주요 기능이 피칭이기 때문에 일반적으로 피칭 아이언이라고 부른다. (The short irons generally are called the pitching irons because that is their chief function.) (Sam Snead, 1950)

피칭 웨지(pitching wedge)

주로 긴 풀숲에서 볼을 탈출시키거나 퍼팅 그린 근처에서 피치 샷으로 그린 위에 볼을 올리는 데 사용하는 아이언 클럽을 말한다.
※ 볼을 비교적 높이 띄우고 짧게 구르도록 친다. 일반적으로 긴 풀숲에서 잘 빠져 나오도록 샌드 웨지보다는 작지만 플렌지(flange)와 리딩 에지(leading edge)가 뚜렷하다. 숏 게임(short game)에서 많이 활용되는 클럽이다.
예 피칭 웨지는 매우 융통성 있는 클럽이다. 번호가 있는 아이언 클럽이 끝나고 웨지

가 시작되는. 아이언 클럽과 웨지 사이의. 경계점에 있기 때문에 피칭 웨지는 일반적으로 어느 쪽 부류에 속해서 사용되어도 그대로 인정되어 왔다. (The pitching wedge is a very versatile club. Being on the cusp between numbered irons and wedges, the pitching wedge has generally accepted uses falling into either class.)

픽 업(pick up or pickup)

코스 위에서, 규칙에서는 허용되지 않는데, 홀 아웃하기 전에 플레이어가 볼을 스스로 주워 올리는 경우를 말한다.

- ※ 매치 플레이에서는 매치나 홀의 양보 혹은 김미(gimme)의 형식으로 짧은 거리의 다음 스트로크를 면제해 주는 경우가 될 수 있다. 또 스트로크 플레이에서는 벌을 받거나 경기를 포기하는 경우가 될 수 있다.
- 예 그는 실로 아주 나쁜 라이에 볼이 있는 것을 스스로 발견한 경우에는. 더 이상 손실을 줄이기 위하여. 볼을 주워 올리고 합당한 벌을 받는다. (When he would find himself in a really bad lie, he cut his losses, picked up his ball, and incurred the penalty.) (Tom Scott & Geoffrey Cousins, 1969)

핀(깃대 참조)(pin, see flagstick)

깃대를 핀이라고도 한다. 역시 홀[1](hole[1]) 혹은 컵을 의미하기도 한다. 깃대와 홀은 항상 같은 장소에 있으며 그 중 어느 하나를 말해도 같은 장소를 가리키게 된다.

- 예 (1) 플래그스틱은 규칙에서 시종일관 사용하는 용어이며 핀은 일상 회화에서 사용하는 용어인데 오락으로 하는 골퍼들은 십중팔구 "깃대"를 말할 때마다 이 용어를 사용한다. (Flagstick is the term used throughout the rules; pin is a colloquial term, but one probably used as often as "flagstick" by recreational golfers.)
- 예 (2) 핀(홀) 위치는 매일 다르게 설치될 수 있다. (The pin position may be different every day.)

핀세터(pinsetter)

경기의 각 라운드 중 각 퍼팅 그린 위의 정확한 깃대 위치를 정하고 설치하는 일에 책임을 진 책임자를 말한다.

- 예 . . . 마스터스 대회의 깃대 위치를 책임진 관리 요원들은 매 라운드마다 각 그린에서 핀이 위치해야 할 지점을 정확하게 정하는 책임자들을 말한다. (. . . official pinsetters in the Masters, the men who decide exactly where each pin shall be placed on each green during each round.) (Dick Schaap, 1970)

핀세팅(핀 플레이스먼트 참조)(pinsetting, see pin placement or pin position)

핀 시트(pin sheet)
각 퍼팅 그린에서 홀의 정확한 위치와 그 홀을 중심으로 퍼팅 그린 주위 가장자리까지의 거리를 포함한 정보를 기록해 놓은 작은 인쇄물을 말한다.
- ※ 골프 클럽에서는 핀 시트를 모든 골퍼들에게 제공하고 있으나 의무적인 사항은 아니다.
- 예 나의 핀 시트에서 이 그린의 홀은 퍼팅 그린 뒤편 왼쪽에 설치되어 있다는 것을 나타내고 있다. (My pin sheet shows that the hole on this green is cut in the back-left.)

핀 플레이스먼트(혹은 핀 포지션)(pin placement or pin position)
어떤 상황에서 퍼팅 그린에 설치된 홀 위치 혹은 그 위치의 결정을 말한다. 일반적으로 대부분의 코스에서는 그린 면의 과도한 손상을 방지하고 도전 의욕을 고취시키기 위하여 매일 그 위치를 변경한다. 핀 포지션(pin position)이라고도 한다. 그렇게 핀 위치를 정하고 설치하는 것을 핀 세팅(pinsetting)이라고 한다.
- 예 홀 위치의 결정은 아무튼 괴상한 것이다. 플레이어들은 그 위치에 대하여 히틀러나 아니면 살인마 같은 놈이 정한다고 농담한다. (The pin placements are grotesque. Players joke about them being placed by Hitler or Jack the Ripper.) (Tommy Bolt, 1971) *Jack the Ripper-1889년 런던의 살인마에게 붙여진 이름.

핀 하이(홀 하이 참조)(pin-high, see hole-high)

필(pill)
골프 볼(ball)을 의미한다. 골프 볼의 별칭이다(속).
- 예 작은 볼이 정지된 곳에서 발견되었을 때 그 볼은 높이가 1피트 정도 키가 큰 풀 위에 얹혀 있었다. (When the little pill found a resting place it was in tall grass a foot high.) (H.B. Martin, 1936)

필드¹(field¹)
분야, 들판, 옥외 잔디 구장(球場) 혹은 경기장을 말한다.

※ 그러나 골프 필드(golf field)라는 용어는 보기 힘들다.
예 (1) 출판업 분야에서 떠오르는 가장 큰 문제 가운데 하나는 표절(剽竊) 행위이다. (One of the biggest problems rising in the field of publishing is plagiarism.)
예 (2) 사람들은 각 선수들이 경기장에 나타났을 때 소리치고 환호하였다. (People screamed and cheered as each player appeared on the field.)

필드²(field²)

토너먼트에 참가한 경기자들을 말할 때 사용하는 일반적인 용어이다.
예 1873년 세인트 앤드루스에서의 첫 번째 경기에서는 그 당시까지 전례가 없었던 26명의 경기자가 경쟁하였다. (The first contest at St. Andrews in 1873 was contested by the up to that date unprecedented field of 26.) (A History of Golf by Robert Browning)

핌플(브램블 참조)(pimple, see bramble)

골프 용어 해설(Clarification of Golfing Terms) 하

하브(하프¹ 참조)(halve, see half¹)

매치 플레이에서 양쪽 사이드가 한 홀에서 낸 낮은 스코어가 서로 동점이 되었을 때 즉 서로 그 홀을 비겼을 때를 말한다.

- ※ 하프(half)의 동사형이다. 따라서 하브드 홀(halved hole)은 양쪽 사이드가 동점이 되어 그 홀을 서로 비긴 경우를 뜻한다.
- 예 우리는 36번 째 홀에서 비겼는데 이는 나의 생애에서 최악의 플롭(flop) 샷 중 하나로 끝났다. (We halved No. 36 to complete one of the worst flops of my life.) (Sam Snead, 1962)

하이 사이드(프로 사이드 참조)(high side, see pro side)

하프¹(half¹)

매치 플레이의 한 홀에서 스코어가 동점이 된 경우를 말하며 이때 각 사이드는 동점이 되었다고 인정한다.

- 예 용어 "하브드"와 "하브"는 동점이 된 경우 즉 "하프"에서 나왔다. 따라서 두 플레이어가 동점이 된 경우에는 아무도 그 홀을 이기지 못하였기 때문에 그들은 그 홀을 나누어서 이기거나, 다른 말로 표현하면, 각자가 그 홀을 절반씩 이긴 것이다. (The term "halved" and "halve" derive from "half." If both players tie, then neither has won the hole, they have split it, or to put it another way, each earned half of the hole.)

하프²(half²)

한 라운드의 18홀 중에서 절반 즉 최초의 9홀(전반 9홀) 혹은 최후의 9홀(후반 9홀)을 말한다. 또 클럽 수 14개의 절반(7개)인 경우 하프 세트(half set)라고 한다.

- 예 토니 잭클린은 1970년 세인트 앤드루스의 첫 번째 라운드 아웃 코스 9홀에서 스코어 29를 냈으며 . . . 그리고 오픈 챔피언쉽 때 다른 9홀에서 스코어 30을 냈다는 사실이 기록되어 있다. (Tony Jacklin who had a first-round outward half of 29 at St. Andrews in 1970 . . . Other halves in 30 in the Open Championship have been recorded.) (Golfer's Handbook, 1974)

하프 샷(half shot)

스윙에서 풀 스윙의 1/2로 조정해서 하는 컨트롤드 샷((controlled shot)의 한 가지를 말한다.

예 용어 "하프 샷"은 실제로 잘못된 명칭이다. 이 용어는 하프 스윙을 암시하고 있으며 볼의 비거리는 풀 샷의 절반을 날아간다는 것을 넌지시 의미하는 것이다. 따라서 스윙은 풀 스윙의 절반을 넘지 않으며 볼도 풀 샷 비거리의 절반보다 더 날아가지 않는다는 것을 의미한다. (The term "half-shot" is really a misnomer. It implies half-swing, and that the ball travels half the distance of a full shot. It is neither: the swing is more than half, and the ball travels, consequently, much more than half the distance of a full shot.) (J.C. Jessop, 1976)

하프 스윙(컨트롤드 샷 참조)(half swing, see controlled shot)

한 가지 볼을 사용하는 조건(one ball condition or one-ball rule)

플레이어가 경기에서 사용하는 볼은 시종일관 한 가지 종류로 등재된 것과 동일한 상표와 모델의 볼이어야 한다는 경기 조건을 말한다. 원볼 룰(one-ball rule)이라고도 한다.

예 원볼 룰의 목적 – 플레이어가 그 홀의 특징이나 라운드 중에 플레이하는 샷에 따라서 다른 플레이 특성을 갖는 볼을 사용하는 행위를 방지하기 위하여 위원회는 적격 골프 볼 목록에 등재(登載)된 단 한 가지 종류의 볼을 사용하도록 플레이어에게 요구할 것을 결정할 수 있다. (Purpose of one-ball rule – To prevent a player from using balls with different playing characteristics depending on the nature of the hole or shot to be played during a round, the committee can choose to require that a player use only a single type of ball that is on the List of Conforming Golf Balls.) (Official Guide – Committee Procedures, 8G Restrictions on Use of Specific Equipment, 2019)

한국 들잔디(Korean lawngrass)

난지형(暖地型) 잔디로 주로 골프 코스의 티잉 그라운드, 페어웨이, 러프에 많이 사용되고 있는 한 종류의 잔디를 말한다. 약간 거칠고 굵은 잎 부분을 가진 잔디로 적절한 높이로 깎으면 볼이 잔디에 묻히지 않고 똑바로 얹혀 있어서 스트로크할 때 지면을 치지 않는 한 클럽 헤드의 저항이 비교적 적기 때문에 생각보다 장거리를 날릴 수 있다. 따라서 온대 지방에서는 최적의 잔디로 꼽히고 있다.

※ 더위에 강하고 회복력이 좋으며 병충해에 대한 저항도 강한 편이다. 그러나 저온에 약하기 때문에 겨울철에는 휴면 기간에 들어가며 황갈색으로 변한다. 학명: 조이시어 속(屬), 조이시어 자포니카(genus Zoysia, Zoysia japonica)

예 한국 들잔디(조이시어 자포니카)는 온대성이며 잔디밭 조성을 위하여 잔디를 입히는 데 사용되는 다년생 풀이다. 조이시어 그라스는, 잦은 급수와 자주 깎아 주는 작업이 필요하지 않고, 낮게 자라며 조밀하고 짙은 녹색의 외관을 유지하고 있다. (Korean lawngrass (Zoysia japonica) is a warm season, sod-forming perennial grass used for lawns. Zoysiagrass has a low-growing, dense and dark green appearance, as well as low water and mowing requirements.)

합의의 반칙(agreement to waive rules)

규칙의 적용을 배제(排除)하거나 벌의 면제에 합의한 경우를 말한다. 이 경우에는 관련된 플레이어들 모두가 실격된다. 규칙 현대화(2019) 이전에 사용했던 용어이다. 현재는 규칙에서 모든 플레이어가 골프 게임 정신(the spirit of the game) 아래에서 플레이할 것을 기대한다는 내용을 규정하고 있다.
- 예 플레이어는 어떤 규칙의 적용을 배제하거나 받은 벌을 면제하기로 합의해서는 안 된다. (Players must not agree to exclude the operation of any rule or waive any penalty incurred.) (Rules of Golf, 2016)

해스켈 볼(Haskell ball)

1898년 미국의 코번 해스켈(Coburn Haskell)이 버트램 워크(Bertram Work)와 협력하여 고무 핵심 주위에 고무 실을 당겨 감고 벌라터(balata)나 이와 유사한 물질로 겉을 입혀서 발명한 골프 볼이며 그때까지 사용하던 거터 퍼처 볼을 대신하였다.
- ※ 이때 게미터(J. R. Gammeter)가 핵심 주위에 고무실을 감는 기계를 발명하여 공장 생산의 기초를 제공하였다. 일명 고무 핵심 볼(rubber-cored ball)이라고도 한다. 현대적인 골프 볼의 시작이며 이 볼의 발명으로 코스에서의 비거리를 증가시킨 대변혁이 일어나게 되었다.
- 예 (1) 1902년 브리티시 오픈의 진정한 의의(意義)는 샌디 허드가 해스켈 볼을 사용한 사실이다. 그에 앞서 월터 트래비스는 1901년 유에스 아마추어 경기에서 우승할 때 해스켈 볼을 사용한 선수였다. 그러나 해스켈 볼을 사용한 허드의 승리는, 그가 오늘날 프로의 매이저 대회라고 부르는 챔피언쉽에서, 최초의 현대적인 골프 볼이라고 인정 받는 볼을 사용하여 처음으로 승리한 기록을 세운 것이다. (But the real significance of 1902 British Open is Sandy Herd's use of the Haskell ball. Walter Travis used one to win the 1901 U.S. Amateur, but Herd's victory while using a Haskell here marked to the first of what we now call the professional major championships to be won with what we now also recognize as the first modern golf ball.)
- (2) 게임 역사에서, 골퍼들이 고무 핵심 볼의 가능성을 이해하기 시작한 이래, 지난 7, 8년 동안처럼 발전으로 가득 채워진 기간은 일찍이 없었다. (There has been no period in the history of the game so pregnant with evolution as the past 7 or 8 years, since golfers began to understand the possibilities

of the rubber-cored ball.) (Harry Vardon, 1912)

해저드(hazard)

그린에 도달할 때까지 골퍼들의 능력으로 특히 어려움에 도전하도록 코스 위에 디자인된 벙커 혹은 워터 해저드(래터럴 워터 해저드)를 말한다. 규칙 현대화(2019) 이전에 사용했던 용어이다. 현재는 벙커와 페널티 구역이라는 용어를 사용한다.

■예■ 규칙에서 정한 경우를 제외하고 플레이어는 해저드 안에 있는 볼이나 해저드에서 집어 올린 후에 다시 그 해저드 안에 드롭하거나 플레이스하게 되는 볼을 스트로크 하기 전에 그 해저드 안에 있거나 해저드에 접촉하고 있는 루스 임페디먼트를 접촉하거나 움직여서는 안 된다. (Except as provided in the rules, before making a stroke at a ball that is in a hazard or that, having been lifted from a hazard, may be dropped or placed in the hazard, the player must not touch or move a loose impediment lying in or touching the hazard.) (Rules of Golf, 2016)

해커(더퍼 참조)(hacker, see duffer)

핵심(core)

골프 볼의 중심에 있는 재료를 말한다. 액체(liquid center)를 사용하기도 하였으나 그 뒤 오늘날에는 금속이나 고무 등 다양한 소재가 사용된다.

■예■ (골프 볼 반응에 관하여) 중요하게 고려해야 할 사항은 일반적으로 볼 핵심을 이루고 있는 겹친 층의 단단함 정도에 따라서 결정되는 압축 강도이다. (A key consideration (about behavior of golf balls) is compression, typically determined by hardness of the ball's core layers.)

핸드 업(핸드 다운, 라이^2 참조)(hand up (hand down), see lie^2)

핸디캡(handicap)

골프 기술의 차이가 있는 골퍼들이 거의 같은 조건으로 경쟁할 수 있도록 코스에서 플레이한 과거와 현재의 성적을 근거로, 플레이어의 잠재적인 능력에 대하여, 이를 수치(스트로크 수)로 나타내서 그 플레이어에게 부여한 평가 값을 말한다.

※ 잠재적인 능력이라는 면에서 그 뜻이 같지만, 핸디캡은 파(par)와 관련해서 플레이어의 평균 스코어에 대한 일반적인 용어(오버 파)이며, 핸디캡 인덱스(handicap index)는 핸디캡 시스템에 의하여 산출되고 유지된 플레이어 핸디캡에 대한 공

식 평가치를 말한다. 현재 핸디캡 제도는 미국이 개발한 핸디캡 시스템(USGA Handicap System)을 적용하고 있는데 2020년부터 전세계적으로 통일된 월드 핸디캡 시스템(world handicap system)을 적용한다.

- 예 핸디캡은 일정한 코스에서 플레이한 티에 근거해서 골퍼의 잠재적인 플레이 능력에 대하여 수치로 나타낸 평가 기준이다. 따라서 핸디캡은 경기 중에 실제로 낸 스트로크 수에서 네트 스코어를 산출하기 위하여 사용하는데 결국 이렇게 하여 숙련도가 다른 플레이어들이 어느 정도 동일한 조건에서 서로 대항하는 것이 인정된다. (A handicap is a numerical measure of a golfer's potential playing ability based on the tees played for a given course. It is used to calculate a net score from the number of strokes actually played during a competition, thus allowing players of different proficiency to play against each other on somewhat equal terms.)

핸디캡 디퍼렌셜(handicap differential)

플레이어가 한 코스에서 낸 스코어와 코스 레이팅의 차이를 보통 수준의 어려움 정도를 갖는 코스와의 비교를 통한 해석과 평가 절차를 거쳐서 낸 수치를 말한다.

- ※ 플레이어가 한 코스에서 낸 조정된 스코어로부터 그 코스의 코스 레이팅을 뺀 차이에 보통 수준의 어려움 정도를 갖는 코스의 슬로프 값인 113을 곱한 다음 플레이한 코스의 슬로프 레이팅으로 나눈 값이다. 즉 핸디캡 디퍼렌셜 = (조정된 그로스 스코어 − 코스 레이팅) × 113 ÷ 슬로프 레이팅. 이때 소수점 이하 한 자리까지의 수치로 나타낸다(핸디캡 시스템).
- 예 코스 레이팅과 슬로프 레이팅. 이들 두 숫자는 플레이어의 핸디캡 디퍼렌셜을 계산하기 위하여 사용되는데 이는 슬로프와 코스 레이팅에 따라서 파에 관련된 플레이어의 스코어를 조정하기 위하여 이용된다. (The course rating and slope rating, these two numbers are used to calculate a player's handicap differential, which is used to adjust a player's score in relation to par according to the slope and rating of the course.)

핸디캡 스트로크(handicap stroke)

핸디캡이 0인 수준에 대하여 플레이어의 스코어 능력을 조정하기 위한 수단으로 플레이하는 코스의 특정한 티에서 플레이어가 핸디캡을 적용하여 받을 수 있는 스트로크 수를 뜻한다.

- ※ 즉 핸디캡 스트로크는 이기기 위한 스트로크가 아니라 평준화를 위한 수단이어야 하고 높은 핸디캡 보유자가 경기에서 상대편과 동점을 내는 데 필요하며 그러한 홀에 적용할 수 있어야 한다. 골프 클럽은 핸디캡 적용 플레이에서 핸디캡 스트로크 순서가 기재된 핸디캡 스트로크 표(handicap stroke table)를 발표하여야 한다(골프 규칙). 플레이어가 그로스 스코어를 내는 데 핸디캡을 적용하여 핸디캡 스트로크를 받는 홀을 핸디캡 스트로크 홀(handicap-stroke hole)이라고 한다.

예 (1) 핸디캡 스트로크가 그로스 스코어에 적용되는 경우 스코어 카드에 기록된 핸디캡 스트로크(일반적으로 코스 핸디캡)를 뺀다. (If handicap strokes are applied to a gross score, subtract the player's handicap strokes (usually the course handicap) recorded on the scorecard.)
(2) 각 플레이어는 위원회가 정한 스트로크 홀 할당(통상 스코어 카드에 나와 있다)에 근거하여 핸디캡 스트로크를 주거나 받는 홀을 알고 있어야 할 책임이 있다. (Each player is responsible for knowing the holes where he or she gives or gets handicap strokes, based on the stroke hole allocation set by the committee (which is usually found on the scorecard.) (Rules of Golf, 2019)

핸디캡 스트로크 표(핸디캡 스트로크 할당 참조)(handicap stroke table, see allocation of handicap strokes)

핸디캡 적용 플레이에서 핸디캡 스트로크를 주거나 받는 홀의 순서를 기재한 표를 말하며 각 골프 클럽에서 발표한다. 스트로크 할당표(stroke allocation table)라고도 한다.

※ 일반적으로 그 순서는 전반 9홀에는 홀수의 그리고 후반 9홀에는 짝수의 번호가 기재된다.

예 그러나 그 경기를 담당하는 위원회에는 지금까지 관습적으로 해 온 순서에 의하여 스트로크를 할당하는 것이 허용된다. 그러한 경우에 위원회는, 핸디캡 스트로크를 주거나 받는 홀의 순서를 나타내는 스트로크 할당표를 발표하지 않으면 안 된다. (However, the committee in charge of the competition is permitted to assign a custom order. If so, it must publish a "stroke allocation table" indicating the order of holes at which handicap strokes are to be given or received.) (Handicap System)

핸디캡 스트로크 할당(allocation of handicap strokes)

핸디캡 적용 플레이에서 골프 클럽이 발표하는 핸디캡 스트로크 표에 기재된 전반과 후반 9홀에 대하여 핸디캡 스트로크를 적용하는 순서에 따른 핸디캡 스트로크 홀(handicap stroke hole)의 지정에 관한 사항을 말한다.

※ 핸디캡 스트로크를 할당하는 데 적용되는 기본 원칙은 핸디캡 수준이 서로 다른 플레이어들의 능력을 평준화하여 거의 같은 조건으로 플레이할 수 있도록 보완하기 위한 것이다. 따라서 핸디캡 스트로크는 승리를 위한 스트로크라기 보다는 평준화를 위한 수단이기 때문에 높은 핸디캡 스트로크 플레이어가 가장 필요할 것 같이 생각되는 홀에서 이용할 수 있어야 한다. 핸디캡 위원회는 홀마다 상세한 검토를 통하여 최선의 판단 내용을 적용하여야 한다. 핸디캡 위원회는 핸디캡 스트로크 할당에 있어서 필요한 재량권을 갖는다. 다만 한 홀에서 파(par)를 내는 데 어려움

정도만으로는 그 홀에서 핸디캡 스트로크를 필요로 하는가의 여부에 관한 효과적인 척도(尺度)가 되지 못한다. 핸디캡 스트로크의 할당 방법은 특정한 수준에 관한 스코어 및 코스 핸디캡을 비교하는 방법으로 낮은 핸디캡 그룹과 높은 핸디캡 그룹 사이의 각 홀에 대한 스코어 및 코스 핸디캡 평균 차이를 적용하여 그 등급으로 순서를 정하는 방법이 있으며 1차 회귀(回歸)(linear regression) 방식을 적용하는 방법 등이 있다. 일반적으로 첫 번째 핸디캡 스트로크를 첫 번째 9홀(전반) 중 한 홀에 할당하고 2번째 스트로크는 2번째 9홀(후반) 중 한 홀에 할당한다. 그리고 전반 9홀에 홀수 번호의 스트로크를 할당하고 후반 9홀에는 짝수 번호의 스트로크를 할당한다. 전반과 후반 플레이의 처음과 마지막에서 너무 유리한 상황이 되지 않도록 처음과 마지막 2개 홀에는 1번과 2번을 할당하지 않는 것이 관례로 되어 있다. 그 할당의 예를 들면 다음과 같다.

핸디캡 스트로크 할당의 예

	첫 번째 9홀	두 번째 9홀
홀	1 2 3 4 5 6 7 8 9	10 11 12 13 14 15 16 17 18
9홀 할당	5 4 9 2 8 1 3 7 6	4 9 2 1 3 5 6 8 7
18홀 할당	9 7 17 3 15 1 5 13 11	8 18 4 2 6 10 12 16 14

▨ 예 │ 남성과 여성을 위한 핸디캡 스트로크의 할당은, 평준화 홀에 대한 필요성이 홀마다 변수가 있기 때문에, 일반적으로 그 할당 방법이 다를 수 있다. (Handicap stroke allocations for men and women will usually be different because the need to equalize holes may vary from hole to hole.)

핸디캡 스트로크 홀(핸디캡 스트로크 참조)(handicap-stroke hole, see handicap stroke)

플레이어가 그로스 스코어를 내기 위하여 핸디캡 스트로크를 받고 이를 적용할 수 있는 지정된 스트로크 홀을 말한다. 다만 스트로크 홀(stroke hole)이라고도 한다.

▨ 예 │ 핸디캡 시스템에 관하여 가장 오해를 일으키는 관점 중의 하나는 골프 코스의 "스트로크 홀 할당"에 관련된 부분이다. 즉 핸디캡 스트로크 홀의 지정에 관한 것이다. (One of the most misunderstood aspects of the handicapping system concerns the "stroke hole allocation" at a golf course. That is, the assignment of the handicap stroke holes.)

핸디캡 위원회(handicap committee)

골프 클럽 위원회 중의 하나로서 동료 평가(peer review)를 포함하여 핸디캡 시스템에 따른 운용을 확실히 보장하기 위하여 구성된 기관을 말한다.

▨ ※ │ 핸디캡 위원회는 위원장 한 사람이 있으며 위원은 그 클럽 회원들로 구성된다.

- 예 클럽 핸디캡 위원회는 핸디캡 인덱스를 철회했거나 수정했던 플레이어로부터 심사 대상 기간에 대한 스코어 카드의 제출을 요구할 수 있다. (The club handicap committee may require the return of scorecards for a probational period from a player who has had a handicap index withdrawn or modified.)

핸디캡 인덱스(handicap index)

플레이어가 표준급인 즉 보통 수준의 어려움 정도를 갖는 코스에서 플레이할 때 그 플레이어의 잠재적인 능력에 관한 측정치를 말한다.

- ※ 핸디캡 인덱스는 최근 20회의 디퍼렌셜 중에서 가장 성적이 좋은 10회의 디퍼렌셜 평균에 대한 96%를 소수점 이하 한 자리까지의 수치로 나타낸다. 즉 핸디캡 인덱스 = 20회 중 최선의 10회 핸디캡 디퍼렌셜 평균 × 0.96. 이때 소수점 이하 두 자리 수치 (및 끝수)는 사사오입 없이 삭제한다(핸디캡 시스템).
- 예 따라서 플레이어 핸디캡 인덱스의 정확성은, 모두 받아들일 수 있는, 게시한 스코어 수에 정비례한다. (Thus, the accuracy of player's handicap index is directly proportional to the number of acceptable scores posted)

핸디캡 조정(형평 타수 조정 참조)(adjusting for handicap, see equitable stroke control)

핸지(원피스 테이크어웨이 참조)(handsy, see one-piece takeaway)

행동 규범(code of conduct)

게임 정신에 입각한 성실한 행동, 다른 사람들에 대한 배려(配慮) 그리고 코스를 조심스럽게 다루는 플레이어의 행동 기준을 지켜 나가는 데 필요한 자체의 행동 수칙을 의미한다.

- ※ 위원회는 로컬 룰로 채택된 행동 규범에 위원회의 독자적인 기준을 규정할 수 있다. 따라서 이 기준 위반에 대하여 벌을 포함시킬 수 있고 기준에 반하는 중대한 비행(非行)에 대해서는 그 위반 플레이어를 실격시킬 수도 있다.
- 예 플레이어의 비행에 관한 실격 이외의 벌은, 그 벌이 규칙에 의한 행동 규범의 일부로 채택된 경우에 한해서, 과할 수 있다. (Penalties other than disqualification may be imposed for player misconduct only if those penalties are adopted as part of a code of conduct under rule.) (Rules of Golf, 2019)

행잉 라이(hanging lie)

플레이 선상에 있는 볼이 경사진 곳에서 얼마 되지 않은 잔디나 풀이 겨우 받치고 있기 때문에 마치 매달려 있는 것처럼 놓여 있는 상태를 말한다.
- 예 매달려 있는 깃 같은 라이는 확실히 한 쪽으로 경사진 곳에 와서 정지한 골프 볼에 관련된 말이다. 결국 "행잉 라이"는 볼이 골퍼의 발 위쪽이나 아래쪽에 놓여 있는 양쪽 상태의 어느 쪽도 의미할 수 있는데, 가장 일반적인 상황에서, 이 용어는 볼이 골퍼의 발 아래쪽에 놓여 있는 경우에 적용되고 있다. (A hanging lie definitely involves the golf ball coming to rest on a sideslope. After that, "hanging lie" can mean either that the ball is above or below the golfer's feet, and most commonly is a term applied to balls below the golfer's feet.)

허용량(혹은 허용률)(allowance)

핸디캡 허용량 혹은 핸디캡 허용률을 말한다. 핸디캡 적용 경기에서 거의 같은 조건으로 경쟁할 수 있도록 플레이 방식에 따라 핸디캡 차이가 있는 플레이어들에게 적용되는 코스 핸디캡 스트로크의 허용량 혹은 비율을 말한다.
- ※ 허용량(률)은 0, 1/2, 1/3, 1/4 혹은 80%, 90%, 95% 등으로 표시한다. 이때 소수점 이하는 정수까지 사사오입한다.
- 예 핸디캡 허용률은 핸디캡 인덱스를 결정하는 데는 유효하지 않으나 공정하고 형평성 있는 경기 진행을 위하여 활용하기를 권장한다. (Handicap allowances have no effect in determining a handicap index; however, their use is recommended to produce fair and equitable competition.) (Handicap System)

헤드(head)

클럽 헤드를 말한다. 골프 클럽에서 샤프트의 맨 끝에 있으며 볼이 맞고 멀리 날아갈 수 있는 클럽 타면(club face)을 갖도록 디자인된 부분을 뜻한다(클럽1 참조).
- ※ 주로 나무로 된 재료로 제작하였으나 오늘날에는 아이언(iron)이나 다른 재료를 사용하여 그 기능을 크게 향상시켰다. 클럽 헤드는 맨 앞부분을 토우(toe), 맨 뒷부분을 힐(heel)이라고 하는데 이 부분에 연결된 호젤(hosel)을 통하여 샤프트가 삽입되어 있다. 헤드의 지면과 접촉하는 부분을 소울(sole)이라고 하며 지면과 접촉하는 동사로도 사용된다. 우드 클럽의 경우 헤드 정상을 크라운(crown)이라고 한다.
- 예 이른바 우드라고 부르는 이유는 전통적으로 클럽이 보통 감나무와 같은 단단한 나무로 제작되었기 때문이다. 그러나 현대의 클럽은 금속, 예를 들어 티타늄 혹은 탄소 섬유와 같은, 합성 재료로 제작한 헤드를 장착한다. (Woods are so called because, traditionally, they had a club head that was made from hardwood, generally persimmon, but modern clubs have heads made from metal, for example titanium, or composite materials, such as carbon fiber.)

헤비 러프(러프 참조)(heavy rough or deep rough, see rough)

헤서(heather or heath)

스코틀랜드 지방의 해변이나 내륙 들판에서 낮게 자라며 분홍빛 꽃이 피고 나무가 억세며 빽빽이 들어선 관목의 일종을 말한다.

- ※ 그곳에 볼이 들어간 경우 빠져나오기 위해서는 다소 어려운 샷에 직면하게 된다. 히스(heath)라고도 한다.
- 예 코스의 어느 곳에서도 자신의 볼을 찾기 위하여 플레이어는 긴풀, 골풀, 관목, 가시금작나무, 헤서 혹은 그와 유사한 것들을 접촉하거나 구부릴 수 있으나 그 한도는 볼을 찾거나 확인하는 데 필요한 정도까지만 할 수 있다. (In searching for his ball anywhere on the course, the player may touch or bend long grass, rushes, bushes, whins, heather or the like, but only to the extent necessary to find or identify the ball.) (Rules of Golf, 2016)

형평의 이념(equity)

한 쪽에 치우치지 않은 공평과 올바른 생각의 개념을 말한다. 따라서 골프에 관한 분쟁의 쟁점이 규칙에 규정되어 있지 않은 경우 형평의 이념에 따라 판정한다는 말은 규칙에 없거나 규칙을 적용하기에 불충분할 때 공평과 올바른 생각으로 이를 보완(補完)하여 재정(裁定)한다는 뜻이다. 규칙 현대화(2019) 이전에 사용했던 용어이며 현재는 규칙에 규정되어 있지 않은 상황에 대해서는 관련된 모든 상황을 고려할 뿐만 아니라 합리적이고 공정하며 규칙에서 취급된 유사한 상황과 일관성을 유지하는 방법으로 그 상황을 취급하여 재정한다는 개념이다.

- 예 플레이어에게 위험한 상황이 있는 장소, 예를 들어 살아 있는 방울뱀 혹은 벌집 근처에 볼이 와서 정지하였다. 이러한 경우에는, 형평의 이념에 따라 플레이어는 볼이 있는 그대로의 상태로 플레이하는 것에 추가하여 적용할 수 있는 경우, 언플레이어블 볼 규칙에 의하여 처리할 수 있는 선택 사항을 갖는다. (A player's ball comes to rest in a situation dangerous to the player, e.g. near a live rattlesnake or a bees' nest. In equity, in this case, the player have options in addition to playing the ball as it lies or if applicable, proceeding under ball unplayable rule.) (Decisions on the Rules of Golf, 2016)

형평 타수 조정(equitable stroke control(ESC))

플레이어의 잠재 능력이 정확히 나타날 수 있도록 스코어를 게시하고 핸디캡 인덱스를 정할 때 플레이어가 어느 홀에서 실제로 냈거나 그 홀의 가장 가능성 있는 스코어(most likely score)가 일정한 한도를 초과한 경우 핸디캡 목적상 형평성을 위하여 그 스코어를 일정한 한도까지 낮게 조정하는 것을 말한다. 핸디캡 조정(adjusting for handicap)이라고도 한다.

- ※ 골퍼의 핸디캡은 갑자기 현저하게 변경되어서는 안 되기 때문에 한 번의 불운한 라

운드의 스코어가 핸디캡 산정에 영향을 미치는 것을 방지하기 위한 것이다. 핸디캡 목적상 토너먼트 스코어를 포함한 모든 스코어는 필수적으로 형평 타수 조정 단계를 거쳐야 한다. 따라서 형평 타수 조정 단계를 거치지 않고 산정된 인덱스는 핸디캡 인덱스라고 할 수 없다. 그 조정은 다음의 형평 타수 조정표에 의한다.

형평 타수 조정표

코스 핸디캡	어느 홀의 최대한 스코어 수치
9 이하	더블 보기
10 - 19	7
20 - 29	8
30 - 39	9
40 이상	10

(적용); 코스 핸디캡 6인 플레이어는 한 홀에서 낸 스코어가 너무 많은 경우 더블 보기(파+2타)로 조정한다. 코스 핸디캡 13인 플레이어는 한 홀의 스코어가 너무 많은 경우 파에 관계없이 7로 조정한다. 그리고 코스 핸디캡 42인 플레이어는 한 홀의 스코어가 너무 많은 경우 10으로 조정한다.

예 토너먼트 스코어를 포함한 모든 스코어는, 핸디캡 산정 목적상, 형평 타수 조정 규정을 적용하여 조정되어야 한다는 조건이 있다. (All scores for handicap purposes, including tournament scores, are subject to the application of equitable stroke control (ESC).) (Handicap System)

호그스 백(hog's back or hogback)

코스의 페어웨이 가운데에 올라온 마운드(mound) 혹은 그린 가운데에 있는 마운드로서 볼이 양쪽 어느 한 쪽으로 굴러 러프 쪽이나 그린 가장자리로 굴러가는 지형을 말한다(속). 호그 백(hogback)이라고도 한다.

※ 돈배구(豚背丘), 즉 돼지 등처럼 양쪽편이 가파르고 양끝의 경사가 완만한 구릉을 가리킨다.

예 아이언 4번 클럽을 사용한 나의 어프로치 샷으로 볼이 홀에서 40피트 떨어진 지점에 정지하였는데 양쪽이 경사진 마운드 즉 호그 백을 넘겨야 하는 어려운 퍼트를 남겨 놓게 되었다. (My approach shot, a 4-iron that finished 40 feet from the hole, left me with a difficult putt over a hogback.) (Jack Nicklaus, 1969)

호스슈 더 홀(horseshoe the hole or horseshoe)

퍼트한 볼이 홀에 들어가지 않고 홀 가장자리를 말편자처럼 한 바퀴 돌아서 그대로 볼이 출발한 쪽의 퍼팅 그린 면으로 되돌아오는 상태를 말한다. 호스슈(horseshoe)라고도 한다.

예 볼이 홀 가장자리를 맞고 나오는 최악의 상태는 볼이 홀 가장자리 뒤쪽을 따라 한 쪽에서 다른 쪽으로 말편자처럼 돌아서 다시 골퍼가 있는 몇 인치 앞으로 되돌아올 때다. (The worst lip outs are when the ball horseshoes around the back edge of the cup, from one side to the other, and then comes back toward the golfer a few inches.)

호젤(hosel)

클럽 헤드의 소켓(socket) 혹은 네크(neck) 부분을 의미한다. 즉 클럽 샤프트를 헤드에 삽입시켜서 고정시키기 위한 부분으로 헤드의 힐(heel)에 연결된 돌출 부분을 말한다.

- ※ 일반적으로 호젤 끝에는 연결을 보강하기 위하여 물미 역할을 하는 고리(ferrule)를 끼운다.
- 예 플레이어들이 대부분 무시해 버릴지라도, 호젤에 대한 디자인은 균형, 감각 그리고 클럽에 작용하는 힘과 뗄 수 없는 관계에 있다. 현대의 호젤은 볼이 맞는 클럽 타면의 상부에 될수록 최소한의 무게가 작용하는 위치에 있도록 디자인되는데 이는, 더 많은 거리를 낼 수 있도록, 클럽의 무게 중심점을 낮추는 조치라고 할 수 있다. (Though largely ignored by players, hosel design is integral to the balance, feel and power of a club. Modern hosels are designed to place as little mass as possible over the top of the striking face of the club, which lower the center of gravity of the club for better distance.)

혼합 포섬(mixed foursome)

두 사람이 다른 두 사람에 대항하여 플레이하며 각 사이드는 한 개의 볼로 플레이하는 것은 포섬과 같으나 반드시 각 사이드는 한 사람의 남성과 한 사람의 여성 파트너로 구성되어야 하는 포섬 방식을 말한다. 각 사이드의 파트너들은 1개의 볼을 교대로 플레이한다.

- 예 포섬의 개념은 혼합 포섬으로 한정된 것은 아니다. 따라서 두 사람이 다른 두 사람에 대항하여 경쟁하는 스트로크 플레이 방식으로 혹은 "캐네디언 포섬"이나 "채프맨 포섬"과 같은 게임 방법으로 진행할 수 있다. (The concept of foursome is not confined to mixed foursomes. You can play two against two in a stroke play format or games such as a "Canadian foursome" or "Chapman foursome".)

홀¹(hole¹)

보통 플레이된 볼이 들어가도록 퍼팅 그린 위의 지면을 작게 파 낸 구멍 자체를 말한다. 퍼팅 그린 위의 홀은 플레이하고 있는 홀에서 플레이가 끝나는 지점이다.

- ※ 홀은 직경이 $4\frac{1}{4}$인치(108mm)가 아니면 안 되며 깊이는 적어도 4인치(101.6mm) 이상이 아니면 안 된다. 원통을 묻을 경우 원통의 외경(外徑)은 $4\frac{1}{4}$인치(108mm) 이하가 아니면 안 된다. 원통은, 토질의 성질에 따라서 퍼팅 그린 표면에 더 가까

이 할 필요가 있지 않는 한, 적어도 1인치(25.4mm) 이상 퍼팅 그린 면 아래로 묻지 않으면 안 된다. 움푹 팬 곳 혹은 작업을 위하여 파 놓은 구멍을 가리킬 때도 있다. 컵(cup)이라고 부르는 경우가 있는데 규칙에서는 사용하지 않는다.

> 예 (1) 용어 홀은 골프 게임에서 주로 두 가지 의미를 갖고 있는데 두 가지 모두 빈번히 사용되고 있다. 두 번째 홀의 정의는 퍼팅 그린 지면 아래로 실제 원통형으로 파 낸 구멍을 말한다. (The term hole has two primary meanings in the game of golf, and both are used constantly. A second definition of hole refers to the actual cylindrical sleeve cut into the putting green.) (Golf, A to Z, Chris Burkhart, 2002)
>
> (2) 플레이어들은 벙커를 나오기 전에 자신이 만든 것과 다른 플레이어들이 그 근처에 만든 움푹 팬 곳이나 발자국을 모두 정성껏 메워서 평탄하게 골라 놓아야 한다. (Before leaving a bunker, players should carefully fill up and smooth over all holes and footprints made by them and any nearby made by others.) (Etiquette, 2016)

홀²(hole²)

1. 넓은 의미로 말할 때 홀은 티잉 구역에서 퍼팅 그린까지의 홀 전체를 뜻한다(예를 들어 5번 홀, 2개 홀 업(up) 1개 홀 다운(down) 등).
2. 매치 플레이에서 몇 홀 차로 이긴 경우 그 사이드가 낸 차이의 홀(혹은 홀들)을 말한다.
3. 홀에서 볼을 치거나 샷으로 볼을 날려 홀에 넣는 플레이를 말한다.
4. 코스에서 특정한 홀 수를 라운드하는 자체를 말한다.

> 예 (1) 이것은 나의 의견인데, 홀을 상세히 모방하기 위하여, 본래의 홀과 유사하게 조성하려고 시도하면서 산더미 같은 흙을 옮기는 일은 시간과 노력의 낭비라고 생각한다. (It is my feeling that to copy holes in detail, moving mountains of earth in trying to parallel the original, is a waste of time and effort.) (Robert Trent Jones, 1954)
>
> (2) 던은 . . . 그 매치에서 명예롭게 2홀 차로 승리하여 만족스러운 표정으로 미소를 띠었다. (Dunne . . . smiled satisfactorily, having the credit of taking the match by two holes.) (Allan Robertson's album, 1851)
>
> (3) 홀에 볼을 넣을 때 홀을 향하여 정당하게 플레이하여야 하며 홀에 이르는 자신의 선상에 있지 않은 상대편 볼을 이용하여 플레이해서는 안 된다. (At holing, you are to play your ball honestly for the hole, and not to play upon your adversary's ball, not lying in your way to the hole.) (Articles and Laws in playing at golf, 1744)
>
> (4) 그 링크스를 라운드하여 가장 낮은 스트로크 수를 낸 신사를 승자로 선언한다. (The gentlemen who have holed the links at the fewest number of strokes, are declared the winners.) (Charles Roger, 1849)

홀드(hold or holding)

1. 임팩트된 볼의 낙하 충격 등을 흡수하여 볼이 떨어진 지점에서 튀고 구르는 거리가 아주 짧거나 그 자리에서 거의 튀거나 구르지 않고 멈추게 하는 지면 혹은 그린 상태를 말한다. 이러한 그린을 홀딩 그린(holding greens) 혹은 소프트 그린(soft greens)이라고 한다.
2. 지면 혹은 그린에 떨어진 볼이 튀거나 구르는 거리가 짧거나 거의 구르지 않고 멈추도록 의도한 샷을 뜻한다.
3. 지면 혹은 그린에 떨어진 볼이 튀거나 구르는 거리가 짧거나 거의 구르지 않고 멈추는 경향이 있거나 그렇게 되기 쉬운(holding) 현상을 말한다.
 - 예 (1) . . . 지면이 굳어 있고 빠른 그린은 정상적인 피치 샷으로 날린 볼을 잘 멈추게 하지 못할 것이다. (. . . the hard, fast greens wouldn't hold normal pitches.) (Sam Snead, 1962)
 - 예 (2) 그는 자신에게 적절한 샷은 2번 아이언 샷이라는 느낌이 들었으나 그는 볼을 높이 띄워서 그린에 떨어진 볼을 멈추게 하는 샷을 하고 싶었다. (He feels the proper shot for himself is a two-iron, but he wants loft to try to hold the green.) (Dick Schaap, 1970)
 - 예 (3) 잔디가 싱싱하고 푸를수록 페어웨이는 더 힘겨웠고 그린에서는 더욱 볼이 잘 구르지 않고 멈추는 경향이 있었다. (The grass was richer, the fairways heavier, and the greens more holding.) (Pat Ward-Thomas, 1973)

홀러(holer)

퍼트를 훌륭하게 성공시키는 플레이어 즉 탁월한 퍼터(putter)를 말한다.
 - 예 그는 훌륭하게 퍼트를 성공시키는 타고난 사람이었다. (He was a born holer.) (Dave Hill & Nick Seitz, 1977)

홀러블(holeable)

볼이 홀에서 가까운 적당한 거리에 있기 때문에 객관적으로 보아서 한 번의 퍼트로 홀 아웃할 수 있는 상태를 말한다.
 - 예 그리고 나는 이제 실수했던 퍼트에 관해서 말할 수 있는데, 그것은 한 번의 퍼트로 홀 아웃할 수 있었다는 것을 의미하는 퍼트였고, 또한 최악의 경우에도 나에게 스코어 60을 가져다 줄 수 있는 퍼트였다. (And I could tell you right now of missed putts - I mean holeable putts - which would have given me a 60 at the worst.) (Robert T. Jones, Jr., 1927)

홀 아웃(hole out)

플레이어가 샷한 볼이 홀 인(hole in)되어 그 홀의 플레이를 끝마친 상태를 말한다.

- ※ 퍼터로 홀 아웃한 것을 강조한 경우 퍼트 아웃(putt out)이라고 한다.
- 예 골프에서 가장 크게 느끼는 스릴 중 하나는 티샷한 볼이 바로 홀 인되어 플레이를 끝마치는 것이다. (One of the greatest thrills in golf is holing out the tee shot.) (H.B. Martin, 1936)

홀에 들어가다(holed)

볼이, 스트로크한 후, 홀 안에 정지해 있으며 볼 전체가 퍼팅 그린 면보다 아래에 있는 경우를 말한다.

- 예 (1) 매치 플레이에서 상대편이 당신에게 당신의 퍼트를 면제해 주거나 그 홀의 승리를 당신에게 양보한 경우에도 역시 볼이 홀에 들어간 것으로 간주된다. (A ball is also considered holed in match play if your opponent concedes your putt to you, or concedes the hole to you.)
  (2) 플레이어의 볼이 홀에 꽂혀 있는 상태의 깃대에 와서 기대어 정지 하였는데 볼의 일부가 홀 안에서 퍼팅 그린 면보다 아래에 있는 경우, 볼 전체가 그린 면보다 아래에 있지 않을지라도, 그 볼은 홀에 들어간 것으로 취급된다. (If a player's ball comes to rest against the flagstick left in the hole; if any part of the ball is in the hole below the surface of the putting green, the ball is treated as holed even if the entire ball is not below the surface.) (Rules of Golf, 2019)

홀 인 원(hole-in-one or HIO)

티잉 구역에서 티샷한 볼이 1타로 목표하는 홀에 그대로 들어가는 것을 일컫는다. 에이스(ace)라는 말을 사용하기도 한다.

- ※ 골퍼의 생애에서 홀 인 원은, 축하 받을 수 있는, 드문 경우이며 이 극적인 행운을 달성한 대부분의 골퍼들은 비용을 들여 자축하고 이를 기념하기 위하여 사용된 볼을 넣어 트로피를 만든다. 홀 인 원은 공식적으로 인정 받을 수 있는 증인과 증인들이 인증(認證)한 스코어 카드가 있어야 한다.
- 예 진 사라센의 . . . 포스티지 스탬프(Postage Stamp)에서, 볼이 한 번의 샷으로 홀에 들어갔던, 홀 인 원 장면이 티비(TV) 화면에 가득 찬 영상으로 나왔다. (Gene Sarazen . . . holed in one at the Postage Stamp in full view of the TV camera.) (Peter Dobereiner, 1974) *Postage Stamp: 스코틀랜드, 로열 트룬 골프 코스(Royal Troon G.C., Scotland)의 파-3, 8번 홀.

홀 자국(hole plug)

퍼팅 그린에서 홀 위치를 옮긴 경우 이전에 사용했던 홀을 메운 자국을 말한다.

- ※ 플레이어는 될 수 있는대로 거의 원 상태로 퍼팅 그린을 복원하기 위하여 합리적인 행동을 취함으로써 벌 없이 퍼팅 그린 위의 손상을 수리할 수 있다.

[예] 퍼팅 그린 위의 손상은 오래된 홀 자국, 잔디를 메운 자국, 자른 잔디의 이음매 그리고 코스 정비 기계나 차량에 의한 긁힌 자국이나 오목하게 팬 곳 등과 같이 사람이나 외부 영향이 원인이 된 모든 손상을 의미한다. (Damage on the putting green means any damage caused by person or outside influence, such as old hole plugs, turf plugs, seams of cut turf and scrapes or indentations from maintenance tools or vehicles.) (Rules of Golf, 2019)

홀 컷터(hole cutter)

퍼팅 그린 위의 홀을 파는 기구를 말한다.

[※] 홀의 직경은 4¼인치(108mm)로 최초부터 지금까지 변함이 없다. 왜 그런 크기로 결정하였는지 알 수 없으나 그 결정은 1829년 멋셀버러(Musselburgh)에서 처음 나온 홀 파는 기구의 크기와 관련이 있을 가능성이 있다. 역시 그 이유는 알 수 없지만 우연히 그 기구의 직경은 4¼인치였다. (채프맨(Kenneth G. Chapman))

[예] 그 옛 홀 컷터는 아직도 현존해 있으며 18홀 코스가 있는 스코틀랜드 프레스톤팬스의 로열 멋셀버러 골프 클럽 클럽 하우스에 전시되어 있다. (That ancient hole-cutter is still in existence and is on display in the clubhouse at Royal Musselburgh, an 18-hole course in Prestonpans, Scotland.)

홀 하이(hole-high, or pin-high)

어프로치 샷에서 방향과 거리는 거의 정확하여 홀까지 같은 거리의 지면에 볼이 떨어졌는데 홀에서 조금 벗어났지만, 가까운 좌우 어느 한 쪽에 안착(安着)한 상태를 말한다. 핀 하이(pin-high)라고도 한다.

[※] 이 용어는 어프로치 샷의 관점에서 볼 때 일단 볼이 정확한 방향으로 그리고 정확한 거리를 날아갔으나 홀 인되지 않고 홀까지 같은 거리의 지면 어느 한 쪽에 떨어졌기 때문에 다음 샷을 용이하게 할 수 있는 경우에 사용한다.

[예] (1) 콜리트 양이 그녀의 스푼으로 날린 샷은 볼이 홀까지 같은 거리의 가까운 한 쪽 지면에 안착하였다. (Miss Collet with her spoon was hole-high.) (Lucille MacAllister, 1926)
(2) 핀 하이는 가끔 골퍼의 샷 방향이 약간 벗어난 경우에 친절하게 위로의 말을 해주는 경우에 사용한다. 예를 들어, "당신이 날린 볼은 결국 깃대 오른쪽 혹은 왼쪽으로 꽤 가서 떨어졌지만 어쨌든 다행히 홀까지 거의 같은 거리의 지면에 떨어졌군요."라고 말하는 경우다. (Pin high is often used as a kind of consolation when a golfer's direction is off. For example, your ball winds up well right or well left of the flag, "but at least you're pin high.")

홈[1](groove[1])

볼에 스핀이 걸리도록 하기 위하여 클럽 타면에 옆으로 일정한 간격의 직선으로 파서 새겨 놓은 가늘고 긴 선을 말한다. V자형 홈(V-shaped grooves) 그리고 U

자형 혹은 직각(U-shaped grooves or square grooves) 홈이 있으며 볼에 스핀이 걸리는 경우 볼을 컨트롤하기 쉽고 플레이에 상당한 영향을 미친다. 스코어링(scoring)이라고도 한다.

※ 각 홈의 깊이는 0.020인치(0.508mm) 이하, 폭은 0.035인치(0.9mm) 이하이어야 한다. R&A와 USGA는 러프에서 플레이한 샷의 정확성에서 얻는 보상을 높이기 위하여 일부 규칙을 개정하였다. 즉 페어웨이에서 볼에 스핀을 걸게 할 수 있는 것과 마찬가지 정도로 러프에서도 똑같이 걸게 할 수 있도록 허용하고 있기 때문에 결과적으로 샷에 대한 정확성의 가치가 떨어진다고 보았다. 따라서 2010년 1월 1일부터, 드라이버와 퍼터를 제외하고, 규칙은 다음과 같이 개정되었다.
1. 홈의 총 단면적을 홈의 피치(pitch)(폭+간격)로 나눈 값은 0.003인치^2/인치 (0.0762mm^2/mm) 이하로 제한한다.
2. 홈 가장자리의 날카로움 정도는 최소 유효 반경 0.01인치(0.254mm)로 제한한다. 최대로 허용해도 0.02인치(0.508mm) 이하로 제한된다. 이 제한은 로프트 각이 25도 이상 클럽(아이언 5~9, w, sw)에만 적용한다.
이 개정 규칙은 단계적으로 시행된다. 따라서 대다수 골퍼들은, 2010년 1월 1일 이전에 제조된 기존 모델들로서 현행 규정에 적합한 클럽을, 적어도 2024년까지 계속 사용할 수 있다.

예 홈은 횡단면이 대칭이 아니면 안 되며 측면이 한 곳으로 집중되어서도 안 된다. (Grooves must have a symmetrical cross-section and have sides which do not converge.)

홈^2(home)

1. 샷을 날려 볼을 그린에 올린 상태를 말한다.
2. 라운드에서 주로 후반을 의미하거나, 마지막 9홀 플레이를 의미한다.

예 (1) . . . 헤이는 3번 아이언 클럽으로 볼을 날려 그린에 올렸는데 홀에서 15피트 떨어진 지점이었다. (. . . Hays got home with a 3-iron 15 feet from the cup.) (John S. Radosta, 1977)

예 (2) 1. 힐튼 씨는 첫 번째 라운드에서 스코어 82를 냈는데, 전반 38 그리고 후반 44였다. (Mr. Hilton accomplished the first round in 82, being 38 "out" and 44 "home".) (Baily's Magazine, 1893)
2. 그는 마지막 9홀 플레이에서 스코어 33을 냈다. (He came home in 33.) (Robert T. Jones, Jr. & O.B. Keeler, 1927)

홈 그린(홈 홀 참조)(home green, see home hole)

홈 코스(home course)

플레이어 자신이 소속되거나 입회한 클럽의 골프 코스를 말한다. 혹은 플레이어 자신이 가장 자주 플레이하는 코스를 말한다.
- ※ 이에 대하여 자신이 소속되어 있지 않은 코스를 어웨이 코스(away course)라고 한다.
- 예 일반적으로 클럽 회원들은 그들 자신들이 자주 플레이하는 코스에서 핸디캡을 정하게 된다. 경기가 소속된 코스에서 클럽 내 경기로 한정된 경우 유에스지에이(USGA) 핸디캡 절차에 따라 공정한 핸디캡이 제공된다. (Club members generally establish handicaps on their own course. When competition is limited to intraclub play on the home course, the USGA Handicap Procedure provides equitable handicaps.) (R.C. Stroud, L.J. Riccio, 1990)

홈 홀(home hole)

코스의 최종 홀 즉 18번 홀을 말한다. 18번 홀 그린을 홈 그린(home green)이라고도 한다.
- ※ 18번 홀은 클럽하우스 가까이에 있으므로 골퍼가 점차 홈(home) 즉 19홀에 가까워진다는 뜻에서 나온 명칭이다.
- 예 이곳은 최종 홀이기 때문에 많은 관객들이 주시하고 있다. (This being the home hole, a large gallery is looking on.) (Lord Wellwood, 1890)

환경상 취약 지역(environmentally-sensitive area(ESA))

자연 환경의 훼손을 막고 이를 보호하기 위하여 당국에서 환경 보존 지역에 준한 보호 조치를 할 수 있도록 지정한 지역을 말한다.
- 예 (1) 환경상 취약 지역은 그 지역의 경치, 야생 생물 및 역사적인 가치 때문에 특별한 보호가 필요한 농업 지역에 대하여 지정을 받는 형태를 갖춘다. 그 사업 계획은 1987년에 도입되었다. (An Environmentally Sensitive Area(ESA) is a type of designation for an agricultural area which needs special protection because of its landscape, wildlife or historical value. The scheme was introduced in 1987.)
  (2) 위원회는, 어떤 이유로든, 야생 생물, 동물 서식 환경(棲息環境) 및 환경상 취약 지역의 보호를 위하여 플레이 금지 구역을 설정할 수 있다. (The committee may use no play zone for any reason, such as protecting wildlife, animal habitats and environmentally sensitive areas.) (Rules of Golf, 2019)

후드(hood)

로프트 각을 줄이기 위하여 클럽 혹은 클럽 타면을 앞으로 비스듬히 즉 볼 쪽으로 약간 기울이는(hooded club or hooding the club) 동작을 말한다.
- 예 클럽을 앞으로 비스듬히 기울여라. 클럽 타면을 닫지 말고 볼을 향해서 약간 앞으로 숙여서 기울이는 동작만 하라. 클럽을 앞으로 기울이는 동작은 볼에 대한 백스

핀이 걸리는 시간을 약간 늦추고 볼이 작동하는 시간을 약간 늦출 것이다. (Hood the club. Don't close the face, hood it, by tilting it down toward the ball a bit. The hooding will delay slightly the "take" of the backspin and thus delay the rise of the ball.) (George Pepper, 1977)

후크(hook)

오른손잡이 골퍼의 경우 사이드스핀(sidespin)에 의하여 샷한 볼이 날아갈 때 목표에 대하여 왼쪽으로 많이 기울어지는 상태를 말한다.

- ※ 그때 볼이 왼쪽으로 약간 기울어지는 현상은 드로(draw[1])라고 한다. 클럽 헤드의 진로가 크게 아웃 투 인(out to in)으로 진행하고 클로즈드 클럽 페이스일 때 드로보다 약간 크게 볼이 왼쪽으로 기울어지는 경우의 샷을 풀 후크(pull-hook)라고 한다.
- 예 (1) 그가 드라이브 샷한 볼이 왼쪽으로 많이 기울어져서 모래가 많은 웨이스트 벙커 즉 벙커 구실을 하는 러프 지역으로 들어가 버렸다. (He hooked his drive into a sandy waste.) (Frank Moran, 1946)
  (2) "날아가는 볼이 오른쪽으로 약간 기울어지는 페이드에게는 말을 할 수 있지만 왼쪽으로 기울어지는 후크는 아예 들으려 하지도 않을 것이다." ("You can talk to a fade, but a hook won't listen.") (Lee Trevino) *후크는 슬라이스보다 더 좋지 않다는 뜻.

휘프(whiff)

볼을 치기 위하여 스윙하였으나 완전히 실패한 경우 혹은 그러한 스트로크를 말한다.

- ※ 1876년 세인트 앤드루스 올드 코스의 실버 메달 경기에서 휘플경(Lord Gormley Whiffle)이 4인치 퍼트를 완전히 실패한 데서 유래하였다. (Did you see that whiffle?이 현재의 용어로 짧아짐.)
- 예 (1) "골프의 첫 번째 라운드 첫 번째 티에서는 긴장을 풀어야 합니다. 그렇지 않으면 볼을 칠 때 완전히 실패할지도 모릅니다." ("Try to relax on the first tee of your first round of golf, or you might whiff.")
  (2) 볼이 러프 위에 높이 얹혀 있는 경우 볼 바로 밑을 쳐서 가파르게 볼이 높이 튀어 오르는 샷이나 볼을 칠 때 완전히 실패하는 경우조차도 조심하여야 한다. (If the ball is sitting up high on top of the rough, you should guard against hitting under it, causing a pop fly, or even a whiff.) (George Pepper, 1977)

휩(whip)

탄력성이 있는 클럽 샤프트의 휘어지는 정도 및 그 상태를 뜻한다.

- 예 탄력성 있는 아이언 클럽 샤프트의 휘어지는 역할로 결국 그 클럽은 경기에서 당신

이 쉽게 압승(壓勝)하도록 만드는 것 같다. (Whip in the shaft of an iron is apt to make the club run away with you.) (James Braid, 1911)

휘핑(whipping)

옛 우드 클럽의 샤프트와 클럽 헤드의 네크 부분을 연결하기 위하여 동여매는 방법 혹은 동여매는 데 필요한 감는 낚시 줄 모양의 끈이나 가는 줄을 말한다.
- 예 네크와 샤프트가 만나는 부분에 나일론 실로 감는 휘핑이 추가된다. (Nylon whipping is added where the neck and shaft meet.)

휴대품(장비 참조)(equipment², see equipment¹)

규칙상 용어로 플레이어나 플레이어의 캐디가 사용하거나, 착용하거나, 가지고 있거나, 옮기고 있는 모든 물건을 말한다. 코스 보호를 위하여 사용되는 고무래와 같은 물건은 플레이어나 캐디가 가지고 있거나 옮기고 있는 동안에 한해서 휴대품이 된다.
- 예 플레이어는 라운드 중 자신의 플레이에 원조가 되는 휴대품을 사용할 수 있다. 다만 게임의 도전(挑戰)에 필수적인 기술이나 판단의 필요성을 인공적으로 제거하거나 경감시키는 휴대품(클럽이나 볼 이외의)을 사용함으로써 잠재적인 이익을 얻어서는 안 된다. (A player may use equipment to help his or her play during a round, except that a player must not create a potential advantage by using equipment (other than a club or a ball) that artificially eliminates or reduces the need for a skill or judgement that is essential to the challenge of the game.) (Rules of Golf, 2019)

히스(헤서 참조)(heath, see heather)

히터(hitter)

최대한의 힘을 다하여 드라이브 샷을 날리는 플레이어를 말한다. 즉 볼에 대한 스탠스를 취한 뒤 백스윙도 빠르지만 그가 가진 근육의 온 힘을 다하여 빠르게 클럽이 볼에 되돌아오도록 움직이는 동작을 취하는 플레이어를 뜻한다.
- ※ 이에 대비되는 용어에 스윙어(swinger)가 있다.
- 예 게리 플레이어는, 초보자일지라도, 모든 골퍼는 될 수 있는 한 볼을 힘껏 치도록 노력하여야 한다는 사실을 권하고 있다. . . 따라서 그는 어떤 골퍼가 처음부터 스윙어(swinger)가 된 경우 그 뒤에 히터가 되어야 할 필요한 시기가 되었을 때, 불가능한 경우는 아닐지라도, 히터가 되는 것은 사실상 어려운 일이라고 주장한다. (Gary Player suggests that every golfer, even beginner, should try to hit the ball as hard as he can . . . he maintains that if one becomes a swinger from

the word go it is difficult, if not impossible, to become a hitter when this becomes necessary.) (Tom Scott & Geoffrey Cousins, 1969)

히트앤 런 골프(스피드 골프 참조)(hit and run golf, see speed golf)

히트 이트 퓨어(hit it pure)

골퍼가 샷한 볼이 멀리 그리고 의도하는 방향으로 정확히 날아가고 그렇게 샷한 골퍼가 만족한 느낌을 받는 완전한 샷의 경우를 말한다. 퓨어 샷(pure shot)이라고도 한다.

- ※ 모든 골퍼가 원하는, 마치 교과서(text book)에 나오는 요령과 같은, 샷을 뜻한다.
- 예 골퍼들이 당면하게 되는 가장 큰 좌절 중의 한 가지는 보다 일관된 기초 위에서 견실하고 완전한 접촉으로 볼을 칠 수 없다는 것이다. 따라서 나는 볼에 대한 견실한 접촉과 완전한 샷을 더 자주 할 수 있는 요령에 대하여 설명하려고 한다. (One of the greatest frustrations facing golfers is their inability to hit solid shots on a more consistent basis. I would like to talk about solid contact and how we can hit it pure more often.)

히팅 에어리어(hitting area)

다운스윙에서 양손이 허리 높이까지 내려와서 임팩트를 위한 자세에 들어갈 때부터 볼을 임팩트할 때까지 클럽 헤드가 통과하는 범위를 말한다. 히팅 존(hitting zone)이라고도 한다.

- ※ 이때도 역시 정확한 엘보우 액션(elbow action)이 요구된다.
- 예 다운스윙에서 손이 오른쪽 무릎에 도달했을 때 손목의 힌지 역할을 풀기 시작하고 그 뒤 실제로 히팅 존을 통과하면서 다 풀어 놓는다. (As your hand reaches your right knee on the downswing, begin unhinging your wrist and then really unload it through the hitting zone.)

힉코리(hickory)

북미산(北美産) 호두나무과에 속한 나무로 그 견고함과 탄력성을 이용하여 일찍이 19세기부터 1920년대까지, 스틸 샤프트가 나오기 이전에, 클럽 샤프트 즉 힉코리 샤프트(hickory shaft) 제작에 사용된 재료 혹은 힉코리 샤프트를 장착한 클럽을 말한다.

- 예 (1) 힉코리 나무를 톱으로 켜지 않고 쪼개서 제작한 샤프트는 샷할 때 볼의 비행 거리가 조금 더 멀리 나고 톱으로 켜서 제작한 샤프트보다 수명이 더 길다고 사람

들은 주장하고 있는데 그것은 톱으로 켠 나무의 결이 그 길이가 더 짧기 때문이
다. (Split hickory shafts will, it is claimed, drive some trifle further, and
last better than the sawn hickory, which has less length of grain.) (Horace
Hutchinson, Badminton Golf, 1890)
(2) 스틸 샤프트 클럽과 점점 무관심해지는 힉코리 샤프트 클럽 중 하나를 선택하
는 상황에 직면했을 때 초심자는 단 한 번의 결심을 할 수 있다. 그는 틀림없
이 스틸 샤프트 클럽을 선택한다. (Faced with the choice between steel and
an increasingly indifferent hickory, the beginner can come to only one
decision. He must choose steel.) (Henry Longhurst, 1937)

힌지(hinge)

두 물체가 연결된 접점(接點)으로 양쪽이 모두 원활하게 회전할 수 있도록 경첩이
나 관절 역할을 하는 부분을 말한다.

- **예** 해결의 열쇠는 무리 없이 손목의 힌지 역할이 풀어지도록 하여 다운스윙하는 동
안 될 수 있는 한 오래 그 힌지 역할을 유지하도록 노력하는 것이다. (The key is
to let the wrists unhinge naturally and try to hold your hinge for as long as
you can during your downswing.)

힐(heel)

클럽 헤드에서 클럽 샤프트가 호젤(hosel) 아래로 연장된 부분에 해당되는 뒤쪽 끝
을 말한다(헤드 참조). 혹은 힐 부분으로 볼을 치는 동사로도 사용된다.

- **예** (1) 나는 클럽 타면의 힐 부분으로 드라이브 샷을 날렸다. (I hit my drive off the
heel of the club.) (George Plimpton, 1967)
(2) . . . 경쟁하는 동안 그는 볼마다 계속 클럽 힐 부분으로 쳤다. (. . . during
the contest he heeled ball after ball.) (Arnold Haultain, 1908)

찾아보기(영문)

A

abnormal course condition(비정상적인 코스 상태)/108
ace¹(hole-in-one)/171
ace²/171
addressing the ball(or address)(볼에 어드레스)/100
adjusting for handicap(see equitable stroke control)(핸디캡 조정)/320
advice/164
aeration(of soil)/170
against the grain(see with the grain)(역결)/175
against the wind(or into the wind, see with the wind)(역풍)/176
age shooter/172
aggregate/162
agreement to waive rules(합의의 반칙)/315
aim/172
airmailed the green(sl.)/171
air shot/171
albatross/174
alignment/168
allocation of handicap strokes(핸디캡 스트로크 할당)/318
allowance(허용량 혹은 허용률)/321
all square/184
alternate shot(see foursome)(교대로 샷 게임)/15
amateur golfer(or amateur)/157
amateur side/157
Amen Corner/157
American ball(large size ball, see ball)/157
amphitheater/175
ANA Inspiration(see Nabisco Championship)/172
anchoring the club(클럽을 고정하는 것)/242
animal hole(동물의 구멍)/40
approach putt(or approach putting)/165
approach shot/165
apron(or collar)/172
architect(or designer, see architecture)/161
architecture/160
areas of the course(see course)(코스 구역)/233
ascending blow(see upper blow)/164
assistant pro(see professional golfer)/164
attend(or attending)(곁에서 시중들기)/11
attest(see sign)/164
average golfer/170
away/164
away course(see home course)/164
awkward stance/181

B

back(see back nine)(백²)/85
back door putt/86
back nine(or in or in course)/85
backspin/87
backstop/87
backstroke(see backswing)/87
backswing/86
back tee/87
baffing-spoon(or baffy-spoon, see spoon)/85
baffy/84
bag(백¹)/85
bag drop/86
bail out/93
bail out area(see bail out)/94

335

balata/89
ball/98
ball at rest(or remain at rest or come to rest)(정지한 볼)/210
ballmaker(or ball-maker)/100
ball mark/100
ball-marker/99
balloon shot/90
ball retriever/99
ball washer/101
banana ball(sl.)/81
bank shot/88
bare lie/93
baseball grip(see grip)/93
beginner/107
belly the ball/95
belly putter/95
bend point(see kick point)/95
bent grass/95
Bermuda grass/88
best-ball^1/92
best-ball^2(or best-ball match)/92
bet/94
better ball/94
bingo, bango, bongo(or bingle, bangle, bungle)/108
birdie/88
bird's nest/88
bisque/107
bite/83
bite-off hole(see heroic school of design)/83
blade^1/105
blade^2/106
blade putter/106
blast(see explosion)/105
blaster/104
blind/105
blind green(see blind)/105
blind hole(see blind)/105
block^1/107

block^2(see tee-marker)/107
bogey/96
bogey golfer(see average golfer)/96
bogey rating/97
bolt/101
booby prize/101
borrow/97
both hands on the cup/98
bounce^1/82
bounce^2/82
bounce back stat(or bounce back)/82
bound^1/81
bound^2/82
boundary object(경계물)/9
bramble(or pimple)/103
brassie(or brassy)/102
break/103
break club/104
British ball(small size ball, see ball)/104
British Open(see The Open)/104
bulger/90
bump and run shot/91
bunker/91
bunker face(see face^2)/92
buried lie/92
burrowing animal(구멍 파는 동물)/15
butt(see tip)/89
buzzard/89
bye^1/83
bye^2(부전승)/102

C

caddie/222
caddie-car(or caddie cart, see cart)/222
caddie fee/222
caddie master/222
Calamity Jane/229
Calcutta/227
Callaway System/225

call-up hole/237
can(sl.)/225
captain/227
car(see cart)/221
card(see score card)/221
Career Grand Slam(see Grand Slam)/223
carry¹/223
carry²/223
carry bag/223
carry over/224
cart/221
cart path(or car path)(카트로)/221
cast(주조)/212
casting the club/224
casual water/225
caught a break/235
cavity back/224
Cayman golf ball/232
center of gravity(see sweet spot)(무게 중심점)/78
center-shafted(see Schenectady putter)/119
certify(인증하다)/199
championship tee(see back tee)/215
Chapman(see Pinehurst)/215
characteristic time(see pendulum test)(특성 시간)/259
charge/215
check up/215
chili-dip(sl.)/218
chip and run shot(see bump-and-run shot)/220
chip in/220
chip-off/220
chipper/220
chipping swale(see fringe swale)/220
chip shot/219
choke¹/217
choke²/218
circuit(see tour)/118
claim/244

clean¹/247
clean²/247
clear¹/245
clear²/246
cleek/246
click/247
close the door(see open the door)/244
closed face(or closed clubface)/245
closed stance/245
closely mown(see cut to fairway height or less)(잔디를 짧게 깎은)/206
club¹/241
club²/242
club-face(see face¹)(클럽 타면)/243
club head(see head)/244
clubhead-length(see length¹)(클럽 헤드 길이)/244
clubhouse/244
club-length(see length¹)(클럽 길이)/242
club-maker(클럽 제작자)/243
clutch putt/244
cock/236
code of conduct(행동 규범)/320
coefficient of restitution(COR, see spring effect)(반발 계수)/84
collar(see apron)/222
Colonel Bogey(보기 대령)/96
come back/229
committee(위원회)/193
competitor(경기자)/10
compression/229
concede(or concession)(양보 혹은 면제)/163
conditions affecting the stroke(스트로크에 영향을 미치는 상태)/141
condor/236
contour/221
controlled shot/228
core(핵심)/316
country club(see club²)/229
couple/228

course/232
course handicap/235
course rating/233
course record/234
crack¹/238
crack²/238
Craft Nabisco Championship(see Nabisco Championship)/238
croquet/240
cross-bunker/239
cross-country/240
cross-handed/240
cross-over/239
crosswind(옆바람)/177
crown/238
cup(see hole¹)/230
cuppy(see cup)/230
Curtis Cup/228
cut¹/230
cut²/231
cut³/231
cutoff(see cut²)/231
cut shot(or cut-up shot, see cut¹)/231
cut to fairway height or less(페어웨이 잔디 높이나 그 이하로 깎은)/279

D

dance floor(sl.)(댄스장)/35
dead¹/38
dead²/38
dead³(see jail)/38
dead ball(see dead¹)/38
deemed to be fixed(고정물로 간주)/12
deep faced(see face¹)/47
delay(see unreasonable delay)(지연)/213
descending blow(see down blow)/46
deuce/40
die(see dead²)/34
dimple/47

disqualify(or disqualification, see serious breach)(경기 실격)/10
divot/46
dogleg(or dog-leg)/38
Do-over(see Mulligan)/40
dormie(or dormy)/39
double bogey/35
double break/36
double eagle(see albatross)/36
double green/35
double-striper/36
down¹(see match¹)/33
down²/33
down blow(or descending blow)/33
downhiller/34
downhill lie/34
downswing/33
downwind(see with the wind)/33
DQ(see disqualification)/47
drained a putt/44
draw¹(see hook)/44
draw²(조 편성)/211
drilled it(see drained a putt)/45
drivable par 4/41
drive(or driving)/42
drive and pitch/43
Drive for show, Putt for dough(드라이브는 쇼, 퍼트는 돈)/42
drive in(see drive)/43
drive off(see drive)/43
driver/41
driving cleek (see cleek)/44
driving iron/43
driving mashie/43
driving putter/44
driving range(연습장)/176
driving the green(see drivable par 4)/43
drop¹/44
drop²/45
dropping zone(드롭 구역)/45
DSP(see dead¹)/46

dub(sl.)/35
duck/36
duck-hook/37
duff(sl.)/37
duffer(sl.)/37
dunch/38

E

eagle/195
early walk/168
eclectic(or eclectic tournament)/173
edge/172
eight-iron(팔(8)번 아이언)/269
elbow action/175
elements(자연 현상의 기상 상태)/205
embedded(지면에 박히다)/213
embedded lie(or plugged lie, see embedded)(박힌 라이)/84
end-shafted(see center-shafted)/174
entry(or entrance)/174
entrant(see entry)/174
environmentally-sensitive area(ESA) (환경상 취약 지역)/330
equalizer/197
equipment¹(장비)/207
equipment²(see equipment¹)(휴대품)/332
equitable stroke control(ESC) (형평 타수 조정)/322
equity(형평의 이념)/322
errant shot/170
etiquette/173
even/196
even par(see even)/197
executive course/197
exempt player(or exempt)/198
explosion/197
extension of line(연장선)/176
extra hole/173

F

face¹/280
face²/280
face progression/280
fade(see slice)/280
fair green/278
fairway/278
fairway bunker/278
fairway wood/279
fairways in regulation(FIR)/279
fat¹/270
fat²/270
feather ball/276
feathery(see feather ball)/276
fee/304
ferrule/277
fescue/277
field¹/310
field²/311
find/268
finesse shot/304
finger grip(see palm grip)(손가락 그립)/122
finish/305
Finnigan/305
firm fairway/275
first cut(see rough)/272
five-iron(오(5)번 아이언)/180
five-wood(오(5)번 우드)/180
flag(see flagstick)/295
flagstick(깃대)/25
flag tournament(see tomb stone)/295
flange/295
flange sole(see flange)/296
flat/296
flat stick(sl.)(see putter)/296
flat swing/296
flex/303
flex point(see kick point)/303
flight¹/294

flight²/294
flip/304
floater(or floater ball)/303
flop shot/304
flub(sl.)/298
fluff/297
fluffy(or fluffy lie)(sl.)/298
flushed it/297
fly/293
flyer(flier or jumper)/294
follow through/269
foot action(or foot work)/285
foot wedge(sl.)/286
foot work(see foot action)/286
foozle(sl.)/285
fore/282
forecaddie/283
forged(단조)/34
forgiving club/281
form¹/284
form²/284
forms of match play(see form²)
 (매치 플레이 방식)/75
forms of stroke play(see form²)
 (스트로크 플레이 방식)/143
forward press/283
forward spin(see top spin)/283
forward swing/283
forward tee/283
four-ball/281
four-iron(사(4)번 아이언)/111
foursome(see alternate shot)/282
four-wood(사(4)번 우드)/111
freak/292
free relief(see relief)(벌 없는 구제)/90
fresh air/288
fried egg(sl.)(see embedded lie)/287
fringe/292
fringe swale(see swale)/293
frog hair(see fringe)(sl.)/289
front(see front nine)/291

front nine(or out or out course)/291
front tee(see forward tee)/291
full shot/286
full set/287
full swing(see full shot)/287
furze(see whin)/272

G

gallery/8
gambling(도박)/39
game/9
gear effect(기어 효과)/23
general area(see areas of the course)
 (일반 구역)/201
general penalty(일반적인 벌)/201
get inside/9
GHIN(Golf Handicap and Information
 Network)(골프 핸디캡 정보망)/14
gimme(see within the leather)(sl.)/24
giving the wrong number of strokes
 taken(see number of strokes taken)
 (틀린 타수의 정보 제공)/261
glove/23
gobble(sl.)/11
golf/12
golf course(see course)/14
golfdom/13
golfiana/14
golf lawyer(sl.)/13
golf widow(sl.)/13
goose-neck(see offset)/16
gorse(see whin)/12
go to school(sl.)/12
grain(see with the grain, against the
 grain)(잔디결)/206
Grand Slam/18
graphite/18
grass bunker/18
green¹/19

green²(see putting green)/19
green committee(그린 위원회)/21
green fee/22
green jacket/21
greenkeeper/22
greenkeeping/22
greenside bunker/19
greens in regulation(GIR)/21
greensome/20
green speed(그린 속도)/20
grip/22
groove¹(홈)/328
groove²(틀에 맞는)/261
gross score/19
ground under repair(GUR)(수리지)/124
growing object(or growing thing)(생장물)/115
gutta percha ball(거터 퍼처 볼)/8
gutty(or guttie, see gutta percha ball)/8

H

hacker(see duffer)/316
half¹/313
half²/313
half shot/313
half swing(see controlled shot)/314
halve(see half¹)/313
handicap/316
handicap committee(핸디캡 위원회)/319
handicap differential/317
handicap index/320
handicap stroke/317
handicap-stroke hole(see handicap stroke)/319
handicap stroke table(see allocation of handicap strokes)(핸디캡스트로크 표)/318
handsy(see one-piece takeaway)/320
hand up(hand down)(see lie²)/316
hanging lie/320
Haskell ball/315

hazard/316
head/321
heath(see heather)/332
heather(or heath)/322
heavy rough(or deep rough, see rough)/321
heel/334
heroic school of design/177
hickory/333
high side(see pro side)/313
hinge/334
hit and run golf(see speed golf)/333
hit it pure/333
hitter/332
hitting area/333
hog's back(or hogback)(sl.)/323
hold(or holding)/326
hole¹/324
hole²/325
holeable/326
hole cutter/328
holed(홀에 들어가다)/327
hole-high(or pin-high)/328
hole-in-one(HIO)/327
hole out/326
hole plug(홀 자국)/327
holer/326
home/329
home course/329
home green(see home hole)/329
home hole/330
honour(honor)/178
hood/330
hook/331
horseshoe the hole(or horseshoe)/323
hosel/324

I

immovable obstruction(see obstruction)(움직일 수 없는 장해물)/187

impact/203
improve, (improvement or improving)(개선)/7
in(or in course, see back nine)/198
in bounds/198
in course(see in or back nine)/200
initial velocity(초속)/216
inland course/198
in play/200
inside/199
inside out/199
integral object(코스와 분리될 수 없는 물체)/234
interlocking grip(see grip)/200
intermediate rough(see rough)/200
investment-cast(see cast)/199
iron/159
Iron Byron/160
irregularities(see uneven surface)/196

J

jail(sl.)/210
jerk/211
jigger/212
jumper(see flyer)/210
junior golfer/211
junior tee/211

K

kick/248
kick point/248
knee action(see foot action)/31
knee-knocker(sl.)/30
knicker bocker/32
known or virtually certain(알고 있거나 사실상 확실한)/161
Korean lawngrass(한국 들잔디)/314
KPMG Women's PGA Championship(see Women's PGA Championship)/232

L

ladies' aid/56
ladies' tee(see forward tee)/57
lag putt/52
landing area/53
Las Vegas/49
late hit/58
lateral relief(see penalty area)(래터럴 구제)/52
lateral water hazard/53
launch angle/61
lawn mower/60
lay/56
lay back/57
layout/57
lay-up(or lay-back)/58
leaderboard/64
leading edge/65
left hand low(see cross-handed)/58
length¹(길이)/24
length²(장거리 샷)/206
lie¹/50
lie²/50
lie³/51
lie angle(see lie²)(라이각)/51
line/51
line of play(플레이 선)/300
line of putt(퍼트 선)/273
line up/52
links/68
linksland(see links)/69
linksman/69
lip¹/68
lip²/68
lip out(see rim out)/68
list of conforming golf balls(적격 골프 볼 목록)/209

list of conforming driver heads(적격 드라이버 헤드 목록)/209
lob shot/62
local rules(see rules)/59
loft¹/60
loft²/60
lofter(or lofting iron)/60
long game/62
long irons/63
long nose/62
long putter(see belly putter)/63
long spoon(see spoon)/63
loop/64
looper(see caddie)/64
loose impediments/63
Lorhythmic Swingweight Scale(see swingweight)/59
loss of hole(그 홀의 패)/23
lost(분실하다)/102
low side(see amateur side)/59
LPGA/175

M

make the cut(see cut²)/77
mallet headed(see mallet putter)/75
mallet putter/75
mark/72
marker¹/72
marker²/72
marshal/71
mashie/73
mashie-iron/74
mashie-niblick/73
match¹/74
match²/74
match play(see match¹)/75
matching score cards/75
material piled for removal(옮기기 위하여 쌓아 놓은 물건)/185

maximum score(최대 스코어 경기)/217
medal play(see stroke play)/77
metal wood/77
mid-iron/78
mid-mashie/78
middle irons(or medium irons)/79
middle spoon(or mid-spoon, see spoon)/79
middle tee(see regular tee)/79
military golf(or army golf)/80
misclub/80
mis-hit/80
misread/79
miss the cut(see cut²)/79
mixed foursome(혼합 포섬)/324
modified Stableford competition(see Stableford competition(수정 스테이블포드 경기)/125
mound/71
movable obstruction(see obstruction)(움직일 수 있는 장해물)/187
moved(움직이다)/186
muff(sl.)/76
muscle back(see blade¹)/76
Mulligan(or Do-Over)(sl.)/76
municipal course/78

N

Nabisco Championship/27
Nassau/28
natural forces(자연의 힘)/205
natural grip(see grip)/29
nearest point of complete relief(완전한 구제의 가장 가까운 지점)/185
neck(see hosel)/29
net/29
net score/29
never up, never in/29
New New Peoria(NNP) System(see Peoria

343

System)/30
niblick/31
"Nice putt, Alice"/27
nice shot/27
nine-iron(구(9)번 아이언)/16
nineteenth hole(sl.)(십구(19)번 홀 혹은 열아홉 번째 홀)/154
ninety-degree rule/28
no alibis/30
no play zone(플레이 금지 구역)/299
nose/30
number of strokes taken(see match¹)(타수)/249

out(or out course, see front nine)/158
out course(see out or front nine)/159
out of bounds(OB)/159
out of position(see play through)/159
out of range/158
outside agency(국외자)/17
outside in/158
outside influence(외부 영향)/186
overall distance standard(총거리 표준)/216
overclub/179
overlapping grip(see grip)/179
overspin(see top spin)/179
over swing/179
over par/179

O

observer/169
obstruction(장해물)/207
odd/178
odds/180
offset/181
Old Man Par/184
on/183
on the screws/183
one ball condition(or one-ball rule)(한 가지 볼을 사용하는 조건)/314
one ball rule(see one ball condition)/188
one hand on the cup(see both hands on the cup)/189
one-iron(일(1)번 아이언)/201
one out(or one off or one back)/188
one-piece takeaway/189
one-shot hole/188
one-shotter(see one-shot hole)/188
one-wood(일(1)번 우드)/201
open/182
open face(or open clubface)/183
open stance/183
open the door/182
opponent(상대편 혹은 상대방)/113

P

pace of play(플레이 속도)/300
pair/277
palm grip(see finger grip)(손바닥 그립)/122
par/267
par breaker/267
par/bogey(파/보기 경기)/267
paradise golf/270
park(or parkland)/268
partner/269
peer review(동료 평가)/40
peg(see tee¹)/270
penal school of design(가벌형 디자인)/7
penalty(벌)/89
penalty area(페널티 구역)/276
penalty of stroke and distance(see stroke and distance)(스트로크와 거리의 벌)/142
penalty relief(see relief)(벌 있는 구제)/90
penalty stroke(벌타)/90
pendulum test(see spring effect)(진자 테스트)/214
Peoria System/305
perimeter weighting/271
persimmon/272

344

PGA/306
PGA Championship(The USPGA Championship)/306
physical help(물리적인 원조)/78
pick up(or pickup)/309
pill(sl.)/310
pimple(see bramble)/311
pin(see flagstick)/309
Pinehurst(or Chapman)/268
pin-high(see hole-high)/310
pin placement(or pin position)/310
pinsetter/309
pinsetting(see pin placement or pin position)/310
pin sheet/310
pitch(or pitching, see pitch shot)/307
pitch-and-putt course/308
pitch-and-run shot/307
pitch-in/308
pitching iron/308
pitching wedge/308
pitch mark(see ball mark)/307
pitch shot/307
pivot/305
place/300
placement/301
plate(see sole plate)/302
plateau green/303
play/298
play club/302
play-off/301
play through/301
playing partner(see partner)/302
playing professional/302
plugged lie(see embedded lie)/296
plumb bob(or plumb line)/298
plus fours/297
plus handicap/297
point of maximum available relief(see nearest point of complete relief)(최대한의 구제를 받을 수 있는 지점)/217

pop up/270
pot bunker/284
preferred lies/292
pre-shot routine/292
president/289
press/288
primary rough(or grassed rough, see rough)/288
private course(see course)/288
prize voucher(상품권)/113
pro-am/291
professional golfer(or professional)/291
pronation(see supination)/289
Prorhythmic Swingweight Scale(see swingweight)/289
pro shop/290
pro side(see amateur side)/290
protect his or her rights(자신의 권리 보호)/205
provisional ball(잠정구)/206
public course(see course)/272
public links/271
pull/286
pull cart/287
pull-hook(see hook)/287
punchbowl/275
punch shot/275
pure shot(see hit it pure)/287
push/285
putt/273
putter/273
putting cleek(see cleek)/275
putting green/274
putt out(see hole out)/274
putty(sl.)/274

Q

quail-high/238
qualifying school(or Q school)/237

quarter shot/237
quarter swing(see controlled shot)/237

R

rabbit/52
rake(고무래)/11
R&A/161
range(see driving range)/58
ranger(see marshal)/58
reading greens(or read greens)
　(그린을 읽다)/21
reciprocal play/66
recovery shot/66
re-drop(재드롭)/208
red penalty area(see penalty area)
　(빨간 표시 페널티 구역)/109
referee(심판원)/154
regular tee/56
reinstatement(복권)/98
release/67
relief(see relief area)(구제)/16
relief area(구제 구역)/17
remote rough(or treed rough, see
　rough)/65
replace/66
replica/59
resort course(see course)/66
resuming play(see suspension of play)
　(플레이 재개)/302
reverse overlapping grip(see grip)
　(역 오버랩핑 그립)/176
rhythm/64
ribbed/65
rim out(or lip out)/68
ringer tournament(see eclectic)/68
Road Hole(see integral object)/59
roll[1](see run)/61
roll[2]/61
roll over(see roll[2])/62
rough/54

round/49
round robin/50
rub of the green/55
rubber-cored ball(see Haskell ball)
　(고무 핵심 볼)/11
rule(or rules)(규칙)/18
ruling(or decision)(재정)/208
ruling request(or asking for a ruling, see
　protect his or her rights)(재정을 구하
　기)/208
run/54
run down/55
run in(see run down)/55
run-up/55
running approach/54
rut iron/55
Ryder Cup/51

S

sandbagger(sl.)/113
sand blaster(see sand wedge)/114
sand save/114
sand trap(see bunker)/115
sand wedge/114
sandy(or sandie, see sand save)/115
scare/132
Schenectady putter/132
sclaff/136
scoop/134
score card(or scorecard)/133
score play(see stroke play)/134
scorer(see marker[1])/132
scoring[1]/132
scoring[2]/133
Scotch foursome(see foursome)/131
scramble[1]/134
scramble[2]/135
scrambler(see scramble[2])/135
scratch/135

scuff(see sclaff)/131
seagoer/152
second ball(see protect his or her rights)
　　(제2의 볼)/210
second cut(see rough)/119
semi-private course(see course)/119
senior tee/152
serious breach(중대한 위반)/212
set up(or setup)/119
seven iron(칠(7)번 아이언)/219
shaft/115
shag bag/120
shallow faced(see face¹)/120
shank/121
short/122
short course/124
short cut(or shortcut)/123
short game/123
short hole/124
short irons/123
short spoon(see spoon)/123
short stick(sl.)(see putter)/123
shot/116
shotgun/116
shotmaker(see shotmaking)/116
shotmaking(or shot making)/116
shut face(see closed face)/120
shut the door(see open the
　　door)/120
side/111
sidehill/112
sidesaddle/112
sidespin/112
sideways stroke(옆을 향한 스트로크)/177
sign(or attest)(서명하다)/117
signature(see certify)(서명)/117
single/154
sink/155
sit down/153
sit up/153
sitting down/153

six-iron(육(6)번 아이언)/195
Skins/136
skull(or scull, see thin)/131
sky/131
slice/149
slicer(see slice)/149
slope¹/149
slope²(see slope rating)/150
slope handicap system(or slope
　　system)/151
slope rating/150
slow play(see unreasonable delay)
　　(느린 플레이)/30
smile(sl.)/128
snake¹(sl.)/126
snake²/126
snap-hook(see duck-hook)/126
snowman(sl.)/126
socket(see hosel)/122
soggy fairway(see firm fairway)/121
sole/121
sole plate/121
spade(or spade-mashie)/146
spare/146
speed golf/148
spike mark/146
spin/149
spoon/147
spot putt(or spot putting)/146
spray/147
spring effect(or springlike effect, see
　　pendulum test)(스프링 효과)/148
square(see all square)/134
square face(or square clubface)/134
square grooves(see groove¹)(직각 홈)/213
square stance/134
Stableford competition(or Stableford)
　　(스테이블포드 경기)/139
staff bag(see carry bag)/137
stake¹(말뚝)/73
stake²/140

stance/138
stand please!/138
standard scratch score(SSS)/137
starter/137
starting time(출발 시간)/218
steal/144
steel shaft/145
step cut(see first cut)/140
stick¹(see flagstick)/144
stick²(sl.)/144
stiff¹(see flex)/144
stiff²/144
Stimpmeter/145
stony(or stoney)(sl.)/140
stopped the bleeding(sl.)/140
stopping play(플레이 중단)/302
straightaway/141
strategic school of design(전략형 디자인)/209
strike off/140
string tournament/143
stroke/141
stroke and distance(스트로크와 거리)/142
stroke-and-distance relief(see stroke and distance(스트로크와 거리의 구제))/142
stroke hole(see handicap stroke hole)/143
stroke play/143
stymie/136
substitute(교체하다)/15
sucker pin placement(or sucker pin)/118
sudden death(see play-off)/117
sudden death play-off(see sudden death)/117
superintendent(코스 관리 본부장)/233
supination/125
surlyn/118
suspension of play(플레이의 일시 중지)/301
swale/129
sweet spot(or sweetspot)/129
swing/130

swinger/130
swingweight/130
swirling wind/129

T

take away/252
take back(see take away)/252
tap in(or tap-in)/250
target shot(or target golf)/249
teaching pro(see professional golfer)/264
tee¹/262
tee²(see teeing area)/262
tee box/263
teeing(see tee up)/264
teeing area(티잉 구역)/264
tee-marker/263
tee off(see tee shot)/264
tee peg(see tee¹)/265
tee shot/263
tee up/263
teed up(or teed)/262
tempo/253
temporary water(일시적인 물)/202
temporary immovable obstructions(TIO) (임시 움직일 수 없는 장해물)/202
ten-second rule(십(10)초 규칙)/154
test/252
Texas wedge(sl.)/252
thatch/34
The Evian Championship/46
The Majors(메이저 대회)/77
The Masters Tournament(or The Masters) (마스터스 토너먼트)/71
The Open(or The Open Championship)/46
the tips(sl.)(see championship tee)/37
thin/47
three-ball/127
three-iron(삼(3)번 아이언)/112
three-jacked it/128

three-piece/128
three-quarter shot/128
three-quarter swing(see controlled shot)/128
three-wood(삼(3)번 우드)/113
threesome/127
through the green/127
tie/249
tiger/250
tight¹/250
tight²/250
tip/265
titanium/265
toe/254
tomb stone/257
top/255
top of the swing/255
top spin(or topspin)/255
torque(or torsion)/254
touch/250
tour/256
touring pro(see professional golfer)/257
tournament/253
tournament players club(TPC)/253
track iron(see rut iron)/258
trailing edge(see leading edge)/258
trajectory(궤도)/17
trap(see bunker)/258
triple bogey/259
trolley(see cart)/258
trophy/258
trouble/258
trouble club(see trouble)/258
True Temper/258
turf/251
turn/251
turn over/251
twitch/259
two-club green(두 클럽 그린)/40
two-club wind(see against the wind)/257
two-iron(이(2)번 아이언)/196

two-piece/257
two-shot/256
two-shotter(see two-shot)/256
twosome/256
two-tiered green(이(2)단 그린)/196
two-wood(이(2)번 우드)/196

U

ugly but useful(UBU)/163
uncertain about the right procedure (see second ball)(올바른 처리 절차에 관한 의문)/184
uncock(see cock)/167
underclub/166
under cut/166
under par/166
underspin(see backspin)/166
undulation/167
uneven surface/166
unplayable/167
unreasonable delay(부당한 지연)/101
up/168
up and down/169
uphill lie/169
upper blow(or ascending blow)/165
upper body swing(see one-piece takeaway)/165
upright(see flat)/168
upright swing(see flat swing)/168
up-swing(see backswing)/168
USGA/195
US Open(The US Open Championship)/194
US Women's Open(The US Women's Open Golf Championship)/194

V

Vardon grip(see overlapping grip)/81
Vardon trophy/81

Vare trophy/93
veil grip(see reverse overlapping grip)/93
visitor/108

(넥크가 구부러진)/29

W

waggle/190
Walker Cup/187
waste bunker/190
water hazard/188
wedge/191
Wegmans LPGA Championship(see Women's PGA Championship)/190
weight shift/191
well out/192
whiff/331
whin(가시금작나무)/7
whip/331
whipping/332
wicker baskets/193
wind up/185
wind-cheater/194
winter rules(see preferred lies)/194
within the leather/193
with the grain(see against the grain)(순결)/125
with the wind(or downwind, see against the wind)(순풍)/125
women's British Open(The Women's British Open Championship)/192
women's PGA Championship/192
wood/186
World handicap system(or WHS)/189
worm burner(sl.)/190
wrist action/65
wrong ball(틀린 볼)/260
wrong information(오보)/180
wrong green(틀린 그린)/260
wrong place(틀린 장소)/260
wry-necked(see goose-neck)

X

X-out ball(크로스 아웃 볼)/239

Y

yardage/162
yardage book/163
yardage rating/162
yellow penalty area(see penalty area)(노란 표시 페널티 구역)/30
yips/203

Z

Zoysia japonica(see Korean lawngrass)/211

참고서적(Bibliography)

골프 규칙, R&A, USGA, 2019
골프 규칙에 대한 공식 지침, R&A, USGA, 2019
골프 룰 그 역사와 해석(초판), 박종업, (도)스윌컨, 2001, (개정판), 골프헤럴드, 2005.
골프의 역사, 로버트 브라우닝, 박종업 역, (도)스윌컨, 2012.
골프장비학, 정경일 외 2명, 바다가 보이는 교실, 2004.
ゴルフ用語事典, 川畑信義, 土屋書店, 1994.
現代ゴルフ技術用語讀本, 塩田 正, 廣濟堂出版, 1987.
The Historical Dictionary of Golfing Terms, Peter Davis, Robson Books, 1993.
Golf, A to Z, Chris Burkhart, Contemporary Books, 2002.
Golf by Design, Robert Trent Jones, Jr., Little, Brown & Company Limited, 1993.
Golf Course Design, Robert Muir Graves and Geoffrey S. Cornish, John Wiley & Sons, Inc., 1998.
The Anatomy of a Golf Course, Tom Doak, Lyons & Burford, Publishers, 1992.
The Rules of the Green, Kenneth G. Chapman, Triumph Books, 1997.
A History of Golf, Robert Browning, J. M. Dent & Sons Ltd., 1955(Facsimile edition New York: Classics of Golf(1985)).
Golf Rules Explained, Peter Dobereiner, A David & Charles Book, 2000.
Professional Golf Caddie Secrets Revealed, Anderson Craigg, 2009.
The Moderrn Fundamentals of Golf, Ben Hogan, Golf Digest/Tennis, Inc., 1957(The Classics of Golf(1985)).
Down the Fairway, Robert T. Jones, Jr., Minton, Balch & Company, 1927(The Classics of Golf(1965)).
Wikipedia(some articles and illustrations.)
Google(some articles and illustrations.)
The USGA Handicap System, USGA, 2012.
Guidance on Running a Competition, The R&A Rules Limited, 2005.
Science and Golf, A. J. Cochran, E & FN Spon, 1990.

골프 용어 해설
(Clarification of Golfing Terms)

지은이	박종업
제1판	제1판 제1쇄
펴낸날	2020년 3월
펴낸이	강명숙
펴낸곳	스윌컨(SWILCAN)
디자인	줌기획
찍은곳	(주)현대원색문화사
등록 일자	2002년 6월 18일
등록 번호	제2011-000128
주소	서울특별시 영등포구 63로 32
전화	02-516-7218
팩스	02-516-7256
이메일	gms1225@hanmail.net

Copyright © All rights reserved.

값 18,000원
ISBN 978-89-959814-3-6

스윌컨은 골프 관련 전문 출판사입니다.